Forschungsgesellschaft für Agrarpolitik und Agrarsoziologie e.V.

Regionale Lebensverhältnisse, Teil 2:

Sozialwissenschaftliche Dorf- und Gemeindestudien in Deutschland

von

Richard Struff

Bonn 1999

Herausgegeben mit Förderung des Bundesministerium für
Ernährung, Landwirtschaft und Forsten

Schriftenreihe der Forschungsgesellschaft
für Agrarpolitik und Agrarsoziologie e.V.

Kurztitel: Regionale Lebensverhältnisse, Teil 2: Deutschsprachige Dorf- und Gemeindestudien

ISBN: 3-88488-294-5

Anschrift der Geschäftsführung und Forschungsstelle:
Meckenheimer Allee 125
D-53115 Bonn
Telefon (0228) 634781/88
Telefax (0228) 634788
E-Mail: faa-bonn @t-online.de

Vorwort

Der ursprüngliche Impuls zur Arbeit über bestimmte Aspekte regionaler Lebensqualität liegt einige Jahre zurück. Seinerzeit waren u.a. Kapitel über Dorfuntersuchungen, regionale Sozialstruktur, räumliche Identität sowie Landwirte und Politik vorgesehen. Dann drängten sich eher quantitativ ausgerichtete Studien über Wohnen, Arbeiten und Sozialhilfe in den Vordergrund, die unter dem Titel "Regionale Lebensverhältnisse, Teil 1" als Heft 293 dieser Schriftenreihe vorab veröffentlicht worden sind. Die weitgehend "flächendeckende" Abhandlung in Teil 1 griff größtenteils auf die Auswertung und Deutung sekundärstatistischer Materialien zurück. Hierzu ist eine bedauerliche Unterlassung nachzutragen. Im dortigen Abschnitt (0.2.1) über "Konjunkturfiguren und Wachstumszyklen in der (alten) Bundesrepublik Deutschland (a.a.O., S. 17f.) fällt zwar wiederholt der Name von Philipp *Herder-Dorneich*, die einschlägige Publikation blieb jedoch im Literaturverzeichnis unerwähnt[1].

Entgegen der früheren Absicht, die zugehörigen qualitativen Bausteine folgerichtig als Regionale Lebensverhältnisse, Teil 2 vorzulegen, sind erneut Abstriche an dem geplanten Vorhaben anzuzeigen. Des längeren erregten bereits Thesen von Außenseitern - jenseits der Agrarfakultäten - und/oder von jüngeren Fachkollegen Anstoß, die gleichsam naturwüchsig, außerhalb von Lehrbuchweisheit und unbeeindruckt durch Problemmoden in den Sozialwissenschaften, innovative Dorfuntersuchungen vorlegten, die für regionalpolitische Überlegungen im föderalen Staatsaufbau wichtige Grundlagen liefern können. Als dann der Bundesminister für Ernährung, Landwirtschaft und Forsten nach längerem Vorlauf doch letztlich überraschend die Mittel für das aufwendige Projekt einer Gemeinschaftsarbeit der Forschungsgesellschaft in 14 Dörfern 1993-95 bewilligte, erhielt das einschlägige Kapitel naturgemäß einen anderen Stellenwert.

Die ausführliche Aufarbeitung dieses weithin vernachlässigten Schrifttums, das ein weniger beachtetes Eigenleben zu fristen scheint, wird deshalb als Teil 2 meiner

---

[1] Es handelt sich um das Bändchen: *Herder-Dorneich*, Philipp, Konkurrenzdemokratie - Verhandlungsdemokratie. Politische Strategien der Gegenwart. Stuttgart 1980 (W. Kohlhammer).

"Regionale Lebensverhältnisse" veröffentlicht. Von Teil 1 der Abhandlung aus dem Jahre 1992 unterscheidet sich der nunmehr vorgelegte Band inhaltlich und methodisch erheblich. Nicht empirisch-quantitative Querschnittsanalysen, z.B. des durchschnittlichen Pro-Kopf-Einkommens, stehen nun im Vordergrund. Vielmehr geht es darum, eine Auswahl "klassischer" und neuerer Dorf- und Gemeindestudien kommentierend vorzustellen und auf das jeweilige Erkenntnisanliegen zu überprüfen, frei nach der Sentenz: ceterum recenseo[2] ...!

Nach einem bekannten Bonmot erreichen historische Vorbilder den Rang als Klassiker erst dann, sobald mit ihren Texten heutzutage Schüler und Studenten bis zum Überdruß geplagt werden! Dem eher lexikalischen Mißbrauch, lediglich anderer Leute Bücher zu referieren, sollte allerdings ebensowenig gefrönt werden wie der Unart, die Fakten der rekonstruierten Untersuchungsperiode allein mit den biographischen Ereignissen des Autors in Beziehung zu setzen.

Bruchstückhafte Vorarbeiten zu diesem Werk gehen etliche Jahre zurück; ein Gutteil der "Kurzauszüge" (Kapitel 5) wurde schon gefertigt, ehe später im Hinblick auf das "Re-revisited" der ehemals "kleinbäuerlichen Dörfer" der Forschungsgesellschaft[3] der Plan zur endgültigen Form reifte. Dieser konnte ab Jahresmitte 1993, umständehalber zweimal unterbrochen, nach 1996 (Kapitel 3 und 4) erst im dritten Anlauf vollendet werden. Mein Dank gebührt Agraring. Harald *Strang* für hilfreiche EDV-Unterstützung und Marianne *Kemper* für geduldig verrichtete Schreibarbeiten. Der Abschluß dieses Berichtes wäre allerdings kaum möglich gewesen, wenn sich nicht Dr. Heinrich *Becker* dankenswerterweise bereit erklärt hätte, die aufreibende Projektleitung für die Gemeinschaftsarbeit der Forschungsgesellschaft - die Nachfolgestudie der Dörfer von 1952 und 1972 - auf sich zu nehmen und abzuschließen (*Becker*, 1997).

im Dezember 1999   Richard Struff

---

[2] „Ceterum recenseo" ist ein Buchtitel von Emanuel *Bin-Gorion* aus dem Jahre 1932!
[3] Den Begriff "Re-revisited" prägte in einem Brief an die Forschungsgesellschaft Prof. em. Dr. *Karlernst Ringer*, 79252 Stegen.

Akademiedirektor i.R., Herrn Dr. Peter S i n k w i t z ,
dem Angehörigen einer Zwischengeneration und
einheitsstiftenden Agenten ländlicher Sozialwissenschaft,
in Dankbarkeit zugeeignet

Inhaltsverzeichnis   Seite

1. Randbemerkung zur literarischen Gestalt von „Land und Leuten"   1

2. Einführung in das Arbeitsfeld sozialwissenschaftlicher Dorf-
   und Gemeindestudien   7

2.1 Definitionsfragen und Forschungskonzepte   10

2.2 Zeittafel wichtiger Autoren   22

2.3 Aufbau der Untersuchung und Periodisierung   25

3. Vorläufer und Pioniere in der Rückschau   29

3.1 Beispielhafte deutschsprachige Dorfmonographien   38
    - Gottlieb *Schnapper-Arndt*   38
    - Marie *Jahoda* und Co.   42

3.2 Vorbildliche "Stellvertreter" früher US-amerikanischer Gemeinde-
    studien   48
    - Sozialökologie der Chicago-Schule(n)   49
    - Robert und Helen *Lynd*   55
    - W. Lloyd *Warner* u.a.   59
    - *Vidich-Bensman*   62
    - Laurence *Wylie*   66

3.3 Dorf- und Gemeindeforschung im „Dritten Reich" - ein vorläufiger
    Überblick   69

4. Entwicklung nach dem zweiten Weltkrieg in (West-) Deutschland
   aus heutiger Sicht   81

4.1 Zur westdeutschen Rezeption nordamerikanischer community
    studies   84

4.2 Erneute "Gründerzeit" deutscher Dorfuntersuchungen: Die 50er Jahre 88
    - Darmstadt-Studien (Herbert *Kötter*)   92
    - Lebensverhältnisse in kleinbäuerlichen Dörfern   100
    - *Wurzbacher-Pflaum*   103

4.3 Vermeintliche Krise und scheinbarer Stillstand   107
    - Gemeindetypologie   111
    - Wiederholungsstudien der Forschungsgesellschaft   113

4.4 Verzerrungen in geläufigen Bestandsaufnahmen   115

Seite

5. Ausweitung und Vertiefung des Themenspektrums in den letzten 30 Jahren   119

5.1 Einundzwanzig Ortsmonographien von 1968 bis 1999: Kurzdarstellung mit Kommentar   124

1 Werner *Roth*, Dorf im Wandel.   125
2 Reinhold *Sachs*, Wirtschafts- und Sozialverhalten von Landwirten.   130
3 Albrecht *Lehmann*, Das Leben in einem Arbeiterdorf.   135
4 Albert *Ilien* / Utz *Jeggle*, Leben auf dem Dorf.   138
5 Cheryl *Benard* / Edit *Schlaffer*, Notizen über Besuche auf dem Land.   143
6 Wolfgang *Kaschuba*, Bauern und andere - dörfliche Gesellschaftserfahrung ...   147
7 Heide *Inhetveen* / Margret *Blasche*, Frauen in der kleinbäuerlichen Landwirtschaft.   154
8 Erika *Haindl*, Kulturanalyse einer historischen Kleinstadt ...   157
9 Edmund *Ballhaus*, Dorfentwicklung im Spiegel der Fotografie.   162
10 Ingeborg *Meyer-Palmedo*, Das dörfliche Verwandtschaftssystem.   165
11 Kurt *Wagner*, Leben auf dem Lande im Wandel der Industrialisierung.   167
12 Beate *Brüggemann* / Rainer *Riehle*, Das Dorf. Über die Modernisierung einer Idylle.   173
13 Roland *Girtler*, Aschenlauge. Bergbauernleben im Wandel.   177
14 Susanne *Häsler*, Leben im ländlichen Raum.   180
15 Regina *Schulte*, Das Dorf im Verhör. Brandstifter, Kindsmörderinnen ...   184
16 Everhard *Holtmann*, Politik und Nichtpolitik. Lokale Erscheinungsformen ...   188
17 Regina *Römhild*, Histourismus. Fremdenverkehr und lokale Selbstbehauptung ...   193
18 Franz *Kromka*, Lupburg und seine Bewohner.   197
19 Rainer *Beck*, Unterfinning. Ländliche Welt vor Anbruch der Moderne.   199
20 Winfried *Gebhardt* / Georg *Kamphausen*, Zwei Dörfer in Deutschland.   204
Exkurs: zur neuerlichen Verwendung des Mentalitätsbegriffs   208
21 Sighard *Neckel*, Waldleben. Eine ostdeutsche Stadt im Wandel seit 1989.   212

5.2 Vergleichende Darstellung   215

Seite

6. Fazit und Ausblick 231

6.1 Neubewertung im ausländischen Schrifttum 236

6.2 Dörfer und Landgemeinden im deutschen Siedlungsgefüge 247

6.3 Schiefe Perspektive und Forschungslücken 256

7. Literaturverzeichnis 265

Verzeichnis der Tabellen

		Seite
1	Die soziale Zufriedenheit der Befragten nach sozialer Stellung	134
2	Mittlere Bevölkerung nach Gemeindegrößenklassen in Deutschland 1871 bis 1950	249
3	Wohnbevölkerung nach Gemeindegrößenklassen in der Bundesrepublik Deutschland 1939 bis 1996	251
4	Saldierte Schätzwerte für die um Übergänge bereinigte Bevölkerungsentwicklung nach Gemeindegrößenklassen im früheren Bundesgebiet in den Perioden 30.06.1978-31.12.1986 bzw. 31.12.1986-31.12.1993	255

Verzeichnis der Übersichten

1	Morphologische Elemente des Forschungsfeldes soziales Subsystem der Landgemeinde bei *De Rose*	21
2a	Namensliste wichtiger Verfasser von sozialwissenschaftlichen Ortsmonographien im deutschen Sprachraum	23
2b	Namensliste wichtiger Verfasser von Community Studies im Ausland - Schwerpunkt USA -	24
3	Zusammenhang zwischen wirtschaftlicher Exportbasis und der gemeindlichen Einwohnerzahl in „Peyrane" über 150 Jahre	69
4	Untersuchungsorte „klassischer" amerikanischer Gemeindestudien	85
5	Statistische Kennziffern für die Untersuchungsdörfer aus den „klassischen" Untersuchungen der 50er Jahre	94
6	Grunddaten für die rezensierten Dorf- und Gemeindestudien	217
7	Ausgewählte Merkmale für die rezensierten Gemeindestudien	223
8	Kennziffern für weitere im Text erwähnte „Dorfstudien" in Deutschland 1883 bis 1996	225

Verzeichnis der Karten

		Seite
1	Lage der Untersuchungsdörfer der drei Standarduntersuchungen aus den frühen 50er Jahren	93
2	Lage der 21 rezensierten Untersuchungsorte 1968-1999	219
3	Ländliche Lebensverhältnisse im Wandel: Lage der Untersuchungsdörfer der Forschungsgesellschaft	243
4	Einwohnerdichte in den Kreisen der Bundesrepublik Deutschland am 31.12.1996	244
5	Verwaltungsgrenzen der Bundesrepublik Deutschland (Loseblatt)	

Verzeichnis der Abbildungen

1	E.C. *Tolmans* Diagramm des psychologischen Modells	131
2	Schematischer Einfluß der Bestimmungsgründe Produktionsweise, Siedlungsform und „Kultur" auf die soziale Raumorganisation nach Jess *Gilbert* 1982	240

1. Randbemerkung zur literarischen Gestalt von „Land und Leuten"

"Geschichten vom Land gibt es heute viele. Sie treten in unterschiedlichen Verkleidungen auf, sind ökologiebewußte Lyrik, als Roman getarnte Protokolle der Sehnsucht nach der heilen Welt und Handbücher für alternatives Leben. Das Land ist dabei zum Synonym für die Gegenwalt zur psychisch wie physisch spürbaren Umweltverschmutzung geworden."

Mit der Zurückweisung gängiger Klischees solcher Art begann eine Buchbesprechung von Ingrid *Heinrich-Jost* ("Frankfurter Allgemeine Zeitung" vom 06.04.1982, S. L5), die sie dem Kunsthistoriker, Prosaschriftsteller und Autor von Filmdrehbüchern, John *Berger*, widmete. Es handelt sich um den Roman "Sau-Erde". Seine These von den Bauern als "Klasse Überlebender", die jetzt gleichwohl dem Untergang geweiht sei, holt dagegen mit einer historischen und sozialen Einordnung des Bauernstandes weiter aus. Ob nun eher flüchtiger Eindruck oder gar systematische Beobachtung, solche feuilletonistische Bewertungen oder künstlerische Aussagen fanden und finden sich auch anderswo. Man kann in diesem Zusammenhang an die im Beiprogramm der Lichtspielhäuser in der Zeit nach dem 2. Weltkrieg dem Zuschauer zugemuteten "Kulturfilme" erinnern, die sich damals mit Vorliebe den Existenzproblemen gleichsam archaischer Berufe wie Fischer, Landwirte, Jäger und dergleichen an den entlegensten Standorten zuwandten, deren ländliche Welt - wie beim „Bauern - *Berger*" - allmählich verschwindet.

Dabei sollte nicht in Vergessenheit geraten, daß Dörfer und Bauern in der europäischen Literaturgeschichte der älteren (z.B. die sog. Hausväterliteratur) und neuesten Zeit eine beachtliche Rolle spielten. Auf die veränderten Lesegewohnheiten im Zeitalter der Aufklärung zugeschnitten erzielte der Verleger Georg Joachim *Göschen* seinen größten Verkaufserfolg mit dem 800 Seiten starken Ratgeber von

Rudolf Zacharias *Becker*, Noth- und Hülfs-Büchlein für Bauersleute oder lehrreiche Freuden- und Trauergeschichte des Dorfes Mildheim. Für Junge und Alte beschrieben. Gotha-Leipzig 1787, das immerhin mit einer Erstauflage von 30.000 Stück gedruckt worden sein soll (*Janzin/Güntner* 1995, S. 242)[1]. Im darauffolgenden Säkulum können beispielhaft prominente Vertreter der hohen Literatur - des poetisch-realistischen, des spätromantischen und des naturalistischen Romans - aus mehreren Ländern genannt werden, die sich mit der Welt des kontinentaleuropärischen Bauerntums befaßt haben. Albert *Bitzius* (alias Jeremias *Gotthelf*) gestaltet mit Uli der Knecht (1841) und Uli der Pächter (1849) den Bauern als Urgestalt der Vorzeit und zugleich als Zeitgenossen im dichterischen Ineinander von Schwyzerdütsch und Hochdeutsch am Beispiel des Emmentals. Der von *Gotthelf* selbst aus dem Berner Dialekt übertragene Titel der zweiten Auflage (1850) lautet verbatim: "Wie Uli, der Knecht, glücklich wird. Eine Gabe für Dienstboten und Meisterleute". Das läßt schon rein sprachlich einen fernen Nachhall an den zuerst genannten Ratgeber erkennen, doch nun nach dem Vorbild des klassischen Bildungsromans in das Individuelle gewendet.

Honoré de *Balzac* schildert in Les paysans (1844/5) mit der ihm eigenen Sprachgewalt und seinem "génie du détail" mittels sozialgeschichtlicher Szenen ein Sittengemälde der Landbewohner im nördlichen Burgund. So wie *Balzac* für sein Universum der Comédie Humaine (1829-48) das französische Zeitalter der Restauration unter den Bourbonen und der Juli-Monarchie - „Bürgerkönig" Louis Philippe - nachdichtete, erfand rund 40 Jahre später Emile *Zola* die Natur- und Sozialgeschichte der Familie Rougon-Macquart-(Fouan) während des Seconde Empire (Napoleon III). *Zola* gibt in La terre (1887) einen Eindruck von den finsteren Verhängnissen und ausweglosen Abgründen, den das auf Erdgebundenheit/Schollenkleberei/Grundeigentum begründete Milieu in einer fiktiven - ungefähr zwischen Orléans und Chartres angesiedelten - Region auf die Landbewohner ausübte. Seinerzeit gehörte noch die Mehrzahl der französischen Bevölkerung dem unerforschten "dunklen Kontinent" der ländlichen Welt an. Der im Roman angeschlagene Ton kehrt die

---

[1] Vorbehalte an der weiten Verbreitung des volksaufklärerischen Buches meldet Hans *Medick* (1996, S. 526f.) auf der Quellenbasis örtlicher Teilungsinventare an!

idyllische Vorlage insbesondere des Rokoko, mit ihrer bukolischen Künstlichkeit und den anmutigen Schäferspielen, in das schiere Gegenteil um.

Ungefähr gleichzeitig und ebenfalls mit naturalistischen Mitteln versuchten u.a. Hermann *Stehr* und Hermann *Sudermann* das Geschick, die Stimmungen und seelischen Konflikte der Figuren ihrer Bauernfamilien einzufangen. Der damals als Dramatiker erfolgreiche, heute fast vergessene *Sudermann* schilderte in Frau Sorge (1887) seine ostpreußische Heimat, während *Stehr* die Handlung in Der Heiligenhof (1914) an den Niederrhein/nach Westfalen verlegte. Wladislaw St. *Reymont* dagegen zeichnete ein gegenständliches, völlig unromantisches, später mit dem Nobelpreis ausgezeichnetes Epos der kreatürlichen Einheit von Bauer und Natur (1904-1909) am Beispiel der polnischen Dorfgemeinde "Lipce".

Aller seither eingetretenen Verstädterung zum Trotz gerät das Land- und Dorfleben selbst im 20. Jahrhundert nicht aus der Mode. Hans *Fallada* (eigentlich Rudolf *Ditzen*) schuf mit Bauern, Bomben und Bonzen (1931) ein Werk, das die Kämpfe und Geschichte der mecklenburgischen Landvolkbewegung gegen die Regierung der Weimarer Republik zum Anlaß nahm. Die Geschehnisse seiner Prosa spielen in dem "Fabriknest" / einer pommerschen Mittelstadt unweit Stettins.

Das Genre der Dorfgeschichte als einer durchaus "seriösen" eigenständigen literarischen Gattung erlebte seine Blütezeit in Deutschland zweifellos von der Mitte bis zum Ende des 19. Jahrhunderts. Es betrachtete das "Dorf als Modell der kleinen Welt" (vgl. Jürgen *Hein* 1976, S. 80, passim) und geriet leicht in die Nähe der volkstümlichen Trivialliteratur und eines zunehmend anachronistischen Massenlesestoffs. Das literarhistorische Interesse an jener Bauern- und Heimatliteratur speist sich nicht zuletzt aus der Entwicklungslinie zur völkischen Literatur im 3. Reich! Erfolgreiche Beispiele für derartige Angebote der Unterhaltungsindustrie liefern das in der Südeifel gelegene "Weiberdorf" (1911) von Clara *Viebig*, das bis heute sein Publikum findet, oder aber die niederbayerischen Lebenserinnerungen der Anna *Wimschneider* (Herbstmilch 1984). Selbst Schriftsteller im ausgehenden 20. Jahrhundert pflegen durchaus die gerade von Großstädtern gepflegte Illusion von der ländlichen Idylle als - wenngleich meist ironisch gebrochene - Gegenwelt.

Das zeigt etwa Walter *Kempowskis* Roman „Heile Welt" (1998). Dort schildert das Alter ego eines stadtflüchtigen Schulmeisterleins im Rückblick, ein wenig biedermeierlich und humorlos, die banalen Ereignisse seiner mühsamen Berufsfindung und -Ausübung in einem kleinen Heidedorf, wie sie zu Beginn der 60er Jahre mit dem Aufkommen der verlängerten Nachjugendphase üblich geworden zu sein scheint.

Die Langfassung (202 + 270 Seiten) der biographischen Methode am Beispiel einer Tiroler Bergbäuerin verarbeitet die volkskundliche Dissertation von Elisabeth *Bockhorn*! (Auto-) Biographische und fiktionale Elemente durchdringen sich in den Erlebnis- und Reiseberichten von inländischen (Ernst von *Salomon*; Sebastian *Haffner*) und ausländischen Zeitgenossen (John *Dos Passoa*; Stephen *Spender*) über Deutschland, wenn sie die ganze Spanne von den 20er bis zu den 50er Jahren oder Teile davon überbrücken, vor allem dann, solange andere Direktquellen und Zeitzeugnisse fehlen.

Selbst in den neuen Medien Film und Fernsehen gelangen ländliche Heimat und Alltagsgeschichten unter dem Vorzeichen von Authentizität und Eigenständigkeit zu neuen Ehren. Verspätet und plötzlich rücken kritische Analysen heutiger Landwirtschaft und Agrarpolitik sogar in das Blickfeld fachfremder Soziologen (vgl. *Barlösius*; *Rieger*). Ob als anerkannte Dichtung dem Literaturkanon der Nachgeborenen zugehörig, ob als rückwärtsgewandte Volkskunde auf der Suche nach Restbeständen der Agrargesellschaft anhand künstlerischer Zeugnisse (vgl. *Weber-Kellermann*) oder schließlich als Versuch sozialgeschichtlicher Rekonstruktion auf der Grundlage von aufsehenerregenden Einzelereignissen (*Corbin* 1990, 1994) an der Grenze zur Fiktion. Selbst die Aufarbeitung großer geschichtlicher Epochen (*Koning; Newby* 1987), die eine mehr oder weniger nostalgisch verklärte, kulturgeschichtliche Rückschau auf das Landleben vom 17. bis zum 20. Jahrhundert liefert, gibt nützliche Aufschlüsse für die Analyse der Gegenwart. Doch an der Schwelle zum postkapitalistischen[2] oder gar nachindustriellen Zeitalter sind alte Konzepte, Vorschläge und Vorurteile kritisch zu überprüfen, neue Überlegungen anzustellen.

---

[2] Denn die Begriffe „Früh-, Hoch- und Spätkapitalismus" hat bereits Werner *Sombart* (1927) besetzt!

Mein Thema ist also die sozialwissenschaftlich geprägte Dorf- und Gemeindeforschung selbst, nicht aber die vorschnelle Aus- und Abgrenzung der verschiedensten Herkünfte oder Bindestrich-Disziplinen. Der Überblick über deutschsprachige Dorf- und Gemeindestudien umfaßt eine Zeitspanne von mehr als 100 Jahren.

2. Einführung in das Arbeitsfeld sozialwissenschaftlicher Dorf- und Gemeindestudien

> Les voix contrastées qui, les unes, célèbrent les vertus champêtres, les autres, dénoncent la noirceur de l'âme paysanne, s'accordent au moins sur un point: il existe une personnalité paysanne nettement différenciée qui s'oppose à celle des citadins, ouvriers ou bourgeois.
>
> Henri *Mendras*, Sociologie de la campagne française. (Que sais-je? N° 842) Paris 1959 (Presses Universitaires de France) S. 89

> It is as if sociologists cannot define urban without a rural contrast: when they lose the peasant they lose the city too.
>
> Raymond E. *Pahl*, Whose city? And further essays on urban sociecty. Harmondsworth, England 1975 (Penguin), S. 199

Im Anschluß an den kurzen Seitenblick auf verbreitete Mythen und Stereotypen der jüngeren literarischen Tradition, soweit diese das fiktive Leben von Bauern und/oder von Landbewohnern behandelt, doch abgekoppelt von der damit befaßten Philologie, hat sich die sozialwissenschaftliche Analyse der harten Fakten der Alltagswelt und der dort zu beobachtenden Veränderungen anzunehmen. Die verbreitete Ambivalenz im Hinblick auf die grundsätzliche Einstellung etwa zum Land- bzw. Großstadtleben schlägt sich in ähnlicher Weise bei manchen Autoren der Dorf- und Gemeindeforschung nieder und führte nicht zuletzt zu widerständigen terminologischen Schwierigkeiten wie schon die Namen einschlägiger Bindestrichdisziplinen - Siedlungssoziologie, Gemeinde-, Agrar-, Regional-, ländliche Soziologie, community studies, Stadtforschung, Dorfstudien etc. - belegen. Stellt Gemeinde für die Bürger noch eine soziale Realität dar (*Ladner*, S. 5), wenn die funktionale Dislozierung individueller Netzwerke die Regeln des klassischen französischen Dramas - Einheit des

Ortes, der Zeit und der Personen - in der modernen Stadt ebenso wie auf dem Dorf längst durchbrochen hat?

Im Zeitalter weltumspannender Kommunikationsnetze erscheint einerseits die Welt als Dorf (global village); auf der anderen Seite führte der soziale Wandel zu einer mehr oder weniger sich verstädternden Gesellschaft, als quasi universeller Lebensform. Wenn das Dorf selbst - ebenso wie die Großstadt - aufgehört hat, das zu sein, was es einmal war, handelt es sich dann nicht um anachronistisch gewordene Begriffe? Und geht es bei der neuerlichen Rückbesinnung auf "Dörflichkeit" eher um marginale kulturgeschichtliche Reliktforschung, oder aber um eigenständige Lebensformen, die mehr darstellen als beliebige Wohn-, Siedlungs- und Erwerbsweisen? Wie das meistens der Fall ist, sind die gestellten Fragen manchmal besser als viele offenbleibende Antworten.

Auf der Suche nach dem verlorenen Ort wurde das alte Dorf kulturell vorzugsweise am Kirchturm/Pfarrer, am Bürgermeister(-amt) und an der Volksschule bzw. am Volkschul-Lehrer festgemacht bzw. personifiziert, und der vermutliche Beginn vom Ende des herkömmlichen Dorfes wurde von hellsichtigen Zeitgenossen frühzeitig und längst markiert. Man mag die angerissenen Entwicklungstendenzen füglich bezweifeln und als Antithese formulieren: Das globale Dorf finde im internationalen Wettbewerb der Standorte nicht statt, solange im vielgepriesenen Kommunikationszeitalter einsame Monaden vor dem allgegenwärtigen Bildschirm ihren individuellen Gedankensplittern nachhängen. Doch „lokale Einheit, soziale Interaktionen und gemeinsame Bindungen", diese komplexen Bestandteile einer Mindestdefinition von Gemeinde als sozialem System, die René *König* (1958, S. 27f., passim) im Anschluß an George A. *Hillery* jun. (1955) hervorgehoben hat, genügen sie noch den heutigen Erscheinungsformen entgrenzter und virtueller Mobilität?

Der Soziologie und insbesondere der empirischen Sozialforschung geht es angesichts des hohen Veränderungspotentials ihres Forschungsgegenstandes eher um Wissenserneuerung als um Wissensakkumulation. Dem entspricht ein exploratives Vorgehen bei der Analyse der „stillen Revolution auf dem Lande" (Helene *Albers*) -

de-constructing respectively re-inventing the countryside -, die im Spiegel des 20. Jahrhunderts grundlegende Verwerfungen mit sich brachte, was
- die bäuerliche Arbeitsweise und das zugehörige Familiengefüge (Mechanisierung, Agribusiness anstelle der früheren Subsistenz) auf den Kopf stellte,
- die landwirtschaftliche Erzeugung auf den Höfen mit sich beschleunigendem technischen Fortschritt vervielfachte („Höfesterben")[1],

und
- das Gesicht der Dörfer tiefgreifend veränderte.

Handelt es sich dabei um das Ende bzw. Verschwinden des (alten) Dorfes oder um dessen spektakuläre Verwandlung innerhalb von einer bzw. zwei Generation(en)? Dörfer zählen - wie Familie oder Nachbarschaft - zu den „permanenten Kleingruppen" (*Lazarsfeld*, 1970, S. 186), und als intermediären Sozialgebilden wird ihnen Aufmerksamkeit als Bindemittel gerade in individualisierten Gesellschaften geschenkt. Dieses geht über die bloßen Funktionen als Wohnort der Bevölkerung, wirtschaftsräumliche Kategorie, naturnahe Umwelt und sozialräumlich organisierte Siedlungseinheit deutlich hinaus.

Susanne *Stegmann* hat den umwälzenden Wandel der vor allem „kleinbäuerlichen Lebensverhältnisse" in Deutschland der zweiten Jahrhunderthälfte auf der Grundlage von Wiederholungsuntersuchungen der Forschungsgesellschaft (vgl. Heinrich *Becker*, 1997) folgendermaßen auf den Begriff gemacht:
- 1952: „Dörfer als kleine Welt für sich" mit der Landwirtschaft als Fundament (S. *Stegmann*, 1998, S. 23),
- 1972: nach außen auch sozialstrukturell in die Region geöffnete, „ehemals kleinbäuerliche Dörfer",
- 1993: attraktive Standorte „neudörflicher Lebensweise" (a.a.O., S. 127), wo Landwirtschaft zum einsamen Beruf geworden ist.

---

[1] Im Pflanzenbau Westfalens halbierten sich die durchschnittlichen Ertragssteigerungen pro Jahr von 1900 bis 1939 gegenüber der Basisperiode (1880-90), um anschließend (1949-99) die relativen Zuwächse mehr als zu verdoppeln (vgl. Helene *Albers*, S. 162). In der Tierhaltung sind die „wohlstandsinduzierten Errungenschaften" möglicherweise noch augenfälliger.

Im folgenden gilt der vordringliche Blickpunkt zwar überwiegend dem Dorf und der kleinen Gemeinde, wird jedoch an der politisch-administrativen Gemeinde, stellvertretend für die lokale Staatsgewalt, festgemacht. Dabei stehen begrifflich die Einzelfallstudie - angelehnt an das englische „community study" - und Dorfmonographie, weniger die weiter gefaßte Gemeindeforschung allgemein, im Mittelpunkt des Interesses.

2.1 Definitionsfragen und Forschungskonzepte

Noch am Beginn dieses Jahrhunderts setzten Vertreter der Volkskunde, etwa Josef *Weigert*, Bauerntum und Dorfleben weitgehend in eins; der Soziologe Gunther *Ipsen* bezeichnete in der Zwischenkriegszeit (1933, S. 11f.) das Verhältnis zwischen ländlicher und industrieller Gesellschaft als ein solches der Entfremdung (i.O. hervorgehoben) und zieht eine Grenze zwischen Stadt und Land, ungeachtet der zunehmenden gewerblichen Durchsetzung der Dörfer im Verlauf des 19. Jahrhunderts. *Ipsen* hebt das eigentümliche Wesen der bäuerlichen Familien, die Gemeinschaftsstruktur des Dorfes und seine genossenschaftliche Verfassung hervor. Doch Friedrich *Mess* (1930/31, zitiert nach Rüdiger *Beer*, 1970, S. 22) prophezeite den drohenden Niedergang und die Gefährdung („Götterdämmerung") der Gemeinden bereits vor deren Gleichschaltung im nationalsozialistischen System. Nach dem tiefgreifenden Wandel in der sozialen Zusammensetzung der Bevölkerung und ihrer Berufsgruppen im ursprünglichen Wortsinn vor allem in der zweiten Jahrhunderthälfte lautet dann die zwangsläufige Aussage für „das alte Dorf":

„Der dramatische Schwund bäuerlicher Existenzen, die das Grundgerüst des Dorfes zu tragen haben, gefährdet das Dorf selbst".

Demgegenüber besteht Conrad *Arensberg* (1962)[2] darauf, nicht abgesonderte Gruppen, einzelne Klassen, „unechte" Gemeinden, isolierte Subkulturen, sondern Gemeinden möglichst als vollständige Sozialgebilde zum Forschungsfeld bzw. Forschungsobjekt heranzuziehen. „Allzuviele Gemeindeuntersuchungen haben ein-

---

[2] Unverändert abgedruckt bei René *König* (Hrsg.), Handbuch der ESF, 3. Aufl. 1974, S. 82-116.

oder zweischichtige isolierte Sozialgebilde irrtümlich für Gemeinden gehalten - von Wohnvororten bis zu Bauerndörfern[3] und proletarischen Slums" (*Arensberg*, S. 108).

Er erweitert die oben von *König/Hillery* skizzierten Minimalerfordernisse einer Begriffsbestimmung von Gemeinde zu einem komplexen Puzzlespiel, das wenigstens die Dimensionen von Raum, Zeit, Ökologie und Demographie berücksichtigt:

„Im Lichte unserer strukturellen Definition der Gemeinde ... (a.a.O., S. 109), (ermöglicht) diese Minimaleinheit die Kontinuität der nunmehr kulturell definierten Art" (S. 102),

als „ein strukturiertes soziales Feld zwischenmenschlicher Beziehungen, die sich im Zeitablauf entfalten (S. 97).

Das ist ... eine beharrende natürliche Einheit von sozialen Prozessen und sozialer Organisation lebender Erscheinungen ... einer bestehenden Kultur und Gesellschaft" (a.a.O., S. 98).

Bernd *Hamm* (u.a.) definiert in einer neueren Veröffentlichung (1996, S. 49-55) Sozialstruktur als relativ stabiles Beziehungsgeflecht zwischen gesellschaftlichen Einheiten, das sind Individuen oder Kollektive (Familie, Haushalt, Gruppe, Betriebe, Vereine, Parteien, Städte, Staaten), also gesellschaftliche Institutionen, deren materiell verfestigte räumliche Verortung infolge bewußter Wahrnehmung (Apperzeption, R.S.) und sozialer Bezüge das Verhalten steuert (vgl. auch Hans *Linde* 1972).

Geht man empirisch e contrario nicht vom Lande, sondern von der „städtischen Lebensweise" als dem zentralen Gegenstand soziologischer Theorie der Stadt aus, so unterscheidet Ferdinand *Böltken* (1979, S. 33ff.) desweiteren - und im Anschluß an den Amerikaner C. ... S. ... *Fischer* 1976 - drei hauptsächliche Varianten des methodischen Vorgehens:
(1) den ökologisch determinierten Ansatz von Louis *Wirth* (1938), der das Stadtleben - „urbanism as a way of life"[4] - nicht zuletzt im Hinblick auf großstädtische Desorganisationserscheinungen (Anomie) untersucht (vgl. *Böltken*, S. 9-12);

---

[3] Meine Hervorhebung, R.S.
[4] *Wirth* definiert Stadt als „relativ große, dichte und dauerhafte Siedlung von sozial heterogenen Einzelpersonen"!

(2) einen demographisch-statistischen (compositional) Ansatz, der insbesondere auf Herbert *Gans*' Arbeiten der 60er Jahre zurückgeht, der „städtisches" versus „ländliches" Verhalten lediglich auf die jeweilige Zusammensetzung der Bevölkerung zurückführt (vgl. *Böltken*, S. 26-32);

(3) die Hypothese einer subkulturellen Synthese aus (1) - ohne dessen Anomiefolgerungen - und (2), die *Fischer* selbst bevorzugt, wo zusätzlich zu den demographischen Einflußgrößen ökologische Faktoren direkt mitwirken können (*Böltken*, S. 34-42).

- „Ländlich"

Sucht man nach einer allgemein verbindlichen Definition von „ländlich", so weichen die empirisch angebbaren statistischen Indikatoren bzw. die ihnen zugrunde liegenden Konzeptionen mehr oder weniger stark voneinander ab. Dementsprechende Anwendungs- und Auslegungsprobleme beruhen auf der relativen Natur statistischer Bestimmungen, der Auswahl und Datenverfügbarkeit, den gewählten Schwellenwerten und der mangelhaften internationalen Vergleichbarkeit (geringe Homogenität und Art der politisch-administrativen Grenzen). Einigkeit besteht immerhin insoweit, daß es sich bei der Begriffsbestimmung um Beziehungen zwischen einer Bevölkerung und einer Flächeneinheit handelt[5]. Carlo *De Rose* (1995, S. 2 und 9) trennt hierbei zumindest drei Beobachtungsfelder:

- eine demographische bzw. ökologische Dimension - z.B. Einwohnergröße und -dichte -,
- eine soziale Dimension, u.a. Sozialraum der Beschäftigung (Agrarquote etc.),
- Kennziffern des Habitat, was „ländlich" als Komponente eines größeren Sozialsystems einordnet, d.h. ohne Bereitstellung zentraler Dienstleistungen oder Lage außerhalb der Reichweite eines Stadtzentrums.

Darüber hinaus stellen mehrere Phänomene die herkömmliche Nutzung des Land-Konzepts ernsthaft in Frage, so etwa die Konterurbanisierung, die Umkehr des Vorgangs ländlicher Entvölkerung, das Auftreten neuer Funktionen des „ländlichen

---

[5] Hierauf haben u.a. *Atteslander, Hamm* und *Linde* hingewiesen.

Raums" und die zunehmende Interdependenz von Stadt und Land. Problematische Begriffe wie Landschaft, Dorfgesellschaft etc. ziehen naturgemäß Nachbardisziplinen der Soziologie - wie land economics, Demographie, Geographie und Politikwissenschaft[6] - in ihren Bann (Carlo *De Rose*, 1995, S. 6). Die sich daran entzündende Debatte entwickelte sich in zwei grundverschiedene Richtungen (ebenda, S. 7):

1. Nachdenken über die städtisch-ländliche Dichotomie bzw. das dementsprechende Kontinuum, oder aber
2. Suche nach neuen begrifflichen Werkzeugen, die besser geeignet sind, die Wandlungsprozesse ländlicher Gebiete in Industriestaaten zu erforschen.

Einige Autoren haben darauf hingewiesen, daß das analytische Modell auf der Grundlage des Kontinuums zu sehr vereinfache, um die Interaktionen zwischen Stadt- und Landgebieten innerhalb eines sozialen Systems angemessen zu erfassen und die reale Situation hinreichend genau abzubilden. *Pahl* (1966) und *Newby* (1981) konnten indessen keine überzeugende Alternative für ein umfassendes Konzept anbieten, das innerstädtische Unterschiede ebenso wie städtisch-ländliche Ähnlichkeiten anerkennt (vgl. *De Rose*, S. 8).

Am Konzept des Stadt-Land-Kontinuums, das bis Mitte der 60er Jahre vorherrschte, wurde die zu starke Betonung des räumlichen auf Kosten des zeitlichen Elements bemängelt: Prozeßbetrachtung anstelle einer bloßen Typologie (vgl. *Pahl*, S. 311ff.) sei notwendig. *Pahl* sprach sich deshalb für den Übergang zu anderen Konzepten (Rolle, Netzwerk, Schutzherr-Auftraggeberbeziehungen[7]) aus und setzte dabei insbesondere auf die Konfrontation zwischen dem Lokalen und dem Nationalen, die sich für das Studium kleinmaßstäblicher Gesellschaften als nützlich erwiesen habe (ebenda, S. 317f.). Die Kontinuum-Vorstellung geriet bei *Newby* in Mißkredit, weil dadurch der eindeutige Vorrang des Sozialen verfehlt werde (vgl. *Newby*, 1981, S. 204). Er verzagt bei der „letztlich vergeblichen Suche nach einer soziologischen Definition von „ländlich"" (ebenda, S. 203) und reagiert auf die daraus herrührende Krise und Herausforderung des Fachs, indem er den Ausweg einschlägt, theoretisch

---

[6] Ein frühes Beispiel für derart transdisziplinär ausgreifende Studien stellt das umfangreiche Textbuch von *Loomis/Beegle* (1950) dar.
[7] Meine Übersetzung von patron-client relationships.

weiterführende Ansätze in zwei naheliegenden Gegenstandsbereichen zu suchen, die gleichermaßen ländlich und soziologisch sind - nämlich Entwicklungsforschung und peasant studies -. Als anderswo entwickelte Forschungsrichtungen einer „neuen ländlichen Soziologie" schlägt er die sogenannte Dependenztheorie, den Zentrum-Peripherie-Ansatz und die Metapher des internen Kolonialismus vor.

- Landvolk, Landbevölkerung

Zur empirischen Messung und Abgrenzung des „Landvolks" - so noch *Ipsen*, 1933; Josef *Müller*, 1961/62 - unterscheidet Ulrich *Planck* (1956, S. 15f.) zwischen der berufs- und der milieubezogenen Auffassung, deren partielle Übereinstimmung er graphisch auf der vertik؛ ٦orizontalen Achse aufträgt, statistisch am Beispiel der Agrarquote einerseits, der Gemeindegrößenklasse andererseits gemessen. Bei eingeschränkter Datenverfügbarkeit weichen selbst verschiedene Indikatoren ein und derselben - hier der demographischen - Dimension, wie z.B. Einwohnergröße und -dichte, nicht unwesentlich voneinander ab.

Herbert *Kötter* (1958, S. 157f.) wies - ähnlich wie Gerhard *Isbary* - auf die Multifunktionalität ländlicher Räume in der entwickelten Industriegesellschaft hin, wo zusätzlich zur „agrargesellschaftlichen" Aufgabe der Nahrungserzeugung die Eignung als gewerblicher Standort, Wohnort und Erholungsgebiet zunehmende Bedeutung erhalten. Raymond *Pahl* (1966) lenkt dagegen den Blick auf die heterogene Zusammensetzung der „metropolitanen" Dorfbevölkerung, die zu ausgeprägten Zielkonflikten zwischen den hauptsächlichen Gruppierungen der Dorfbevölkerung führen könnten. Dabei unterscheidet er folgende Interessengruppen: hergebrachte große Landeigentümer; Gehaltsempfänger - Geschäfts- und Fachleute -, die den Lebensstil am Wohnort bevorzugen; wohlhabende Ruheständler mit Wohnungseigentum; widerwillige stadtflüchtige Angehörige der Arbeiterklasse auf der Suche nach billiger Unterkunft; proletarisierte Pendler der ländlichen Arbeiterklasse selbst; traditionelle Landbewohner wie Einzelhändler und Landarbeiter.

Selbst vermutliche theoretische Neuorientierungen, wie die seit dem Suburbanisierungsschub nach 1945 ins Feld geführte Figur des „urban villager" (Herbert *Gans*,

1962) bzw. des „metropolitan villager" (Raymond *Pahl*, 1966), stellen nicht derart innovative Erkenntnisse dar, wie häufig behauptet. Es handelt sich vielmehr um wiederentdeckte Phänomene der Stadtentwicklung in Industriegesellschaften der Alten und Neuen Welt, die ähnlich schon um die Jahrhundertwende aufgetreten sind, wie der Blick in die 1925 von Louis *Wirth*[8] erstellte Bibliographie von Stadtgemeinden belegt[9].

- Dorf und Gemeinde

„Dorf" wird etymologisch nach unten gegen Weiler (villa) nach oben gegen den „Markt" - gleich „Stadt" im ökonomischen Sinn - bei Max *Weber*, 4. Auflage 1956, S. 736 bzw. Werner *Sombart*, 2. Aufl. 1916, Bd. I, 1. Halbband, S. 127 - abgegrenzt. Die Geographie wiederum unterscheidet darüber hinaus bei den aus der Agrargesellschaft bis zum 19. Jahrhundert überkommenen, später abgewandelten, Siedlungsgebilden[10] und Ortsgrößen zwischen Einzel(hof)siedlung, Weiler - ohne eigene Versorgungseinrichtungen - und Dorf (vgl. Cay *Lienau*, S. 62f.), die sich in charakteristischen Verbreitungsgebieten Deutschlands bzw. Mitteleuropas auffinden lassen. Howard *Newby* beschreibt die kurze Phase (ca. 1850-70) des viktorianischen High Farming im Ackerbau des südöstlichen Englands als ein historisches Beispiel für eine homogene Dorfgemeinschaft (village community), damals auf der einheitlichen beruflichen Existenzgrundlage der Landwirtschaft. Er schildert das ehemalige Gefühl der schicksalhaften Zusammengehörigkeit als von dreifacher Art bedingt (*Newby*, 1987, S. 88ff.):
- eine als stabile und harmonische Sozialordnung aufgefaßte „Gemeinschaft" legitimierte die Herrschaft der Landedelleute (gentry; squirearchy) in der „Sicht von oben";

---

[8] Rund 50 Jahre vor *Gans/Pahl* betitelte bereits ein Autor, Simeon *Strunsky*, seine 1914 in New York erschienene Studie mit der vielsagenden Überschrift: Belzhazzar Court, or, village life in New York City!
[9] In: *Park/Burgess/McKenzie* (Hrsg.), S. 161ff.
[10] Der Gegensatz des Siedlungstyps von Stadt und Land beruht allein auf dem Standort. Die Unterscheidung zwischen städtischer bzw. ländlicher Lebensweise - mit Unterschieden in den Einstellungen der jeweiligen Bevölkerungsgruppen - dagegen bezieht soziale Subsysteme mit ein.

- „Gemeinschaft" als lokale Nachbarschaft aus der gemeinsamen Erfahrung von Familie, Arbeit und Wohnplatz, die den Blickwinkel der örtlichen Subkultur „von unten" ausdrückt;
- Gemeinschaft wurde außerdem als visuelle und ästhetische Landschaft erfahren, welche „von innen und außen" einem räumlichen Rahmen Bedeutung verlieh.

Unterhalb dieser vorgeblichen Naturordnung freilich stellt *Newby* eine andere Wirklichkeit des viktorianischen High Farming fest: diejenige einer dreigeteilten Klassenstruktur, die aus Landeigentümern, Pächtern und Landarbeitern bestand.

Der schon genannte George A. *Hillery* (1955, S. 111 und 118) verglich seinerzeit 94 verschiedene Definitionen von community aus dem amerikanischen[11] Schrifttum der ersten Jahrhunderthälfte, um das Ausmaß an Übereinstimmung festzustellen. Er fand nicht weniger als 16 unterschiedliche Konzepte zur Begriffsbestimmung vor. Doch die Mehrzahl der Forscher - immerhin 69 von 94 Fällen - stimmte hinsichtlich des Gemeindelebens in drei Grundmerkmalen überein (Zitat, S. 111): „Most students, however, are in basic agreement that community consists of persons in social interaction within a geographic area and having one or more additional commmon ties. Students of the rural community whose definitions are analyzed are found to be unanimous in claiming this formulation as a minimum requisite."

Was also hat es mit den vielgebrauchten Begriffen Stadt und Land, Landbevölkerung, Dorf und Gemeinde, lokalen Produktionssystemen (Michel *Blanc*), industrial districts (Alfred *Marshall*) auf sich? Handelt es sich um eine „Ländlichkeit", die sich verändert, oder um eine solche, die verschwindet, um Wiedergeburt oder aber Krise ländlicher Gebiete? Die Überlegungen zur Re-Konstruktion bzw. Neudefinition des Landes orientieren sich einerseits an den unbezweifelbaren neuen Funktionen als agrarischer, gewerblicher und Dienstleistungsstandort, als Wohn-, Erholungs- und Freizeitgebiet für viele Mitglieder entwickelter Industriegesellschaften. Andererseits

---

[11] Einschließlich Übersetzungen einiger Texte von Ferdinand *Tönnies*, Henri *Pirenne* und eines Aufsatzes des emigrierten Rudolf *Heberle*.

können die Wirkungen der wachsenden sozialen, kulturellen und wirtschaftlichen Einflüsse der urbanisierten Gesellschaft nicht abgestritten werden.

Im Laufe der Entwicklung nach dem zweiten Weltkrieg, als die Bedeutung nationaler Makrogebilde (Sozialstaat, Konjunktur- und Strukturpolitik und dergleichen) allumfassend und übermächtig wurde, so daß höchstens noch die Rückwirkungen des Nationalen auf das von Auszehrung bedrohte Lokale untersuchungswürdig zu sein schienen, kam es zwar geraume Zeit später zur Rückbesinnung. Doch Roland *Warren* (1963/70, S. 84f., passim) schloß daraus, daß der „große Wandel" in den nordamerikanischen Gemeinden die Beziehungen zwischen diesen und den überlokalen Systemen verstärkte, dagegen den gemeindlichen Zusammenhalt und die Kommunalautonomie schwächte, so daß viele Vorschläge aufkamen, den Begriff „Gemeinde" selbst völlig fallen zu lassen. Dabei richtete er die Analyse des „großen Wandels" im Hinblick auf sieben Bereiche aus: fortschreitende Arbeitsteilung; Aufspaltung in Interessengruppen und plurale Umgangsformen der Menschen untereinander; zunehmende Systembindung an die größere Gesellschaft; Bürokratisierung und Entpersonalisierung; Übernahme ehemals privater Funktionen durch Markt und/oder Staat; Suburbanisierung; Wertewandel.

Die Aufmerksamkeit hinsichtlich der Durchführung von sozialwissenschaftlichen Gemeindestudien ging deshalb im angelsächsischen Sprachraum in den 50er und 60er Jahren zurück, weil - so Murray *Stewart*, 1972, S. 32f. - „dem Konzept einer städtischen Nachbarschaft oder einer lokalen Gemeinde (geringe Gültigkeit beigemessen wurde), wenn diese als selbständige Einheit von Arbeitsplätzen, Läden, von Erholungs- und kulturellen Einrichtungen angesehen wurde, ... durch physische Grenzen abgeschottet". Wenn die Vorstellung des Stadt-Land-Kontinuums angesichts der veränderten Wirklichkeit - eclipse of the rural world, so *Newby*, 1987, S. 212-237 - als überholt angesehen wird, dann könnte beispielsweise ein gewissermaßen entterritorialisiertes „non-place concept of community" (*Stewart*, S. 33) aus individuellen Netzwerken von Beziehungen/Verkettungen bestehen. Ein solches bleibt indes bar jeder Wortbedeutung von „ländlich". Die stattdessen ersatzweise eingeführte rekonstruktivistische Perspektive mit einer neuen Liste dialektischer

Begriffe und die von Terry *Marsden* (1995) vorgeschlagenen Konzepte[12] führen durch die Hintertür wesentliche Bestandteile einer flexiblen Anwendung und Ausgestaltung der Konzeption des Stadt-Land-Kontinuums wieder ein! *Marsden* (derselbe, 1999, S. 503) stipuliert - ähnlich wie seinerzeit *Newby*, siehe oben - als Forschungsagenda „a new political social ecnomy of rural space", welche die Mannigfaltigkeit regionaler Lebensbedingungen, insbesondere die Vorgänge von deren sozialräumlicher Entwicklung - weniger der sektoralen Betrachtung - verstehen und politisch unterstützen will (ebenda, S. 508 und 516).

- Stadt-Land-Beziehungen/Stadt-Land-Verhältnis

In den 50er Jahren (vgl. *Kötter*, 1958, S. 80ff.) setzte sich zur Kennzeichnung des Landes in der modernen Industriegesellschaft das Strukturbild des Stadt-Land-Kontinuums[13] in Deutschland durch, das sich noch in den 60er Jahren als gültige Formel für das damalige Dorf eingebürgert hatte (vgl. *Aschenbrenner/Kappe*, 1965, S. 40-47). Bei den Autoren der nordamerikanischen „rural sociology" freilich war der geringfügige sprachkundliche und bedeutungsmäßige Unterschied im Satzgefüge (Syntax) zwischen Dichotomie und Kontinuum bereits 1950 ausdrücklich anerkannt (vgl. Irving *Spaulding*). Demgegenüber erfreut sich im deutschen Schrifttum das Denken in extremen Gegensatzpaaren nach wie vor großer Beliebtheit. „Der dichotomische Charakter der Unterschiede von Stadt und Land hat lange Zeit als eine kaum angezweifelte Grundkategorie der soziologischen Forschung gegolten" (Herbert *Kötter*, 1969, S. 604). So definierte Gunther *Ipsen* (1933, S. 9) Landvolk im Verhältnis zur industriellen Gesellschaft als voneinander abgeschirmte, eigengesetzliche Gattung bzw. Gruppe. Zwar gehen auch *Loomis/Beegle* (1950, S. 11-33, S. 794f.) beim Vergleich konkreter Sozialsysteme - z.B. zwischen den Handlungsmustern einer Amish-Familie und einem Regierungsbüro - von den Gegensatzpaaren soziologischer Klassiker (Ferdinand *Tönnies* und William *Ogburn*) aus, deren äußere Pole sie als „familistische Gemeinschaft" versus „vertragliche Gesellschaft"

---

[12] U.a.: Globalisierung/Lokalisierung (so schon *Pahl* 1966); räumliche Neugestaltung der Produkt-Konsum-Kette; „Einbettung" lokalwirtschaftlicher Entwicklung in soziale Beziehungen/gesellschaftliches Handeln; Institutionen und Machtgefälle zwischen Standorten und ländlichen Räumen.
[13] Laut Herbert *Kötter* (1969, S. 605) geht der besondere Gedanke des Stadt-Land-Kontinuums auf Pitirim A. *Sorokin/Carle Zimmermann* (1929) zurück.

benennen. Doch spannen sie dazwischen eine Zehn-Punkte-Skala etwa der beobachtbaren Wertorientierungen von Gruppen auf. In Deutschland dagegen herrscht bis auf den heutigen Tag die Neigung vor, kategoriale versus klassifizierende Verfahren - d.h. Einstufung beobachteter Unterschiede als absolute bzw. relative Aussagenart -, qualitative Beschreibung und Interpretation gegen quantitative Messung als sich wechselseitig ausschließende Methoden zu hypostasieren und mit extremen Grenzbegriffen zu operieren.

Dagegen befaßte sich in einer Seitenlinie der „Kölner Wahlstudie 1961" zum deutschen Bundestag Franz-Urban *Pappi* ausführlich und kritisch reflektierend mit der Konzeption des Stadt-Land-Kontinuums. *Pappi* untersuchte unter den sozialstrukturellen Bestimmungsgründen der politischen Kultur - Wahlbeteiligung, Parteipräferenzen, politisches Interesse, Legitimitätsgefühl und andere - den Einfluß des politischen Subsystems der Verwaltungsgemeinde[14], [15] auf die Einstellungen zum politischen System überhaupt. Er prüfte daraufhin die Eignung der bei *Hillery/König* als Minimalerfordernisse angegebenen Definientia, inwieweit diese Gemeinden von kleineren Lokalgruppen einerseits - z.B. Kloster, Nachbarschaft -, andererseits zum gesamtgesellschaftlichen Sozialsystem abgrenzen (1970, S. 94). Während die beiden Merkmale - Personen in sozialen Interaktionen und mit gemeinsamen Bindungen - dem Autor insofern unproblematisch sind, als sie lediglich Aussagen über gesellschaftliche Systeme vom Typ der Kollektivität enthalten, „(erlaubt) das Merkmal der lokalen Einheit keine soziologisch befriedigende Abgrenzung von Gemeinde und Gesellschaft" (ebenda). *Pappi* führt deshalb zwei weitere Dimensionen in das Stadt-Land-Kontinuum ein (a.a.O., S. 94-104):

(1) zur Komplexität des sozialen Subsystems Gemeinde - gemessen an Einwohnerdichte und/oder Gemeindegröße - treten

(2) der Grad der <u>Vollständigkeit</u> des lokalen Sozialsystems über die verschiedenen Lebensbereiche, festgemacht an der strukturellen Differenzierung und Anzahl

---

[14] Das waren noch Aggregatdaten für die eng begrenzten Gemeinden vor den Verwaltungsgebietsreformen der 70er Jahre.

[15] In der Folgezeit lösten sich mit fortschreitender räumlicher Entgrenzung sozialer Beziehungen manche relativ geschlossene „sozial-moralischen Milieus" (*Lepsius*) und die scharfen Trenn- und Spannungslinien bei der Wahlentscheidung - hie kirchliche Bindung, dort gewerkschaftliche Organisation und dergleichen - teilweise auf (vgl. *Roth*; *Bürklin*).

institutioneller Funktionskreise - auf einer Skala zwischen den Polen lokal bzw. national dominiertes System -[16], und

(3) die Diffusion/Ausbreitung moderner Einstellungen der Bewohner, etwa nach Gemeindegrößenklassen, was auch die Stärke von deren Isolierung anzeigt.

Dieses abgeänderte dreidimensionale Modell des Stadt-Land-Kontinuums besagt etwa im eindeutigsten Fall für homogene Agrargemeinden, daß diese wenig komplex, unvollständig und stark isoliert sind.

Bei allen Umwandlungen (Metamorphosen), welche die Grundformen der agrargesellschaftlichen Dörfer im 19. und 20. Jahrhundert durchlaufen haben, ist die innere und äußere Gestalt unserer lokalen Siedlungseinheiten bzw. Landgemeinden immer vielschichtiger geworden. Nicht das Ende, sondern die Verwandlung des Erkenntnisobjektes ist anzuzeigen, und mit ihr die des zweckmäßigen Begriffsapparates und angemessener theoretischer Konzepte. Wichtige und durchaus eklektisch ausgewählte Grundbestandteile für das komplexe Forschungsfeld der Stadt-Land-Beziehungen hat Carlo *De Rose* (1995) einander folgendermaßen zugeordnet (Übersicht 1).

Dieses Verfahren einer methodisch angeleiteten Problemlösung ist nicht allein konstitutiv für empirische Meßversuche etwaiger Stadt-Land-Unterschiede, es läßt außerdem einige Schritte in Richtung schließender Statistik zu. Das kann in anschaulicher Weise am Beispiel weniger Querschnittsanalysen der Forschungsgesellschaft für Individual- und Aggregatdaten aus den 70er Jahren aufgezeigt werden.

---

[16] Eine erste Klarstellung in bezug auf Vollständigkeit auf dem Felde beruflicher Zusammensetzung bzw. sozialer Schichtung der Einwohner lieferte bereits Conrad *Arensberg* (1962) (siehe oben)!

Übersicht 1: Morphologische Elemente des Forschungsfeldes soziales Subsystem der Landgemeinde bei *De Rose*

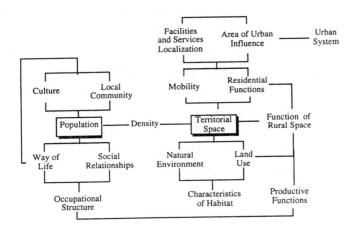

Quelle: Carlo *De Rose*, Rural and rurality in Europe: Problems of definition, measurement, and comparison. Arcavacata, Rende (Italien) 1995, S. 9

Von der Deutschen Forschungsgemeinschaft (Antragsteller: Prof. Dr. Bernd van *Deenen*) finanzierte Studien untersuchten Familienstrukturen selbst sowie die Leitbilder in der Kindererziehung, den Geschlechtsrollen und Generationen-Beziehungen im expliziten Stadt-Land-Vergleich für repräsentative Teilstichproben (n ≈ 1.000) in Gemeinden > 50.000 bzw. < 5.000 Einwohner[17]. Es zeigte sich, daß die festgestellten Unterschiede in bezug auf „integrative" Generationen-Beziehungen bzw. eher „progressive" versus „konservative" Einstellungen im normativen Verhalten bei der Kindererziehung bzw. hinsichtlich der Geschlechtsrollen in erster Linie durch Merkmale der handelnden Personen, nämlich Alter und Bildungsniveau, beeinflußt wurden, weniger durch spezifische Kennziffern der städtischen bzw. ländlichen

---

[17] Vgl. *Knirim*, Christa, Erziehungsleitbilder in Stadt- und Landfamilien der BR Deutschland. Schriftenreihe der Forschungsgesellschaft, H. 223, Bonn 1974
dieselbe, Leitbilder für die Generationen-Beziehungen in Stadt- und Landfamilien in der BR Deutschland. (ebenda, H. 225) Bonn 1975
Krüll, Marianne, Geschlechtsrollenleitbilder der Stadt- und Landfamilien der BR Deutschland. (ebenda. H. 224) Bonn 1974.

Umwelt (vgl. *Knirim* 1975, S. 138f.). Zur gleichen Zeit konnte Edmund *Mrohs*[18] einen für die 1964 eröffnete kontroverse Diskussion über die „deutsche Bildungskatastrophe" wichtigen Befund vorlegen. Er wies mithilfe multipler Regressionsschätzungen nach, daß für die beobachteten Unterschiede in der regionalen „Bildungsquote"[19] auf der Kreisebene im wesentlichen Sozialstrukturmerkmale (Arbeiteranteil, Agrarquote) verantwortlich waren, während der Einfluß weiterer Kennziffern - wie Einwohnerdichte, Anteil Landbevölkerung, Konfession, Realsteuerkraft, Kaufkraftkennziffer - vernachlässigt werden konnte. Es blieb freilich hinreichend Spielraum für „statistisch unerklärten Rest", einmal abgesehen von dem Manko etwaiger „ökologischer Fehlschlüsse", und genug Platz für etwaige Synthese-Versuche im Sinne von *Fischer* bzw. *Böltken!*

2.2 Zeittafel wichtiger Autoren

Es ist hier nicht der Platz, um ausführlich auf die Eckpunkte und das weite Spektrum von Denktraditionen[20] und Sonderwegen[21] einzugehen, wie sie für die Kennzeichnung der säkularen und säkularisierten sozialwissenschaftlichen Dogmengeschichte nachgelesen werden kann, vor allem am Beispiel der Volkswirtschaftslehre[22]. Nicht einmal ansatzweise wird versucht, die komplizierten Verzweigungen und wissenschaftlichen Stammbäume aufzuspüren, die zweifellos unter der sichtbaren Oberfläche schlummern. Die beiden Namenslisten ausgesuchter deutschsprachiger (Übersicht 2a) und ausländischer (zumeist US-amerikanischer) Verfasser von Gemeindestudien (Übersicht 2b) enthalten eine sehr „gemischte Gesellschaft" - was ebenfalls nicht näher ausgeführt werden kann - und beschränken sich auf dürre biographische Angaben: Namen, Geburtsjahr und -Ort. Die Vorlage bezweckt allein, dem Leser für die Lektüre der anschließenden Kapitel eine grobe Einordnungshilfe an die Hand zu geben.

---

[18] *Mrohs*, Edmund, Sozialstruktur und regionales Bildungsgefälle. In: Forschungsgesellschaft (Hrsg.), Strukturwandel und Strukturpolitik. (Schriftenreihe der Forschungsgesellschaft, H. 220) Bonn 1973, S. 259-271.
[19] Anzahl der Real-, Berufsfachschüler und Gymnasiasten in Prozent der 6- bis 21-jährigen Wohnbevölkerung.
[20] Karl-Siegbert *Rehberg*.
[21] Vgl. Karl-H. *Schmidt* und Rainer *Klump*, beide in: Erich W. *Streissler* 1997.
[22] U.a. Gerhard *Kolb*; Alfred E. *Ott* und Harald *Winkel*; Mark *Blaug* (deutsche Übersetzung).

Übersicht 2a: Namensliste wichtiger Verfasser von sozialwissenschaftlichen Ortsmonographien im deutschen Sprachraum

Gottlieb *Schnapper-Arndt*	(1846 - 1904)	Frankfurt a.M.
Max Graf zu *Solms*	(1893 - 1968)	Assenheim, Kr. Friedberg
Nobert *Elias*	(1897 - 1990)	Breslau / Amsterdam
Gunther *Ipsen*	(1899)	Innsbruck (AU)
Paul F. *Lazarsfeld*	(1901 - 1976)	bei Wien (AU) / New York
René *König*	(1906 - 92)	Magdeburg
Marie *Jahoda*	(1907)	Wien (AU) / Sussex, UK
Gerhard *Wurzbacher*	(1912)	Zwickau
Hans *Linde*	(1913 - 93)	Jeßnitz/Anhalt
Herbert *Kötter*	(1916)	Oesdorf-Pyrmont
Ulrich *Planck*	(1922)	Stuttgart
Martin *Schwonke*	(1923)	Marienwerder
Bernd *van Deenen*	(1925)	Düsseldorf
Rainer *Mackensen*	(1927)	Greifswald
Renate *Mayntz*	(1929)	Berlin
Urs *Jaeggi*	(1931)	Solothurn (CH)
Erika *Haindl*	(1931)	Frankfurt-Hoechst
Ulfert *Herlyn*	(1936)	Göttingen
Jürgen *Friedrichs*	(1938)	Berlin
Georg *Wehling*	(1938)	Essen
Franz-Urban *Pappi*	(1939)	Pfarrkirchen
Ralf *Zoll*	(1939)	Darmstadt
Utz *Jeggle*	(1941)	Nagold, Kr. Calw
Franz *Kromka*	(1944)	Mariahof/Steiermark (AU)
Albert *Ilien*	(1944)	Kisselbach/Hunsrück
Bernd *Hamm*	(1945)	Groß-Gerau
Rainer *Riehle*	(1945)	Freiburg
H.-Jörg *Siewert*	(1945)	(Reutlingen?)
Beate *Brüggemann*	(1947)	Münster
Rainer *Beck*	(1950)	München
Heinrich *Becker*	(1951)	Schweinsbühl/Waldeck
Sighard *Neckel*	(1956)	Gifhorn

Quelle: Wörterbuch der Soziologie. Stuttgart 1972 (Günter *Hartfiel*), 3. Aufl. 1982 (Karl-Heinz *Hillmann*), 4. Aufl. 1994 u.a.

Übersicht 2b: Namensliste wichtiger Verfasser von Community Studies im Ausland
- Schwerpunkt USA -

Robert E. *Park*	(1864 - 1944)	USA
Roderick D. *McKenzie*	(1885 - 1940)	USA
Ernest W. *Burgess*	(1886 - 1966)	USA
Nels *Anderson*	(1889 - 1986)	USA
Robert St. *Lynd*	(1892 - 1970)	USA
Louis *Wirth* (Gemünden/Main)	(1897 - 1952)	USA
William Ll. *Warner*	(1898 - 1970)	USA
Charles P. *Loomis*°	(1905)	USA; Bloomfield, Col.
Laurence *Wylie*°	(1909)	USA, Ind.
Conrad M. *Arensberg*°	(1910)	USA
Homer *Hoyt*°	(19..)	USA
Chauncey D. *Harris*°	(19..)	USA
Edward L. *Ullman*°	(19..)	USA
Eshref *Shevky*°	(19..)	USA
Theodore *Caplow*	(1920)	New York City
Otis D. *Duncan*	(1921)	Texas
Wendell *Bell*	(1924)	Chicago
Herbert *Gans* (Köln)	(1927)	USA, N.Y.
Emmanuel Le *Roy Ladurie*	(1929)	F, Normandie
A. Th. van *Deursen*	(1931)	Groningen, NL
Arthur J. *Vidich*°	(19..)	USA
Joseph *Bensman*°	(19..)	USA
Raymond E. *Pahl*	(1935)	UK, London
Roland L. *Warren*°	(19..)	USA
Frank W. *Young*°	(19..)	USA
Howard *Newby*°	(19..)	UK
Colin *Bell*°	(19..)	UK
Barry S. *Wellman*°	(19..)	CAN
Geert *Mak*	(1946)	Friesland, NL
Philip *Lowe*	(1950)	UK
Henk de *Haan*	(1951)	NL
Terry *Marsden*	(19..)	UK

° unvollständige Angaben

Quelle: Wilhelm *Bernsdorf* (Hg.), Internationales Soziologen Lexikon. Stuttgart 1959 (Ferdinand Enke), Ausgabe 1984 u.a.

Die einzige erläuternde Anmerkung geht den Impulsen nach, welche der große Atem, „das wilde Denken", in der (post) modernen Geschichtschreibung, etwa im Gefolge der französischen Annales-Schule, für die Sozialwissenschaften bereithält. In der Rezension einer überregionalen Tageszeitung für Deutschland wird etwa das Buch von Geert *Mak* über Jorwerd - dessen miterlebte Entwicklungsaussagen für 1945-95 im friesischen Dorf vergleichsweise ambivalent zwischen „Untergang des Dorfes" und „so lebte das Dorf weiter wie eh und je" (vgl. *Mak*, S. 209 und 307) hin und her pendeln - wohlwollend als „Montaillou der Gegenwart" hochgelobt. Die berühmte, im Stile einer Dorfmonographie verfaßte, Studie von *Le Roy Ladurie* über die Geschichte des pyrenäischen Bergfleckens im Hochmittelalter (um 1300) beruhte dagegen auf glücklichen archivalischen Befunden. *van Deursen* wiederum konnte das vollständig erhaltene Gemeindearchiv eines nordholländischen Dorfes aus dem 17. Jahrhundert heranziehen, um überraschende Details im Alltagsleben während des „goldenen Jahrhunderts" herauszuarbeiten. *Mak* und ähnlich Henk *de Haan* dagegen zeichnen pars pro toto für die jüngst vergangene Zeitgeschichte aus 30-50 Jahren agrarsektorale Veränderungen dörflicher Lebensweise auf der Mikroebene nach, um sie zum Strukturwandel schlechthin bzw. zur Entwicklungstendenz hochkomplexer Sozialgebilde zu stilisieren. Sie suchen eine Antwort auf die Frage, welches Selbstverständnis und welche sozialen Mechanismen es den beteiligten Akteuren erlauben, die vital und radikal mit der kulturellen Modernisierung konfrontiert werden, sich aus der Beharrungskraft jahrhundertealter Lebensformen zu lösen, sich den Kräften des kapitalistischen Weltmarktes auszusetzen und schließlich wie es ihnen gelingt, den damit einhergehenden Wandel unter Rückgriff auf lokale Netzwerke und personale Ressourcen zu bewältigen?!

2.3 Aufbau der Untersuchung und Periodisierung

Um der verbreiteten Unkenntnis der eigenen Geschichte dieses Bindestrichfaches abzuhelfen, soll nunmehr in vier Kapiteln über beispielhafte Gemeindestudien sowohl narrativ als auch analytisch berichtet werden. Nicht Popularisierung, nicht Vollständigkeit sind angestrebt, vielmehr zielt das Vorhaben darauf ab, zum Verständnis dieser Forschungsrichtung beizutragen, und in der weiteren Fachöffentlichkeit das

Interesse an derartigen Fragestellungen zu wecken. Im einzelnen werden Gemeindestudien über ein Säkulum hinweg referiert, wobei ausführliche Inhaltsangaben und eine Art kritisch kommentierte Bibliographie im Mittelpunkt stehen. Von diesem Verfahren wird lediglich in begründeten Ausnahmefällen abgewichen. Die einzelnen Texte sollen zwar in sich schlüssig sein, ein Gesamtbild indessen stellt sich nicht unmittelbar bzw. ohne weiteres ein.

Eine gewisse subjektive Willkür tritt in der gewählten Periodisierung zutage und trägt dem jeweiligen Gewicht der Kapiteleinteilung, etwaigen Überschneidungen und der Deutungshoheit und Auslegungsherrschaft des Verfassers Rechnung. Wichtige Zäsuren der politischen Geschichte in Deutschland können nicht außer acht bleiben, wie z.B. der Nationalsozialismus oder der Zweite Weltkrieg im 20. Jahrhundert. Werner *Sombart* hat für die Zeitspanne 1700 bis 1850 beim Umgang mit der Natur zutreffend vom „hölzernen Zeitalter" gesprochen (zitiert nach *Siemann*, S. 132), während Friedrich W. *Henning* die Entwicklung von Landwirtschaft und ländlicher Entwicklung in Deutschland folgendermaßen einteilte:

(1) Aufbruch aus der traditionellen Wirtschaftsweise (1750-1870),
(2) Behauptung der Landwirtschaft in der entstehenden Industriegesellschaft (1870-1914),
(3) Zeitalter der Kriege und Krisen (1914-45),
(4) Entwicklung nach dem Zweiten Weltkrieg.

Bei der Antwort auf die Frage nach der Relevanz der politischen Katastrophengeschichte Deutschlands in der ersten Jahrhunderthälfte und die ambivalente Frage nach Kontinuität und/oder Diskontinuität der hier behandelten Forschungsrichtung sollte freilich nicht in Vergessenheit geraten, daß bereits die Amtszeit einzelner Bundeskanzler in der deutschen Bundesrepublik ebenso lang währte wie die Dauer der Republik von Weimar oder gar die Hitlerdiktatur.

Kapitel 3 ist einigen Vorläufern und Pionieren auf diesem Forschungsfeld gewidmet, das Dörfer - ähnlich wie Nachbarschaft und Familien - als Beispiele „permanenter Kleingruppen" auffaßt und dereinst die zeitweise vorherrschende Forschungsrichtung von Gemeindeuntersuchungen begründete (vgl. *Lazarsfeld*, 1970, S. 29 und

186). In Deutschland verfaßten über einen längeren Zeitraum ganz wenige akademische Außenseiter und Fremdkörper wirklich schöpferische und fundierte Beiträge, trotz einer Vielzahl von insgesamt erstellten Monographien (3.1). Hinzu kommt der Einschnitt des Nationalsozialismus, der auf diesem Forschungsgebiet tiefe Spuren hinterließ, deren Aufarbeitung inzwischen begonnen hat, doch noch manche Fragen offenläßt (3.3). Als Kontrastfolie werden inzwischen „klassische community studies" in den USA aus der übergreifenden Periode von 1925 bis 1958 herangezogen, welche dann für die westdeutsche Nachkriegsentwicklung von Gemeindestudien einflußreich geworden sind (3.2).

Dieser Entwicklung mitsamt der Rezeption nordamerikanischer Gemeindeforschung geht Kapitel 4 nach. Einer Hochkonjunktur deutscher Gemeindestudien in den frühen 50er Jahren folgt eine gewisse Ermüdung und der starke Bedeutungsverlust dieser Forschungsrichtung seit Ende der 60er, Beginn der 70er Jahre. Eine Phase selbstkritischer Reflexion tat hierzu ein übriges, manche Einwände schossen über das Ziel hinaus, so daß Bestandsaufnahmen aus jener und jüngster Zeit der Überprüfung bedürfen.

Teils unabhängig davon teils dadurch geradezu herausgefordert, schlägt sich die allgemein zu beobachtende „Versozialwissenschaftlichung" in den verschiedensten Nachbardisziplinen nicht zuletzt darin nieder, daß bis auf den heutigen Tag Ortsmonographien angefertigt werden, die außerdem das bis dato gewohnte Themenspektrum erheblich vertieft und erweitert haben (Kapitel 5). Aller oben geäußerten Kritik zum Trotz lebt diese Forschungsrichtung gleichsam naturwüchsig weiter, wie die ausgewählten Beispiele im narrativen Hauptteil (5.1) ebenso wie der Versuch einer vergleichenden Darstellung (5.2) belegen sollen.

Im Auf und Ab sozialwissenschaftlicher Fragestellungen und bevorzugter Methoden schlägt das Pendel der Moden inzwischen zurück. Die Auspizien für theoretisch inspirierte Dorf- und Gemeindestudien, welche die Makroperspektive und Aggregatdatenanalyse sinnvoll ergänzen, stehen deshalb günstig (Kapitel 6), obgleich bloße Trendextrapolationen über den künftig zu erwartenden Strukturwandel des gesamten Siedlungssystems weniger denn je aussagen können.

Der Vollständigkeit halber sei ergänzt, daß das vorwiegend rezensionsartige Bücherverzeichnis wichtiger „Schlüsseltexte", die als Community Studies im Mittelpunkt der verschiedenen Kapitel stehen, durch geeignete Übergänge gedanklich miteinander verbunden werden muß. Das geschieht einmal durch den Einbau von zum Verständnis des jeweiligen Umfeldes hilfreichen „historischen Versatzstücken". Des weiteren sind an passender Stelle einschlägige dogmengeschichtliche Auseinandersetzungen wenigstens anzudeuten, welche auf dem Gebiet sozialwissenschaftlicher Dorf- und Gemeindestudien ausgetragen werden. Derartige Kontroversen gehen nicht ohne gelegentlich vereinfachende Einordnungen und Werturteile ab. Von dem geschilderten Vorgehen wird nur im Ausnahmefall abgewichen, wenn der betreffende Forschungsstand nach Ansicht des Verfassers lediglich die kritische Aufarbeitung allein von Sekundärliteratur zuzulassen scheint.

3. Vorläufer und Pioniere in der Rückschau

> Hier trat an das ursprüngliche Interesse ein theoretisches heran: es schien mir, als ob die genaue Durchforschung engumgrenzter Objekte in manchen Fällen die Wirksamkeit sozialer Faktoren mindestens ebenso sicher wie die Massenbeobachtung erkennen lasse. Denn, wenn es eine wesentliche Funktion dieses letzteren ist, den Einfluß unbekannter Ursachen zu eliminieren, kann eben solches nicht auch häufig dadurch erreicht werden, daß man bei kleinem Objekte sich aller Antecedentien zu bemächtigen sucht?
>
> Gottlieb *Schnapper-Arndt*, Hoher Taunus. Eine sozialstatistische Untersuchung in fünf Dorfgemeinden (1883). 3. Aufl. Allensbach-Bonn 1975, S. XXXVf.

Über die Anfänge empirischer Dorfforschung seit der deutschen Reichsgründung berichtet ausführlicher m.W. eigentlich nur Ulrich *Planck* (1974). Er unterscheidet bei den methodischen Ansätzen zwischen vier größeren Kategorien. (1) Als Dorfinventuren bezeichnet *Planck* flächendeckende Bestandsaufnahmen in der Landes- und Volkskunde, die alle Erhebungseinheiten eines Gebietes umfassen. (2) Soziale Übersichten sind in dieser Fachsprache Datensammlungen und Erhebungsverfahren, wie sie in Deutschland Experten z.B. in den sogenannten Enquêten des Vereins für Socialpolitik[1] im Kaiserreich angestellt haben, ebenso wie die seit den 30er Jahren dieses Jahrhunderts in den USA entwickelten Methoden der Surveyforschung/Fragebogentechnik (vgl. *Lazarsfeld*, 1970). (3) Besondere Aufmerksamkeit widmet *Planck* den Dorfmonographien, für die bereits in der unten abzuhandelnden Studie von Gottlieb *Schnapper-Arndt* (1883) mehrere gemeinsame Kennzeichen hervorstechen:

---

[1] Einen Überblick über die Themen der Enquêten des Vereins gibt Irmela *Gorges*; einschlägige sozialwissenschaftliche Zeitschriften im Kaiserreich wertet Gisela *Wallgärtner* aus. Befunde über die frühere Klasse der Landarbeiter präsentiert Gerd *Vonderach*.

- eine wirklichkeitsnahe soziale und ökonomische Fragestellung,
- Dorf als eigenständiges soziales Gebilde, das alle Lebensbereiche umfaßt,
- empirische Datengrundlage, insbesondere mittels Primärerhebung, teilnehmender Beobachtung und Auswertung von Sekundärstatistik,
- sozialreformerischer Impuls (vermittels Maßnahmenempfehlungen bzw. Untersuchung von Auswirkungen).

(4) Problemorientierte Dorfstudien schließlich greifen ortsvergleichend spezielle Einzelfragen von agrar- und sozialpolitischer Bedeutung auf.

Wie schon angemerkt kümmerte sich *Planck* in eher lexikalisch-bibliographischer Absicht um die gründliche Bestandsaufnahme vor allem der Kategorie Dorfmonographie: Er lokalisierte mit Spürsinn allein für den Zeitraum 1883-1943 nicht weniger als 90 Ortsmonographien im Deutschen Reich (1974, S. 170-173). Seine kritische Bewertung lautet (a.a.O., S. 160f.), daß der soziologische Gehalt und Ertrag fast aller empirischen Dorfstudien mäßig geblieben ist: Das starke „öffentliche Interesse, das in den zwanziger und dreißiger Jahren der Dorfforschung entgegengebracht wurde" (ebenda, S. 161), gewährleistete - anders als in den Vereinigten Staaten - nicht, die Dorfwirklichkeit angemessen zu erfassen. Neben der spärlichen Ausstattung der landsoziologischen Disziplin mit personalen und finanziellen Ressourcen macht *Planck* (ebenda) für diesen Mangel u.a. die mit Vorliebe verwendeten idealistisch-romantischen Wesensbegriffe, die Verbreitung der Volkstumsidee und die unhaltbare Gleichsetzung der Dorfsoziologie mit der Bauernfrage - so etwa bei Josef *Weigert* (1923) und Gunther *Ipsen* (1929), S. 29 - verantwortlich, die letztendlich den - zwar nicht unumgänglichen - Weg in die Sackgasse der Blut- und Boden-Ideologie des Nationalsozialismus in gewisser Weise vorzeichneten.

Manche der von *Planck* speziell für die Dorfforschung nur angerissenen Kritikpunkte finden sich bei in- und ausländischen Beobachtern der im Deutschland dieser Zeit betriebenen sozialwissenschaftlichen Disziplin wieder. So stellt Anthony *Oberschall* (1965, deutsche Übersetzung 1997) für die Frühzeit des Vormärz (1848) bis zum Ende des Kaiserreiches die geringe Anzahl akademischer Soziologen - Fehlen der kritischen Masse -, ferner den geringen Grad institutioneller Verankerung an der Universität und die Trennung von der empirischen Sozialforschung als Negativposten heraus, was die Innovationsbereitschaft und die methodisch-technische Fortentwicklung der Soziologie nachhaltig beeinträchtigte. Das habe - wie sich gerade für die Enquêten zeigen läßt - allzusehr Routine einkehren lassen, mit dem Ergebnis: „endlose Wiederholungen derselben Verfahren mit denselben Untersuchungszielen" (ebenda, S. 141 bzw. 222 (deutsche Übersetzung)). Zusammen mit dem Erbe des Historismus und Idealismus im deutschen Geistesleben habe das den episodischen und nicht-kumulativen Charakter einschlägiger Studien in der Sozialforschung hervorgerufen, was bereits für diese Frühphase den später von *Bell/Newby* erhobenen Vorwurf an die Gemeindestudien vom „non-cumulative nature of many of the monographs" (1971, S. 13, passim) vorwegnimmt.

Und Raymond *Aron* (a.a.O., S. 151-163) hebt mit Blick auf die Zwischenkriegszeit als besondere Kennzeichen deutscher Soziologie deren geisteswissenschaftlichen Charakter und die Vorliebe für antithetische Gegensatzpaare[2] heraus, was bei aller Wertschätzung philosophischer Reflexionen die Gefahr faktenferner Methodendiskussion sowie endloser Verdoppelung der Analyse hervorrufe.

Dirk *Käsler* hat es unternommen, eine komplexe Analyse der „Patristik" für die frühen deutschen Soziologen im Zeitraum von 1909 bis 1934 vorzulegen. Er schildert die Geschichte - anhand der Klassiker, der Schulen, der Ideen, der Wissenschaft - der 49 „Gründerväter" der Disziplin, die den Geburtskohorten der zweiten Hälfte des 19. Jahrhunderts entstammen. Er unterscheidet nicht nur die drei Zeitkomponenten, die methodisch üblicherweise als Effekte der Generationszugehörigkeit (Sozialisation), des Lebenszyklus (der Altersstufen) und des Periodeneinflusses beschrieben werden.

Käsler untersucht vielmehr die Herkunftsmilieus jener Gründerfiguren des Fachs (aus Besitzbürgertum, jüdischer Abstammung und sozialistischer Überzeugung) in der Entstehungsphase der Disziplin (nach Herkunft, Sozialisation und akademischer Karriere), deren Sozialgestalt (Interaktions- und Kommunikationskanäle, (in-)formelle Beziehungen) und Ideengestalt (Wirklichkeits- und Wissenschaftsverständnis,

---

[2] *Aron* nennt hier (S. 157-164) Gesellschaft und Gemeinschaft; Zivilation und Kultur; Gesellschaft und Staat; man könnte ergänzen: Stadt und Land!

Erkenntnistheorie und Art des methodischen Zugriffs) und die prägenden Kollektiverfahrungen der Beteiligten (Erster Weltkrieg, Weimarer Republik, Nationalsozialismus, Emigration). Anhand der Verteilung der Geburtskohorten von 49 frühen deutschen Soziologen differenziert er nach bloßen Dezennien von 1850-59, ... bis 1890-99, was er allerdings etwas irreführend und unzweckmäßig mit der Generation der „Großväter", ..., bis „Urenkel" bezeichnet (a.a.O., S. 446ff.). Aus dem wechselseitigen Zusammenhang der genannten Indikatoren habe sich die verbreitete unpolitische Tradition, der wirklichkeitsferne „deutsche Idealismus" und die konfliktscheue Distanz zur Partei- und Tagespolitik der Fachvertreter („Mandarine") ergeben, die in ihrer Mehrheit Fragestellungen einer empirischen Sozialforschung allmählich verdrängt haben. Diese kennzeichnenden Merkmale wären dann der Preis für das Streben nach Erreichung von akademisch-wissenschaftlicher „Respektabilität" (ebenda, S. 252) gewesen, den die Mandarine und Geheimräte am Ende des Kaiserreiches und in der Republik von Weimar[3] entrichteten, als der anonyme Großbetrieb Universität die Kräfte bei den Gelehrten für ihre Beschäftigung mit allgemeinen politischen Angelegenheiten - allen deklarierten Reformimpulsen, etwa des Vereins für Socialpolitik, zum Trotz - absorbierten (vgl. Wolfram *Siemann*). Das noch im Vormärz geprägte Bild des deutschen „politischen Professors" (ebenda, S. 257) - wenn es denn überhaupt nach den Freiheitskriegen zutraf - galt schon in der zweiten Hälfte des 19. Jahrhunderts nicht mehr! In der Zeit des Vormärz und der Reaktion wurden die Universitäten weiter überwacht; und obrigkeitlich eingefärbte Reformimpulse der frühliberalen Richterschaft (vgl. Christina von *Hodenberg*) blieben im Laufe des preußischen Hegemonialstrebens und in der nationalen Einigung (2. Deutsches Kaiserreich ab 1871) stecken.

Das beim „Streben nach weltwirtschaftlichem Primat" von Charles *Kindleberger* (1996, S. 149-171) als „Spätkömmling" angesprochene Deutschland stellte - verglichen mit dem „klassischen Fall" England und dessen ehedem „ständigem Herausforderer" Frankreich - einen für Außeneinflüsse anfälligen und unsicheren Nationalstaat in der Mitte Europas dar. Hier wechselten die unterschiedlichsten politischen Konstellationen in rascher Folge: Kaiserreich, Republik von Weimar, NS-Regime,

---

[3] René *König* (1987, S. 355) spricht in diesem Zusammenhang von der alten DGS als der „gerontokratischen Honoratiorengesellschaft"!

Emigration usf., auch wenn die sozialkulturelle Vielfalt und Wirkungsmacht des deutschsprachigen Kulturraums „Mitteleuropa" in der Zwischenkriegszeit - einschließlich Wien, Prag, Budapest - trotz Auflösung der Habsburger „Doppelmonarchie" eine Zeitlang weiterbestand (vgl. *Lepsius*, 1981, S. 8; vgl. *Acham*). Die unterschiedlichen sozialwissenschaftlichen Traditionen im alten deutschen Staatenbund - aus den beiden europäischen Großmächten Preußen, Österreich/Habsburg und dem „Dritten Deutschland" der Mittel- und Kleinstaaten bestehend - schlugen sich noch in den Lagern und Frontlinien nieder, die als erster (Historismus versus Wiener Schule der Nationalökonomie) und zweiter Methodenstreit (über die Zulässigkeit von Werturteilen) in die sozialwissenschaftliche Dogmengeschichte des deutschen Kaiserreiches eingegangen sind.

Nach der Niederlage im ersten Weltkrieg und dem Ende des Kaiserreiches setzte sich zwar die außerordentliche kulturelle Hochblüte in Deutschland fort, doch im „Konzert" der europäischen Mächte und innenpolitisch hatte die Republik von Weimar von Beginn an mit großen Schwierigkeiten zu kämpfen. Der Wirtschaftshistoriker Gerald *Feldman* spricht in seinem Epilog zur Untersuchung der Hyperinflation - The Great Disorder - von 1922/23 geradezu von der Erblast der Weimarer Demokratie - a mortgaged democracy -, in der sich Kontinuitätslinien vom Zweiten Kaiserreich über die Traumata des ersten Weltkrieges und der Inflation bis in die verstörte (troubled) Modernität der Republik von Weimar abzeichnen, die insbesondere mit der verfehlten politischen Modernisierung zusammenhängen. Bis in die Vorkriegszeit hinein reichte das Vermächtnis des deutschen Besitz- und Bildungsbürgertums zurück, das zwar am Wirtschaftsaufschwung und gesellschaftlichen Aufstieg in der „guten alten Zeit" teilhatte, im übrigen jedoch weitgehend unpolitisch „aber staatstragend" eingestellt blieb. Die Belastungen dieser ersten Phase der Demokratie führt *Feldman* näher aus wie folgt (a.a.O., S. 857):

„If the inflationary experience promoted modernization and social change in Germany, it did so under the worst possible circumstances; namely, in the context of a massive loss of national resources and capital as well as defeat and humiliation and with a rapidity that made the change of circumstances brutally obvious."

Der Krieg und die damit einhergehende Inflation von 1914 bis 1924 zerstörten die materiellen Güter und die Werte des alten Mittelstandes. Nach der Stabilisierung der Währung dauerten die „goldenen zwanziger Jahre" ein knappes Jahrfünft (1924-28), ehe der Niedergang der Weimarer Republik einsetzte (1928-33). In der mittleren Phase gewinnen etliche antidemokratische Splitterparteien an Bedeutung, die heterogene und in sich zerstrittene Spezialinteressen und soziale Gruppen vertreten, damit die bürgerlichen Mittelparteien[4] schwächen, während die extremen bzw. radikalen Flügel - Nazis und Kommunisten - infolge besserer Wirtschaftsbedingungen Wähler verlieren (vgl. *Feldman*, S. 856f.).

Für den Untergang der Republik von Weimar und den damit einhergehenden Aufstieg des Nationalsozialismus seit 1930 werden deshalb mehrere Ursachen verantwortlich gemacht, deren Gewicht und Stellenwert freilich umstritten bleibt. Die Selbstzerstörung der Demokratie geht aus dem Zusammenspiel sehr vielfältiger Belastungen und Triebkräfte hervor (vgl. *Falter*, 1991, S. 21f.):

- Die fehlende Legitimitätsgrundlage für eine überzeugte Mehrheit von Demokraten, stattdessen herrschen bürgerkriegsähnliche Zustände - Putsche von Rechts und Links; Straßenkämpfe zwischen paramilitärischen Organisationen der Parteien - und allgemeine Verwilderung politischer Sitten vor;
- ungünstigen institutionellen Rahmenbedingungen = Verfassung und deren Praxis; das Übergewicht Preußens im Staatsverband, politische Vorherrschaft „alter Eliten" (Junker, Agrarkrisen, Osthilfe), Machtfülle des Reichspräsidenten (vgl. Gerhard *Schulz*), repräsentatives Wahlsystem mit vielen Splitterparteien;
- außen- und innenpolitischen Belastungen (Versailler Diktat, Dolchstoßlegende, Reparationsfrage);
- ökonomischen Erschütterungen (Inflation, Deflation, Weltwirtschaftskrise/ Massenarbeitslosigkeit);
- verbreiteten Grundvorstellungen und Leitbildern in der Bevölkerung: Befürchtungen der Proletarisierung und des sozialen Abstiegs, nationalistische und obrigkeitsstaatliche Prägung maßgeblicher Gruppen, massenpsychologisches Phänomen der autoritären Persönlichkeit, „Opfermentalität";

---

[4] Hiermit sind die Deutsche Demokratische Partei und die Deutsche Volkspartei gemeint.

- dem Einfluß handelnder Personen auf geschichtliche Ereignisse[5] (u.a. *Hitlers* agitatorische Fähigkeiten und Charisma bei den Zeitgenossen; Rolle der Kamarilla um *Hindenburg*; die *Brüning*sche Politik der Notverordnungen etc.).

Nach dem ersten Weltkrieg prägten sowohl Weltuntergangs- als auch Aufbruchstimmung das Geistesleben hierzulande. Die starken gesellschaftspolitischen Umbrüche der 20er und die Handlungszwänge der frühen 30er Jahre werfen ihre Schatten voraus. Das Bild einer tiefgreifenden Krise im Selbstverständnis zeichnete z.B. die Volkswirtschaftslehre aus. Hier standen Paradigmenwechsel bevor; die Anfänge der empirischen Konjunkturforschung etablierten sich allmählich (1925-33), liberale junge neoklassisch geprägte Ökonomen - „deutsche Ricardianer", so Hauke *Janssen* - lösten die vormals dominierenden Vertreter der historischen Schule ab und lieferten, ähnlich wie seit langem die „Österreicher", international beachtete empirische und theoretische Beiträge (vgl. Karl *Hauser*; Kurt *Leube* 1998). Ein Generationswechsel mit neuen Entwicklungsimpulsen vollzieht sich um 1928 ebenfalls in der deutschsprachigen Soziologie, dem „Spiegelbild der Gesellschaft" (René *König*, 1987, S. 350ff., Karl *Acham* 1998). Die etwa 35Jährigen bringen innovative Beiträge zum Hochschulfach ebenso wie zur empirischen Sozialforschung hervor. *Lepsius* nennt hier u.a. die Namen Karl *Mannheim*, Rudolf *Heberle*, Marie *Jahoda*/Paul *Lazarsfeld*/Hans *Zeisel* oder auch Theodor *Geiger* (1981, S. 16 und ebenda S. 467). Nur ein Beispiel sei hier genannt: Zu einer Zeit, als die Republik von Weimar längst - seit 1930 ohne funktionierende Verfassung (Michael *Stolleis*) - im Todeskampf lag (Notverordnungen und dergleichen), lieferte der Pionier der deutschen Schichtungsforschung, Theodor *Geiger*, nicht nur eine der wenigen klarsichtigen Auseinandersetzungen und Frühdiagnosen zur nationalsozialistischen Bewegung (1932, S. 109-122). Gerade die von ihm gewählte Begrifflichkeit erscheint - etwa im Hinblick auf Pierre *Bourdieu* - überraschend aktuell und modern!

Das zeigt der folgende etwas längere Passus (vgl. *Geiger*, 1932, S. 80):

---

[5] Biographische neben der sog. „funktionalistischen" bzw. „intentionalistischen Schule" der Geschichtsschreibung.

„Die (empirische) Kleinarbeit müßte bei den Symptomen beginnen, die das äußere Leben des Menschen darbietet. Sie hätte mit recht eigentlich behavioristischen Methoden anzufangen, ehe sie an die verstehende Deutung gehen kann. Lebenshaltung, Gewohnheiten des Konsums und der sonstigen Lebensgestaltung, Freizeitverwendung, Lesegeschmack, Formen des Familienlebens und der Geselligkeit - tausend Einzelheiten des Alltagslebens bilden im Ensemble den T y p   d e s   L e b e n s d u k t u s   und dieser ist A u s d r u c k   d e r   M e n t a l i t ä t" (Hervorhebung im Original).

Das gilt aber auch für andere Wendungen wie z.B.:

- „Mentalitäten" als bewegende Kräfte subjektiver Geistesverfassung (vgl. auch Exkurs in Abschnitt 5.1.20),
- bürgerlicher Habitus; typische Orte von Lebensstilen; Soziallagen; Mentalitätsfiguren usf..

Die meisten dieser durchaus vielversprechenden und entwicklungsfähigen Wirtschafts- und Sozialwissenschaftler mußten allerdings mit dem Aufkommen und der Herrschaft des Nationalsozialismus das Land verlassen. Insofern stellt das NS-Regime eine scharfe Zäsur dar, mit gravierenden inhaltlichen, methodischen und empirischen Folgewirkungen. Dem versucht das Inhaltsverzeichnis mit den Unterpunkten (3.1., 3.3) Rechnung zu tragen. Etliche Forschungsleistungen der Emigranten kehrten erst geraume Zeit später als „missing link" oder als stark verfremdeter Reimport in das Ursprungsland zurück.

Die Konfrontation der grob skizzierten Frühphase in Deutschland mit „vorbildlichen community studies" in den Vereinigten Staaten von Amerika aus der Periode 1925-1958 schafft einen hochwillkommenen Kontrast für die ländervergleichende Perspektive, ohne daß eine systematische Gegenüberstellung angestrebt würde. Zwar waren beide Staaten am „europäischen Bürgerkrieg" und an den anhaltenden Folgen der Weltwirtschafts- und Agrarkrisen in der ersten Hälfte des Jahrhunderts beteiligt. Doch die „aufsteigende Weltmacht des 20. Jahrhunderts" stellt aus einer Reihe von Gründen die geeignete Bezugsgröße für die Entwicklungsgeschichte der Stadt- und Gemeindeforschung dar, was hier nur rein assertorisch angemerkt wird:
- kontinuierlicher Auf- und Ausbau dieser Forschungsrichtung (land-grant universities),

- erfolgreiche Institutionalisierung der empirischen Sozialforschung um die Jahrhundertwende[6],
- empirische Grundlegung und stetig verfeinerte Methodenentwicklung,
- pragmatische Ausrichtung der theoretischen Perspektiven.

Was schließlich den gegenseitigen Erfahrungsaustausch in den Sozialwissenschaften über den Atlantik hinweg anbetrifft, ergeben sich vielfache Berührungspunkte. Das Jahr 1871 markierte wichtige Einschnitte auf beiden Seiten: Der „große Brand" legte das hölzerne Chicago nieder, das anschließend in Stein wieder aufgebaut wurde (vgl. Abschnitt 3.2). Nach der „kleindeutschen" Einigung fanden unter *Bismarck* 1871 die ersten Reichstagswahlen statt, die Verfassung der konstitutionellen Monarchie blieb jedoch hinter dem Fortschritt parlamentarischer Regierungsform in anderen westeuropäischen St͏͏͏͏aten zurück. Zwar wurde damals über die Reichshauptstadt Berlin als „Ge......... Chicago" (Mark *Twain* 1892) bzw. „Spreechicago" (Walther *Rathenau* 1902) gesprochen (vgl. *Thies/Jazbinsek*). Dennoch hielt sich in der deutschen bildungsbürgerlichen Schicht ein Gemisch stereotyper Vorurteile, das die amerikanische Lebensart kulturkritisch als zivilisatorische „Amerikanisierung" geißelte und ihr z.B. „das alte Nürnberg" (Werner *Sombart*) als vermeintlich überlegenes Gegenbild und Konnotation anempfahl[7].

Das amerikanische Hochschulwesen orientierte sich vor dem ersten Weltkrieg nicht zuletzt am deutschen Universitätssystem. Angehörige der sozialökologischen Chicago-Schule der 20er Jahre nahmen etwa Georg *Simmel* und Ergebnisse zahlreicher Bände der „protosoziologischen 'Großstadt-Dokumente'" von Hans *Ostwald* (Berlin 1905) durchaus nüchtern abwägend zur Kenntnis (vgl. Robert *Park*; Louis *Wirth* 1925; *Thies-Jazbinsek* 1999). Später bezieht sich ausdrücklich Andreas *Walther* auf das Forschungsprogramm der sogenannten Chicago-Schule, während Ansätze und Ergebnisse der rural sociology in den USA verschiedentlich zur Kennt-

---

[6] *Oberschall* (1997, S. 240) führt diesen Erfolg der USA - im Vergleich mit Frankreich und Deutschland - auf drei Komponenten zurück: „Ein auf dem Leistungsprinzip beruhendes Hochschulsystem, reichlich Fördermittel, die empirische Untersuchungen und die Erweiterung der Universitäten ermöglichten, und eine Gruppe ehrgeiziger Wissenschaftler, die in anderen Disziplinen keine Karrieremöglichkeiten sahen".

[7] Vgl. auch die Darstellung Nürnbergs bei *Rumpf/Behringer* (1940) in Abschnitt 3.3 und ihre spätere Laufbahn als „Stadt der Reichsparteitage" der NSDAP.

nis genommen werden (u.a. Leo *Drescher*, Karl H. *Pfeffer*, Andreas *Pfenning*)[8]. Beide Traditionen standen also keineswegs beziehungslos nebeneinander; dennoch führte die scharfe Zäsur infolge der erzwungenen Emigration vieler Sozialwissenschaftler dazu, daß sich in der Orientierung zwischen den beiden Ländern nach 1945 ein ausgeprägter Richtungswechsel vollzog (vgl. *Lepsius*, 1981, S. 477).

3.1 Beispielhafte deutschsprachige Dorfmonographien

Schon Ulrich *Planck* hat unter den von ihm im Deutschen Reich lokalisierten 90 Dorfmonographien immerhin sieben als hervorragend beurteilt, ohne hierfür allerdings Maßstäbe anzugeben. Den innovativen Charakter der seit 1930 von Gunther *Ipsen* vorgelegten „Dorfaufnahmen" hat bereits sein Zeitgenosse, der spätere „grand old man" der rural sociology in den USA, Charles P. *Loomis*, gerühmt (vgl. Carsten Klingemann, 1996, S. 230). Die in einem Abstand von 50 Jahren vorgelegten Erstveröffentlichungen der beiden deutschsprachigen Pionierarbeiten von 1883 und 1933 allerdings können sich auch heute noch sehen lassen, was Fragestellung, Methodenvielfalt und Faktensättigung anbelangt.

- Gottlieb *Schnapper-Arndt*

Die erste Auflage des Buches erschien im Jahre 1883 unter dem Titel „Fünf Dorfgemeinden auf dem Hohen Taunus. Eine sozialstatistische Untersuchung über Kleinbauerntum, Hausindustrie und Volksleben". Der Privatgelehrte *Schnapper-Arndt* kann von seinen Lebensdaten her, hinsichtlich des sozialpolitischen Impulses und dem methodisch reflektierten Umgang mit den Instrumenten der empirischen Sozialforschung durchaus dem Umkreis der historischen Schule Gustav *Schmoller*s zugerechnet und gesinnungsmäßig als Kathedersozialist eingeordnet werden.

---

[8] Spätestens bei der Machtübernahme waren übrigens *Walther*, *Pfeffer* und *Pfenning* entschiedene Parteigänger der NSDAP (hierzu vgl. u.a. *Gutberger*, S. 550 und *König*, 1987, S. 10 und 443 bzw. *Gutberger*, S. 145 bzw. *Rammstedt*, S. 120 und 133).

Dieses frühe Beispiel einer - philanthropisch und sozialreformerisch motivierten - empirischen Sozialforschung aus dem zweiten deutschen Kaiserreich geht den schwierigen Lebensbedingungen in fünf zwischen 400 und 600 Meter hoch gelegenen Feldbergdörfern nach. Der Kampf ums Dasein (S. 3 und 94), der harte und graue Alltag, die monotonisierende Wirkung von Not, Elend, Mühsal und Entbehrung kennzeichnen das Dasein an einem übervölkerten landwirtschaftlichen Grenzstandort "in der guten alten Zeit". Der Inhalt des Werkes ist in zwei Hauptabschnitte aufgeteilt: Erwerbsgrundlagen (I) und Lebensverhältnisse (II) der seinerzeit 3.126 Einwohner; er gliedert sich in zwölf Kapitel nebst methodischen Anmerkungen und Anhang. Fünf etwas ausführlichere Kapitel bei einem Gesamtumfang der Studie (3. Aufl. 1975) von etwa 211 Seiten werden hier näher vorgestellt.

Kapitel 2 durchleuchtet die Verteilung des Grundeigentums, die fiskalischen Liegenschaften und den Gemeindewald; u.a. werden überhöhte Landpreise festgestellt. Für die weitaus meisten Haushalte
"aber stellt sich die Landwirtschaft als ein untergeordnetes Item im Einnahmebudget dar.

Das erringen zu helfen, was der knappe und unfruchtbare Boden seinen Bewohnern versagt, ist schon seit langer Zeit und in immer zunehmenderem Grade gewerblicher Tätigkeit vorbehalten geblieben" (S. 32).

Für die männliche Erwerbsbevölkerung war dies in erster Linie die Nagelschmiedeindustrie (Kapitel 3), vor allem Herstellung von Hufnägeln für den Pferdebeschlag, ein schweres Geschäft zumeist im Zwölfstundentag in der eigenen Werkstätte, die sich oft im Erdgeschoß der Wohnhäuser befand. Hinzu kamen die Drahtwarenfabrikation, vor allem von Gasrohrhaken, ferner die Anfertigung von Friedhofskränzen aus Perlen, die Haus- und Fabrikbetrieb kombinierte, auswärtige Tätigkeiten im Chausseebau, im Kupferhämmern und Spinnereien, schließlich Handwerkerberufe für den lokalen Bedarf.

Für Frauen und Kinder dagegen waren notstandsbedingte Heimarbeiten, wie die Filetstrickerei (Kap. 4) - Handschuhe, Haarnetze, Vorhänge, Möbelschoner und dergleichen - verbreitet. Diese wird bei im Durchschnitt sechs- bis siebenstündiger Arbeitszeit offen als überanstrengende und schädliche Ausbeutung und "Blutsteuer" bezeichnet. Trotz des äußerst geringen Tagesverdienstes wird "nach den Strohhalmen gegriffen", auch wenn derartige notstandsbedingte Heimarbeiten damals schon heftiger ausländischer Fabrikkonkurrenz ebenso wie einem raschen Strukturwandel unterworfen waren.

Die ersten Kapitelüberschriften in Abschnitt II über die dörflichen Lebensverhältnisse ähneln aus gutem Grund den noch in der heutigen Armuts- und Grundbedürfnisforschung üblichen Begriffen: Wohnung, Kleidung, Ernährung. Die Wohnungen erweckten damals eher den Eindruck von Hütten; ländliche Wohnungsnot spiegelte sich in der Tatsache, daß mehr als der Hälfte der Bevölkerung - jeweils fünf und mehr Personen - lediglich ein einziger Raum zum Schlafen, Wohnen und oft auch Arbeiten zur Verfügung stand. Die hygienischen Zustände und die Ausstattung mit Mobiliar waren dementsprechend. Zur Ernährung wird ausgeführt, daß Kartoffeln, Sauerkraut, Brot, Zichorienkaffee die wichtigsten Menuposten darstellten.

Unter physisches Gedeihen (Kapitel 9) - sprich: demographische Verhältnisse - werden Einwohnerzahlen und deren Entwicklung, Gesundheitsverhältnisse, Geburtenhäufigkeit, Säuglingspflege, Kindersterblichkeit u.ä. abgehandelt. Das folgende Kapitel über "die moralischen Zustände" ist den üblichen Verhaltensweisen unter Armutsbedingungen gewidmet: Haushaltsgründung, Häufigkeit unehelicher Geburten, Modus des Generationsübergangs, Weite des Gesichtskreises infolge Außenorientierung, Grad der Alphabetisierung, Ausstattung der Schulgebäude und "kulturgeschichtliche Inventur des geistigen Besitzes", gemessen etwa an der Kenntnis über Werke des Dichterfürsten *Schiller* (S. 139f.). Es folgen eher volkskundliche Themen über Gebräuche, Feste und Erholungen. Das Schlußkapitel (12) - Glückliche und unglückliche Lose - zeigt für die Feldbergdörfler, von denen "so viele am Rande der Existenzmöglichkeit stehen" (S. 155), die ärztliche Versorgung, die Wirksamkeit der amtlichen Armenpflege sowie die Privatwohltätigkeit für außergewöhnliche Notfälle.[9]

---

[9] Wie bei dem Publizisten - und nachmaligen Grundleger der wissenschaftlichen Volkskunde - Wilhelm H. *Riehl* nachzulesen ist, kamen die akuten Wirtschafts- und Sozialprobleme in den o.g. Feldbergdör-

Der sozialkritische Impetus des Verfassers spiegelt sich in häufigen Verweisen auf öffentliche Maßnahmen zur Beseitigung der aufgezeigten Notstände. Hinzu kommt eine innovative, quellenkritische und vielfältige methodische Ausrichtung: neben Schätzungen und Bewertungen finden sich bereits Arbeitstagebücher, Haushaltsbudgets, Einnahme- und Verbrauchsberechnungen, Baupläne, sowie selbsterzählte Lebensgeschichten, schließlich auch der Rückgriff auf Archivquellen und teilnehmende Beobachtung etc., zumindest in rudimentärer Form. Im Hinblick auf die eingangs aufgezeigten genealogischen Grundlinien der Forscher und die mit der Generationsabfolge einhergehenden Alterskoborteneffekte im jeweiligem biographischen Kontext verkörpert *Schnapper-Arndt* ebenso eindrucksvoll wie exzeptionell (hierzu vgl. *Oberschall*, 1997, S. 52-55, 126-129)[10] die mittlerweile säkulare monographische Dorfforschung in Deutschland.

Die Frage nach der späteren Modernisierung, nach historischer Kontinuität bzw. den Entwicklungsbrüchen stellt sich selbstverständlich im Falle dieses in agrargesellschaftlicher Zeit übervölkerten Grenzstandortes am Feldberg. Das Untersuchungsgebiet von *Schnapper-Arndt*, die heutige Gemeinde Schmitten im Hochtaunuskreis, bildet denn auch ein bevorzugtes Studienobjekt für das Auftreten des Phänomens der sogenannten Sozialbrache. Wolfgang *Hartke* (1956) und Herbert *Kötter* (1955) betonten bereits die zweitrangige Bedeutung von Bodengüte und Klimagunst für das Brachfallen ehemals landwirtschaftlicher Nutzflächen, sobald allgemeiner Wirtschaftsaufschwung und veränderte Wertordnungen der Bevölkerung eine Emanzipation von der Nahrungsgrundlage[11] zulassen. Das Thema landwirtschaftlicher Freisetzungen des Bodens scheint generell periodischen Wellenbewegungen der Auf-

---

fern bereits vor der Mitte des 19. Jahrhunderts öffentlich zur Sprache. Der Ruin der Nagelschmiedewerkstätten in den Mittelgebirgsorten, die Not, Armut und das Elend der Bevölkerung in den ehedem sog. Bassenheimer Ortschaften - „Nassauisch Irland" - waren wiederholt Gegenstand von Beschlüssen der Nassauischen Volkskammer der Jahre 1848/49, so kann man den Aufsätzen *Riehls* in der „Nassauische(n) Allgemeine(n) Zeitung", Wiesbaden, entnehmen (vgl. derselbe, a.a.O., Neuabdruck Idstein 1979, S. 78 und 95 (Fußnoten 148 und 169).

[10] *Oberschall* weist auf die fehlende sozialanthropologische Forschungstradition im damaligen Deutschland hin (a.a.O., S. 127), was sich nachteilig auf die Analyse *Schnapper-Arndts* ausgewirkt habe: „Die Rolle der Pfarrer und Lehrer in der Gemeinde wird nicht dargestellt, über Formen der Gemeindeorganisation, über Vereine und Freundschaftszirkel wird nicht berichtet und auch nicht über Auswanderung und Abwanderung in die Städte, eigentlich ein ziemlich wichtiger Indikator für soziale Auflösungserscheinungen".

[11] Den heutigen Bewohnern von Schmitten bereiten nicht mehr die blanke Not, eher das Läuten der Kirchenglocken zu nachtschlafener Zeit Schwierigkeiten!

merksamkeit zu unterliegen. In den 1970er Jahren richteten die für Raumordnungspolitik Verantwortlichen ihren Blick auf die als Folge des technischen Fortschritts erwarteten Flächenreserven; Mitte der 90er Jahre weckt der vermeintliche Rückzug der Landwirtschaft aus der Fläche infolge von EU-Agrarreformen und dergleichen erneut entsprechende Überlegungen. Bei einigen Versuchen zur empirischen Regionalisierung der erwarteten freiwerdenden Flächen scheinen allerdings Erkenntnisse aus der Diskussion über Sozialbrache in den 50er Jahren in Vergessenheit zu geraten.

Zumindest indirekt ist somit *Schnapper-Arndt* - über das Territorium hinaus - an dieser noch immer aktuellen Diskussion beteiligt. Das gilt nicht bloß für die spätere Karriere und Wirkungsgeschichte des theoretischen Begriffs der Sozialbrache (vgl. Bodo *Freund* 1993), die gravierende Veränderung der Flächennutzung in der Flur von Schmitten im Hochtaunus wurde obendrein in sorgfältiger empirischer Arbeit für die Jahre 1951, 1969 und 1985 kartiert (vgl. Bodo *Freund*, 1992, S. 26), nunmehr unter den Bedingungen eines prosperierenden Umlandes und gefragten Wohnstandortes nördlich von Frankfurt am Main!

- Marie Jahoda und Co.

Einen weiteren Findling auf dem Wege deutschsprachiger Dorfforschung stellt das schmale - weniger als 100 Seiten ohne den Anhang zur Geschichte der Soziographie von Hans *Zeisel* - aber gewichtige Bändchen der Marienthal-Studie dar. Der Untertitel lautet: Ein soziographischer Versuch über die Wirkungen langandauernder Arbeitslosigkeit. Im Brennpunkt stehen vor allem die psychologischen Folgen, welche Erwerbslosigkeit und Einkommensverlust in einem Dorf (1932: 1486 Einwohner) ausgelöst haben, dessen einziger Industriebetrieb 1929 geschlossen wurde. Drei Viertel der Familien sind von der Arbeitslosenunterstützung abhängig. Der südlich von Wien am Rande von Gramatneusiedl gelegene niederösterreichische Ort bildet den Untersuchungsgegenstand in einem Lande, das durch den Ausgang des ersten Weltkrieges und die Weltwirtschaftskrise in besonderem Maße in Mitleidenschaft gezogen wurde. Wie später noch zu zeigen ist, wurde diese Studie auch "jenseits des großen Teiches" - z.B. in der Nachfolgestudie der *Lynds* (1937, S. 146, passim) - und wird bis zum heutigem Tage als wichtiger Markierungspunkt eingeschätzt (vgl. z.B. John *Burnett*, 1994, S. 227ff., passim).

Was besagen im Falle eines arbeitslosen Dorfes die üblichen Sprachgewohnheiten und Definitionen? Ähnlich wie konsumkritische Bedürfnisforscher in den 1970er Jahren überlegten: "Was braucht der Mensch, um glücklich zu sein?", um anschließend die seit der Antike überlieferte Fragestellung einer neuen sozialwissenschaftlichen Disziplin namens Glücksforschung zu überantworten, so sekundierte Marie *Jahoda* 50 Jahre nach "Marienthal" 1983: "Wieviel Arbeit braucht der Mensch? Arbeit und Arbeitslosigkeit im 20. Jahrhundert". Denn angesichts rückläufiger wirtschaftlicher Wachstumsraten und vermehrter Freizeit hegen einigermaßen mutwillige Zeitgenossen Zweifel an der Wirklichkeitsnähe des Vollbeschäftigungszieles und spekulieren darüber, ob der Gesellschaft nicht vielmehr die Arbeit ausgehe?

Arbeit ist für die meisten Menschen mehr als ihre materielle Lebensgrundlage. Arbeitslosigkeit bringt Auswirkungen auf das soziale Leben und das seelische Befinden der von ihr Betroffenen hervor. Die individual- und sozialpsychologischen Folgen von Dauerarbeitslosigkeit gefährden bzw. zerstören den Einzelnen und die (Dorf-) Gemeinschaft. Klassische Texte haben ihre eigene Geschichte: Diejenigen der Marienthal-Studie und die ihrer Verfasser sind leidlich gut dokumentiert[12]. Kritisch wird gelegentlich angemerkt, daß die jungen - städtisch und austromarxistisch geprägten - Verfasser wesentlich auf die Erwerbsarbeit fixiert blieben und etwa besondere dörfliche Formen des Durchstehens von Arbeitslosigkeit, d.h. „die soziale Bedeutung von Hausarbeit und Garten, von Subsistenzwirtschaft und Schattenökonomie in Notzeiten" unterschätzten (*Meyer-Renschhausen*, 1998, S. 61 (Zitat) und 72ff.).

---

[12] „Rund um Marienthal" kreist die wissenschaftsgeschichtliche Studie der Anfänge österreichischer Soziologie durch Christian *Fleck*. Aufschlußreiche Passagen über die von *Jahoda* und *Lazarsfeld* vertretenen erkenntnistheoretischen Standpunkte - im Gegensatz zur Frankfurter Schule - behandelt ausführlich Hans-Joachim *Dahms* (insbesondere S. 70-81, 226-253). Autobiographisches enthält: *Jahoda* 1997!

Die Haupterkenntnis der Marienthal-Studie läßt sich in zwei Thesen zur paralysierenden Wirkung der Arbeitslosigkeit zusammenfassen:

1. Der psycho-soziale Abstieg von einer Minderheit der "Ungebrochenen" über die Mehrheit der "Resignierten" - Resignation nach den schlagwortartigen Kriterien: äußerste Einschränkung bei den Geldmitteln, die im Durchschnitt noch ein knappes Viertel des normalen Arbeitseinkommens betragen; keine Pläne, ohne Hoffnungen, die Beziehung zur Zukunft verloren - bis zum verzweifelt-apathischen Haltungstyp der „Gebrochenen" und „Absturzexistenzen"; dieser Abstieg verläuft parallel zum Niveau der materiellen Versorgung, gemessen in Schilling pro Verbrauchseinheit (a.a.O., S. 64ff., 93ff.; vgl. Christian *Fleck*, S. 196).

2. Das Zeitbewußtsein als Ordnungsschema im Alltagsablauf verliert seinen Sinn. "Aber beim näheren Zusehen erweist sich diese Freizeit als tragisches Geschenk. Losgelöst von ihrer Arbeit und ohne Kontakt mit der Außenwelt, haben die Arbeiter die materiellen und moralischen Möglichkeiten eingebüßt, die Zeit zu verwenden" (*Jahoda, Lazarsfeld*, S. 83). Es resultiert allgemeine Langsamkeit, "die Zeit ist aus den Fugen", die Bewohner Marienthals werden als "die müde Gemeinschaft" charakterisiert.

An anderer Stelle knüpft Marie *Jahoda* (1986, S. 101) an eine Formulierung von Sigmund *Freud* (1930) an, daß Arbeit die stärkste Bindung des Menschen an die Realität sei. Diese Bemerkung schlüsselt sie aufgrund der erfahrenen Erwerbslosigkeit in den 30er Jahren in fünf Erlebniskategorien auf (ebenda, S. 70), hier zitiert nach „Die Zeit", Hamburg, Nr. 20 vom 13.05.1988, S. 68:

"Arbeit strukturiert unser Zeitgefühl,

erweitert unseren sozialen Horizont,

demonstriert die Erreichung kollektiver Zwecke durch Arbeitsteilung,

weist uns sozialen Status und Identität zu,

und schließlich zwingt uns organisierte Arbeit zur Aktivität."

Christian *Fleck* hat die sozialwissenschaftlich bedeutsamen Schulen vor und in der ersten österreichischen Republik "rund um Marienthal" dargestellt (1990, S. 95-118). Marie *Jahodas* (vgl. dieselbe, 1997) und Paul F. *Lazarsfelds* Jugendjahre im roten

Wien wurden demnach durch das seltsame Zusammentreffen von (austro-) marxistischen und (neo-) positivistischen Einflüssen (S. 144) geprägt, ehe sie nach theoretischer, methodischer und empirischer Mitarbeit in der psychologischen Schule der *Bühlers* - Karl und Charlotte - "diszipliniert" worden sind (*Fleck* S. 113-118; 135-157). In institutioneller Hinsicht fand ein Gutteil der einschlägigen österreichischen Arbeiten in der soziologischen Formationsphase der Zwischenkriegszeit in Nischen außerhalb der akademischen Welt statt (*Fleck,* S. 30f.). Das gilt auch für die von *Lazarsfeld* begründete und geleitete "Wirtschaftspsychologische Forschungsstelle", in der die Marienthal-Studie entstehen sollte (ebenda, S. 159ff.), ehe deren Verfasser während der diktatorischen[13] Regimes der Kanzler *Dollfuß* (seit 1933) bzw. *Schuschnigg* (seit 1936) freiwillig oder gezwungen das Land verließen.

Was macht dann die methodische Innovation der Marienthal-Studie aus? Eine untergeordnete Rolle spielte die direkte Befragung über Meinungen und Einstellungen, das später gängigste Instrument der Datenerhebung. Eine lebenslange Skepsis hegten die Verfasser gegen (vorschnelle) Quantifizierung, die häufig als alleinige Neuerung der Studie angesehen wurde. *Fleck* hebt dagegen bei der Methode der Datengewinnung hervor (S. 153f.), "daß manches, was in den letzten Jahren im Umkreis von "oral history" und Biographieforschung als Novität ausgegeben wurde, schon damals bekannt war".

Die methodische Originalität der Marienthal-Studie macht *Fleck* vielmehr an zwei Punkten fest (S. 172-174): "Einmal in dem, was man heute unter "Aktionsforschung" genötigt wäre einzuordnen" ..., von *Fleck* unter "reaktive Techniken"[14] verbucht, die sich im Gegensatz zur heute üblichen Praxis politischer Advokatenplanung allerdings "den Bedürfnissen" der Beforschten unterordneten, in *Lazarsfelds* Einleitung (S. 28) noch als methodischer Standpunkt erläutert, "daß sich jeder (Bearbeiter) durch

---

[13] Bis auf den heutigen Tag wird diese - damals in einigen europäischen Staaten verbreitete - Form der Willkürherrschaft von der einen Seite des politischen Spektrums in AU als „autoritär-klerikaler Ständestaat" (vgl. etwa *Knoll* u.a.; *Acham*), von der andern als „Austrofaschismus" bezeichnet. Die totalitäre Zeit brach erst 1938 mit dem „Anschluß" Österreichs an das nationalsozialistische Deutsche Reich an!

[14] Kleideraktion, Ärztesprechstunden, Schnittzeichenkurs, Mädchenturnkurs, politische Mitarbeit und dergleichen.- Dagegen heißt es merkwürdigerweise bei *Meyer-Renschhausen* (1998, S. 69): „Die Gruppe sah noch nicht den heuristischen Wert von 'Aktionsforschung'".

irgendeine, auch für die Bevölkerung nützliche Funktion in das Gesamtleben (Marienthals) natürlich einzufügen hatte". Zum anderen belege der Überblick über das zur Bearbeitung bereitliegende Material[15] (vgl. *Lazarsfeld*, S. 26-29; *Fleck*, S. 173) deutlich den "Methoden-Mix", also ein Konzept, das sich nie auf eine einzige Methode verläßt, um möglichst verschiedene Techniken der Datenerhebung nebeneinander bzw. kombiniert einzusetzen. Ein solches Vorgehen erst erlaubt es, das vorliegende Material aus teilnehmender Beobachtung zu verarbeiten und "funktional zu durchdringen".

Offensichtlich auf den Spuren Marienthals wandelt die Studie eines mittelfränkischen ehemaligen Bauerndorfes mit heute etwa 800 Einwohnern. Hier geriet eine überörtlich bedeutsame Möbelfabrik im Jahre 1988 in Konkurs, was den Verlust der Arbeitsplätze von rund zwei Drittel der dort vormals Beschäftigten bedeutete. Das Forschungsinteresse von Heide *Inhetveen* richtet sich allerdings - anders als in Marienthal - eher auf den sogenannten "Entlassungsdiskurs", die dabei auftretenden Rituale - hier wird merkwürdigerweise die aus der Armutsforschung bekannte Formel von den deserving und undeserving poor nicht aufgegriffen - sowie die ortsspezifischen Wertmuster in der Dorföffentlichkeit. Die Autorin weist zurecht auf die gravierenden Unterschiede in der Verbreitung des privaten Haus- und Grundstückseigentums im Vergleich mit dem österreichischen Arbeiterdorf hin, sie vermutet darüber hinaus informelle Potentiale einer ländlichen Knappheitsökonomie, die Rückhalt zur Bewältigung von Arbeitslosigkeit auf dem Dorfe böten!? Die Interpretation eines weiteren Befundes erscheint gleichfalls fragwürdig und ergänzungsbedürftig. So heißt es in der genannten Kurzfassung (*Inhetveen*, 1994, S. 24): "Es gehört zu der großen Überraschung unserer empirischen Untersuchung, daß wir die große materielle Dramatik als Folge des Möfa-Konkurses nicht angetroffen haben", daß die Einbußen von den Betroffenen nicht so wahrgenommen und empfunden wurden, was nach Meinung des Rezensenten zunächst das andersartige wohlfahrtsstaatliche

---

[15] Das außerordentlich vielseitige Erhebungsmaterial umfaßt beispielsweise:
Katasterblätter für 478 Familien; Lebensgeschichten von 32 Männern und 30 Frauen; Zeitverwendungsbogen für 80 Personen; Auswertungen von Anzeigen und Beschwerden, Schulaufsätzen, Preisausschreiben; verschiedenste Protokolle (über Weihnachtsgeschenke, Lokalunterhaltungen, von Gesprächen mit Eltern, Ärzten, Lehrern, Fürsorgern, Geschäftsleuten); statistische Daten (des Konsumvereins, von Bibliotheken, Zeitungsabonnements, Vereinsmitgliedschaften, Wahlergebnisse); historische Angaben (Vereine, Verbände, Organisationen); Tagebücher und Haushaltungsbücher.

Unterstützungsniveau widerspiegelt, das verhindert, daß die Mehrzahl von Arbeitslosen materiell auch heutzutage "plötzlich vor dem Nichts" stehen.

Insgesamt wird man bei der Einschätzung der beiden Dorfstudien im hohen Taunus bzw. in Marienthal urteilen dürfen, daß sie ebenso eindringliche wie vielschichtige Analysen des dörflichen und ländlichen Alltagslebens enthalten. Ihre ausführliche Rekapitulation sollte dazu dienen, ihren auch für die Zukunft beispielhaften Charakter wenigstens anzudeuten und verständlich zu machen! Denn sie sprechen, wie die Neuauflagen beweisen, noch den heutigen Leser an, nicht zuletzt wegen des sozialpolitischen Engagements, selbst wenn gelegentlich die (groß-) bürgerliche Herkunft der Verfasser nicht zu verkennen ist, was ihnen in der deutschen Fachwissenschaft der Zeit den Ruf "ortsfremder" Außenseiter einbrachte, sie in den etablierten Fächern zu Lückenbüßern stempelte. Ihre charakteristischen Merkmale sind:
- theoretische Weltoffenheit und Inspiration,
- methodisch unverbildete Experimentierfreude und Vielseitigkeit sowie
- kreatives Aufspüren unüblicher Datenquellen, und
- kritische Reflexion der Erhebungsmethoden.

Daß im Vergleich - gerade mit manch einem der "Schnellschüsse" in den unten erst abzuhandelnden Gemeindestudien aus neuerer Zeit (vgl. Kapitel 5) - der inzwischen eingetretene zeitliche Abstand die Einordnung erleichtert, sei nicht verhehlt. Eher überrascht schon, daß diese Meilensteine auf dem Wege zur deutschsprachigen Dorfforschung rein qualitativ den Vergleich mit den anschließend darzustellenden Vorbildern der nordamerikanischen Gemeindestudien nicht zu scheuen brauchen, daß sie darüberhinaus gut zu lesen und im Umfang sogar weit handlicher als ihre Gegenstücke sind. Trotz der in Dogmengeschichten üblichen Nennung als gemeinsames Erbe und Pflichtlektüre verfestigt sich zunehmend für die normalwissenschaftliche Arbeit der Eindruck, daß jene Impulse ganz konkret selten aufgegriffen, zitiert und wirklich genutzt werden. Denn obgleich die zwei Schriften gelesen werden und anerkanntermaßen zum Kanon der Agrar- und Landsoziologie in Deutschland gehören, übten sie doch nur geringen Einfluß auf die Weiterentwicklung der empirischen Sozialforschung in Deutschland aus.

3.2 Vorbildliche "Stellvertreter" früher US-amerikanischer Gemeindestudien

Aus guten Gründen erscheint es angebracht, gerade für die Frühzeit der deutschen Dorf- und Gemeindemonographien den Blick auf ein anderes Land zu richten, das auf diesem wissenschaftlichen Tätigkeitsfeld eine durchgängige und anhaltende Forschungstradition und eindrucksvolle Wirkungsgeschichte besitzt, die mittlerweile einschließlich ihrer Nachzügler und retrospektiven Bezugnahmen einen lokalen Referenzrahmen für etwa 50 bis 100 Jahre aufspannt. Für das Selbstverständnis der meisten Amerikaner bildet die Identifizierung mit ihrer Gemeinde und Heimatlandschaft - neben der ethnischen Herkunft und der Religiosität - ein ganz wichtiges Element in deren Alltagsideologie (vgl. *Scheuch*, 1992, S. 121), selbst wenn die Gemeinde als vermeintliche Identität von Lebensform, Arbeitsweise und politischer Handlungseinheit im Laufe des 20. Jahrhunderts erheblich entwertet worden ist (vgl. *Vorländer*, 1997, S. 174).

Schon Alexis de *Tocqueville* (1835) beschrieb das jederzeit prekäre antagonistische Verhältnis zwischen individueller Freiheit und demokratischer Gleichheit, ferner die administrative Dezentralisierung, die Allmacht aber auch „Tyrannei" der Mehrheit in Amerika. Als Thomas *Jeffersons* Modell einer Agrarrepublik tugendhafter und selbständiger Bürger noch die agrarisch-dörfliche Verfassung der Vergangenheit beschwor, hatte sich diese nach dem Ende des amerikanischen Bürgerkrieges längst zum goldenen Gründerzeitalter der Trusts und des organisierten Laissez-faire-Kapitalismus gewandelt, bis sich nach dem Ende des ersten Weltkrieges der sogenannte Welfare-Kapitalismus des 20. Jahrhunderts mit der Folge des städtischen Massenwohlstandes aufgrund der Reformen der „progressive era" abzeichnete, der schließlich nach dem Einbruch in der Weltwirtschaftskrise die Umrisse eines hegemionalen New-Deal-Liberalismus bis etwa um 1980 einläutete (hierzu vgl. im einzelnen *Vorländer*, passim). Das „amerikanische Credo" wird auch von Seymour M. *Lipset* (1996, S. 19) mit fünf Ausdrücken beschrieben (meine Übersetzung, R.S.): Freiheit, gesellschaftliche Gleichheit (vor allem im öffentlichen Leben), Individualismus, Volksnähe und von staatlichen Eingriffen möglichst freie Wirtschaft! Das Außergewöhnliche der „modern geborenen" USA zeigt sich nicht zuletzt an der offensichtlichen Tatsache, daß es allein in dieser Industrienation nicht gelungen ist, eine sozialistische bzw. Arbeiter-Volkspartei zu begründen[16]. Das führt *Lipset* (a.a.O., S. 109) vornehmlich auf die von Europa abweichende soziale Klassenstruktur zurück:

„The absence of a European aristocratic or feudal past, a relatively egalitarianstatus structure, an achievement-oriented value system, comparative affluence, and a history of political democracy prior to industrialization have all operated to produce a system which remains unreceptive to proposals for class-conscious leftism."

Das Netzwerk freiwilliger Vereinigungen (u.a. Kirchen, Gemeinden, Familien, Schulbeiräte, Verbände der freien Wohlfahrtspflege) besitzt einen sehr viel höheren Stellenwert in der Gesellschaft. Ortsmonographien als Gegenstand und Methode begleiteten deshalb den kontinuierlichen Aufstieg der empirischen Sozialforschung seit den 20er/30er Jahren in den USA, mit der Fernwirkung, welche die These von der „Amerikanisierung der westdeutschen Soziologie und empirischen Sozialforschung nach 1945" enthält.

- Sozialökologie der Chicago-Schule(n)

Der stärkste Einfluß ging von den Vertretern dieser Arbeitsrichtung auf die Großstadtforschung aus, auch wenn ihr theoretisches Potential inzwischen skeptischer als vordem beurteilt wird. Die Veröffentlichungen der sogenannten Chicago-Schule zwischen etwa 1920 bis 1980 füllen mittlerweile nicht nur Bände, sondern ganze Bibliotheken. Deshalb ist es schwer, wie in diesem Kapitel üblich, <u>ein</u> "klassisches" Werk als repräsentativen Stellvertreter für die Gesamtheit vorzustellen. Als solches gilt zurecht das schmale Bändchen von *Park/Burgess/McKenzie* aus dem Jahre 1925! Abweichend vom Original und im Vorgriff auf die späteren Darstellungen zur Rezeptionsgeschichte dieser Arbeiten in Deutschland wurden deshalb Gewährsleute herangezogen - vornehmlich die Stadtforscher Jürgen *Friedrichs* und Bernd *Hamm* -, die diese Arbeitsrichtung am gründlichsten studiert und bei uns bekanntgemacht haben. Auch wenn die anfängliche Begeisterung der beiden Verfasser für dieses

---

[16] Die Gründe dafür sah zu Beginn des Jahrhunderts u.a. Werner *Sombart* als erklärungsbedürftig an!

sozialwissenschaftliche Feld mittlerweile spürbar abgekühlt ist, so sollte man sich hüten, die Erklärungskraft der Überlegungen der Chicago-Schule geringzuschätzen. Das gewachsene Selbstbewußtsein in den USA nach dem ersten Weltkrieg (vgl. *Dunckelmann*, S. 148 und 150) führte zu neuen planerischen Anstrengungen der Kommunalverwaltungen, um das Los der Einwanderer in den rapide wachsenden industriellen Großstädten zu verbessern. Das städtische Wachstum wird geradezu als das hervorstechende Merkmal moderner Zivilisation beschrieben (Louis *Wirth* 1925, S. 205), mitsamt seiner Ursachen, Begleitumstände und Folgewirkungen!

(1) Warum gerade Chicago?

Das rapide Wachstum der "Second City" der Vereinigten Staaten, von deren Einwohnern um die Jahrhundertwende - 2,7 Mio. Menschen auf einem Areal von 190 Quadratmeilen - ein gutes Drittel im Ausland geboren war, bildete ein beinahe unerschöpfliches Reservoir für die an der dortigen Universität - im Jahre 1890 von John D. *Rockefeller* gegründet - tätigen Sozialwissenschaftler. Diese gingen auf die Suche nach der Ordnung in der chaotischen Großstadt. Sie konnten beinahe wie im Massenexperiment beobachten, ob und wie Einwanderer aus ursprünglich ländlich geprägten Herkunftsgebieten ihr erlerntes Verhalten in den Wohnvierteln (nach census tracts aufbereitete Statistiken) einer modernen Großstadt beizubehalten oder anzupassen suchten. Fachkundige Zeitgenossen spekulierten nicht ohne Grund über den Termin, wo dieser Ort den Spitzenplatz in der nationalen Städtehierarchie mit New York vertauschen würde.

Die Metropole des mittlerweile revitalisierten "Rostgürtels" im Mittlerem Westen hat zwar inzwischen den zweiten Platz der Einwohnerzahl nach an Los Angeles abgegeben. Das markante architektonische Antlitz als Schaufenster modernen amerikanischen Städtebaus mit Hochhäusern und Wolkenkratzern hat Chicago seit den Boomjahren von 1880 bis 1914 bis heute jedoch erhalten (Weltausstellung 1893). Das rasche Auf und Nieder der Stadtbezirke ebenso wie die soziale Fluktuation und wechselnde Zusammensetzung der Bewohner fasziniert die Beobachter bis auf den heutigen Tag. Nicht nur das; das Gewicht zwischen der Innenstadt und den Vororten verlagert sich noch immer zugunsten der letzteren, bei einem Anstieg von insgesamt 6,3 (1960) auf 7,3 Mio. Einwohner (1990) wuchs der Anteil der Vorstädter von ehemals 43 % auf nunmehr 62 % an. Mit der genannten Gewichtsverschiebung zwischen Zentrum und Suburbia geht zugleich eine noch andauernde kräftige "Aufmischung" der ethnischen Zusammensetzung einher. Während nach dem ersten Weltkrieg vor allem schwarze Amerikaner aus den Südstaaten in die Innenstadt Chicagos zuzogen, "flüchteten" Weiße und später auch die schwarze Mittelschicht in die Vororte, wenngleich mit zuletzt verlangsamtem Tempo. Allein im Zeitraum 1960 bis 1990 halbierte sich beinahe der Anteil weißer Einwohner in der Innenstadt, während Schwarze (36 nach 23 %) und Hispanics (18 % 1990; 1960: 2 %) stark zulegten.[17]

(2) Entwicklungsrichtungen der sozialökologischen Schulen

Der "klassische" Text von Robert E. *Park*/Ernest W. *Burgess*/Roderick D. *McKenzie* (1925) ist trotz wiederholter Auflagen in englischer Sprache in Deutschland nur schwer zugänglich[18]. Die Verfasser rezipierten die damalige ökologische Forschung, und die darauffolgende Entwicklung der Sozialökologie selbst wird nach der später einsetzenden Kritik an dieser ersten Phase (a) der 20er/30er Jahre gemeinhin in vier Richtungen eingeteilt. Nach George A. *Theodorson* (1982) sind hieraus in den 1940er/50er Jahren der neo-orthodoxe (oder auch neoklassische) Ansatz (b) sowie der sozio-kulturelle Ansatz (c) hervorgegangen. Während die Vertreter der erstgenannten Richtung quantitative Makrodaten ökonomischer und demographischer Aggregate bevorzugten, verlegten sich die interpretierenden Verfahren der zweiten Richtung eher auf Untersuchungen individueller Einstellungen, Motive, Werte und Entscheidungen (einschließlich Macht) (*Theodorson*, S. 5-7). Speziell auf die Anwendung in der (Groß-) Stadtforschung bezogen, führt er andernorts (ebenda, S. 177) noch die (d) sozialraumanalytische Schule auf, die sich im Anschluß an das dreidimensionale Modell von Eshref *Shevky*/Wendell *Bell* (1955) auf das Studium der entscheidenden Variablen - nämlich wirtschaftlicher, familialer und ethnischer Status - der Zählbezirke konzentrierten. An die eher theoretisch orientierte Sozialraumanalyse knüpfte dann in den 60er Jahren zunehmend die empirisch arbeitende Fakto-

---

[17] Die obigen Zahlenangaben für die Periode von 1960 bis 1990 stammen aus einem Zeitungsartikel von Leo *Wieland*: Chicago ist die "Quintessenz des Amerikanischen", "Frankfurter Allgemeine Zeitung" Nr. 198 vom 26.08.1996, S. 9.
[18] Kurze Schlüsseltexte der hier und nachfolgend genannten Stammväter der Chicago-Schule sind außerdem in dem von *Theodorson* herausgegebenen Sammelband (1982) abgedruckt!

rialökologie an, die mit dem Vordringen der Großrechner auch in Deutschland durchaus in Richtung sekundärstatistisch organisierter Quantomanie abzudriften drohte! An dieser Stelle weichen die Stammbäume von *Theodorson* einerseits und seinen (ehemaligen) Adepten der Sozial- bzw. Human-Ökologie in Deutschland ein wenig voneinander ab. Während beispielsweise *Hamm* die Faktorialökologie (e) als die vorläufig letzte eigenständige Phase dieser Subdisziplin abtrennt (*Hamm*, 1994, S. 211), fassen *Theodorson* ebenso wie *Friedrichs* die (induktive) Faktorialökologie mit der (deduktiven) Sozialraumanalyse zu einer Richtung zusammen. Die Einteilung von Jürgen *Friedrichs* (1977, S. 28-47; S. 183ff.) weicht nur scheinbar von der vorgenannten ab. Er hat lediglich den unter (c) skizzierten Ansatz anders bezeichnet: der sogenannte "ökologische Komplex" von Otis D. *Duncan* und Leo F. *Schnore* (ebenda, S. 39; vgl. *Böltken*, S. 76-87, 136-173).

Ganz gleich, wie es um die Feinheiten der Verästelung der Chicago-Schule aussieht, mehr oder weniger einig sind sich beide Gewährsleute jedenfalls darin, daß die Sozialökologie trotz eines "beeindruckend reichen Fundus an empirischem Wissen und an Theoriebildung ... in einer Sackgasse gelandet und weitgehend aufgegeben worden zu sein (scheint)" (*Hamm*, ebenda). Im Gegensatz dazu räumt Sighard *Neckel* (1997) dieser Forschungsrichtung durchaus Entwicklungschancen ein. Er unterscheidet dabei zwischen drei Epochen der Chicago-Schule:

(I) die klassische Phase ethnographischer Gemeindeforschung (städtische community studies) von 1918 bis Mitte der 30er Jahre,

(II) das Zeitalter des mehr mikrosoziologisch ausgerichteten "symbolischen Interaktionismus", unter dessen Vorzeichen die goldenen Jahre 1946-60 der Nachkriegsgesellschaft der Weltmacht USA reflektiert werden, und

(III) die erst umrißhaft sich abzeichnende "new urban ethnography" (= dritte Chicago-Schule?), als Reaktion auf den tiefgreifenden sozioökonomischen Wandel der amerikanischen Großstädte seit den 80er Jahren[19].

---

[19] Hierunter erfaßt *Neckel* u.a. zeitgenössische Analysen großstädtischer Armutsquartiere, ethnischer Minderheiten, in Verbindung mit Pierre *Bourdieus* Habitus-Konzept! (S.u. Abschnitt 6.1)

(3) Modelle der Groß-Stadtentwicklung und Stadtstruktur

Als bekannteste Beispiele für veränderte Sichtweisen und Schulenbildung in der Analyse der Größe, Expansion und Differenzierung einer Großstadt seien die drei Modelle der Stadtstruktur aufgezählt (vgl. *Friedrichs* 1977, S. 101-120):

- die Zonenhypothese von Ernest W. *Burgess* (1925), mit dem charakteristischen Ringmuster, das vom zentralen Geschäftsbezirk nach außen bis zur Pendlerzone reicht,
- das sogenannte Sektorenmodell von *Homer Hoyt* (1939), welches vor allem auf die Wohnstandortwahl der oberen Mittelschichtangehörigen abhebt,
- und das Mehrkernmodell von *Chauncey D. Harris* und *Edward L. Ullman* (1945), das von den zentralörtlichen Funktionen einer Stadt für ihren Einzugsbereich ausgeht.

Die damit einhergehenden Überlegungen der Chicago-Schule etwa zur Sukzession, Segregation (*Dangschat* 1997), Migration und Suburbanisierung der Bevölkerung etc. können hier nicht einmal skizziert werden, ohne zum bloßen name dropping zu verkommen. Jürgen *Friedrichs* definiert in einer neueren Veröffentlichung (1995, S. 38): "Modelle der Stadtentwicklung richten sich auf Regelmäßigkeiten des Wandels" - z.B. historische Phasenmodelle[20] (ebenda, S. 33-38) -, "Modelle der Stadtstruktur hingegen auf Regelmäßigkeiten in der Verteilung der Bevölkerung und der Nutzungen über die Fläche der Stadt." Vielschichtige und sich überlagernde Muster der jeweils vorherrschenden Flächennutzung und der damit einhergehenden sozialräumlichen Segregation der Bevölkerung haben bis heute ihren Erkenntniswert als vereinfachte Modelle zur Beschreibung der Stadtgestalt behalten. Herbert *Schubert* (1996, S. 289ff.) wies erst kürzlich die Nützlichkeit derartiger Bilder über die Verteilung des Wohlstandes bzw. der Armut für die Analyse von Kernstadt und Umland am Beispiel des Kommunalverbandes Großraum Hannover nach, als er die Gemeinden des Landkreises ebenso wie die Stadtteile der Landeshauptstadt auf charakteristische Merkmalskombinationen hin untersuchte.

---

[20] *Rainer Mackensen* (1974, S. 141-145) unterscheidet z.B. bei den quantitativen und qualitativen Aspekten der Verstädterung zwischen der "bürgerlichen" Epoche (um 1800), der industriellen Verstädterung (ca. 1870-1930) und der noch anhaltenden neuen, der "tertiären" (öffentliche und private Dienstleistungen), Phase des Prozesses. - Im Gegensatz zu dieser im Ergebnis offenen Einteilung schrieb Henri *Lefebvre* (1970, S. 26-28) einen historisch determinierten Weg auf der Raum-Zeit-Achse von der Stadt zur urbanen Gesellschaft vor, auch wenn er die "kritische Zone" des Endstadiums eine 'boîte noire' nennt.

(4) Unterschätztes interdisziplinäres Erklärungspotential

Trotz der abschreckenden Wirkung, welche die lange Vorherrschaft der Sozialökologie[21] und vor allem die Auswüchse der "Quanto-Maniacs" in der Phase (e) hinterlassen haben, erscheint doch die Erklärungskraft des sozialökologischen Paradigmas keineswegs ausgeschöpft. Die Tradition qualitativer Studien in der Chicago-Schule pflegte u.a. Herbert *Gans*, der in den 60er Jahren die Figur des „Dörflers in der Großstadt" kreierte und den Lebensstil suburbaner Gemeinden erforschte. Es sei darauf hingewiesen, daß es in dem zugehörigen Repertoire zahlreiche entwicklungsfähige Bestandteile und vielversprechende Ansätze gerade auch für die interdisziplinäre Forschung gibt. Denn nicht nur moderne Gemeindesoziologen (s.u. *Neckel* in Kapitel 6.1) knüpfen an die zeitweise verschüttete Tradition dieser Forschungsrichtung erneut an, wenn sie sich der Untersuchung der neuen städtischen Unterklasse, der Armutsghettos und der Ausländerviertel mit Hilfe des Konzeptes der Habitusforschung (vgl. *Bourdieu* u.a. 1993) oder mittels ethnographischer Fallstudien (vgl. *Schiffauer* 1991) annehmen. Aus der Sicht der Standortökonomik für

- die Landwirtschaft (Johann Heinrich *von Thünen* 2. Aufl. 1842; Wilhelm *Henrichsmeyer*),
- den Boden (William *Alonso* 1963; zum Bodenmarktgradienten vgl. auch die Darstellung bei Daniel *Wachter* 1993) und die landschaftsökologische Sukzession,
- die Stadt (vgl. *Fürst* 1977) und
- die Region (Edwin *von Böventer* 1962; Harry W. *Richardson* 1978; Horst *Todt* 1996)

finden sich zahlreiche ausbaufähige Ansatzpunkte. Hier liegt ein weites Feld für empirisch unterlegte und theoretisch inspirierte Syntheseversuche, um den komplexen sozialwissenschaftlichen Wirkungszusammenhängen in Raum und Zeit genauer und erfolgreich auf die Spur zu kommen!

---

[21] *Pahl* spricht hier von den Einseitigkeiten (1975, S. 150ff.) des von ihm sogenannten Chicago-bias, der US-amerikanische Erfahrungen unkritisch auf europäische Verhältnisse übertrage und eigentlich sozialstrukturelle Merkmale wie gesellschaftliche Machtstrukturen, Ungleichheit, Ressourcenausstattung u.ä. zugunsten von Kennziffern der gebauten Umwelt vernachlässige.

- Robert und Helen Lynd

Der anhaltende wissenschaftliche Nachruhm dieses trotz eines Umfanges von 534 Seiten erfolgreichen und für die Gemeindeforschung bahnbrechenden Werkes gründet sich zwar in erster Linie auf die Wiederholungsstudie von 1937. Doch auch der nicht weniger gewichtige Erstling von 1929 hinterließ dauerhafte Spuren. Das untersuchte friedliche Kreisstädtchen (county seat) im Mittleren Westen zählte noch im Jahre "1886 rund 6.000 Seelen, bevor Benzin und Reichtum aus der Erde sprudelten, die in ihrem Kielwasser eine ungestüme industrielle Entwicklung herbeiführten" (1929, S. 12, eig. Übers.), welche dann innerhalb einer Generation die Einwohnerzahl auf 37.000 (1926) bzw. 47.000 (1935) hochschnellen ließ. Der kulturanthropologische Ansatz wendet das empirisch-methodische Werkzeug teilnehmender Beobachtung zum Studium der Sitten "unzivilisierter Völker" auf die Erforschung des alltäglichen Lebens einer kleinen "modernen" Gemeinde an. Die Analyse des Gruppenverhaltens geschieht im Lichte des sozialen Wandels, der als Ergebnis der industriellen Revolution im Laufe von 35 Jahren von etwa 1890 (base line) bis 1925 eingetreten ist. Dabei beobachten die *Lynds* die eingetretene Veränderung entlang von sechs großen Hauptlinien des menschlichen Verhaltens, welche auch die Kapitelüberschriften[22] der Studie bilden. Ähnlich wie schon William *Ogburn* (1922) konstatieren sie abschließend das Phänomen der Ungleichzeitigkeit, d.h. des Nachhinkens der Anpassung kultureller Lebensäußerungen im Verlauf des sozialen Wandels (ebenda, S. 497):

> "Among the six major groups of activities a rough hierarchy of rates of change is apparent. Getting a living seemingly exhibits the most pervasive change, particularly in its technological and mechanical aspects; leisure time, again most markedly in material developments such as the automobile and motion picture, is almost as mobile; training the young in schools, community activities, and making a home would come third, fourth, and fifth in varying order, depending upon which traits are scrutinized; while, finally, on the whole exhibiting least change, come the formal religious activities."

---

[22] Die Kapitel sind „um dauerhafte institutionelle Funktionen herum" geschrieben: Lebensunterhalt; Familienleben; Kindererziehung; Freizeitgestaltung; religiöse Praxis sowie Gruppen- und Vereinsleben.

Nicht von ungefähr erinnert diese Einteilung charakteristischer Wandlungszüge gesellschaftlicher Regelwerke (Institutionen) im Prozeß der Säkularisierung an in der deutschen Nachkriegszeit populär gewordene Klassifikationen verschiedener Disziplinen in der mit Vorliebe pejorativ so genannten Normalwissenschaft. Hier sei u.a.

- an die Bedürfnispyramide des Abraham H. *Maslow* (1954, dt. 1981, Motivation und Persönlichkeit) erinnert,
- ferner an die in der deutschen Raumordnungspolitik/Landesplanung von Gerhard *Isbary* kreierten Grunddaseinsfunktionen[23] und
- schließlich an die Diskussion des Wertewandels im Anschluß an Robert *Inglehart* bzw. Helmut *Klages*: "Pflicht- und Akzeptanz- versus Selbstentfaltungswerte".

Die Wiederholungsstudie der *Lynds* setzte dann freilich andere Schwerpunkte[24]. Sie reagierten damit nicht nur auf kritische Einwände gegen den Vorgänger von 1929, die Rahmenbedingungen wirtschaftlicher und politischer Art hatten sich inzwischen völlig verändert: an die Stelle des Booms der "prosperous and roaring twenties" waren die Weltwirtschaftskrise und die große Depression getreten, deren Folgen die Politik Franklin D. *Roosevelts* mit dem "New Deal" zu bekämpfen suchte. Dieser gewaltige Umbruch erschütterte den "amerikanischen Traum" bis in die tiefe Provinz.

Dementsprechend bleibt zwar das Gliederungsmuster der sechs Tätigkeitsbereiche im Grunde erhalten, wird jedoch zugleich erweitert und verfeinert. Der frühere Hauptteil (1929: VI, engaging in community activities) wird in vier Kapitel aufgespalten, die sich dringender Einzelfragen annehmen: Armutsfürsorge, Regierungsapparat, Presse und Information sowie Gesundheitswesen, wohingegen ein ehedem kurzer Abschnitt über die Herstellung von Gruppensolidarität entfällt. Drei Kapitel dagegen widmen sich mit Nachdruck ganz neuen Fragestellungen. Am berühmtesten

---

[23] Dieter *Partzsch* etwa (Artikel Funktionsgesellschaft in: Handwörterbuch der Raumforschung und Raumordnung, Hannover 1966, Spalte 518-521) listete die folgenden sieben Raumansprüche der sogenannten Funktionsgesellschaft auf: Wohnen, Arbeiten, sich Versorgen, sich Bilden, sich Erholen, Verkehrsteilnahme, Leben in Gemeinschaft. - Vgl. auch *Bauer* u.a., 1996, passim.
[24] Übrigens werden wiederholt Ergebnisse der Marienthal-Studie dargestellt und interpretiert, die allerdings fälschlich allein dem Mitverfasser Paul F. Lazarsfeld zugerechnet wird.

wurde der Abschnitt über die gemeindlichen Machtverhältnisse - Kapitel III: Ein Muster gemeindlicher Kontrolle durch die Geschäftswelt. Dort heißt es (1939, S. 77): "The business class in Middletown runs the city. The nucleus of business-class control is the X family."

Die Darstellung der persönlichen Verflechtungen der Mitglieder dieses reichen und einflußreichen Familienclans, welcher die Herausforderungen der wirtschaftlichen Depression erfolgreich bestanden hat, erfolgt nach dem gleichen Gliederungsschema - hier von acht Aktivitäten - wie in einem Brennglas, das dem ganzen Revisited zugrundeliegt. Denn die wohlwollenden Kontrollaufgaben werden von Angehörigen der Familie X auf einer Vielzahl von Feldern wahrgenommen:

- Gelderwerb (Führungsfunktionen im Bankwesen, in Anwaltsfirmen, in Gewerbe und Einzelhandel),
- Wohnen (Grundbesitz; Erschließung von Wohngebieten; Schulbauten),
- Bildung (Ausschußvorsitz in Schulen und Weiterbildungseinrichtungen),
- Freizeit/Erholung (philanthropische Großzügigkeit: Kindergärten, Clubs, Kunstsammlungen, Jugendeinrichtungen etc.),
- Einfluß durch Unterstützung von Geistlichen und Religionsgemeinschaften,
- Wahrnehmung öffentlicher Interessen durch Ausübung aktiver und passiver Wahlämter,
- Menschenfreundlichkeit (philanthropy), Spenden, gemeinnützige Stiftungen,
- Gesellschaftsanteile bei den Medien und Lokalnachrichten.

"Daß dieses verzweigte Kontrollsystem keine bloß automatische Begleiterscheinung durch Besitz großen Reichtums in einer Kleingemeinde darstellt, zeigt die gegensätzliche Stellung einer anderen industriellen Pionierfamilie in Middletown: Diese Familie Y besitzt eine der größeren Industriefabriken in der Stadt und ist trotz des großen Reichtums ebenso unauffällig in Middletown wie die Familie X ihrerseits auffällt" (1937, S. 91; eig. Übers.). Die Analyse der *Lynds* bezeugt das allgegenwärtige Vorhandensein der langen Finger des "grundherrlichen Kontrollorgans" durch Kapitaleigentum (a.a.O., S. 97), der kritische Impuls hält jedoch beim Ausblick auf die Möglichkeit künftig zunehmender Schichtunterschiede und abnehmender lokaler Verbundenheit der nächsten Generation dieser Unternehmerfamilie inne.

Ähnlich spannend lesen sich die Ausführungen zum wahren "Middletown spirit" (Kapitel XII). Sie enthalten die Werte, Glaubenssätze, Stereotypen und Symbole, in deren Namen die Bewohner handeln, für oder gegen etwas sind, selbst wenn diese durch die Erfahrungen der großen Depression schwer in Mitleidenschaft gezogen worden sind. In wirtschaftlicher Hinsicht werden sechs Gruppen unterschieden, von denen jeweils drei der Geschäftswelt sowie der Arbeiterklasse zugerechnet werden (a.a.O., S. 458-460). Nachdem die Elemente der Dauer und des Wandels abgehandelt worden sind, spekuliert das Schlußkapitel - XIII: Middletown meistert beide Wege, den Boom und die Depression - über die ambivalenten Zukunftschancen (a.a.O., S. 487; eig. Übers.):

"In einer Kultur, die auf Geld aufgebaut ist, stirbt die Erwartung von schöneren Häusern, besseren Automobilen, von Winterurlaub in Florida und besser ausgebildeten Kindern nur schwer ..."

„Die kleinen Welten des Alltags: Nachbarschaft und Gemeinde", ähneln den gegenwärtigen europäischen Lebensverhältnissen und sind doch anders, sie unterliegen obendrein stetigem Wandel einerseits, bei erstaunlichem Beharrungsvermögen andererseits (vgl. *Scheuch* 1992, S. 120-124). Beobachtete das Ehepaar *Lynd* die Kleinstadt 1924 auf einem Höhepunkt amerikanischen Selbstvertrauens, so waren sie 1935 dorthin zurückgekehrt, um die Folgen der Weltwirtschaftskrise zu erfassen. Eine andere Forschergruppe (Theodore *Caplow* u.a. 1982) hat Middletown erneut aufgesucht, als der Wirtschaftsaufschwung der langen Nachkriegszeit in den USA durch die Weltmarktverwerfungen infolge der beiden Ölpreiskrisen beendet worden war. „Middletown III" untersucht auf der Grundlage der beiden Vorgängerstudien rund 50 Jahre sozialen Wandels und selektiver Kontinuität. An der Veröffentlichung über das Familienleben *(Caplow* und Mitarbeiter, 1982) fallen insbesondere zwei Dringe auf:

(1) der schiere Umfang (426 S.) und die intensive Analyse des Gegenstandes mithilfe der nunmehr entfalteten empirischen Sozialforschung, was auch im Vergleich mit den einschlägigen Kapiteln „Making a home" II (90 S.) bzw. V (60 S.) bei den *Lynds* von 1929 bzw. 1937 deutlich wird;

(2) der Befund, daß der allgemeine Stil des Familienlebens in den USA seit 1925 sich kaum geändert habe. Trotz der vielfältigen „degenerativen Symptome"[25] vonseiten der Außenwelt scheinen die verfügbaren „Sozialindikatoren"[26] zu bestätigen, daß Middletowns lokale Institutionen dem Außendruck bemerkenswerten Widerstand leisten, und/oder daß der Einfluß des Fernsehens und das Eingreifen des Bundesstates - Förderung des Wohnungsbaus und des Schulwesens sowie Altenhilfe - die Familienbande eher bestärkt haben (vgl. *Caplow* u.a., S. 29f. und 321). Die bemerkenswertesten Kontinuitäten wurden außerdem für Religion und Politik beobachtet (vgl. *Scheuch,* 1992, S. 121).

- W. Lloyd Warner u.a.

Die Forscher von "Yankee City" bezeichnen sich selbst als einen Stab von rd. 30 Sozialanthropologen, die eine Serie von sechs dickleibigen Bänden über diese Stadt in Neu-England vorgelegt haben. Die folgende Darstellung beschränkt sich pars pro toto auf den von *Warner* und *Lunt*[27] vorgelegten Band 1 (1941). Dieser beschreibt das kulturelle Leben, indem er in neun Kapiteln des umfangreichen Werkes (zusammen 450 Seiten) vor allem die soziale Schichtung in den Köpfen (Einstellungen) und in den Handlungen der Ortsbevölkerung hervorhebt. Die Bevölkerung des schon von den puritanischen Pilgervätern begründeten Hafenstädtchens wird in sechs Klassen eingeteilt. Die Hierarchie reicht von upper upper, .. über upper und lower middle bis zu lower lower. Für die jeweiligen Schichtangehörigen werden dann die ethnische Zusammensetzung, das Ausgabegebaren, das politische Verhalten, die (in-)formellen Gruppen, kulturelle Symbole und soziale Kennziffern ausgewertet. Den Löwenanteil dieses Buches[28], das in den USA die Debatte über das bis

---

[25] Theodore *Caplow* u.a. (1982, S. 322) listen hierfür auf: „the isolation of the nuclear family, the skyrocketing divorce rate, the widening generation gap, the loss of parental authority, the general dissatisfaction with marriage, and the weakening influence of religion".
[26] Etwa gemessen an Kirchenbesuchshäufigkeit, „Tarifpartnerschaft", politische Partizipation und Wahlverhalten, Selbstmordrate.
[27] Die übrigen Bände widmen sich stärker dem sozialen Statussystem, den ethnischen Gruppen, der modernen Fabrik bzw. den amerikanischen Symbolen und enthalten außerdem ein Datenhandbuch.
[28] Nicht allein für die Vereinigten Staaten, selbst für den Beginn der Schichtungsforschung im Westdeutschland der Nachkriegszeit besteht ein deutlicher Zusammenhang mit der strukturellen Betrach-

dahin bestehende wissenschaftliche Tabu der hierarchischen gesellschaftlichen Ordnung eröffnet hat, empirisches Gegenstück zum *Marx*schen Klassenbegriff, nimmt somit die quantitative Seite des Problems sozialer Schichtung der Gemeinde ein.

„Die moderne Schichtungsforschung hat sich gleichsam im Schoße der Gemeindesoziologie entwickelt", so bilanzierte H.-Jörg *Siewert* (1975, S. 64) für die Vereinigten Staaten. Für die Rezeption dieses Paradigmas in Westdeutschland gilt das freilich, erst recht nicht für die Pionierstudien von Theodor *Geiger*, nur eingeschränkt für die 50er Jahre. Beanstandet werden an manchen Interpretationen über die damalige Gegenwart implizite Aussagen der Yankee-City-Studie in Vergleichen mit der Vergangenheit, ohne daß dafür geeignete quantitative Belege beigebracht würden. Das gelte etwa für den behaupteten Rückgang der örtlichen Mobilitätsraten im Zeitraum zwischen 1850-1880 und 1930 (vgl. *Thernstrom*, S. 242). Hier müsse sorgfältiger zwischen der „wirklichen" Vergangenheit und der ideologisch geprägten und ungeprüften Mythenbildung über dieselbe - infolge der auf Handlungen und Meinungen lebender Gemeindemitglieder eingeschränkten Feldforschung - unterschieden werden. Dagegen werde den narrativen Skizzen über Angehörige der örtlichen Oberschicht unmäßig Raum gegeben, was erneut die Neigung zum Vorurteil verstärke!

Besonders beeindruckt mich allerdings das längste Kapitel VII (S. 127-201), das mit "profiles from Yankee City" überschrieben ist. Die aus dem Interviewmaterial künstlich zusammengesetzten und stark vereinfachten Lebensgeschichten sollen den Leser in die Lage versetzen, Fragen sozialer Verhaltensregeln und ihres Einflusses auf einzelne Persönlichkeiten, die sich in unterschiedlichen sozialen Umwelten bewegen, zu verstehen. Das Kapitel vereinigt fiktive Sketche zufällig ausgewählter Personen und Ereignisse in der Absicht, für den Beobachter Fehlschlag und Erfolg, Mobilität und Hindernisse im Lebenslauf typischer Familien sowie die Schließung sozialer Gruppen im örtlichen Klassensystem zu illustrieren.

---

tungsweise in sozialwissenschaftlichen Gemeindeuntersuchungen, wie z.B. die „Euskirchen"-Studie von Renate *Mayntz* belegt - vgl. *Siewert*, 1975, S. 64 und 68ff. -.

Die 14 biographisch angelegten Essays schichtspezifischer Alltagswelten - heute sagte man wohl: Lebensstile - stehen in ihrer sprachlich-stilistischen Brillianz kaum hinter der zeitgenössischen nordamerikanischen Belletristik zurück, was die Prägnanz und den gelegentlichen Sarkasmus der Überschriften, die atmosphärische Dichte der geschilderten Szenen und die Beiläufigkeit anbetrifft, mit der gesellschaftlicher Klatsch und Neckereien in den verschiedenen gesellschaftlichen Zirkeln in großenteils wörtlichen Dialogen dargestellt werden. Dieses Kapitel erinnert den Leser an die Romanciers John *Dos Passos* und Sinclair *Lewis*, der ebenso wie seine Figur "Babbitt" sogar namentlich erwähnt wird (ebenda, S. 132f.)[29].

Schon René *König* behandelt in seinen Marginalien zur Geschichte der Gemeindeforschung (1958, S. 146-154) das Thema künstlerischer Gemeindeschilderungen. Er reagiert auf einen Text Theodor W. *Adornos*, der eine ausdrückliche Parallele zwischen dem Befund des trostlosen Provinzlebens der Bewohner von *Lynds'* "Middletown" und den von zeitgenössischen Literaten geschaffenen Figuren der konformistischen Konsumgesellschaft - wiederum ausdrücklich Sinclair *Lewis* - ziehe. *Adorno* warnte vor der Verbindung zwischen soziologischem Empirismus der Gemeindeforschung mit der gleichzeitigen literarischen Entdeckung der amerikanischen Provinz, welche aus der sozial- und kulturkritischen Perspektive der Frankfurter Schule die allgegenwärtigen Entfremdungsphänomene (vgl. Herbert *Gans*, 1967, S. 233) des modernen menschlichen Daseins unterschlage. Vermutlich zu Recht weist jedoch *König* darauf hin, daß das *Lynd*sche Werk nicht "als der Beginn einer mehr empirisch gerichteten Ära der Sozialforschung angesehen wird, während es in Wahrheit genau umgekehrt das letzte Dokument einer langen Reihe ist, die in Frankreich mit *Le Play*, in England mit Charles *Booth* u.a. angefangen hatte" (1958, S. 147: im Original hervorgehoben), in Deutschland mit Friedrich *Engels* (1845), so könnte man hinzufügen.-

---

[29] Sieht man einmal von den deutschsprachigen Autoren Robert *Musil* und Alexander *Döblin* zwischen den beiden Weltkriegen ab, dann wurde diese literarische Stilrichtung in einer merkwürdigen "Parallelaktion" in der Nachkriegszeit - ähnlich wie die Rezeption der US-Gemeindeforschung in Deutschland - erst wieder in den drei Romanen der 50er Jahre vom kürzlich verstorbenen Wolfgang *Koeppen* aufgegriffen.

- Vidich/Bensman

„Die wohl bekannteste Community Study in den USA der 50er Jahre" verhinderte zwar nicht den zwischenzeitlich fast vollständigen Bedeutungsverlust städtischer Gemeindeforschung in den USA um die Mitte der 60er Jahre (vgl. Sighard *Neckel*, 1997, S. 72 und 77, Fußnote 9), sie liefert aber noch immer Anlaß für Kontroversen.

In der mehr als kritischen Bestandsaufnahme US-amerikanischer und europäischer Gemeindestudien schreiben *Bell/Newby* anerkennend (S. 116-121; Zitat: S. 116, eig. Übers.): "Es gibt drei Gründe, weshalb *Vidichs und Bensmans* "Kleinstadt und Massengesellschaft: Klasse, Macht und Religion in einer Landgemeinde" Pflichtlektüre für alle Studenten von Gemeindestudien ist. Erstens der substantiellen Ergebnisse wegen, zweitens ob ihrer Methodenlehre und drittens, weil die Veröffentlichung eine cause célèbre in der amerikanischen Soziologie war." Anschließend werden die drei Argumente in umgekehrter Reihenfolge ein wenig erläutert.

(1) Der durch die Studie ausgelöste Skandal und der soziale faux pas (*Bell/Newby*, S. 118) im Verhältnis zwischen Gemeindesoziologen und ihrem Studienobjekt sei vorweggenommen. Denn nichts lag näher, als daß "der schrille Ton des Buches" und die "provokative Studie" überhaupt, der kritische Blick und das durch akademische Außenseiter vermittelte Fremdbild (vgl. *Bell/Newby*, S. 59, 74f., 121) mit der harmonisierenden Selbstwahrnehmung und den Empfindlichkeiten der beforschten Bevölkerung und ihrer Neigung zur Schönfärberei in Konflikt geraten mußten. Darüber hinaus blieb bei der überschaubaren Größe der Untersuchungsgemeinde der kleine "unsichtbare" Führungszirkel eindeutig identifizierbar, so daß Gemeindereaktionen einfach erfolgen mußten, die sogar dokumentiert worden sind[30]. Die anschließenden öffentlichen Auseinandersetzungen dürften sicherlich künftige Feldforschungen in "Springdale" fast unmöglich machen. Selbst *Bell/Newby* (S. 120f.) lassen offen, ob und inwieweit Verhalten und Vorgehen der Verfasser im Lichte der o.g. Errungenschaften gerechtfertigt erscheint.

---

[30] Die erweiterte Auflage des Buches von *Vidich/Bensman* 1968 war mir nicht zugänglich. .

(2) In separaten Veröffentlichungen stellten die Verfasser andernorts sehr abgewogene und zukunftsweisende Reflexionen über methodische Schlüsselfragen der empirischen Sozialforschung an. Diese widmen sich so kontroversen Themen wie z.B.
- Problemen der Gültigkeit verschiedenartiger Felddaten[31], ferner
- der Rolle heuristisch nützlicher bzw. systematischer Theorie[32] für die empirische Feldarbeit: im Wechselspiel von frisch erhobenen Daten einerseits, neuen theoretischen Gesichtspunkten/Perspektiven andererseits erörtern *Vidich/Bensman* (1959/60) metasprachlich u.a. die "Ausschöpfung" und/oder "Destruktion" der Erklärungskraft theoretischer Vorstellungen durch Fakten;
- der verschiedenen Verfahren teilnehmender Beobachtung[33] und der damit einhergehenden Möglichkeiten von Interpretation bzw. Verzerrung: Hierbei versuche der Sozialforscher als der marginale Fremde[34] die Position des objektivierenden Beobachters einzunehmen; aus Sicht der antwortenden Bevölkerung spielt dieser allerdings im Netz der lokalen Beziehungen eine ambivalente Rolle, wobei ihm infolge gleicher Sprache und Symbolsysteme mit den Befragten die Kenntnis der geäußerten Bedeutungen zugute kommt. Die Methode der teilnehmenden Beobachtung eigne sich insbesondere für das Studium sozialen Wandels in der sich ständig verändernden Gegenwart.

(3) Hinter dem gelegentlich aggressiven Duktus und dem sozialpädagogischen Eifer, mit dem seinerzeit verbreitete ideologische Bilder hinterfragt und unüberwindliche Abneigungen gegen bestimmte kulturelle Selbstverständlichkeiten (Idiosynkrasien) geradezu gepflegt wurden, sollten freilich die Befunde der "Springdale"-Studie nicht in Vergessenheit geraten, die in elf kompakten Kapiteln von jeweils knapp 30 Seiten und vier Teilen vorgestellt werden.

---

[31] Vgl. *Bell/Newby*, S. 120, passim.
[32] *Bensman, Joseph, Vidich, Arthur,* Social theory in field research. "The American Journal of Sociology", Chicago, Vol. 65 (1959/60), S. 577-584.
[33] Nach *Bell/Newby*, S. 74 waren es in dem "Springdale-Projekt": "census-type fact-finding surveys, check-list personality interviews, passive non-participant observation, tape-recorded interviews with spouses, depth interviews, participant-observation, unstructured and guided anthropological interviews, and structured, semi-structured and unstructured attitude interviews."
[34] *Vidich, Arthur J.,* Participant observation and the collection and interpretation of data." The American Journal of Sociology", Chicago, Vol. 60 (1954/55), S. 354-360.

Teil I behandelt den - oberflächlichen - "Anschein des Gemeindelebens und seiner integrierenden Symbole": Nach Darstellung des sozialen, ökonomischen und historischen Hintergrundes der Entwicklung seit Mitte des vorigen Jahrhunderts wird das Selbstbild "Springdales" als das der kleinen Grenzgemeinde und des amerikanischen Traumes - mit den Ingredienzen harter Arbeit, des Konformismus, der Harmonie, der Gleichheitsillusion, der respektablen Lebensstile, der ländlichen Idylle u.a. - vorgeführt.

Teil II wendet sich den hauptsächlichen institutionellen Realitäten zu, einmal dem differenzierten Klassensystem, zum anderen den kulturellen Importen aus der und den wirtschaftlichen Bindungen an die Massengesellschaft. Fünf Klassen werden konstruiert: Mittelklasse, marginale Mittelklasse, "alte Aristokratie", traditionelle Farmer[35] und "Shack people". Die ambivalente Attitüde zur Massengesellschaft spiegelt sich im Selbstbild der Leute von "Springdale": Hinsichtlich des Stadt-Land-Gegensatzes glauben die Einwohner sich in einer beneidenswerten Lage zu befinden: "In a position to choose and utilize only the best of two worlds" (S. 80), eine in der Gemeindeforschung auch sonst gern benutzte Metapher. Als besonders erfolgreiche Agenten kumulativer Veränderungen im Zuge der Massengesellschaft werden das Vordringen formaler Organisationen, die Ubiquität der Massenmedien und die Einwanderer als Kulturträger eingestuft. In wirtschaftlicher Hinsicht öffnen moderne Berufe die Tür, während im politischen Leben das Schwergewicht von den lokalen hin zu den Staats- und Bundeseinrichtungen übergeht.

Teil III geht in vier Kapiteln den differenzierenden Einflüssen "von Klasse und Masse" auf Dorfpolitik, Stadtregierung, Schulpolitik und die wechselseitigen Beziehungen zwischen "Springdale" und den übergeordneten Gebietskörperschaften nach. In Kapitel 6 (: Die reichen Farmer und die Stadt-Regierung) wird das unsichtbare lokale Regiment der drei Herren "Lee" (Futtermittelhändler und Mühlenbesitzer), "Jones" (Herausgeber der Zeitung und Stadtschreiber) sowie "Flint" (Anwalt und Rechtsrat) sowie des Chefs "Young" der Parteimaschine der Grand Old Party aufge-

---

[35] Daneben werden noch die zahlenmäßig größere Gruppe der "reichen Farmer" (Mittelklasse) sowie diejenige der "unabhängigen Farmer" als Bestandteil der aufstrebenden marginalen Mittelklasse ausgewiesen.

zeigt. Im darauffolgenden Kapitel (7) über das Schulwesen prallen erneut Klassengegensätze - ländliche Dominanz versus Geschäftswelt - aufeinander, während das politische Wechselverhältnis zwischen "Springdale" und der "Massengesellschaft" als Tauschgeschäft - lokale Wählerstimmen gegen Staatshilfe - charakterisiert wird.

Die Kapitel 9 bis 11 im Teil IV behandeln die Versöhnungsinstanzen zwischen den an sich unvereinbaren Positionen des offiziell deklarierten schönen Anscheins und der institutionellen Verfassungswirklichkeit. Wie können die unausweichlichen sozialpsychologischen Dilemmata zwischen ideellem und erfahrenem Landleben aufeinander abgestimmt werden? Die säkulare Führerschaft in der kommunalen Integration übernehmen die o.g. Männer einerseits, als wandelnde Lexika der Ortsgeschichte und einfach auf der Grundlage des von ihnen gesammelten reichen Erfahrungsschatzes als Experten in legalen und politischen Angelegenheiten (S. 261). Auf der anderen Seite gibt es die stark fragmentierte Gruppe sogenannter technischer Eliten, wie Geistliche, Lehrer oder Geschäftsleute, die auf ihren jeweiligen Feldern für integrative Aufgaben gleichfalls von Belang sind. So lautet das versöhnliche Fazit der Studie (S. 314; eig. Übers.):

"Denn, obwohl sie auf der Grundlage widersprüchlicher, unlogischer und bestreitbarer Annahmen handeln, so sind die Leute von Springdale doch in der Lage, in ihrem Alltagsleben mit den unmittelbaren Problemen auf eine Weise fertig zu werden, die ein gewisses Maß an Zufriedenheit, Anerkennung und Erfolg erlaubt."

Selbst in 40jährigem Abstand zur erstmaligen Veröffentlichung bietet diese hinreichend Anlaß für streitbare Auseinandersetzungen. Frank W. *Young* (1996) stuft „Small Town in Mass Society" anhand der Hauptthese
- daß nämlich die säkulare Expansion der Makrokräfte (Urbanisierung, Industrialisierung, vor allem in Form bürokratischer Kontrolle und Abhängigkeit) die Autonomie kleiner Gemeinden dauerhaft untergrabe -

als Paradebeispiel der Entdeckungsstrategie einer „opposition case study" ein. Diese ziehe, anders als strengere „competitive tests" in quantitativ oder experimentell arbeitender Forschung oder aber atheoretische Widerlegungsversuche („negative cases"), in erster Linie qualitative Zeugnisse zugunsten einer bilderstürmerischen

Position heran. Erfolgreiche „opposition cases" sollten nach *Young* an vier Evaluierungskriterien gemessen werden. Eindeutige Befunde erhält er nur in einer Hinsicht: Dem Maßstab (1), daß die bis dahin vorherrschende Sicht, hier das Stadt-Land-Kontinuum, plötzlich und nachhaltig erschüttert wurde, hat die These sicherlich Genüge getan. Ob der heuristische Wert der neuen Perspektive (2) erfüllt worden ist, erscheint ihm schon zweifelhaft; denn die These der einseitigen Abhängigkeit vom bürokratischen Gehäuse der übergeordneten Zentrale - anstelle reziproker Beziehungen bzw. eines Mehr-Ebenen-Rahmens - könnte die Gemeindeforschung auch erstickt haben (u.a. *Young*, S. 635 und 647). Skeptischer lautet sein Urteil im Hinblick auf die weiteren Prüfsteine: Die von *Young* belegte Herkunft der These (3) der Massengesellschaft (in der amerikanischen Version) aus vermutlich populistischer Ideologie unterminiere zugleich die empirische Testfähigkeit (4) derselben!

- Laurence Wylie

Der in einer kleinen Stadt in den Bergen von Süd-Indiana aufgewachsene Verfasser dieses Buches über den Dorfalltag in einer südfranzösischen Gemeinde macht sich den unverstellten Blick des räumlich und kulturell weit entfernten Beobachters zunutze, der ein ganzes Jahr lang zusammen mit seiner Familie das Leben in "Peyrane" mit den Einheimischen teilte. Wie bereits *Georg Simmel* in seinem Exkurs über den Fremden (1908, S. 685-691) im Hinblick auf die räumliche Ordnung der Gesellschaft räsonnierte, offenbart sich "in dem Verhältnis zu dem Fremden" ein größeres Maß an Beweglichkeit, Objektivität, Verallgemeinerung und Möglichkeiten.

Der selbst in deutscher Übersetzung erfolgreiche Bestseller (1969; als Fischer-Taschenbuch 1978) schildert mit leichter Feder unterhaltsam die aquitanische Lebensweise auf dem Lande. Die Alltagsgeschichte avant la lettre knüpft in teilnehmender Beobachtung an biographische und lokale Ereignisse an. Die Erzählweise des unaufgeregt und gemächlich dahinfließenden Dorflebens läßt trotzdem die starken sozioökonomischen Umbrüche, Anpassungsvorgänge und Einstellungsänderungen erkennen, die an dem Dorfleben nicht spurlos vorübergegangen sind - vor allem in den Epilogen zehn und 25 Jahre später. Mit feinfühligem Humor und gelegentlichem Sarkasmus werden sprachliche Eigenheiten - d'être sérieux; un peu fatigué; u.ä. -, Gesprächsstoffe und Verhaltensweisen, z.B. hinsichtlich der Heiz- und Ausbildungsgewohnheiten sowie von Krankengeschichten - geschildert, die - verglichen mit den trockenen Darlegungen über Speisepläne und Menüs in anderen Dorfuntersuchungen - geradezu dichterisch anmuten.

"Peyrane", ein durch Boden und Klima für den Anbau von Obst, Gemüse und Wein begünstigter Agrarstandort, wandelte sich vom pessimistisch gestimmten Kleinbauerndorf der Nachkriegszeit, als noch rund die Hälfte der Einwohner des Hexagons in Gemeinden unter 2.000 Einwohner lebten (Henri *Mendras*, 1959, S. 5), zu einem Teil des aufstrebenden Industriestaates Frankreich. An dieser Modernisierung nahm auch die Landwirtschaft Anteil (*Wylie*, S. 365ff.).

Die kritischen Anmerkungen, die *Bell/Newby* (1971, S. 146f.) mit einem gewissen soziologischen Dünkel an diesem eher randseitig in ihre Gemeindestudien aufgenommenen Werk anbrachten, erscheinen allerdings weniger gerechtfertigt; sie werden allenfalls mit der seinerzeit vorherrschenden "Suche nach der großen Theorie" und der Betonung von gesamtgesellschaftlichen Entwicklungsanstößen verständlich. Die von ihnen nachgeschobenen und von mir pointierten Argumente "vom ewigen Bauern" und der "unveränderlichen Gemeinde/Gemeinschaft" spiegeln eher die Vorurteile der Kritiker selbst wider, nicht aber Methode und Ergebnisse *Wylies*[36]. Der als solcher abqualifizierte Romanist legt nämlich in Kapitel 2 (S. 14-38) eine solide dörfliche Wirtschaftsgeschichte des 19. und 20. Jahrhunderts vor. Dort wird aufgezeigt, wie die heimischen Erwerbsgrundlagen durch den Aufbau und die Konjunkturen einer endogenen Exportbasis zeitweise einen bescheidenen Wohlstand herbei-

---

[36] Um Mißverständnisse zu vermeiden, sei der Originalton (*Bell/Newby*, S. 146f.) etwas ausführlicher zitiert. Sie schreiben im Anschluß an einige bei *Wylie* wiedergegebene südfranzösische Redensarten und Lebenseinstellungen:
"It denotes the resignation, or even apathy, of the French peasants, while establishing Peyrane as an essentially unchanging community indissolubly linked to the cycle of birth, life and death: ... Wylie's study is descriptive and personalized in the extreme - so much so that comparability with other studies ... is impossible. It is important to point out that Wylie himself is neither a sociologist nor an anthropologist, but a Professor of French Civilization. His description, therefore, has no theoretical perspective, nor is it in any way systematized. ..."

führten, was wiederum mit einer erheblichen Fluktuation der "Tragfähigkeit", gemessen an der gemeindlichen Einwohnerzahl, einherging.

Wylie faßt seine Analyse präzise zusammen (a.a.O., S. 21):
"Das Peyrane von 1901 war endgültig verschwunden wie das von 1851 und das von 1801. Das Peyrane von 1951 ist anders als die beiden beschriebenen, und doch kann man es nicht verstehen ohne Bezugnahme auf die früheren ..."
Im Epilog zehn Jahre später heißt es (S. 356f.):
... "Unterdessen ist mir klargeworden, daß die Bevölkerungsbewegung noch stärker ist als ich vermutet hatte", ... bestätigt "durch die periodischen wirtschaftlichen Schwankungen".

Die traditionelle Vorstellung von der stabilen ländlichen Gemeinde sei eine Illusion, die vor allem von Städtern des Mittelstandes gepflegt werde, verleitet - so könnte man in Anspielung auf einen Buchtitel in einem späteren Abschnitt (vgl. 5.1.5) hinzufügen - durch gelegentliche „Notizen über Besuche auf dem Lande"! Die in der Nachkriegszeit beobachtete Apathie der Bauern wird von *Wylie* (a.a.O., S. 365-376) zehn Jahre später bereits unter Hinweis auf die neue wirtschaftliche Situation (Modernisierung der Agrarwirtschaft) und ein verstärktes Selbstbewußtsein der Landwirte gründlich revidiert.

Die schon angerissenen Umbrüche in der örtlichen Erwerbsgrundlage lassen sich im einzelnen noch genauer belegen (vgl. Übersicht 3). *Wylie* beschreibt diese vier wirtschaftlichen und demographischen Eck- und Wendepunkte wie folgt:
Den Ausgangspunkt bildete die herkömmliche Grundbesitzverteilung und Feldflur 1801, im Jahr der ersten offiziellen Volkszählung in Frankreich. Die Aufnahme der Seidenraupenzucht und die Kultur der Krappflanze, welche dazu diente, im Zeitalter des Imperialismus die Uniformen der britischen und französischen Kolonialstreitkräfte rot zu färben, machten aus "Peyrane" um die Jahrhundertmitte ein reiches Dorf. Nach 1861 allerdings vernichteten die Seidenraupenseuche, die Reblaus, das Erfrieren der Olivenhaine und die Erfindung eines künstlichen roten Farbstoffs diese Einkommensquellen. Nach der Jahrhundertwende wurde der Ockerabbau wieder

aufgenommen, der allerdings infolge der beiden Weltkriege und der Weltwirtschaftskrise Einbußen hinnehmen mußte und um 1951 fast zum Erliegen gekommen ist. Inzwischen - Epilog: 25 Jahre später; vgl. S. 378-379 - fühlen sich die Einwohner "Peyranes" nicht mehr als autonome Einheit gegen die Außenwelt, sie sind vielmehr ihr integraler Bestandteil geworden.

Übersicht 3: Zusammenhang zwischen wirtschaftlicher Exportbasis und der gemeindlichen Einwohnerzahl in "Peyrane" über 150 Jahre

Jahr	Einwohnerzahl	wirtschaftliche Wechsellagen
1801	1195	selbstgenügsame Subsistenz
1851	1484)	Seidenraupenzucht und Krappflanze (roter
1861	1568)	Farbstoff)
1901	kA	Ockerbergbau und -export
1954	713	Nachkriegszeit und Wandel

Quelle: Laurence Wylie, Dorf in der Vaucluse, passim

3.3 Dorf- und Gemeindeforschung im „Dritten Reich" - ein vorläufiger Überblick

Eine Sache für sich stellt dieses dunkelste Kapitel deutscher Geschichte dar, dessen kurze Zeitdauer um so verhängnisvollere Folgewirkungen zeitigte: Innenpolitisch ging das Regime zuerst mit Aufbruchstimmung, Stabilisierung und wirtschaftlichem Aufschwung einher, über dem in der großen Öffentlichkeit totalitäre Gewaltherrschaft und Unrechtsregime häufig in Vergessenheit gerieten; außenpolitische Erfolge durch Überrumpeln, Unterdrücken und Ausbeuten von Nachbarvölkern wurden dann durch die Entfesselung des zweiten Weltkrieges und die Verfolgung und den Mord der europäischen Juden abgelöst. Diese Aufzählung beleuchtet schlaglichtartig die Schwierigkeiten, um geeignete und nachvollziehbare Argumente für die Periodisierung dieser kürzesten Phase auf dem Felde der Dorf- und Gemeindeforschung zu finden, das von Zäsuren sowie Kontinuitätslinien, von Widersprüchen und Ambivalenzen bestimmt ist. Zwar gibt es wohl kaum eine deutsche Epoche, die so gut erforscht ist wie die des Nationalsozialismus! Das gilt allerdings weniger für die längst überfälligen Fachgeschichten der damaligen Wissenschaften, die teilweise noch am Anfang stehen. Isoliert betrachtete Befunde aus jener Zeit sind folglich unangebracht, die Jahre davor und danach sollten zumindest im Blickfeld bleiben.

Auch Erinnerung hat ihre Gezeiten. Mit zunehmendem Abstand von einer unbußfertigen und mit dem Wiederaufbau voreingenommenen Nachkriegsgesellschaft und wachsender Unkenntnis vom fernen Alltag in der Periode 1933 bis 1945 wächst die Radikalität der Fragestellung, eine jüngere Forschergeneration nimmt sich einschlägiger Fragestellungen an, nicht immer gewinnt man den Eindruck, daß Quellenreichtum, fleißige Archivarbeit und Aktenlage zur tiefschürfenden innovativen Analyse und Geschichtsrevision führen. Neue Fakten und Deutungen über die Vergangenheit eröffnen immer wieder Fragen, die junge Historiker unter internationaler Mitarbeit aufrollen, ohne daß letztlich der Wissenszuwachs zur endgültigen Klärung führt. Selbst der verantwortungsvolle Umgang mit dem Kern der Geschichte gerät in Gefahr, verkompliziert oder gar verzeichnet zu werden.

Die Verwendung zugkräftiger und suggestiver Parolen wie
- Hitlers willige Helfer (Deutsche; Wehrmacht; Sondereinheiten) oder
- Vordenker der Vernichtung (Wissenschaft/Forschung; Verwaltung; Justiz)

läuft gelegentlich Gefahr, unzulässig verallgemeinernd auf Teilbereiche übertragen zu werden. Denn trotz vieler Programme und geplanter Projekte im Nationalsozialismus fand etwa die „Aufrüstung des deutschen Dorfes" - ein Begriff, der nach 1945 durchaus unbefangen in der öffentlichen Fachwelt wieder auftauchte - so gut wie nicht statt (vgl. Jan G. *Smit*).

Ist schon das bloße Weitermachen und Mitwirken im Wissenschaftsbetrieb, eine gewissermaßen „widerwillige Loyalität", die Verfügbarkeit schlechthin für ein Unrechtsregime verwerflich, wo wechselt diese zur vorauseilenden Anpassung an politisch-moralische Zwänge und Unwägbarkeiten? Ein heroisch nachholendes, ikonoklastisches Meinungsklima kann ebenfalls zu einer gewissen Einseitigkeit und Willkür des Vorgehens führen, das beliebige Quellen auswertet, Gegenbefunde abtut, abseitige Bestätigungen einer These zwar genauestens auflistet, dagegen entlastende Anhaltspunkte verharmlost, konkurrierende Thesen allenfalls im Anmerkungsapparat unterbringt.

Wenngleich die Soziologie im Dritten Reich erhebliche Qualitätseinbußen durch Emigration, Verstummen und/oder Einberufung zum Militärdienst verzeichnete, der Umfang des Hochschulpersonals blieb annähernd erhalten, rein zahlenmäßig wurde zwischen 1933 und 1945 doch einiges publiziert. Das trifft auch dann zu, wenn dieser empirischen Sozialforschung mitunter theoretische Stringenz und Qualität als Soziologie überhaupt abgesprochen wird. Innovative Impulse gingen damals nicht zuletzt von außeruniversitären Forschungseinrichtungen aus, die teilweise nach 1945 zum Anknüpfungspunkt für Hochschullehrer oder kommerzielle Forschungsinstitute geworden sind.

Die Verwendung gelegentlich „weltfremder" Kriterien und die Kompilation lückenhafter Wirkungsketten lösen nicht immer den Anspruch ein, der diesen historischen Figuren im Hinblick auf Individualität, Irrtum und biographische Zwiespältigkeit zukommt. Denn eigentlich sollten die Beurteilungsmaßstäbe[37] aus der Zeit selbst heraus gewonnen werden, wobei sprachlicher Wandel und der Kontext wörtlicher Zitate zu berücksichtigen sind. Statt dessen halten hier vorzugsweise „progressive Pädagogik" und Impulse didaktischer Natur aus heutiger Sozialarbeit Einzug, die einen moralischen Rigorismus der heldenbedürftigen Nachwelt einschließen, der die verbreitete Popularität des NS-Regimes in seiner Epoche - und den Ausnahmezustand Krieg - häufig mehr oder weniger außer Acht läßt.

Doch genug der einleitenden Vorbemerkung; da ich kein ausgewiesener Zeitgeschichtler über die NS-Periode bin, weicht das weitere Vorgehen in diesem Abschnitt von der im übrigen gewählten Methode ab. So entfällt die bibliographische Rezension von Standardwerken, um den vorläufigen Charakter des diesbezüglichen Forschungsbetriebes zu betonen. Zwar bleibt der deskriptive Duktus der Darstellung

---

[37] Für Angehörige der sog. Wert- und Funktionseliten - und als solche verstanden sich Wissenschaftler nach Selbstbild und Fremdverständnis - sind hier freilich schärfere Kriterien anzulegen als für die Masse der Bevölkerung!

erhalten, beschränkt sich indessen im wesentlichen auf die punktuelle Auswertung einiger weniger Aspekte aus der inzwischen vorliegenden umfangreichen Sekundärliteratur zu diesem Thema, die m.E. weiterführen bzw. einer sorgfältigeren Behandlung bedürfen.

Da ist zunächst nach inhaltlichen Konzepten und Forschungsanliegen zu fragen, die unter dem NS-Regime - aber u.U. auch vorher und danach - hohen politischen Stellenwert besaßen. Ferner sind Roß und Reiter zu nennen, wenn es darum geht, etwaige Schreibtischtäter und „Hitlers willfährige Soziologen" (? !)[38] auf dem weiten Felde der lokalen und regionalen Sozialstrukturforschung zu identifizieren (Dorf, Bauer etc.). Auf der Suche nach Affinität bzw. Resistenz exilierter, vor allem aber in Deutschland verbliebener, Sozialforscher im Hinblick auf nationalsozialistisches Gedankengut fehlen allzuoft eindeutige und aussagekräftige Indikatoren, werden ungenaue Begriffsbestimmungen herangezogen, voreilige Urteile gefällt. Abschließend sind einige Dorfmonographien steckbriefartig vorzustellen, die zumindest als Kandidaten für kritische Bestandsaufnahmen geeignet zu sein scheinen, die gründlicher sind, als daß sie an dieser Stelle wegen fehlender zeitgeschichtlicher Kompetenz geleistet werden könnten!

- Themen und Inhalte

Das Vollbeschäftigungsziel im nationalsozialistischen Deutschland wurde nach Mitte der 30er Jahre erreicht, ehe anschließend die Aufrüstungskonjunktur und Kriegsvorbereitungen vorherrschten. Nach dem Ausbruch des Zweiten Weltkrieges schlug der manifeste Antisemitismus von Staats wegen in den organisierten Massenmord am europäischen Judentum um, die vorübergehend eroberten und besetzten Gebiete wurden zudem rücksichtslos ausgebeutet - Nahrungsmittel; Rohstoffe; vgl. *Corni/Gies* -, und deren Bevölkerung in hohem Maße zur Zwangsarbeit herangezogen (Kriegsgefangene, Häftlinge in den Konzentrationslagern, sogenannte Fremdarbeiter).

---

[38] Es handelt sich um die Überschrift einer im „Mitteilungsblatt der Deutschen Gesellschaft für Soziologie" (Hefte 3/4, 1997 und 1/2, 1998) ausgetragenen Kontroverse, die sich an dem von Carsten *Klingemann* 1996 vorgelegten Werk „Soziologie im Dritten Reich" entzündete.

Teils geblendet durch so manche innen- und außenpolitische Anfangserfolge des NS-Regimes, das die ihm innewohnenden totalitären Züge erst allmählich enthüllte bzw. im unübersichtlichen Gestrüpp miteinander wetteifernder Bürokratien und Zuständigkeiten versteckte, brachten die Fachvertreter der Dorf- und Gemeindeforschung ihren Sachverstand - unter Unsicherheit und ohne Kenntnis des Endes - in die Debatte ein, wenn es galt, empirische Aufklärung an die Stelle ideologischer Schlagworte zu setzen, und um partielle Modernisierungsvorschläge abzuleiten. Die Anwendung wissenschaftlicher Erkenntnisse ist immer ambivalent, Praxisbezug der Forschung ist kein Spezifikum totalitärer Herrschaft, Sach- und Werturteile durchdringen sich wechselseitig, wie manche inhaltliche Kontinuitäten der Fragestellung von der Weimarer Republik über den Nationalsozialismus bis zur Bonner Republik zu belegen scheinen. Hier ist an die „historisch-soziologischen Zeitdiagnosen" (vgl. Volker *Kruse*) zu denken, die heutzutage im angelsächsischen Sprachraum - u.a. Charles *Kindleberger* - wieder zu Ehren kommen. In dieser Hinsicht wird das Reden von den Zäsuren der Jahre 1933 bzw. 1945 erheblich relativiert (vgl. *Rammstedt*, 1986, S. 164ff.).

Doch was ist das Spezifische einer NS-Wissenschaft im Untersuchungsfeld Dorfmonographie, die z.B. ein besonderes Augenmerk auf den Agrarsektor, die Gemeinschaft und das Volk richtet - „Blut und Boden" -? Ungeachtet der Besonderheiten der Aufarbeitungsproblematik deutscher Geschichte aus dieser Zeitspanne und des Vorherrschens „retrospektiver Verdachtskultur" scheint sich zumindest eine Bedeutungsfacette der Sonderwegsthese zu bestätigen: So wie man heutzutage vielfach - gelegentlich sogar ohne die Mühe einer adäquaten Übersetzung ins Deutsche - in den USA oder anderswo beobachtete Phänomene, die dabei verwendeten Begriffe und Konzepte ungeprüft auf Mitteleuropa überträgt, so eigensinnig ja unbeirrbar und entschieden wurde damals der Widerwille gegen alles Fremde gepflegt, der das spezifisch Deutsche, die „nationale Kultur" - in Abkehr und im Gegensatz zum liberalen „westlichen" Einfluß hervorzuheben suchte.

Die ältere Vorstellung eines allgemeinen Desinteresses des NS-Regimes an Wissenschaft bzw. von einer besonderen Feindseligkeit gegenüber der Soziologie ist inzwischen überholt, was immer man unter Soziologie im engeren Sinne verstanden wissen will. Gerade die Aktivitäten „empiristischer Kleinmeister", die in den sogenannten Bindestrich-Disziplinen und mit den Methoden der empirischen Sozialforschung vorherrschten, fanden Beachtung, selbst wenn diese wie heute noch abwertend als lediglich „anwendungsorientiert, instrumentell, soziotechnisch und datenbeschaffend" eingeordnet werden. Zumindest Sozialforschung in diesem weiteren Sinn ist also im Dritten Reich betrieben worden, wobei eine schlüssige Begriffsbildung vorläufig offen bleiben kann.

Die von René *König* (1987) gewählte Bezeichnung „Volkstumssoziologie" erscheint mir zweckmäßiger als der von Carsten *Klingemann* bevorzugte Name „Reichssoziologie"[39], weil die letztere nicht nur auf das Dritte (Deutsche) Reich, sondern für das Kaiserreich und die Weimarer Republik ebenso zutrifft, was vermutlich dem Erkenntnisanliegen weniger entspricht.

Nicht zeitgenössische Fehleinschätzungen, vielmehr öffentlich nachgefragte Forschungsgegenstände betrafen also Fragen der Um-, Aus- und Neusiedlung, des Überbesatzes an landwirtschaftlichen Arbeitskräften, der Umlandsbedeutung Zentraler Orte, der Erbhofgrenze/Hufe/Ackernahrung landbewirtschaftender Familien, der Landflucht sowie der Industrialisierung agrarisch geprägter (Notstands-)Gebiete, und des biologischen Nachwuchses in Bauern- versus Arbeiterfamilien. Derartige Themen der Sozialstruktur-, Sozialraum- und Agrarforschung stellen nicht nur wichtige Gegenstände der damaligen Wissenschaft auf der Dorf- und Regionsebene dar (vgl. *Gutberger;* C. *Klingemann*, passim), sondern behalten auch in der westdeutschen Nachkriegszeit politisches Gewicht; ja: „innere Kolonisation" sowie die Frage „Deutschland - ein Industrie- oder ein Agrarstaat?" sind bereits Leitmotive prominenter Wissenschaftler im Kaiserreich.

Wenn auch hier „die schlichte Konstatierung personeller und terminologischer Kontinuitäten" - *Klingemann*, 1996, S. 220 - überwunden werden soll, so empfiehlt sich

---

[39] Vgl. schon die Überschrift bei: Gabriele *Fornefeld*, Alexander *Lückert* und Clemens *Wittebur*, Die Soziologie an den reichsdeutschen Hochschulen zu Ende der Weimarer Republik. Versuch einer Bestandsaufnahme. In: Sven *Papcke* (Hrsg.), Ordnung und Theorie. Beiträge zur Geschichte der Soziologie in Deutschland. Darmstadt 1986, S. 423-441.

eine sorgfältige und differenzierte Untersuchung. In sich widersprüchliche und nicht besonders fachkundige Aussagen zu der von ihm nur gestreiften Kurzdarstellung der NS-Agrarpolitik dürften sich dann vermutlich erübrigen. So heißt es sehr allgemein (*Klingemann*, 1996, S. 286f.):

> „Es kam zu einer raschen Industrialisierung der Landwirtschaft, ... und das Erbschaftsrecht verfestigte die Struktur unrentabler Betriebsgrößen, wodurch große Betriebseinheiten bevorzugt wurden" ...
> (Das Marktordnungssystem des Reichsnährstandes - 1933-48 -) ... „führte aber im Zusammenwirken mit Bestimmungen des (Reichs-; R.S.) Erbhofgesetzes zur Auflösung der traditionellen bäuerlichen Familienarbeitsverfassung und zur Konzentration der Betriebsgrößen" - ...

- Personen

Angesichts der in vielen Fällen mißlichen Quellenlage erfordern eindeutige Aussagen und apodiktische Urteile über Personen noch erhebliche Forschungsanstrengungen im einzelnen, so hilfreich biographische Grunddaten und biobibliographische Verzeichnisse für einen ersten Überblick sind (vgl. *Janssen*, S. 511ff. und *Gutberger*, S. 491ff.). Denn die Gemengelage, die Schattierungen und Grauzonen zwischen Tätern, Opfern, freiwilligen Mitläufern und unbeteiligten Zuschauern, zusammen mit der Vielfalt subtiler Feinheiten unter den verschiedensten Gesichtspunkten, sie alle erschweren unbestreitbare Zuschreibungen[40]. In pragmatischer Diktion der Angelsachsen könnte man im Tone wohlwollenden Zweifels, der den Lebensläufen von Persönlichkeiten entgegengebracht werden sollte, fragen: Was bringt das mea culpa für die Opfer?

Bei dem berechtigten Anliegen, die Vergangenheit der Fachdisziplin im Nationalsozialismus vorurteilsfrei zu erforschen, ist zwar die Mahnung von Dirk *Kaesler* (1984, S. 511, Hervorhebung i.O.) zu beachten:

> „Mit dem gleichen Nachdruck, mit dem wir die Weiterexistenz einer <u>bestimmten Auswahl</u> von Soziologen und ihrer Vertreter während der Zeit des „Dritten Reiches" betonen, mit demselben Nachdruck wenden wir uns gegen jene

---

[40] Politische „Entscheidungen" gerade in Biographien bleiben zumeist mehrdeutig und interpretationsfähig.

simplifizierenden Interpretationen, die aus jedem nicht-emigrierten deutschen Soziologen einen Sympathisanten oder gar Anhänger des Nationalsozialismus machen wollen."

Was allerdings die ungefähre Größenordnung der jeweils betroffenen Personenkreise anbetrifft, so dürfte die von Hauke *Janssen* gewonnene Einschätzung (a.a.O., S. 145) von der deutschen Volkswirtschaftslehre für die Nachbardisziplin eher noch ungünstiger lauten:

"Die Professorenschaft war gespalten in den zahlenmäßig kleinen Kern der überzeugten Nationalsozialisten, die große Masse, die sich arrangiert hatte, und die kleine Minderheit der Regimegegner."

Außerhalb eines etwaigen NS-Verdachts und des Konformismus steht zweifelsfrei jene Gruppe von Ökonomen (vgl. *Hagemann; Krohn*), von Soziologen (vgl. *Papcke* 1993[41]; *König* 1987; *Lepsius* 1981) und Politikwissenschaftlern (vgl. *Söllner, Behrmann*), die ins Exil gehen mußten. Nur ein Bruchteil von ihnen kehrte später nach Deutschland zurück, wo es zu Spannungen mit der im Lande verbliebenen Mehrheit und daraus resultierend zu Vorbehalten in der Öffentlichkeit der frühen Nachkriegszeit kam. Die Analyse dieser Einzelschicksale bleibt noch immer Forschungsdesiderat, die Umwandlung vieler im ausländischen Kontext von diesen weiterentwickelten Ideen gelangte geradezu als missing link in die Fachgeschichte der ehemaligen Heimat zurück.

Schwieriger ist die Rolle der großen Mehrheit von Sozialwissenschaftlern im NS-Staat angemessen zu erfassen. Der beschönigende Begriff etwaiger Affinität - d.h. wesensverwandte Vorstellungen und Sprachähnlichkeiten - zwischen sozialwissenschaftlichen Fachbegriffen/Redensarten und nationalsozialistischem Gedankengut erscheint häufig redundant, das Bild von der zumeist nur passiven Verstrickung der Forscher in das Regime wird mehr und mehr relativiert. Eine Menge von „Schreibtischtätern" war direkt in das System bzw. in dessen Planungen involviert, paßte sich als Mitläufer nach und nach an. Wenige aber zeigten Zivilcourage und leisteten Gegenwehr! Abgesehen von Teilen der herkömmlichen Führungsschichten - aus Industrie, Wehrmacht, Bürokratie oder Justiz -, wurden andere Wert- und

---

[41] Mit eindrucksvollen Portraitskizzen sozialwissenschaftlicher Emigranten.

Funktionseliten - das sind junge, akademisch gebildete „Volksgenossen" (Techniker/Ingenieure, Wissenschaftler, Sozial- und Raumplaner) - zu überzeugten Parteigängern der „neuen Zeit" (vgl. Ulrich *Herbert*; Carsten *Klingemann*, 1996, S. 281, Fußnote 2). Eine beträchtliche Expansion empirischer Sozialforschung infolge des Datenhungers in der NS-Epoche erfolgte zudem außerhalb der Hochschulen.

Dennoch bleibt der Versuch im Einzelfall ein lohnendes Unterfangen, zweifelsfreie Kriterien für Umfang und Grad der Verwicklung in das Regime herauszuarbeiten. Nicht einmal die Mitgliedschaft in der NSDAP, oder in einer der sonstigen Parteiorganisationen reicht hierfür aus. Denn etliche Wissenschaftler, hohe Staatsbeamte, Militärs etc. gehörten den unterschiedlichsten persönlichen Netzwerken - „die Kreuzung sozialer Kreise", Georg *Simmel*, 1908, S. 403ff. - an, deren Spektrum sich von hochoffiziellen politischen Führungszirkeln über Fachleutegremien bis hin zu Widerstandsgruppen reichte. Manche der beteiligten Personen machten im Zeitablauf schmerzhafte Lernprozesse, Gewissenskonflikte und tiefgreifende Einstellungswandlungen durch. Es ist dann nicht immer ein zuverlässiges Verfahren, im Nachhinein Merkmale ad hoc und fragwürdige Indizien einzuführen. Dieser Gefahr entgeht der als Soziologiehistoriker ausgewiesene Carsten *Klingemann* mitunter nicht, wenn er beispielsweise - quasi zur Abrundung seiner Argumentation im Falle Willy *Hellpachs* - „unterwürfige Dankschreiben an *Krieck*", also an NS-Würdenträger und auf der anderen Seite Papierzuteilungen für die Veröffentlichung seiner Bücher u.ä. heranzieht (a.a.O., 1996, S. 236-239). In diesem Zusammenhang ist daran zu erinnern, daß (1) bis auf den heutigen Tag durchaus Unterschiede im Briefstil zwischen Nord und Süd - etwa devote Einleitungsformeln im Schriftverkehr zwischen Deutschland und Österreich - bestehen, und daß (2) etwa amerikanische Bestseller zu Zeiten des NS-Regimes hohe Auflagen hatten, selbst bis in Kriegszeiten hinein (vgl. *Eitner*, S. 142).

Auf das Auszählen von Namen sogenannter NS-Protagonisten im Bereich der Sozialforschung verzichte ich an dieser Stelle, denn Personen verdienten Einzelbeurteilungen! Das gilt etwa „für die schon berüchtigte Auflistung der (20) <Soziologen>" bei Karl-Heinz *Pfeffer* (1939), der eigentlich „eine erstaunliche Tafel unvereinbarer Namen" (Heinz *Maus*, S. 79) und insofern suspekte Zusammenstellung veröffentlicht hat (*Rammstedt* 1986, S. 113, Fußnote 168). Im Kern übereinstimmend, obgleich im Detail voneinander abweichend, finden sich ausführlichere Zuordnungen der (außer-) universitären Sozialforscher zu NS-nahen bzw. -resistenten Gruppen in einer ganzen Reihe einschlägiger Darstellungen (vgl. *Klingemann*, 1996; *Kaesler*, 1984, S. 507ff.; *Rammstedt*, 1986, S. 99ff.; aber auch *König*, 1987 und *Lepsius*, 1981 sowie andere).

- Kandidaten für sorgfältige Analysen von Dorfmonographien aus der NS-Zeit

Als Anwärter für eine kritische Prüfung der in dieser Periode erstellten Gemeindestudien auf darin angelegtes nationalsozialistisches Gedankengut kommen zuallererst diejenigen von Gunther *Ipsen* und Mitarbeitern - Dorfmonographien in Schlesien und Ostpreußen - sowie diejenige von Hans *Linde* infrage, die bereits in dem Aufsatz von Ulrich *Planck* (1974) enthalten und - wie bereits erwähnt - selbst im Ausland von den Zeitgenossen als Neuerung beurteilt worden sind, und deren Verfasser in der westdeutschen Soziologie der Nachkriegszeit nicht unbekannt blieben.

Doch es gibt andere Bewerber, die zeigen, daß spezialisierte und gründliche Forschungsarbeit durchaus in der Lage war, im „Dritten Reich" übliche Phrasen und Behauptungen kritisch zu hinterfragen und/oder öffentlich relevanten Fragestellungen nachzugehen, die für die Vorkriegszeit und Nachkriegsentwicklung gleichermaßen innovativ und kontinuierlich weiter betrieben wurden. Das gilt nicht allein für die oben kurz angerissenen Fragen einer rationalen Landwirtschaft im Kontext des in Deutschland gravierenden Kleinbauernproblems.

Stella *Seeberg* - später Mitbegründerin der Forschungsgesellschaft 1952 - untersuchte die demographische Entwicklung im brandenburgischen Kuhbier seit der Zeit des 30jährigen Krieges (1938). Sie widerlegt empirisch die in der Metapher vom „gesunden Bauernblut" implizierte Behauptung einer im Vergleich zur Arbeiterschaft höheren (Netto-) Reproduktionsrate der landwirtschaftlichen Bevölkerung.

Die in einem etwas altfränkisch-kernigen Stil verfasste Geschichte des ehemals selbständigen Bauern-Arbeiter-Dorfes Buch - einst und jetzt im Knoblauchsland bei Nürnberg - entfaltet auf über 500 Seiten Befunde über das Landvolk, die Dorf- und Volksgemeinschaft, aber auch ein Kapitel über „Jude und Bauer" (*Rumpf/Behringer*, 1940, S. 463-485). Dagegen enthält sich die von Max *Solms-Roedelheim* (1939) vorgelegte Dissertation weitestgehend derartiger zeitbedingter Ausfälle. *Solms* geht auf die wesentlichen Folgen großer Arbeitslosigkeit ein (a.a.O., S. 144ff.): Der tiefgreifende Einfluß der Krisenlage von 1936 auf die Beschäftigung der Erwerbspersonen, die Spartätigkeit der Bevölkerung, Finanzen und Schulden der Gemeinden änderte die sozialökonomischen Verhaltensweisen mitsamt der ehemals prägenden familienwirtschaftlichen Grundmerkmale: Naturabhängigkeit, Unabkömmlichkeit, Abgeschlossenheit. Deshalb wendeten sich die Menschen von den „Kennziffern dörflicher und bäuerlicher Wesensart" (a.a.O., S. 176) - u.a. Sitte, Kirche, Nachbarschaft, Dorfzusammenhalt, Vereinswesen, kulturelle Eigenart - entschieden ab, die einer Vorgängerstudie zufolge noch um die Jahrhundertwende als unerschütterlich gegolten hatten. Der allerdings recht trocken geschriebene Text behandelt ein im Westdeutschland seit 1945 immer bedeutsamer gewordenes Thema, das die Einsicht von Carsten *Klingemann* (1996, S. 220f.) bestätigt:

„... dass relative Autonomie sozialwissenschaftlicher Arbeit und partielle Integration in undemokratische oder diktatorische Strukturen kein(en) Widerspruch in sich darstellen."

Das Kapitel (3) „Vorläufer ..." abschließend kann bilanziert werden, daß die beiden vorgestellten deutschsprachigen Pionierstudien bereits am Ende des zugehörigen Abschnitts (3.1) hinreichend gewürdigt worden sind. Die für die westdeutsche Nachkriegszeit vorbildhaften Ortsmonographien aus den USA (3.2) werden in Abschnitt 4.1, der die hiesige Rezeptionsgeschichte behandelt, nochmals zusammengefaßt. Der vorläufige Überblick zum Forschungsgebiet im Dritten Reich (3.3) stellt den unmittelbaren Anknüpfungspunkt zum Neuanfang der Soziologie und empirischen Sozialforschung in der Bundesrepublik Deutschland (Abschnitt 4.2) dar!

4. Entwicklung nach dem zweiten Weltkrieg in (West-)Deutschland aus heutiger Sicht

> Who reads Ferdinand *Tönnies* today?
>
> Colin *Bell*, Howard *Newby*, Community studies. An introduction to the sociology of the local community. London 1971 (George Allen and Unwin LTD) Frontispiz

Ähnlich wie eine Reihe bis dahin gängiger Geschichtsbilder über das nationalsozialistische Regime in jüngerer Zeit revidiert worden sind, ebenso rückt naturgemäß die inzwischen längst vergangene und allzu selbstverständliche Entwicklung der Anfänge der Fachdisziplin seit 1945 in den Blick des heutigen Betrachters. Am Beginn stellt sich - gerade im Vergleich mit den Jahren nach 1918 in Deutschland - die Frage, was den Erfolg und die Stabilität des demokratischen Neuanfangs der Bonner Republik ausgemacht habe? Ohne auch nur den Versuch einer erschöpfenden Antwort zu geben, haben sich sozusagen Vorzüge der Nachteile der Totalniederlage im Zweiten Weltkrieg günstig ausgewirkt. Unter den außenpolitischen Bedingungen sind insbesondere der sich verschärfende Ost-West-Konflikt, die Öffnung der Märkte (*Marshall*-Plan; GATT-Verträge; Europäische Einigungsbemühungen) und die mit der allmählichen West-Integration einhergehende bußfertige Gesinnung in der Öffentlichkeit (Wiedergutmachung; Schuld-Mentalität) zu erwähnen. Als innenpolitisch befriedende Kräfte können der einen modernen Industriestaat möglicherweise belastende Verlust der agrarischen Ostgebiete - mitsamt einem Großteil ehemaliger politischer Führungsschichten -, der Zustrom von rund 12 Mio. gut ausgebildeten und motivierten Flüchtlingen/Vertriebenen (Lastenausgleichs-Gesetz) und der Sozialstaatskompromiß angesehen werden.

Die Bundesrepublik ist 1949 von der noch im sozialen Rollensystem des Kaiserreichs großgewordenen Generation gegründet worden. Die Mehrzahl der Parteigänger des Dritten Reiches kam ziemlich ungeschoren davon und erhielt unverhofft die zweite Chance, die Gunst der Stunde zu nutzen und im demokratischen Wiederaufbau gesellschaftsfähig zu werden (Ulrich *Herbert*). Die ehedem verbreitete Rede-

weise von der „restaurativen" *Adenauer*zeit dürfte dennoch verfehlt sein (vgl. *Schildt/Sywottek* 1993; *Sutor* 1999; A. *Andersen* 1997), wie bereits frei nach Georg *Dehio* (1908) über die Erben des Historismus bemerkt worden ist:
„Die Denkmalspflege will Bestehendes erhalten,
die Restauration will Nicht-Bestehendes wiederherstellen!"

Diese ferne Welt von gestern ist in der Optik der Gegenwart Mitte der 90er Jahre zu rekapitulieren, deren Führungsschichten mit einem Durchschnittsalter von 54 Jahren teils schon der Nachkriegszeit entstammen (vgl. Wilhelm *Bürklin*, n=2341). Dem Mittelwert der „Potsdamer Elitestudie" entspricht ungefähr der mittlere Geburtsjahrgang der Soziologen an den deutschsprachigen Universitäten (n = 180; Geburtsjahrgänge 1922-55, ⌀ 1939), den Karl-H. *Hillmann* in Anhang 2 seines „Wörterbuchs ..." als aktuellen Lehrkörper des Universitätsfachs für 1994 aufgelistet hat.

Obwohl oder gerade weil der rasche Import bzw. Reimport von Ergebnissen und Methoden angelsächsischer bzw. kontinentaleuropäischer Gemeindeforschung in der Nachkriegszeit einen ungehinderten Siegeszug in Deutschland antreten konnte, was sich in der später allseits tradierten Dogmengeschichte einiger Publikationen nachlesen läßt (vgl. *Gleichmann* 1966; *Oswald* 1966; *Aschenbrenner/Kappe*), zeichnet sich die Entwicklung der sozialwissenschaftlichen Dorfforschung in der Bundesrepublik im einzelnen dennoch durch merkwürdige Sonderwege, Verspätungserscheinungen, gar Unkenntnis und vorgebliche Krisenrhetorik aus. Die verzerrte Sicht der Ausgangslage stellte noch kürzlich der Mitverfasser einer Festschrift in seinem einführendem Beitrag zu der Geschichte und den Zukunftsperspektiven der Stadt- und Regionalsoziologie folgendermaßen wenngleich überspitzt dar. Klaus M. *Schmals* schreibt wörtlich (1994, S. 21):

"Die Entfaltung der "US-amerikanischen Gemeindeforschung" wurde hier nachvollzogen, da in ihrem Kontext stadt- und regionalsoziologische Sichtweisen entwickelt wurden, die die "bundesrepublikanische Gemeindeforschung" - im Zuge ihrer "US-Amerikanisierung" nach dem Zweiten Weltkrieg - dominierten."

Schmals, dem es - wie gesagt - um die besonderen Erkenntnisinteressen der Stadt- und Regionalsoziologie geht (ebenda, S. 13-26), führt in diesem Zusammenhang weiter aus: "Der Transformationsprozeß dieser raumbezogenen Teildisziplin wurde durch folgende Einflüsse mitgeprägt" (S. 25): Neben der schon genannten (1) Gemeindesoziologie als Zweig der empirischen Sozialforschung ab dem ersten Drittel des Jahrhunderts, insbesondere in den USA, gehören hierzu die (2) von der Gesellschaftstheorie der soziologischen Klassiker des 19. Jahrhunderts geprägte bzw. vernachlässigte Beschreibung und Analyse sozialer, kultureller und politischer Lebensverhältnisse, sowie die (3) im letzten Drittel des 20. Jahrhunderts auch in Deutschland entstandene Großstadtforschung.

Als dann englische Autoren sich bereits ausführlich mit dem gleichsam naturwüchsigen Feld der community studies vorwiegend in den angelsächsischen Ländern befaßten und mit deren Schwächen unter dem diesem Kapitel vorangestellten despektierlichen Motto - als Frontispiz bei *Bell/Newby* 1971 - auseinandersetzten, blieb das Thema im Deutschland der späteren Zeit eher unauffällig und farblos, ja es schien allmählich an Auszehrung dahinzusiechen. Mit der wegweisenden Studie von Colin *Bell*/Howard *Newby* 1971 ist bereits das Werk genannt, das für die spätere Rezeptionsgeschichte der Gemeindestudien in Deutschland viele Argumente geliefert hat, das außerdem den Ruf dieser Arbeitsrichtung lange Zeit nachhaltig beschädigte. Darüber sollte freilich der inhaltliche und methodenkritische Informationsgehalt der Studie nicht geringgeschätzt werden, der bis heute für die Einschätzung der angelsächsischen Gemeindeforschung seinen Rang behält (Abschnitt 4.1).

Über deutsche Dorfforschung im Anschluß an den zweiten Weltkrieg berichtet ausführlicher m.W. eigentlich nur Ulrich *Planck*. Dieser kümmerte sich in eher lexikalisch-bibliographischer Absicht um eine fundierte Bestandsaufnahme der deutschen Dorfforschung. Mit gründlichem Spürsinn lokalisierte er zusammen mit seinen Mitarbeitern für die Bundesrepublik Deutschland (1982, S. 124-126) zwischen den Jahren 1946-1978 nicht weniger als 73 Dorf-/Gemeindemonographien. Diese werden in Kurzauszügen dokumentiert und bewertet, wobei hervorragenden Werken etwas mehr Platz eingeräumt wurde. Ausführliche und kritische Kommentare blieben allein den in Abschnitt 4.2 noch abzuhandelnden Standarduntersuchungen und einer

Wiederholungs-Studie zwanzig Jahre (vgl. Abschnitt 4.3) später vorbehalten (ebenda, S. 90-122, 127). Die vier "analytischen Abrisse" kreisen inhaltlich um zwölf Stichworte: von Bevölkerung/Wanderungen, Agrarwirtschaft, über Stadt-Land-Beziehungen bis hin zum Weltsystem. Nach den Untersuchungen *Plancks* (vgl. derselbe 1974) erweisen sich im Rückblick und rein numerisch die 30er und 50er Jahre als besonders ergiebig für die Anzahl der vorgelegten deutschen Dorfstudien! Die summarische Zwischenbilanz (4.4) greift erneut einige erstaunliche Mißverständnisse und Fehlurteile zum Forschungsfeld der Dorf-/Gemeindestudien heraus, die sich in verbreiteten Bestandsaufnahmen teilweise bis zum heutigen Tag gehalten haben!

4.1 Zur westdeutschen Rezeption nordamerikanischer community studies

Die Zusammenstellung der ausgewählten amerikanischen Vorbilder erlaubt es, einige charakteristische Merkmale der Arbeiten in den Grenzen der aufsteigenden Weltmacht des 20. Jahrhunderts zu erkennen. Geographisch liegen die vorgestellten klassischen Gemeindestudien (oben Abschnitt 3.2) in zwei Großregionen, nämlich in den Neu-Englandstaaten und im Gebiet des Mittleren Westens[1]. Unter dem Gesichtspunkt der betrachteten Siedlungseinheiten wiederum bilden die Fallstudien praktisch die gesamte Skala von Gemeindegrößen ab: von der rapide wachsenden Millionenstadt - ähnlich wie gleichzeitig Berlin im deutschen Reichsgebiet - über Klein- und Mittelstädte bis hin zu dem langfristigem Auf und Ab einer kleinen Landgemeinde (Übersicht 4). Angesichts dieser Bandbreite von Gemeindestudien in den USA, auf deren „fast unerschöpfliche Fülle"[2] bereits Harriet *Hoffmann* (1954) hingewiesen hat, erledigt sich der etwaige Ideologieverdacht im Sinne von „small-town America" beinahe von selbst. In verschiedener Hinsicht bedarf dieser Überblick noch der Ergänzung.

---

[1] Nach der regionalen Gruppierung der US-Bundesstaaten bei *Perloff/Dunn/Lampard/Muth* (1960, S. 6) handelt es sich genauer um: New England, Middle Atlantic und Great Lakes.
[2] Vgl. auch *Bell/Newby*, 1971, S. 82-130.

Übersicht 4: Untersuchungsorte "klassischer" amerikanischer Gemeindestudien

Autor(en) / Erscheinungsjahr	Pseudonym der Analyseeinheit	politische Gemeinde	(Bundesstaat) (Département)	Land	Anzahl der Einwohner	
P a r k, Robert/B u r g e s s, Ernest/ McK e n z i e, Roderick 1925	-	Chicago	(Ill.)	USA	1871 1890 1900 1950	,3 Mio.[1] 1,1 Mio. 2,7 Mio. 3,6 Mio.[2]
L y n d, Robert und Helen 1929 und 1937	"Middletown"	Muncie	(Ind.)	USA	1890 1926 1935 1979	11 000 37 000 47 000 80 000[4]
W a r n e r, William L. u.a. 1941ff.	"Yankee City"	Newburyport	(Mass.)	USA	1935	17 000
V i d i c h, Arthur + Joseph B e n s m a n 1958	"Springdale"	?[3]	(N.Y.)	USA	1950	2 500
W y l i e, Laurence 1957	"Peyrane"	Roussillon	Dép. Vaucluse	Frankreich	1801 1851 1901 1954	1 195 1 484 1 123 713

[1] Damals vernichtete der legendäre große Brand die "hölzerne Stadt", die anschließend in Stein wieder aufgebaut wurde.
[2] "Groß-Chicago" 1950 : 5,5 Mio. Einwohner.
[3] "A small town .. in rural upstate New York" (vgl. *Bell/Newby*, 1971, S. 116), ... „among the nine towns of Tioga County" (vgl. Frank W. *Young*, 1996, S. 640).
[4] „Middletown III" (*Caplow* u.a., 1982, S. 3).

Da ist einmal die noch unerledigte Streitfrage zur Amerikanisierungsthese der deutschen Nachkriegssoziologie. Diese bejaht etwa Johannes *Weyer* (1984a, S. 387) eindeutig, indem er eine augenfällige Übernahme zentraler Theoreme, von deren forschungsstrategischen Organisationsprinzipien und spezifischer Praxisorientierung anführt. Die These wird freilich - abgesehen von der Übernahme neuerer Methoden der empirischen Sozialforschung - von anderen Autoren als nicht gerechtfertigt angesehen (vgl. u.a. *Lepsius*, 1981, S. 51; *Rammstedt*, 1986, S. 134 und 167).

Die amerikanische Besatzungsmacht hat direkt in ihrer Wissenschaftspolitik die westdeutsche Gemeindeforschung in der frühen Nachkriegszeit an den und außerhalb der Universitäten gefördert: durch Gründung des Instituts für Sozialwissenschaftliche Forschung in Darmstadt und des UNESCO-Instituts für Sozialwissenschaften in Köln. Hinzu kamen erhebliche Finanzmittel seitens der Rockefeller-Stiftung, etwa für die Sozialforschungsstelle Dortmund an der Universität Münster (vgl. *Weyer*, 1984). Neben der Förderung demokratischer Tugenden an der Graswurzel erhofften sich die Verantwortlichen - u.a. Conrad *Arensberg*; Nels *Anderson*; Howard *Becker* u.a. - wissenschaftlichen Erkenntniszuwachs durch genauen Einblick in den „sozialen Mikrokosmos" von Gemeinden. Die Gründung kommerzieller Institute der Markt- und politischen Meinungsforschung[1] ebenso wie einschlägige Aktivitäten der US-Militärregierung[2] (vgl. Richard *Merritt*, passim) lieferten darüber hinaus einen der stärksten Impulse für die Vielzahl von Bevölkerungsumfragen in den Jahren nach dem Kriege (vgl. *Hopf/Müller*, S. 32).

Deshalb kann kaum bestritten werden, daß in den frühen 50er Jahren - anstelle der ehedem geisteswissenschaftlichen und eher sozialphilosophischen Tradition der deutschen Hochschulsoziologie - beispielsweise das Kölner Institut für Soziologie mit dem Schulhaupt René *König* „zeitweise in eine Art Wettlauf mit den Frankfurtern[3] hinsichtlich der Rezeption und Verbreitung amerikanischer Sozialwissenschaft getre-

---

[1] Institut für Demoskopie, Allensbach; EMNID K.G., Bielefeld; DIVO-Institut, Frankfurt a.M.
[2] High Commission for Germany (HICOG); Occupation Military Government (OMGUS).
[3] Gemeint ist das 1924 gegründete Institut für Sozialforschung, dessen Angehörige 1934 in die USA emigrieren mußten, um 1949/50 teilweise aus dem Exil nach Deutschland zurückzukehren. .

ten zu sein scheint" (Hans-J. *Dahms*, 1994, S. 284). Das beleuchtet „das Ineinander von Kontinuität und Neubeginn ... mit dem Übergang vom Nationalsozialismus zu" der Nachkriegszeit (Alfons *Söllner*, 1996, S. 270). Denn ein knappes Drittel der sozialwissenschaftlichen Exilkohorten kehrten an deutsche Universitäten zurück! Einheimische soziologische Denktraditionen (Karl-Siegbert *Rehberg*) wie z.B. die der Weimarer historischen Zeitdiagnosen (vgl. Volker *Kruse*) bestanden zunächst weiter fort.

Eine genauere Analyse beispielhafter US-Studien ließ zunächst auf sich warten und wurde erst wesentlich später von jungen Autoren der „Kölner Schule" (*Siewert*; *Böltken*) im Anschluß an das Werk von *Bell/Newby* (1971) vorgenommen. Inhaltlich und methodisch freilich nimmt der heutige Adept dieser Studien deutliche Unterschiede im jeweiligen Erkenntnisinteresse der Verfasser wahr. Trotz des Charakters von zumeist empirisch orientierten Fallstudien wird ihnen zumindest implizit ein gewisser theoretisch fundierter Verallgemeinerungsanspruch oder doch wenigstens der Status der analytischen Reflexion zugebilligt. Zeitgleich mit dem kürzlich (1996) verstorbenen Thomas S. *Kuhn* überträgt Conrad *Arensberg* (1962) das unscharfe Konzept auf die "Gemeinde als Objekt und als **Paradigma**", und zwar als Beispiel komplexer Untersuchungsansätze in der empirischen Sozialforschung überhaupt. Der historische Startvorsprung verschaffte freilich den amerikanischen Pionieren auf diesem Felde deutliche Vorteile, die im Nachkriegsdeutschland erst Ende der 70er Jahre mühsam aufgearbeitet und rezipiert worden sind.

Hans-Jörg *Siewert* hat in „einer vorläufigen wissenschaftlichen Skizze" den heuristischen Versuch unternommen, „in der Gemeindesoziologie wirksame - aber nicht nur dort - Paradigmen zu benennen" ... (derselbe 1975, S. 53). Er wählte "vor dem **Indikator erfolgreicher Schulenbildung** und damit wissenschaftlicher Definitionsmacht" (Hervorhebung im Original) drei Paradigmen[4] dieser Bindestrich-Soziologie in den USA aus (vgl. auch *Hahn/Schubert/Siewert*, 1979, S. 49-110):

---

[4] *Arensberg* und *Siewert* übernehmen hier zwar die *Kuhn*sche Definition: Paradigma sei eine Gesamtkonstellation von Überzeugungen, Werten und Verfahrensweisen, die von den Mitgliedern einer Forschergemeinschaft geteilt werden, sie blenden indessen *Kuhn*s Hauptthese einer prinzipiellen Inkommensurabilität verschiedener Paradigmen - Kennzeichen einer „wissenschaftlichen Revolution" -

1. das sozialökologische Paradigma der Chicago-Schule,
2. das Schichtungs-Klassen-Paradigma: Prototyp W. Lloyd *Warner*,
3. das Machtparadigma im Anschluß an die *Lynds*. *Siewert* selbst fügte (1975, S. 74ff., 92f.) versuchsweise noch das seinerzeit selten operationalisierte
4. systemtheoretische Paradigma (z.B. *Vidich/Bensman; Warren*) hinzu, das an dieser Stelle um die mittlerweile weiter verbreitete Form eines trivialisierten und ambivalenten
5. Paradigmas der "alltagsweltlichen" Dorf- und Gemeindeforschung (*Wylie* u.a.) ergänzt werden könnte.

Stellvertretend für diese unterschiedlichen Hauptrichtungen - anstelle des überstrapazierten Paradigma-Begriffs - "normalwissenschaftlicher Arbeit" in der nordamerikanischen Gemeindeforschung können die oben dargestellten Beispielsstudien gelten, auf deren Bahnen sozialwissenschaftliche Reflexion im Hinblick auf Wissensakkumulation sowie ständige Forschungsinnovation betrieben wird. Um schießlich den durch die Emigration vor, während und nach der Hitlerzeit ausgelösten „brain drain" aus der deutschsprachigen Gemeindeforschung zu belegen, seien nur zwei Studien genannt, die in England bzw. den USA Mitte der 60er Jahre vorgelegt und später ins Deutsche übersetzt worden sind. Den Verlust und die kontrafaktische Frage - was hätte hierzulande können sein? - veranschaulichen die Untersuchung von Norbert *Elias*[5] (und *Scotson*) über Etablierte und Außenseiter und die Analyse der suburbanen Lebensweise der *Levittowner* von Herbert *Gans*[6].

4.2 Erneute "Gründerzeit" deutscher Dorfuntersuchungen: Die 50er Jahre

Die 40er Jahre - zweiter Weltkrieg und das Interregnum der Siegermächte von Ende 1944 bis 49 (Erwin *Scheuch*, 1998, S. 57) - können für die Gemeindestudien als das verlorene Jahrzehnt angesehen werden, das anschließende Besatzungsstatut für

---

aus! Dagegen sollten partielle bzw. konkurrierende theoretisch-methodische Forschungsansätze als „Normalwissenschaft" bezeichnet werden.
[5] Geboren 1897 in Breslau.
[6] Geboren 1927 in Köln.

Westdeutschland währte von 1949 bis 1955 (danach Teilsouveränität). Vor 1933 gab es - schon mangels Masse - keine wirklichen soziologischen Schulen (vgl. Günter *Lüschen*, S. 12), wohl aber prägten heftige Animositäten sowie mitunter krause Fachwortschätze das Erscheingungsbild des Fachs unter den politikfernen Mandarinen (Fritz *Ringer* 1969). Das änderte sich in der Nachkriegszeit in mehreren Schüben. In der Dreieckskonstellation (*Dahms*, S. 308) bzw. „Dreiuneinigkeit"[7] (Heinz *Sahner*, 1999) der Frankfurter, der Hamburg/Münster/Dortmunder und Kölner Schulen mit ihren streitbaren Häuptern *Adorno*, *Schelsky* und *König* befaßten sich überall Mitarbeiter in der Frühzeit mit Gemeindestudien. Dennoch bezweifle ich die Vermutung Christian von *Ferber*s (1962, S. 154f.), der unter Berufung auf Nels *Anderson* mitteilte, daß die beispielhafte „Middletown"-Studie „von den Darmstädter Mitarbeitern < religiously > gelesen wurde". Wie auch immer die sparsamen Zitier-Usancen der damaligen Zeit eingeschätzt werden mögen, ein derartiger Hinweis unterbleibt jedenfalls bei *Grüneisen* (1952, passim). Selbst eher rituelle Bezugnahmen auf die US-Klassiker sucht man in den Literaturverzeichnissen der Lebensverhältnisse/Dorfuntersuchungen der Forschungsgesellschaft (siehe unten) und in der Studie von *Wurzbacher/Pflaum* vergeblich. Derartige Gepflogenheiten waren im Schrifttum der 50er Jahre eine Zeit lang an der Tagesordnung, wie die Monographien kleiner (*Croon/Utermann* 1958) und großer Bergbau- und Montangemeinden[8] (*Mackensen u.a.* 1959 - ausgenommen Elisabeth *Pfeil* -) bestätigen.

Empirische Sozialforschung gewinnt in den 1950er Jahren zunehmend an Dominanz, so daß es 1959f. zur ersten grundlegenden Krise der Hochschulsoziologie kommen sollte (vgl. *Weyer*, S. 403). Eine scharfe Zäsur mit dem Ende der langen Nachkriegszeit deutscher Soziologie im Laufe der 60er Jahre wird jedenfalls von etlichen Autoren gezogen (vgl. *Hopf/Müller*, 1994, S. 36; W. *Glatzer*, 1994, S. 223ff.; *Lüschen*, 1994, S. 23)! Der inhaltlich eindeutige Bruch mit der NS-Vergangenheit erfolgte später (Rainer *Mackensen*, in: C. *Klingemann*, 1999, S. 137), als unbelastetes Personal die „Wege zur Soziologie nach 1945" einschlägt. Christian *Fleck* (1996)

---

[7] Die wechselseitigen Vorbehalte und Empfindlichkeiten der - exilierten bzw. daheimgebliebenen - Schulhäupter untereinander färbten auf die anfangs weitgehend außeruniversitäre empirische Sozialforschung und die primär an der sozialen Wirklichkeit orientierten „Mitarbeiter der ersten Stunde" zumeist weniger ab (vgl. Rainer *Mackensen*, in: Carsten *Klingemann*, 1999).

[8] Es handelt sich um die Gemeinden Datteln bzw. Dortmund.

hat die Lebensläufe solcher Neueintritte in die Fachdisziplin, die häufig mit Forschungsaufenthalten in den USA einhergehen, beispielhaft (n = 17) dargestellt und kommt für diese Alterskohorte auf den Mittelwert des Geburtsjahrgangs 1927 (- bei einer Spanne von 1921 bis 1932 -. Unvermeidliche Begleiterscheinungen des anschließenden Generationswechsels, die inzwischen selbständige und zugleich international orientierte Aufarbeitung sozialwissenschaftlicher Analysemethoden und Theorien sowie schließlich der reale Zeitunterschied zwischen USA und Europa - Jürgen *Friedrichs* unterstellte einen time-lag von rund 20 Jahren - ließen eine weitgehend professionelle und umfangreiche Zunft von Hochschul-Soziologen und empirischen Sozialforschern entstehen, deren Selbstverständnis und Beratungskompetenz bis zum heutigen Tag allerdings auch in Frage gestellt wird.

Schon aus Platzgründen ist hier nicht der Ort, den Versuch zu wagen, die Entwicklung der Soziologie und empirischen Sozialforschung im Nachkriegsdeutschland wenigstens in den groben Zügen zu umreißen. Dennoch soll an wenigen Beispielen verdeutlicht werden, wie schnell es auf Einzelfeldern sozialwissenschaftlicher Forschung gelungen ist, früher oder später eigenständige Beiträge - gemessen am internationalen Standard - zur Weiterentwicklung von Theorie und Methode, und zwar auf der empirischen Grundlage von Gemeindestudien - zu leisten. Diese setzen sich nach Arbeitsstil, Inhalt und Fachsprache deutlich von den drei im folgenden genauer dargestellten „Klassikern" der frühen 50er Jahre ab, welche sich noch der Aufgabe der Tatsachenbeschreibung und -erhellung hic et nunc widmeten, um die bis dahin aufgelaufenen Erkenntnisdefizite wenigstens aufzuholen.

Der Wiederaufbau der Nachkriegszeit ging bekanntlich mit erheblichen und vielfachen Modernisierungserscheinungen der westdeutschen Gesellschaft einher (vgl. Axel *Schildt*/Arnold *Sywottek* 1993; Arne *Andersen* 1997). Denn der das Wirtschaftswunder begleitende Wohlstandsschub und die Automobilisierung veränderten tiefgreifend die alltäglichen Konsumgewohnheiten und das Freizeitverhalten der Bevölkerung. Sie ermöglichten zudem massenhafte Neubauaktivitäten, u.a. auch die administrative Dorferneuerung etc. Der Beginn der Revolution des (bayerischen) Dorfes wird sogar bereits mit den Evakuierten-Strömen in den „Luftschutzkeller des Deutschen Reiches" angesetzt, obgleich diese seit 1944 in der Größenordnung von der Welle der Flüchtlinge und Vertriebenen aus den ehemaligen Ostgebieten weit in den Schatten gestellt wurden. Die Leistung einer neuen Generation von Sozialwissenschaftlern nach dem Kriege bestand darin, Forschungsrückstände aufzuarbeiten und ausländische Methoden nachzuvollziehen. Dazu gehört das Aufkommen der Surveyforschung, die es unternimmt, standardisierte Erhebungsinstrumente zu verwenden, um aus einer eindeutig abgegrenzten Grundgesamtheit auf der Grundlage empirischer Daten ein getreues verkleinertes Abbild, eine repräsentative Stichprobe zu gewinnen. Ergebnisse früher Stichprobenuntersuchungen dieser Art haben Erich *Reigrotzki* und - im gleichen Jahr für die Landsoziologie - Ulrich *Planck* (1956) vorgelegt. Die zunächst rezeptive Aufnahme extern entwickelter Forschungsansätze änderte sich schlagartig als auf mehreren Feldern theoriegeleitete empirische Forschungsaktivitäten eingerichtet wurden, die am Muster eines gesellschaftlichen Mikrokosmos, dem Untersuchungsfeld Dorfmonographie, komplexe innovative Fragestellungen untersuchten. Mit der Aufnahme der sozialen Schichtungsforschung und der Analyse des gemeindlichen Machtgefüges (community power) ebenso wie in der empirischen Wahlforschung wurde entsprechende Beiträge in westdeutschen Klein- und Mittelstädten bereits in den 50er und 60er Jahren erbracht, obgleich teilweise erst später veröffentlicht bzw. realisiert.

Die moderne Schichtungsforschung entwickelte sich in den USA wie in Deutschland „gleichsam im Schoße der Gemeindesoziologie" (H. *Siewert*, 1975, S. 64), wie die Euskirchen-Studie belegen kann (Renate *Mayntz*, 1958). Mit den Monographien über Jülich (*Pappi* 1973; *Laumann/Pappi*) bzw. Wertheim - von Thomas *Ellwein* und Ralf *Zoll* 1967 projektiert - wurde das westdeutsche „Theorie- und Methodendefizit in der Analyse lokaler Macht-Entscheidungsstrukturen überwunden" (vgl. *Hahn/Schubert/Siewert*, 1979, S. 81). Schließlich beschritt die von Rudolf *Wildenmann* und Erich K. *Scheuch* formgestaltete „Kölner Wahlstudie 1961" zur Bundestagswahl neue Wege in der deutschen Wahlforschung (vgl. Dieter *Roth*, 1998, S. 165-167). Sie zielte auf die Prozeßanalyse der verschiedensten Facetten im politischen System der Bundesrepublik Deutschland, prüfte die Brauchbarkeit US-amerikanischer Konzepte im Hinblick auf Erfolgsbedingungen des parteipolitischen Machtwechsels und die Bestimmungsgründe des Wählerverhaltens und setzte dazu einen bunten Strauß methodischer Vorgehensweisen ein. Aus diesem Arsenal sind in dieser Hinsicht die beiden Folgeuntersuchungen zur Wahlkreisanalyse Heilbronn (Hans-Dieter *Klingemann* 1969) und zur „politischen Kultur" in den Gemeinden aus vier Wahlkreisen *(Pappi* 1970) von Belang.

Anders als die Surveyforschung, setzen community studies an intermediären Sozialgebilden zwischen der Familie einerseits und gesellschaftlichen Großgebilden vom Typ der Nation und dergleichen andererseits an.

- Darmstadt-Studie(n) (Herbert *Kötter*)

Am Anfang eines fruchtbaren Jahrzehnts deutscher Gemeindestudien stehen neun Veröffentlichungen des im Jahre 1949 (- 1952) von der amerikanischen Militärregierung gestifteten Instituts für Sozialwissenschaftliche Forschung Darmstadt aus den Jahren 1952/54. Zuweilen (in der Intention von „Hobo" *Anderson*; vgl. *Kötter*, 1952, S. 163) als "the German Middletown Survey" gefeiert und wahrscheinlich auf die Gesamtheit der Darmstadt-Monographien gemünzt, wird diese Einschätzung m.E. weder der hier stellvertretend herangezogenen Studie von Herbert *Kötter*[9] (1952) noch dem tertium comparationis, den überwiegend kulturanthropologisch orientierten Erkenntnisinteressen der Verfasser der o.g. "klassischen" USA-Gemeindestudien gerecht. Der sozialökologische Forschungsansatz Herbert *Kötters* widmet sich insbesondere der Bevölkerung in vier Hinterlandgemeinden (vgl. Karte 1 und Übersicht 5) des Einflußbereichs einer deutschen "Mittelstadt". Die Analyse statistischer Relationen überwiegt deutlich, während das Lokalkolorit weniger greifbar wird, trotz Rückgriffs auf längere Passagen aus Zitaten und Biographien sowie Schulaufsätzen etc.. Das gilt auch für die Luftbildaufnahmen der damaligen Gemeinden und ihre Kurzcharakteristik je nach der Enge der Stadtbindung als Wohnvorort (Alsbach), isolierte Lage (Ober-Mossau) bzw. Industriearbeiter-Wohngemeinde

---

[9] Den drei "agrarsoziologischen" Monographien (von *Kötter, Grüneisen* und *Teiwes*), die dem Hinterland Darmstadts gewidmet sind, stehen solche über Jugend-, Schul- und Familienfragen, über Gewerkschaft und Betriebsrat sowie eine Verwaltungsmonographie über Behörde und Bürger gegenüber: u.a. Gerhard *Baumert*, Jugend der Nachkriegszeit. Darmstadt 1952 (s.u.)!

Karte 1

Lage der Untersuchungsdörfer der drei Standarduntersuchungen aus den frühen 50er Jahren

* *Forschungsgesellschaft*   + *Wurzbacher/Pflaum*   o *Darmstadt—Studie*

Übersicht 5: Statistische Kennziffern für die Untersuchungsdörfer aus den "klassischen" Untersuchungen der 50er Jahre
- 10 Dörfer der Forschungsgesellschaft; Umlandgemeinden der "Darmstadt-Studie"; Gemeinde der UNESCO-Studie *(Wurzbacher/Pflaum)* -

Dorf/Gemeinde	Landkreis 1987	kommunaler Status 1987	Dorftypisierung 1975[3]	Einwohnerzahl 1950[4]	1970[4]	1987[4] 31.12.1996
Bockholte	Emsland	Werlte	ländl. Stagnierender Ortsteil	472	440 5285	6013 8476
Westrup	Minden-Lübecke	Stemwede	ländl. Stagnierender Ortsteil	828	714 13730	12701 14117
Elliehausen	Göttingen	Göttingen	urbanis. Wachstumsortsteil	1004	1510 115022	114698 126451
Großschneen	Göttingen	Friedland	ländl. Wachstumsgemeinde[1]	1376	1179 6976	6871 9992
Spessart	Ahrweiler	Spessart[6]	ländl. Wachstumsortsteil[5]	540	656	660 749
Freienseen	Giessen	Laubach	ländl. Abwanderungsortsteil	995	821 8607	9182 10484
Gerhardshofen	Neustadt/Aisch-Bad Windsheim	Gerhardshofen[7]	ländl. Abwanderungsgemeinde	484	413 1251	1389 2079
Diepoltskirchen	Rottal-Inn	Falkenberg	ländl. Abwanderungsortsteil	413	345 3243	3480 3770
Kusterdingen	Tübingen	Kusterdingen	urbanis. Wachstumsgemeinde	1789	2716 5593	6661 7878
Bischoffingen	Breisgau-Hochschwarzwald	Vogtsburg im Kaiserstuhl[2]	agrarische Wachstumsgemeinde[8]	679	684 5295	5300 5642
			Fläche qkm			
Alsbach	Darmstadt-Dieburg	Alsbach-Hähnlein	8,92 15,78	2337	3319 5829	7404 8836
Schneppenhausen	"	Weiterstadt	2,77 34,40	940	1486 14101	20397 23389
Spachbrücken	"	Reinheim	7,78 27,71	1607	1801 10822	16152 17478
Obermossau	Odenwaldkreis	Mossautal	12,72 48,50	553	501 2175	2191 2600
Herchen	Rhein-Sieg-Kreis	Windeck	46,18 107,23	5068	. 16799	17666 20020

[1] Trotz deutlichem Einwohnerrückgangs 1950-70: vgl. van Deenen u.a., S. 52.- [2] Zunächst Oberrotweil.- [3] nach van Deenen u.a., S. 65.- [4] Jeweils Volkszählung.- [5] Infolge Rückwanderung und Einheirat: vgl. B. van Deenen u.a., S. 63.- [6] Verbandsgemeinde Brohltal. - [7] Verwaltungsgemeinschaft Uehlfeld.- [8] Nach der Einwohnerzahl 1950-70 eher stagnierend: vgl. B. van Deenen, S. 54 und 66.

Quelle: van Deenen u.a., Lebensverhältnisse ..., 1975, S. 65.- Statist. Bundesamt (Hrsg.), Regionalsystematik. Amtliches Gemeindeverzeichnis für die BRD. Ausgabe 1987, Stuttgart 1989.- SBA (Hg), Amtliches Gemeindeverzeichnis für die BR Deutschland. Stuttgart-Mainz 1961 (W. Kohlhammer); ebenda, Ausgabe 1971; SBA (Hg.), Amtliche Schlüsselnummern und Bevölkerungsdaten der Gemeinden und Verwaltungsbezirke in der BR Deutschland. Ausgabe 1997. Wiesbaden 1998

(Schneppenhausen, Spachbrücken). An diesem Mikrokosmos wurden die Wechselwirkungen zwischen Zentrum und Hinterland untersucht, die Veränderungen, die von der Stadt auf das Land ausgehen (Pendelwanderung, Pkw-Erschließung, Fernsehen und dergleichen), die resultierenden Wandlungen der dörflichen Strukturen, die Reaktionen und Verhaltensweisen der dort lebenden Menschen, und umgekehrt sollte die etwaige Emanzipation von der Stadt durch steigende Einwohnerzahlen (Stadtrandsiedlung) und Arbeitsplätze (Verlagerung der Industrie aufs Land) erfaßt werden.

Die Analyse *Kötters* beginnt mit den "sozialen Kategorien Stadt und Land als Pole der modernen Gesellschaftsstruktur" (I). Zur Methode (II) werden die Befragung von 645 Haushalten (1949/50) sowie 20 Einzelstudien und sonstige Quellen ebenso wie die objektiven Bedingungen des Untersuchungsgebietes (III) erläutert. Der eine Hauptteil (IV) beschreibt die verschiedenen Elemente einer "Strukturanatomie" der Untersuchungsgemeinden. Im abschließenden Kapitel (V: Zur Soziologie des Gemeindelebens) werden die "funktionalen Prozesse" betrachtet: Arbeitsbereiche der Erwerbsbevölkerung; primäre/sekundäre Gruppen; Organisationen und Institutionen; Kulturleben. Neben dem Befund, "daß die sogenannte Landflucht in erster Linie eine Flucht aus der Landarbeit ist", steht die Schlußfolgerung, daß man bestrebt sei, die Vorzüge des Landlebens - Tradition, niedrige Lebenshaltungskosten, Ruhe und Erhaltung des Besitzstandes - mit dem hohen Verdienst, der geregelten Arbeitszeit und den sonstigen Möglichkeiten des Stadtlebens zu verbinden (S. 118f.).

Zwei berichtigende Anmerkungen sind hier am Platze. (1) Die stark industrialisierte alte Residenz Darmstadt wird im Untertitel der Veröffentlichung als "Mittelstadt" bezeichnet. Es erscheint zwar auf den ersten Blick nebensächlich oder sogar beckmesserisch; doch trotz der starken Kriegszerstörungen zählte das südhessische Oberzentrum im Veröffentlichungsjahr der Studie von *Kötter* erneut zu dem kleinen Kreis von damals 47 Großstädten im alten Bundesgebiet[10]; der Vorkriegsstand der Einwohnerzahlen ist bald darauf erreicht und überschritten worden.

---

[10] Auf diesen Sachverhalt wiesen Nels *Anderson* und Christian von *Ferber* (1962, 1. Aufl. 1956, S. 150 und 154) hin:

Dieses Argument ist übrigens nicht einmal neu! Hatte doch schon das Frankfurter Institut für Sozialforschung im Art. Gemeindestudien (1956) - *Adorno* war bekanntlich an der Projektleitung der Darmstadt-Studie beteiligt - gefragt: Inwieweit ist Darmstadt eine „typische" Mittelstadt? und anschließend ausgeführt: (S. 139)

„So ist Darmstadt auch heute noch in weitem Maße bestimmt durch Momente, die aus der Tradition der Großherzoglich-Hessischen Residenz stammen, obwohl 1918 die Monarchie abgeschafft wurde und obwohl später *Hitlers* Reich das früher selbständige Kurhessen mit der ehemaligen Preußischen Provinz Hessen-Nassau administrativ vereinigte. Gleichwohl macht sich der Residenzcharakter der Stadt in der erheblichen Rolle des Beamtentums, in Rudimenten der alten Hofgesellschaft, im ausgeprägten Sinn für Standesdifferenzen, aber auch in einer sehr lebendigen künstlerischen Tradition geltend - in scharfem Gegensatz etwa zu Mittelstädten der Industriegebiete, obwohl es auch Darmstadt keineswegs an Industrie fehlt."

(2) Stadt-Land-Beziehungen: Der Verfasser der hier besprochenen Darmstadt-Studie entwickelte wegen der Überlagerungswirkungen städtischer und industriegesellschaftlicher Lebensformen - anstelle des Gegensatzes, der ursprünglichen Dichotomie, von Stadt und Land[11] - bereits im Kern das Konzept des Stand-Land-Kontinuums als Strukturbild des Landes, zu dessen zeitweilig prominentestem Befürworter im deutschsprachigen Raum er werden sollte (vgl. *Kötter* 1958, S. 80ff.; derselbe, 1962, S. 15; *Kötter* unter Mitwirkung von *Krekeler*, 1977, S. 4ff.; *Kötter* 1995). Jürgen *Friedrichs* (1995, S. 153) verortet aus der Sicht soziologischer Stadtforschung die Behandlung der Frage spezifischer gesellschaftlicher Lebensbedingungen in Großstädten versus Dörfern als Stadt-Land-Kontinuum auf die Zeitspanne von ca. 1920 bis 1960[12]. *Friedrichs* selbst untersucht mit Hilfe sozialer Netzwerkanalysen

---

Darmstadt:	Einwohner	Prozent
1939	115.000	(= 100)
1945	67.000	58
1951	104.000	90
1957	126.000	110
1992	141.000	123

[11] Das Verhältnis von Entfremdung und Gegensetzung zwischen Stadt und Land, zwischen ländlicher (Landvolk) und industrieller Gesellschaft war in der Zwischenkriegszeit weithin unangefochtenes Postulat der deutschen (Agrar-) Soziologie (vgl. Gunther *Ipsen*, 1933, S. 9 und 14; Leo *Drescher*, 1937, S. 60).

[12] Dieses Urteil stimmt in etwa mit der Einschätzung überein, daß Anfang der 70er Jahre die ehemals vorherrschenden Konzepte der Bindestrichdispziplin - das Stadt-Land-Kontinuum ebenso wie die Modernisierungstheorie - sich auf dem Rückzug befanden (Howard *Newby*, 1985, S. 208).

die Entstehung und Intensität interpersonaler Beziehungen (Familie, Verwandtschaft, Nachbarschaft und freiwillige Vereinigungen). Deren Ausprägung haben Barry *Wellman* u.a. (1988) in den thesenartigen Annahmen über die "verlorene", bzw. "gerettete" bzw. "befreite" Gemeinde formuliert (zit. nach *Friedrichs*, S. 154). Erstere ("community lost") unterstellt im Anschluß an Robert *Park* und Louis *Wirth* (aber auch Ferdinand *Tönnies*) den - verglichen mit dem Dorfbewohner - entwurzelten Großstädter mit eher flüchtigen und desinteressierten Kontakten bzw. sozialen Beziehungen. Demgegenüber bleiben nach der These (2) "community saved" auch in der Großstadt intakte Viertel mit starkem Zusammenhalt bestehen, wie sie schon Herbert *Gans* (1962) mit der Figur des "urban villager" beschrieben hat. Der realistische Fall (3: "community liberated") schließlich besteht aus einem individuellen Netz von Bindungen, die sich quer über die Wohnorte und darüber hinaus erstrecken, wo die Individuen sich zwar von den alten Zwängen gelöst haben, doch neue Bindungen eingegangen sind. *Friedrichs* (1995, S. 155-172) prüft diese Annahmen empirisch u.a. für Merkmale wie Hilfeleistungen, Ehrenämter, soziale Kontakte, lokale Bindung etc. in Deutschland, indem er die Verbreitung sozialer Netzwerke mit Hilfe von nach Gemeindegrößenklassen[13] aufgeschlüsselten Datenquellen überprüft.

Doch zurück zum Stadt-Land-Kontinuum: Raymond E. *Pahl* (1966; vgl. *Hahn/Schubert/Siewert*, 1979, S. 45f.) warnte bereits vor den Gefahren einer zu bereitwilligen Übernahme des Kontinuitätsbegriffs. In ähnlicher Weise monierte zuvor Richard *Dewey* (1960) an Louis *Wirths* "urbanism as a way of life" (1938) vor allem die geringe Übereinstimmung zwischen demographischen (Zahl, Dichte und Heterogenität der Bevölkerung) und kulturellen Merkmalen (Anonymität, Arbeitsteilung, ethnische Heterogenität, Art der Beziehungen, Statussymbole u.dgl.) in ihrer Wirkung auf Einstellungen und Handlungen in einer verstädterten Gesellschaft, so daß die Beziehungen zwischen beiden Einflußfaktoren - dem Stadt-Land-Kontinuum auf der einen, dem kulturellen auf der anderen Seite - nichts weniger als eindeutig sind. *Pahl* wiederum wendet gegen das Stadt-Land-Kontinuum ein, daß dieses

---

[13] Einschlägige Fallstudien neueren Datums für ländliche Standorte sind in der Schriftenreihe der Forschungsgesellschaft veröffentlicht worden:
Heft 292 - Christa *Kossen-Knirim*, Kontakte und Hilfen zwischen Alt und Jung. Bonn 1992,
Heft 299 - Bernd van *Deenen* und Anne *Graßkemper*, Das Alter auf dem Lande. Bonn 1993.

unzulässigerweise die räumlich-physische Dimension im jeweiligen Umfeld sowie Unterschiede in der Zusammensetzung der Beschäftigung in den Vordergrund stelle, was auf Kosten der zu beobachtenden scharfen Diskontinuitäten gehe, die von der Konfrontation zwischen dem Nationalen und dem Lokalen einerseits, den sich selten überlappenden Maschen der sozialen Netzwerke andererseits herrührten, die sich aus den Abweichungen in der Wohnungs- versus Arbeitssituation, zwischen Handarbeits- und etwa Schreibtischberufen und weiteren Rollen (z.B. soziale Klasse, Lebenszyklus) ergäben. All diese Einflußgrößen fügten sich zu komplexen, einander überlagernden Schichten verschiedener Netze zusammen, welche die Vorstellung eines Kontinuums obsolet werden ließen.

Bestätigend kann man für Denkmuster und Sprachgewohnheiten zeigen, daß es sich bei Stadt-Land-Dichotomie bzw. -Kontinuum lediglich um zwei Spezialfälle der logischen Unverträglichkeit handelt, den kontradiktorischen Gegensatz auf der einen, den polar-konträren auf der anderen Seite (vgl. *Struff*, Abgrenzung ..., 1975, S. 93). Eine derartige, vergleichsweise geringfügige, Differenz im logisch-semantischen Status hat René *König* bereits im Jahre 1955 in seiner kritischen Abrechnung aus Anlaß des berühmt-berüchtigten Begriffspaares (Antinomie) von Gemeinschaft und Gesellschaft bei Ferdinand *Tönnies* nachgewiesen (*König*, 1955, S. 348-420, hier insbesondere S. 366ff.; wieder abgedruckt in: derselbe, 1987, S. 143, 167, 185); diese Analogie erscheint durchaus bemerkenswert. Übrigens wirft schon Werner *Sombart* (nach Hans-J. *Dahms*, 1994, S. 196) dem „schnurrigen Verfahren" der Dialektik „die schülerhafte Verwechslung von Widerspruch und Gegensatz, von kontradiktorisch und konträr" vor!

Noch 30 Jahre später nennt Simon *Miller* (1996) in einer kritischen - und polemischen - Abrechnung mit den seitherigen britischen rural studies den zitierten Aufsatz von *Pahl* eine "Wasserscheide"; die Wendemarke von 1966 zerstörte den bis dato vorherrschenden Begriffsapparat, um die englische Landsoziologie nach der Sonnenfinsternis von "Gemeinde/Gemeinschaft" thematisch in den soziologischen Hauptstrom - wenngleich im ländlichen Kontext - umzuleiten. In der Folgezeit richtete man - mit und nach Howard *Newby* - das Augenmerk auf soziale Schichtung und soziale Konflikte, industrialisierte Landwirtschaftsmanager, die Untergruppen,

Verbrauchsmuster und Lebensstile der „neuen Mittelklasse auf dem Lande", Landeigentumsfragen, wirtschaftliche Umstrukturierung (Deregulierung), regionale Unterschiede sowie Machtverhältnisse und lokaler Staat. Am Ende seines Rundumschlages, der vor allem die Sackgassen eines empirisch wenig fundierten, eher "derivativen und selbstreflexiven und deshalb sekundären Theoritisierens" vermeiden möchte, ohne verallgemeinernde Anwendungen auf die reale Welt zu versuchen, steht die Empfehlung Simon *Millers* (S. 111) an die Adresse der Verfasser von rural studies, die bereits den Tenor dieser Schrift im Abschlußkapitel - siehe unten Kapitel 6 - vorwegnimmt; das ist die Aufforderung, monographische Fallstudien durchzuführen!

Erst allmählich erfreut sich die Epoche der (außer-) universitären Soziologie der frühen Nachkriegszeit einer größeren Aufmerksamkeit. Als prominentes Beispiel für die von der Besatzungsmacht USA verfolgte Wissenschaftspolitik in dieser Zeitspanne weckt gerade die Darmstadt-Studie die Neugier fachgeschichtlicher Nachfahren. Zu diesem Thema könnten gewiß eine Anzahl überlebender Zeitzeugen Beiträge leisten, so daß man nicht allein auf Archivalien angewiesen wäre! Umso mehr überraschen manche Lücken und Ungereimtheiten in der bislang veröffentlichten Disziplingeschichte. Hier sollen einige wenige - möglicherweise zeitbedingte - Auslassungen und Einseitigkeiten in der an sich verdienstvollen „Vorarbeit" erläutert werden, die Johannes *Weyer* (1984a, S. 320-328; derselbe, 1984b) vorgelegt hat. *Weyer* würdigt zurecht Dr. Nels *Anderson* als herausragende und aktivste Persönlichkeit bei der US-Förderung der Sozialwissenschaften; er billigt der Darmstadt-Studie als dem impulsgebenden Pilotprojekt empirischer Sozialforschung für die damalige Zeit eine bedeutende Rolle in der Ausbildung von soziologischem Nachwuchs aufgrund langfristiger Lern- und Demonstrationseffekte zu (1984a). In der ausführlichen unveröffentlichten Fassung behauptet er u.a. (1984b, S. 7)[14], daß keiner der (zwischen 36 bis 65) Mitarbeiter später einen gewissen Bekanntheitsgrad im Hinblick auf universitäre Professionalisierungswege erreicht habe und fährt fort:

> ... „auch die neun Verfasser der Monographien sind soziologisch Unbekannte geblieben"!

---

[14] Für die freundliche Überlassung des unveröffentlichten Manuskriptes zur Gemeindestudie Darmstadt danke ich dem Verfasser!

Wie auf Anhieb richtig zu stellen ist, trifft diese Aussage zumindest in zwei Fällen nicht zu. Das gilt einmal für den Jugend- und Familienforscher Gerhard *Baumert*[15], der früh (1963) verstarb, „als er gerade eine Universitätslaufbahn einschlagen wollte" (vgl. René *König*, 1987, S. 418f.). Das gilt ebensowenig für Herbert *Kötter*, „dem eine beachtliche akademische Karriere gelang", wie ihm selbst Carsten *Klingemann* - leider in einem geradezu inkriminierenden Kontext - bescheinigt hat (1997, S. 43f.). Hinzu kommt freilich die bemühte Spurensuche und besserwisserische Art des selbsternannten Tugendwächters, mit der *Weyer* (a.a.O., S. 17f. und 25) dem anerkannten spiritus rector des Darmstädter Unternehmens, dem Amerikaner Nels „Hobo" *Anderson*, am Zeuge flickt. Befremdlicherweise werden diesem - ganz im Gegensatz zu den erklärten Untersuchungszielen - zynische Absichten (etwa Bombenkrieg), eine gewerkschaftsfeindliche Einstellung (trotz Beteiligung der Frankfurter Akademie für Arbeit) und sogar ein problematisches „Verhältnis zu Faschismus und Demokratie" insinuiert![16] Derart nachweislich fehlerhafte Vorstellungsklischees sollten künftig mithilfe fundierter Fallstudien, vielseitiger Methoden und anhand von Organisationsgeschichten überprüft und gegebenenfalls berichtigt werden. Sie belegen zugleich das rasche Verfallsdatum und den gelegentlich begrenzten Informationsgehalt enggeführter quellenkritischer Fachgeschichtsschreibung. Persönliche Invektiven sind meistens unangebracht!

- Lebensverhältnisse in kleinbäuerlichen Dörfern

Mit den Ergebnissen dieser Gemeinschaftsarbeit trat die Forschungsgesellschaft für Agrarpolitik und Agrarsoziologie e.V., Bonn, 1953, erstmals vor ein größeres Fachpublikum[17]. Die ersten[18] zwölf Bände der Schriftenreihe der Forschungsgesellschaft

---

[15] Wissenschaftlicher Leiter des DIVO-Instituts.
[16] Ohne daß *Weyer* ein Wort über den andersartigen Stellenwert der Gewerkschaftsbewegung, des Staates und des Sozialismus in den USA verliert.
[17] Heft Nr. 1-12 der Schriftenreihe:
(1)   Constantin von Dietze, Max Rolfes, Georg Weippert (Hrsg.), Lebensverhältnisse in kleinbäuerlichen Dörfern. Ergebnisse einer Untersuchung in der Bundesrepublik 1952. (Berichte über Landwirtschaft, N.F. Sh. 157) Hamburg-Berlin 1953 (Paul Parey)
(2)   Forschungsgesellschaft (Hrsg.), Lebensverhältnisse in kleinbäuerlichen Dörfern. Vorträge und Verhandlungen der Arbeitstagung der Forschungsgesellschaft ... in Bad Ems vom 14.-16. Okt. 1953. (Berichte über Landwirtschaft, NF. Sh. 160) Hamburg-Berlin 1954 (Paul Parey)

zählen insgesamt nicht weniger als 2.300 Seiten. Dennoch erblickte ein Teil der Einzelberichte gar nicht das Licht der Öffentlichkeit. Denn auf der Innenseite der Umschlagdeckel befindet sich folgender Hinweis:

"Der vorliegende Bericht über die Dorfuntersuchung ..... ist vertraulich zu behandeln und nur für den Institutsbetrieb bestimmt. Es wird darauf aufmerksam gemacht, daß arge Konflikte zu befürchten sind, wenn intime Feststellungen über die Menschen oder über ihre Einnahmen Unberufenen bekannt werden."

Diese Zurückhaltung spiegelt sich auch in den beiden Sammelbänden, wo es heißt (1953, S. 13f.):

"Um die Anonymität (der zehn Untersuchungsdörfer) zu wahren, die bei einer weitgetriebenen Einzelerforschung wirtschaftlicher und persönlicher Verhältnisse unerläßlich ist, dient als Name der Dörfer hier jeweils der Sitz des Instituts, durch das sie untersucht wurden."

Noch 40 Jahre später sind vor Ort teilweise Namen und Personen der Bearbeiter der Dorfmonographien bekannt, man weiß, wo diese damals gewohnt hatten, welche Betriebe seinerzeit erhoben worden sind, etc.; einzelne engagierte Angehörige der Dorfelite versuchen sogar, in der dritten Runde der 90er Jahre (vgl. Abschnitt 6.1)

---

(3)	Einzelberichte von				
		Edelgard Simniok	Spessart	o.J.	Universität Bonn
		V. von Massow	Groß-Schneen	o.J.	Uni Göttingen
		Erich Warnking	Bockholte	o.J.	PH Wilhelmshaven
		Hermann Schorr	Gerhardshofen	1953	Uni Erlangen
		Hubert Pausinger	Diepoltskirchen	o.J.	TH München
		Eckhard Vilmar	Freienseen	1954	Uni Giessen
		K. Lutterbeck	Kusterdingen	1952	Uni Tübingen
		D. Korfhage	Elliehausen	o.J.	Uni Göttingen
		Paul Autschbach	Westrup	1953	Uni Münster
		Clemens Seiterich	Bischoffingen	1954	Uni Freiburg

[18] Der Titel "Dorfuntersuchungen" einer zweiten Runde von Gemeinschaftsarbeiten, die in der Forschungsgesellschaft in den Jahren 1953/54 vorgenommen worden sind, könnte falsche Erwartungen wecken (vgl. Berichte über Landwirtschaft, N.F. Sh. 162, Hamburg-Berlin 1955; bei Paul Parey). Hier wie in den 13 Einzelberichten stehen spezifisch landwirtschaftliche Fragen und bäuerliche Lebensverhältnisse im Vordergrund. Besondere Erwähnung verdienen allerdings die Berichte Nr. 16 von Karl *Mohr* und Nr. 18 von Walter *Frank*, die sich beide des Problems brachfallender Nutzflächen annahmen. Die erstgenannte Arbeit ist übrigens im Abstand von zehn Jahren durch Josef *Beckhoff* (Heft 139 der Schriftenreihe der Forschungsgesellschaft) wiederholt worden. Des ungeachtet enthält dieser Tagungsband aus dem Jahre 1955 zwei brillante Aufsätze von Wilhelm *Abel* und Herbert *Kötter*!

das Vorhaben für persönliche Anliegen oder zum Nutzen des Ortsteiles/der Gemeinde zu instrumentalisieren.

Wylie (a.a.O., S. XIV) reflektierte im Vorwort zur zweiten Auflage seines Buches die Einstellung der Bewohner von "Peyrane" zu der Buchveröffentlichung und zur Frage der Anonymisierung:

> "Gewiß waren nachteilige Dinge, die ich über manche schrieb, reine Schmeicheleien, verglichen mit den Unfreundlichkeiten, die die Peyraner übereinander sagen. Trotzdem war es nicht zu vermeiden, unbeabsichtigt das Empfinden einiger Leute zu verletzen."

Aus dem Schutzargument zugunsten der Beforschten nunmehr den Schluß zu ziehen, die Namen der untersuchten Forschungsobjekte - Dörfer, Ortsteile - interessierten Dritten grundsätzlich nicht preiszugeben - so z.B. in neueren Dorfstudien: vgl. 6.1.5 oder 6.1.12 -, erscheint nur auf den ersten Blick konsequent und lobenswert. Eine solche Reaktion widerspricht freilich den üblichen Regeln des "sozialwissenschaftlichen Diskurses" und leistet eher Mißverständnissen Vorschub. Der Anwurf etwaiger Geheimniskrämerei wäre leicht zu ertragen. Das Vorgehen schürt indes den Verdacht, daß seitens der Feldforscher versucht wird, eine Immunisierungsstrategie für das eigene Vorgehen und die publizierten Ergebnisse aufzubauen, die geeignet ist, der Nachvollziehbarkeit und kritischen Einwänden durch Dritte die Grundlage zu nehmen.

Um mich nicht leichtfertig dem Vorwurf auszusetzen, hier pro domo zu sprechen, sollen die Ergebnisse der Studien der Forschungsgesellschaft über kleinbäuerliche Dörfer nur ganz kurz referiert werden; zunächst die Einzelberichte! Angesichts des kurzen Gedächtnisses der Zeitgenossen sei daran erinnert, daß gerade in der Blütezeit empirischer Dorf- und Gemeindestudien anfangs der 50er Jahre der qualitative Forschungsansatz, hier die teilnehmende Beobachtung, großgeschrieben und ernstgenommen wurde, zusammen mit den Gemeindeergebnissen der amtlichen Statistiken, während später der vermeintliche "Königsweg" des standardisierten Interviews seinen Siegeszug antrat. Die Verfasser der z.T. ausführlichen und lesenswerten Dorfmonographien - im Endbericht nach heutigen Usancen etwas abwertend "als Erheber waren tätig" eingestuft - waren überwiegend Kriegsteilnehmer der Alterskohorten um 1921/22. Sie waren gehalten, einen sehr detaillierten Arbeitsplan mit Hilfe eigener Erhebungen in langwierigen Aufenthalten vor Ort (Menüs, Haushaltstagebücher etc.) abzuarbeiten.

Der <u>Endbericht</u> in der Lang- bzw. Kurzform stellt dagegen rein optisch sehr viel stärker auf quantitative Dorfvergleiche ab. Die Ergebnisse werden für die Zielgruppe der Kleinbauern[19] nach drei Disziplinen getrennt abgehandelt. Max *Rolfes* (und Eckhard *Vilmar*) verfaßten den Teil zur landwirtschaftlichen Betriebslehre - Einkommen, Betriebsaufwand, Bodennutzung, Viehhaltung, Arbeitswirtschaft -, Georg *Weippert* (und Hermann *Schorr*) denjenigen zur Soziologie - Bevölkerung, Berufs- und Sozialstruktur, Familie, Nachbarschaft, Gruppen - sowie Constantin *von Dietze* bzw. Heinrich *Niehaus* die Beiträge zur Agrarpolitik.

- Wurzbacher/Pflaum

Den Höhepunkt der nachgerade klassischen Periode deutscher Dorfuntersuchungen der 50er Jahre bildet vermutlich die Studie der damaligen Gemeinde Herchen an der Sieg[20], welche 1954 von dem seit 1951 (- 1958) in Köln errichteten UNESCO-Institut für Sozialwissenschaft aufgelegt worden ist. Die von René *König* schon geäußerte Skepsis an der Auswahl des Untersuchungsortes, die völlig kritiklos den Verwaltungsbegriff der Gemeinde übernahm (derselbe, 1958, S. 28f.; 1962, S. 174-177, passim), bleibt freilich bis dato virulent: War Herchen überhaupt <u>ein Dorf</u>? Denn einerseits gehörte die politische Gemeinde - rund 50 km von Köln entfernt - bereits unter die gut 1.000 größten - von damals noch rund 21.000 - Gemeinden des (früheren) Bundesgebietes; nach der Einteilung der internationalen Statistikerkonferenz von 1887 handelt es sich, schematisch gesprochen, bereits um eine

---

[19] Die geographische Verteilung der Untersuchungsdörfer der Forschungsgesellschaft (vgl. Karte 1) zeigt freilich, daß rund die Hälfte von ihnen außerhalb des Kerns der südwestdeutschen Realteilungsgebiete liegt, in denen noch im Jahre 1960 landwirtschaftliche Betriebsgrößen von unter 5 bzw. 5-10 ha LN vorherrschten, das sind in der Terminologie Helmut *Röhms* (1964, S. 24 und 28) sog. Zwerg- bzw. Kleinbauernbetriebe!

[20] Kommunale Kennziffern hierfür finden sich in Übersicht 3.

"Kleinstadt". Auf der anderen Seite belegt der Untertitel völlig zutreffend: "Untersuchung an den 45 Dörfern und Weilern einer westdeutschen ländlichen Gemeinde". Diese interne funktionale Differenzierung der geographischen Lage wird jedoch im Text nur ganz kurz gestreift (S. 25-28), sie bleibt vor allem für die methodische und inhaltliche Aufbereitung der Ergebnisse völlig folgenlos; die lokale Differenzierung des Samples entfällt.

Hier deutet sich ein bis heute kaum auflösbares Dilemma an. Denn seit Durchführung der Verwaltungsgebietsreformen im alten Bundesgebiet sind die für Herchen beobachteten Verhältnisse zum Normalfall geworden, was sich in den administrativen Kennziffern für die im folgenden skizzierten Gemeindestudien im einzelnen, allgemein an späterer Stelle (Kapitel 6.2), ablesen läßt. Und umgekehrt: Vor dem Hintergrund der überzogenen Definition René *Königs*, der die soziale Dimension der Gemeinde als "Begriff der 'globalen Gesellschaft'" (1958, S. 26f.) bezeichnet, welche "für die vielen mit der Totalität des Lebens schlechterdings identisch wird" (S. 10; Hervorhebungen i.O.)[21], wird man im Hinblick auf die durch Beobachtungen kontrollierbare Realität gleichfalls im Stich gelassen. Denn die von *König* in Anlehnung an *George Hillery jun.* (1955) als wichtige Grundelemente eines vorläufigen Gemeindebegriffs genannten drei Merkmale: (1) lokale Einheit, (2) soziale Interaktionen und (3) gemeinsame Bindungen der Einwohner (a.a.O., S. 27-30, passim) - sind weder zutreffend noch eindeutig[22]. Dieses Konzept der "Gemeinde als sozialer Einheit" - möglichst unabhängig von den vielen demographischen, wirtschaftlichen und sozialen Verhältnissen und Merkmalen - ist deshalb empirisch kaum zu verifizieren (*Linde*, 1972, S. 24).

Linde selbst (a.a.O., S. 27) kreiert in seinem Plädoyer für "Sachdominanz in Sozialstrukturen" den Begriff Soziotop für Gemeinde als Satz sachhaft vergegenständlichter Anlagen, also materialer Artefakte:

---

[21] Margaret *Stacey* (1969) merkte bereits aus Anlaß der englischen Übersetzung der Studie *Königs* den "mythischen Rest des romantischen Modells" - den sogenannten Totalitätsmythos - seiner Gemeindedefinition an!
[22] Hierzu vgl. die Ausführungen zur "beispielhaften Malaise der gegenwärtigen Gemeindesoziologie" bei Hans *Linde* (1972, S. 14 und 19).

"Konkret gesprochen, macht jedoch nicht ihre räumlich begrenzte Adhäsion ein soziales Gefüge zur Gemeinde, zu Weltstädten, Großstädten, Städten oder Dörfern, sondern erst eine spezifische Agglomeration solcher sachhaften Gelegenheiten für Wohnen, Arbeiten, für Kommunikationen aller Art und zur Befriedigung anderer Bedürfnisse".

Dieser Soziotop bestimme gemeindliches Leben und die Elemente sozialer Sachverhältnisse, die sich nicht bloß auf soziale Beziehungen (S. 33ff.) beschränkten.

Um so vernehmlicher ist die Frage aufzuwerfen, ob in Zeiten, wo der Ausdruck "globales Dorf" zur billigen Münze geworden ist, für derart allgemeine Bestimmungsübungen überhaupt noch Platz ist. Die Frage aufzuwerfen, heißt sie vorläufig verneinen und im jeweils konkreten Fall zu beantworten versuchen!

Trotz alledem eröffnet die Studie „Das Dorf im Spannungsfeld ..." für die Wiederaufnahme der empirischen Sozialforschung in Deutschland ein weites Feld. Das gilt zunächst für den verwendeten Methodenmix: Die Befragungstechnik geht mit ausführlicher teilnehmender Beobachtung des Verhaltens einher, hinzu tritt die Auswertung von Sekundärstatistik, von behördlichen Akten, sonstigen Dokumenten und Experteninterviews. Aber auch inhaltlich werden - nicht so sehr dem Umfang nach - die amerikanischen Vorbilder erreicht, indem in monographischen Tiefenstudien in erster Linie die "Auflösung des alten ländlichen Sozialsystems" aus Familie, Nachbarschaft, Kirche und Bäuerlichkeit als Ergebnis zunehmender sozialer Differenzierung und Individualisierung nachgezeichnet wird (a.a.O., S. 280-282, passim).

Ehedem übten in der geistigen, wirtschaftlichen und politischen Lebenssphäre Pfarrer, Lehrer und einige wenige große Bauern beträchtlichen Einfluß aus. Ohne hier auf einzelne Befunde einzugehen, werden die verschiedenen Sachverhalte in dem Werk in acht thesenartig überschriebenen Kapiteln im Umfang von zusammen knapp 300 Seiten abgehandelt, die Gerhard *Wurzbacher* (Kapitel 1/9, 3-5) und die später prominente Renate *Mayntz* (2, 6-8) als Bearbeiter übernahmen. Während ortsspezifische Besonderheiten zwar in den historischen Entwicklungslinien teilweise bis zum Kaiserreich zurückverfolgt werden (z.B. Berufsgliederung; politisches Wahlverhalten), dürften die aufgezeigten Grundzüge des gesellschaftlichen Wandels eher für die Landbevölkerung allgemein gelten, welche durch die hergebrachten Institutionen

- Familie, Kirchengemeinde und Dorf - sowie sozialkulturelle Werte zusammengehalten wird.

In Kapitel 2: Wandel "Von der Kleinbauern- zur Pendlergemeinde" wird aufgezeigt, wie es der im Randbezirk des Westerwaldes gelegenen Gemeinde infolge von Verkehrserschließung und Industrialisierung in situ gelungen ist, aus dem Schatten des "Landes der armen Leute" (Wilhelm Heinrich *Riehl*) heraus zu treten. Die Ausführungen über Erwerbstätigkeit (Kapitel 3) wenden sich fast ausschließlich dem Prestige und der Rangskala von Berufen zu, sowie den davon herrührenden Auswirkungen auf die gemeindliche Verbundenheit der Bevölkerung. Auch Familie und Nachbarschaft (Kapitel 4) werden vornehmlich unter dem Blickwinkel des sozialen Eingliederungsfaktors, als "Klammer zur Heimat und Gesamtgesellschaft" betrachtet. Nachbarschaft (Kapitel 5) als Institut von Selbsthilfe, Geselligkeit und sozialer Kontrolle besitzt im Hinblick auf die Eingliederung der Heimatvertriebenen gewisse Bedeutung. Kapitel 6 über "Vereine als Produkt und Gegengewichte sozialer Differenzierung" enthält Aussagen, die deren Mitglieder, Ortsbezug und die Integration von Einheimischen und Zuwanderern betreffen. Die Ausführungen zur Kirche (Kapitel 7) informieren über die Rekrutierung einschlägiger Führungsgruppen, die Bindekraft der Bevölkerung an die Institutionen, aber auch das Ablösen verschiedener sozialer Bereiche von der religiösen Prägung. Kapitel 8 "Politische Führung und Beteiligung als Ausdruck gemeindlicher Selbstgestaltung" behandelt die von zahlreichen Brüchen markierten Einschnitte: Kaiserreich, Republik von Weimar, Nationalsozialismus, Neubeginn seit 1945 und endet mit dem "Gemeinderat als Ausdruck politischer Willensbildung".

Fazit: Die drei Standardwerke der frühen 50er Jahre knüpften sämtlich an dringenden sozialen Problemen der Nachkriegszeit an: Wiederaufbau einer schwer bombengeschädigten industriellen Großstadt; Lage und Aussichten des westdeutschen Kleinbauerntums; Einwirkung der Industrialisierung auf die sich verändernden Gefüge sozialer Integration (Conrad M. *Arensberg*[23], S. 291). Die stark empirisch-deskriptive Ausrichtung ist ihnen gemeinsam, die Methoden der teilnehmenden

---

[23] Initiator der „Kölner Gemeindestudie", so Johannes *Weyer* (1984a, S. 321).

Beobachtung sowie das Instrument der Befragungen werden großgeschrieben. Den vorgestellten Klassikern gelang es in unterschiedlichem Maße, sich vom Banne der anleitenden aber auch bevormundenden USA-Forschung zu befreien bzw. ganz freizuhalten, auch wenn *Nels Anderson* in seinem informellen Rückblick auf die Darmstadt-Studie den Eindruck mitnahm, daß einige der Autoren der Monographien so

"schrieben, als würden ihnen die alten Meister des Fachs andauernd über die Schulter sehen" (1962, S. 148).

Die Versuche zur theoretischen Zusammenschau und übergreifenden Interpretation der Ergebnisse gediehen unterschiedlich weit. Der als Abschluß nach Fertigstellung der Monographien geplante zusammenfassende Band der Darmstadt-Studie wurde aus Zeit- und Geldmangel nicht erstellt. Dieses Mißgeschick vermieden die "Lebensverhältnisse in kleinbäuerlichen Dörfern" der Forschungsgesellschaft. Der zusammenfassende Bericht ist allerdings stark auf die agrarsektorale Perspektive fixiert und schöpft das in den besonders gelungenen Dorfmonographien gesammelte Material und Erklärungspotential nicht aus! Die gesamtwirtschaftliche Verflechtung und Struktur bleiben eher Randbemerkungen (vgl. *von Dietze/Rolfes/ Weippert*, 1953, S. 18f., 31f.); dagegen schließen die Untersuchungen der Bevölkerungsverhältnisse sowie zur Berufs- und Sozialstruktur (S. 99-121) ebenso wie diejenige der Nachbarschaftsverhältnisse (S. 162-172) die gesamte Dorfbevölkerung ein. Der Gemeindestudie von *Wurzbacher/Pflaum* gelingt es noch am ehesten nachzuweisen, wie es der dortigen Bevölkerung gelingt, sich im Spannungsfeld zwischen differenzierenden und integrativen Kräften gesellschaftlicher Entwicklung infolge Industrialisierung vor Ort zu behaupten.

4.3 Vermeintliche Krise und scheinbarer Stillstand

In markantem Gegensatz zu der durchaus dauerhaften Bedeutung von Kleingemeinden und Dörfern im westdeutschen Siedlungssystem steht die in jüngerer Zeit zunehmend stiefmütterliche Behandlung dieses Sachverhaltes in der Fachliteratur (vgl. Kapitel 5). Diesen Eindruck bestätigt zuerst der flüchtige Blick auf Anzahl,

Umfang und Tenor einschlägiger Buchbesprechungen zur Gemeinde- und Stadtforschung aus den letzten 30 Jahren (1975-1998) in der repräsentativen "Kölner Zeitschrift" (für Soziologie und Sozialpsychologie). Über die Phase der "klassischen" Studien der 50er Jahre war oben (Abschnitt 4.2) berichtet worden, als sich Rezensionen und Sonderhefte beinahe „postwendend" diesem Thema widmeten[24], so daß sich eine eingehendere Darstellung der Reaktionen in der Fachwelt erübrigt.

Selbst die Art der Arbeitsorganisation der o.g. Pioniermonographien, die teilweise als Kollektivleistung erstellt wurden, stieß auf große Aufmerksamkeit. Von Beginn an wurde deren innovativer Charakter gewürdigt, was insbesondere die empirische Grundlage und den methodischen Impuls der bis dahin ungewöhnlichen Feldstudien betraf!

Im späteren Verlauf, möglicherweise bedingt durch die fortschreitende Parzellierung der Forschungsgebiete und die Fraktionierung des Kenntnisstandes, richtet sich die vordringliche Aufmerksamkeit der Wissenschaftler auf (Groß-)Städte. Der scheinbar weltweit - in den Industrie- ebenso wie in den Agrargesellschaften - unaufhaltsame Verstädterungsvorgang schien die kleineren Siedlungseinheiten zu den Verlierern der Entwicklung zu stempeln. In der Bundesrepublik Deutschland kam noch das Bestreben hinzu, durch "Maßstabsvergrößerung" die Verwaltungskraft auf der kommunalen Ebene anzuheben, Kleingemeinden zum auslaufenden Modell herabzusetzen.

Ausgerechnet René *König*, der große Anreger auf diesem Forschungsgebiet, muß in seinem für die dritte Auflage des „Handbuchs ..." (Band I, 1. Auflage 1962) erstmals aufgenommenen Artikel „Neuere Strömungen der Gemeindesoziologie" einleitend für

---

[24] U.a. vgl., Hans *Linde*, Neue Dorfuntersuchungen. Zur Problematik unserer ländlichen Sozialforschung. "Zeitschrift für Agrargeschichte und Agrarsoziologie", Frankfurt/Main, Jg. 3/4 (1955/56), S. 185-192.
- Hans *Beyer*, Landbevölkerung und Nationalsozialismus in Schleswig-Holstein. ebenda, Jg. 12 (1964), S. 69-47. *Beyer* leitet interessante Thesen und Interpretationen aus den Ergebnissen der damals erschienenen Arbeiten von Rudolf *Heberle* (dt. Übers.) und Gerhard *Stoltenberg* ab. - Ernst *Stauffer*, 1954, S. 133-137, 141ff.
In Sonderheft 1 der "Kölner Zeitschrift ..." (1956, 2. Auflage 1962) berichteten Christian von *Ferber* und Nels *Anderson* über die "Darmstadt-Studie" (S. 144-171), René *König*, der übrigens die Dorfuntersuchungen der Forschungsgesellschaft gelegentlich wohlwollend erwähnte (ebenda, S. 174; derselbe, 1958, S. 12 und 165), über die Gemeindestudie von *Wurzbacher/Pflaum* (S. 172-183).

die letzten Jahre im Vergleich mit den Vereinigten Staaten und England zugestehen, „daß in Kontinentaleuropa unverhältnismäßig wenig geschehen ist" (derselbe, 1974, S. 117). Er setzt sich deshalb grundsätzlich mit der Frage auseinander, ob dieser Gegenstand bzw. die Subdisziplin in einer fortgeschrittenen Industriegesellschaft einem bloßen Gestaltwandel unterliege oder überhaupt verschwinde (S. 120-123).

Über das fast schlagartige Aufhören urbanisationsbezogener Dorfstudien nach 1960 berichtet auch Utz *Jeggle* (1977, S. 275, Fußnote 449) unter Bezug auf eine Studie von Ralf *Zoll*. Eine ähnliche Einschätzung im Schrifttum - von Ulrich *Planck* einmal abgesehen - herrscht bis heute vor. So bestätigen *Häussermann/Siebel* für die Gemeinde- und Stadtsoziologie (1994, S. 363f.), daß die Forschungslinie der Community Studies als Methode (i.O.) mittlerweile in den Hintergrund getreten und angesichts der Möglichkeiten repräsentativer Umfrageforschung (Surveys) überflüssig geworden sei. Sie fügen hinzu:
„Gemeindestudien werden aus diesem Grund auch seit längerer Zeit nicht mehr durchgeführt"! Hier präzisiert Sighard *Neckel* aus transatlantischer Sicht (1997, S. 77ff): „Urban Community Studies jedoch entstanden im Rahmen der Chicagoer Tradition nicht mehr, um dann Mitte der sechziger Jahre auch in den USA insgesamt fast vollständig an Bedeutung zu verlieren", ergänzt allerdings: „Dies ändert sich erst wieder in den achtziger Jahren", nachdem sich in den Städten der Vereinigten Staaten eine neue Unterklasse gebildet hatte. Den vorherrschenden Krisentenor trifft der im übrigen sachkundige Bernd *Hamm*. Unter dem knappen Stichwort „Gemeinde" heißt es bei ihm über die Forschungstradition soziologischer Gemeindestudien aus den 50er Jahren (1995, S. 85):
„In den 70er Jahren kommt diese Entwicklung zum Stillstand - Folge einer veränderten Wirklichkeit, in der Gemeinden ihre ... Autonomie in wirtschaftlicher, politischer, administrativer und finanzieller Hinsicht weitgehend an den Nationalstaat verloren haben.

Im engeren, auf umfassende Beschreibung gerichteten Sinn jedoch spielt die Gemeinde-Soziologie nur noch in der ländlichen Soziologie eine gewisse Rolle."

Daß dieses strenge Urteil selbst im Hinblick auf die von *Hamm* gemeinte Disziplin zu revidieren ist, das zu belegen wird noch Aufgabe der Kapitel 5 und 6 sein. Eine Zeitlang schien es allerdings so, als erschöpften sich allmählich der Gegenstand und das Fachgebiet von community studies, die Methode der Dorfmonographie schien ausgespielt. Dafür wurden einerseits die schon bei *Bell/Newby* (1971, passim) aufgeführten Defizite verantwortlich gemacht:
- der nicht oder selten verallgemeinerbare (non-cumulative)[25] Charakter der Studien,
- die fehlende theoretische Stringenz des Ableitungszusammenhangs,
- die geringe und relativ beliebige Ergiebigkeit der Befunde (empiricism).

Zum anderen wurde auf den „Großen Wandel" (i.O.) im amerikanischen Gemeindeleben der Gegenwart aufmerksam gemacht (vgl. *Warren*, S. 14f., 27f., 84f., 207ff.). Dieser Wandel des Gegenstandes selbst baute mit einer gewissen Zeitverzögerung auch in Deutschland schwere Hindernisse beim Versuch auf, für die Lösung zeitgemäßer kommunaler Probleme (vgl. *Friedrichs*, 1977, passim) Selbstheilungskräfte „an der Basis" erfolgreich zu mobilisieren. Viele Aufgaben wurden zunehmend zentralisiert bzw. nationalisiert, die Gemeindeautonomie ging an übergreifende Systeme (z.B. sozialer Sicherung) verloren, die Ortsbevölkerung identifizierte sich weniger mit örtlichen Belangen („Entfremdung"). In ähnlicher Weise spricht Henk *de Haan* (1997, S. 154)[26] rückblickend ausdrücklich vom Niedergang dieser Forschungsrichtung (decline of community studies). Denn mit den Attacken *Pahls* und *Newbys* auf die alten Begriffe Kontinuität, Gemeinschaft und sozialer Zusammenhalt traten die neuen Konzepte des sozialen Wandels, der Klassen und des sozialen Konflikts auf den Plan. Die Perspektive dieser „neuen Landsoziologie" faßte die ländliche Welt nicht mehr als von der Stadt abgesondert auf! Mit der Einsicht, daß es den bisherigen Gemeindestudien nicht gelang, die Entgrenzung des Dorflebens und dessen Abhängigkeit vom weiteren Kontext des kapitalistischen Weltmarktes anzuerkennen,

---

[25] Oder geht es angesichts des starken Veränderungspotentials des Gegenstandes ländlicher Sozialforschung eher um Erneuerung des Wissens - anstatt Akkumulation -, wie schon *Siewert* (1975, S. 50) im Hinblick auf Normalwissenschaft bzw. Paradigmenwechsel vermutet hat?

[26] (Mit-) Herausgeber der internationalen Zeitschrift „Sociologia Ruralis" seit 1983.

entstand freilich ein Vakuum, weil das konkrete und differenzierte Ortskonzept verloren gegangen ist (*de Haan*, S. 155).

Um niemandem zu nahe zu treten, werden als konkrete Gemeindestudien für diese Phase lediglich zwei Arbeiten der Forschungsgesellschaft - quasi in eigener Sache - herangezogen. Beide atmen noch den Geist der 50er Jahre insofern, als eine von ihnen den Ansatz der insbesondere für kleine Siedlungseinheiten aussagekräftigen und die Sicht von Monographien ergänzenden Gemeindetypisierung vertritt, während es sich bei der anderen schon dem Namen nach um eine Wiederholungsstudie - obgleich mit gewandelten inhaltlichen, methodischen und organisatorischen Schwerpunkten - handelt.

- Gemeindetypologie

Zahlreiche Typologien auf der Grundlage von für Gemeinden aufbereiteten sozialökonomischen Daten der amtlichen Großzählungen wurden gerade in den 50er Jahren erstellt, zumeist für eines der oder wenige Bundesländer. Die Auswahl besonders charakteristischer Eigenschaftsbündel auf der Ebene politischer Gemeinden greift insbesondere auf wenige leicht zugängliche Daten zurück. Bei den verschiedenen Versuchen wurden insbesondere demographische und sozioökonomische Merkmale bevorzugt herangezogen, z.B. solche wie
- Einwohnerzahl,
- Berufsstruktur (Agraranteil, Industriebesatz, Dienstleistungssektor),
- interkommunale Verflechtungen (Ein-/Auspendlerzahlen bzw. -quoten),
- Rechtstellung im Beruf,
- landwirtschaftliche Arbeitsverfassung bzw. Betriebsgrößen und dergleichen mehr.

Neben der Merkmalsauswahl stellt - ähnlich wie bei der zentralörtlichen Gliederung oder bei der Abgrenzung von Stadtregionen - die Anpassung der Schwellenwerte an die Entwicklung in der Zeit eine Daueraufgabe dar. Eine längere Wirkungsgeschichte war dem Typisierungsversuch von Hans *Linde* (1953; vgl. *Schneppe*, 1966, S. 579f.) beschieden. Eine gute Übersicht über diesen inzwischen fast vergessenen

Forschungszweig gibt Ulrich *Planck* (1986, S. 174-199; vgl. René *König*, 1958, S. 68-85 und Herbert *Kötter*, 1962, S. 17ff.).

Die von Bernd *van Deenen* und Mitarbeitern[27] erstellte Klassifikation bietet einen fernen Nachhall dieser Epoche. Auf der Basis der Volks-, Wohnungs- und Landwirtschaftszählungen 1960/61 werden flächendeckend Merkmale des Erwerbslebens, der Agrarstruktur und der Infrastruktur für die Gemeinden der alten Bundesrepublik ausgewertet und kartographiert. Es gelang, die Materialfülle für damals rd. 24500 Raumeinheiten zu bändigen und die erforderlichen Schwellenwerte für die Klassifizierung sorgfältig abzugrenzen. In der Folgezeit ist dieses Forschungsfeld fast von der Bildfläche verschwunden. Denn gerade, als hierzulande das EDV-Zeitalter der Großrechner anbrach, das die Auswertungschancen für derartige Zwecke potenzierte, wurde solchen Vorhaben der statistische Boden entzogen. Die im Zuge der Verwaltungsgebietsreform anfangs der 70er Jahre erfolgte „Flurbereinigung" des alten Zuschnitts von Gemeinden richtete den Blick in erster Linie auf verstärkte Verwaltungskraft, nicht aber auf kleinräumliche Differenzierung sozialräumlicher Merkmale. Weitere Hindernisse wurden mit dem gelegentlich überzogenen Datenschutzargument aufgebaut. Hinzu kommt ganz banal der stetige und insgesamt starke Rückgang des Anteils landwirtschaftlicher Erwerbspersonen selbst in Kleingemeinden, und ein ähnlich einfaches und zugleich prägendes sowie statistisch verfügbares „Ersatzmerkmal" liegt nicht vor! Den Bedeutungsverlust (des Begriffs) der Gemeindetypisierung, den dieser seit den 70er Jahren erfahren hat, führen Georg *Kluczka/Ellger* (1995, S. 384) vor allem auf die illusorische Vorstellung einer einzigen, allgemeingültigen Raumgliederung und darauf zurück, daß die Gemeinden infolge Gebietsreform zu groß und heterogen (R.S.: wofür?) geworden sind.

---

[27] van *Deenen*, Bernd, *Mrohs*, Edmund und Hans-J. *Krekeler*, Die Gemeinden der Bundesrepublik Deutschland nach der sozialökonomischen Struktur und Funktion. Bonn 1966 (Kartenwerk), teilweise abgedruckt in Paul *Rintelen*, Heinrich *Niehaus* und Herbert *Kötter*, Die Landwirtschaft unter den neuen Bedingungen der Standorte und Märkte. (Schriftenreihe der Forschungsgesellschaft, Heft 175) Bonn 1967, S. 178-199 sowie in: BML (Hrsg.), Bericht über die Verbesserung der Agrarstruktur in der Bundesrepublik Deutschland 1964-65. Bonn o.J., S. 24-30; ebenda ... 1965-66, S. 125-135.

- Wiederholungsstudie der Forschungsgesellschaft

Mit dem Tenor auf der Analyse der "Lebensverhältnisse in ehemals kleinbäuerlichen Dörfern" wurden 20 Jahre später neun Bände über die zehn Dörfer von 1952 nachgelegt, im Gesamtumfang von wiederum über 2.000 Seiten[28]. Zum Vergleich mit den Vorgängern (Abschnitt 4.2) finden sich organisatorische, inhaltliche und methodische Unterschiede.

Die Verfasser der Einzelberichte gehören im Durchschnitt den Jahrgängen von 1940 bis 51 an und sind in erheblichem Maße (ca. 60 %) mit den Kurzfassungen ihrer Ergebnisse am Gesamtbericht beteiligt. Die einzelnen Bearbeiter blieben zwar für den organisatorischen Ablauf der Untersuchung in bestimmten Dörfern verantwortlich, doch Dorfmonographien und teilnehmende Beobachtung kamen etwas kurz. Stattdessen treten unter dem Einfluß der „treibenden Kraft" Bernd van *Deenens*[29] Repräsentativbefragungen zu gemeinsamen ebenso wie stark ausdifferenzierten Themenstellungen in den Vordergrund; darüber hinaus eröffneten die gemeindlich aufbereiteten Daten der amtlichen Großzählungen von 1949/50, 1960/1 und 1970/1 hervorragende Möglichkeiten, um Zeitvergleiche anzustellen.

Das Forschungsinteresse hatte sich in Richtung der vermutlichen Einflüsse von Agrar-, Regional- und Raumordnungspolitik verschoben, ohne der seinerzeit verbreiteten Steuerungsillusion der öffentlichen Hand zu huldigen, die vielmehr skeptisch relativiert wurde. Ein Großteil der Berichte blickt deutlich über den agrarsektoralen und dörflichen Tellerrand hinaus, was der fortschreitenden Einbindung der Orte in größere soziale Systeme und Wirtschaftskreisläufe Rechnung trug. Auf der Strecke

---

[28] Vgl. Hefte 230-238 der Schriftenreihe der Forschungsgesellschaft: Bernd van *Deenen*, Hans-Heinrich *Herlemann*, Manfred *Köhne*, Edmund *Mrohs*, Ulrich *Planck*, Hartwig *Spitzer* (Hrsg.), Lebensverhältnisse in kleinbäuerlichen Dörfern. Hiltrup b. Münster o.J. (1975) (Landwirtschaftsverlag)

Einzelberichte von:		
Norbert *Knaudt*	1976	FAA Bonn
Ilona *Krieg*	1975	dito
Willy *Schuy*	1976	Universität Giessen
E. Jürgen *Stark*	1975	" Stuttgart-Hohenheim
Franz *Kromka*	1975	dito
Hans *Burose*	1977	" Göttingen
Wulf *Walter*	1977	" Freising-Weihenstephan
Wolf-Eckart *Meyhöffer*	1976	" Bonn

[29] B. van *Deenen* steuerte rund ein Drittel der Textbeiträge bei!

blieben freilich der Versuch einer Synthese der disparaten Befunde, insbesondere der dorfmonographische Ansatz und die Methode teilnehmender Beobachtung, in der Rückschau eines der Beteiligten (Brief von Ulrich *Planck* vom 22.12.1991).

Was ist der besondere Pfiff in und von Wiederholungsstudien, deren besondere Ergiebigkeit unbestritten ist (vgl. R. *König*, 1974, S. 126f.)? In Kapitel 3 - Gemeindestudien als Methode - zitieren *Bell/Newby* in ihrer bahnbrechenden Abhandlung den Ethnologen Oscar *Lewis,* der vier Typen von Wiederholungsstudien unterschieden hat: (1) solche, in denen ein zweiter oder dritter Forscher mit der ausdrücklichen Absicht in eine Gemeinde zieht, um das Werk seines Vorgängers zu überprüfen (*Bell/Newby*, S. 75f.). Typ (2) sucht eine von ihm oder anderen früher bereits erforschte Gemeinde auf, um auf dieser Grundlage den eingetretenen Wandel zu messen bzw. einzuschätzen (z.B. "Middletown"). Im Fall (3) etwa kehrt der Forscher an die Stelle seines Wirkens zurück, um einen vorher nicht untersuchten Aspekt zu studieren. Den vierten Typ schließlich vertreten Arbeiten, deren Verfasser irgendeinen Aspekt der vorherigen Studie intensiver oder vielleicht unter einem anderen Gesichtspunkt prüfen. Für die Wiederholungsstudie der Forschungsgesellschaft gilt in erster Linie das Argument (2) mit inhaltlichem Schwerpunkt auf der Darstellung der sozialökonomischen Lokal- bzw. Regionalentwicklung der untersuchten ländlichen/dörflichen Standorte in der Nachkriegszeit.

Wie lautet das vorläufige Fazit? Insgesamt ging seit Ende der 50er Jahre aus verschiedenen Gründen der kritische Forschungsimpuls aus Dörfern stark zurück und wurde höchstens gelegentlich im "Fußnotenkrieg" abgetan. Das kann man an der Resonanz auf die Wiederholungsuntersuchung der Forschungsgesellschaft[30] von 1975 nachweisen, die nur von wenigen "Außenseitern" mit agrar- und landsoziologischer Blickrichtung eher skeptisch zur Kenntnis genommen wurde, da diese eher den qualitativen Methodenzugang zum Thema bevorzugen, und insgesamt ein schwaches Echo fand.

---

[30] Rezensionen durch an den Forschungsarbeiten selbst Beteiligte, wie z.B. Planck u.a. (1982, S. 114-122) bleiben hier unberücksichtigt.

So verband Gerd *Vonderach* (1979) mit der Frage, "wie die Veränderungen auf dem Lande mit der gegenwärtigen Entwicklung unserer Gesellschaft ... zu verbinden sind", den lapidaren Hinweis:

"Einer eingehenden Kritik bedarf dabei die mit großem Aufwand durchgeführte Untersuchung der Forschungsgesellschaft für Agrarpolitik und Agrarsoziologie" (a.a.O., S. 169 und 175, Fußnote 42).

Dieser Aufforderung ließ er freilich keine Taten folgen. In ihrer Analyse der arbeitswirtschaftlichen Dominanz mittelfränkischer Kleinbäuerinnen (1983) nehmen Heide *Inhetveen* und Margret *Blasche* auf die Nachfolgestudie der Forschungsgesellschaft gelegentlich bezug (a.a.O., S. 162 und 167; vgl. Abschnitt 5.1.7).

4.4 Verzerrungen in geläufigen Bestandsaufnahmen

Selbst neuere Beiträge fachkundiger Autoren zur Geschichte verschiedener Bindestrich-Disziplinen liefern entweder grobe und oberflächliche "dogmatische" Einteilungen oder aber geradezu irreführende Aussagen und Fehlurteile, immer aber mit dem sprichwörtlichem "Körnchen Wahrheit". Bernd *Hamm* schreibt in einem kurzem Überblick über die Entwicklung (1994, S. 201; vgl. derselbe, 1995, S. 3f.)[31]: "Die Stadtsoziologie hat sich aus drei Quellen entwickelt":
(1) den Social Surveys - in Deutschland etwa Friedrich *Engels* 1845 -;
(2) der Sozialökologie der Chicagoer Schule;
(3) dem sozialanthropologischem Ansatz der Gemeindeforschung, am berühmtesten sind die Studien über "Middletown" bzw. "Yankee City". Für Deutschland werden hier von ihm die Darmstadt-Studie ebenso wie die Wolfsburg-Studien zugeordnet. *Hamm* fügt an anderer Stelle (1995 ebenda) noch die
(4) New Urban Social Science hinzu, die seit Beginn der 70er Jahre neue Impulse infolge interdisziplinärer und internationaler Bezugspunkte hinzugefügt habe. Damit sind u.a. neomarxistisch orientierte Autoren wie z.B. Henri *Lefebvre* gemeint.

---

[31] Nebenbei gesagt, in demselben Sammelband wie der am Beginn des Kapitels zitierte Aufsatz von Klaus *Schmals*.

Ulfert *Herlyn*, verantwortlich für die m.W. bisher einzige empirische Nachfolgestudie in der deutschsprachigen Stadtforschung (*Schwonke/Herlyn* 1967; *Herlyn* u.a. 1982), verfaßte einen Beitrag über den „Stand der Zunft" für einen anspruchsvollen Sammelband, den Joachim *J. Hesse* 1989 unter dem Titel Kommunalwissenschaften in Deutschland herausgegeben hat. Der Rückblick *Herlyns* befleißigt sich einer streng chronologischen Betrachtungsweise, welche die Entwicklung der Stadtforschung schlicht nach Dezennien gliedert (derselbe, 1989, S. 360-375; vgl. auch: Art. Gemeindesoziologie (Bernhard *Schäfers*). 1989, S, 228). Er überschreibt - teilweise in Anlehnung an *Lepsius* (1979) - die 50er Jahre als das Gründungsjahrzehnt, die 60er Jahre als das Ausbaujahrzehnt, die 70er Jahre als dasjenige der Politisierung und Konsolidierung, um schließlich für die 80er Jahre etwas dunkel und unbestimmt (S. 375-378) "neue Chancen für die Stadtsoziologie" auszumachen. Im Gegensatz zu *Siewert* gelangt er aus Gründen weitgehend planungspraktischer Irrelevanz ebenso wie soziologietheoretischer Ergebnislosigkeit zu dem Schluß (a.a.O., S. 362), daß man "für die 50er Jahre gerade nicht von einem "goldenen Zeitalter" der Gemeindesoziologie (sic!)[32] in der Bundesrepublik" sprechen könne, während die Stadt- und Regionalsoziologie (sic!) ihre steile Karriere in den 60er und 70er Jahren startete.

Erstaunliche Mißverständnisse, Fehlurteile und mangelhafte Zuordnungen finden sich schließlich in den an sich analytisch reflektierten und kenntnisreichen "gemeindesoziologischen" Standardwerken, die ein Vertreter der Kölner Schule namens Hans-Jörg *Siewert* in den 70er Jahren (mit-) verfaßte. In aller Kürze:
(1) Hier steht etwa im Kapitel über vormoderne Dorfgemeinden (*Hahn/Schubert/Siewert*, S. 28) der angesichts der Befunde von Ulrich *Planck* (vgl. die Bibliographie von *Fauser/Simons* u.a. über „Das Dorf") fürwahr überraschende und irreführende Satz, wo lapidar behauptet wird:
"Es gibt leider kaum deutsche Dorfstudien; obwohl der Strukturwandel des Dorfes ein zentrales Problem des sozialen Wandels spätestens seit 1945 war."

---

[32] Meine Hervorhebungen, R.S.- *Hahn/Schubert/Siewert* (1979, S. 80 und 172) hatten ihr schmückendes Beiwort lediglich insofern eingeschränkt, als der im Mittelpunkt ihrer Aufmerksamkeit stehende Ansatz der Kommunalpolitik seinerzeit nur ansatzweise thematisiert worden war!

(2) Die Unkenntnis der oben in Abschnitt 3.1 als Wegbereiter behandelten deutschsprachigen Autoren wiederum scheint sich in den falsch geschriebenen Namen von Autoren (vgl. *Hahn/Schubert/Siewert* 1979, S. 162, Fußnote 2a; *Siewert*, 1975, S. 55) bzw. von Gemeinden oder in der fehlerhaften Zuordnung der Verfasser (1979, S. 163, Fußnote 12) für den Hauptteil einer Studie widerzuspiegeln.

(3) Auch *Siewerts* methodische Mängelrüge[33], daß sich nämlich teilnehmende Beobachtung für Gemeindestudien im deutschsprachigen Raum erst in jüngster Zeit durchsetzte (derselbe, 1975, S. 80), bedarf zumindest für die Studien von *Wurzbacher/Pflaum* ebenso wie für die (teilweise allerdings unveröffentlichten) Monographien der Forschungsgesellschaft aus den 50er Jahren der Berichtigung. In ihrem kritischen Überblick über amerikanische und europäische „Gemeindemonographien als Methode" verallgemeinern *Bell/Newby* sogar wie folgt: „Community studies are nothing if not eclectic in their methods. ..., they rely on data from many sources, although participant observation remains central" (1971, S. 74).- Dabei ist zuzugestehen, daß die genannten Studien der 50er Jahre dem Anspruch eines „elaborierten Code" qualitativer empirischer Sozialforschung und international üblicher ethnologischer Standards von heute vermutlich nur teilweise standhalten.

(4) Daß die heroische Zuordnung umfangreicher Gemeindemonographien bzw. mehrerer Bände, ja ganzer Schriftreihen zu einem (der genannten großen) Paradigmen der "soziologischen Normalwissenschaft" immer ein gerüttelt Maß an Willkür sowie eine übervereinfachende Etikette darstellt, kann ebenfalls demonstriert werden, gilt aber gleichermaßen für die eigenen Überlegungen. So ordnet *Siewert* die Darmstadt-Studie kurzerhand der Rezeption des Schichtungskonzepts unter Verweis auf den empirischen Ansatz der "Yankee-City"-Monographien zu, wobei die vergleichsweise deskriptive Anlage und der Mangel an theoretischer Konzeption (ebenda, S. 68) in den deutschen Analysen kritisch vermerkt wird.

Studiert man jedoch den Themenkomplex der agrarsoziologischen Monographien (*Kötter, Grüneisen, Teiwes*) genauer, so gelangt der aufmerksame Leser zu einer

---

[33] Merkwürdigerweise finden sich ähnliche Fehleinschätzungen bei Hermann *Korte* (1972, S. 21) sowie bei *Hopf/Müller* (1994, S. 41)!

etwas abweichenden Einschätzung. Ich würde die Studie Herbert *Kötters* beispielsweise im methodischen Ansatz eher der Tradition der US-amerikanischen Sozialökologie zuordnen, während Karl-Guenther *Grüneisen* im Grunde der Konzeption der "autoritären Persönlichkeit" (*Adorno u.a.* 1950) der in die USA exilierten Frankfurter Schule anhängt. Er versuchte nämlich, aus den Antworten der ländlichen Bevölkerung im Darmstädter Hinterland auf einige Schlüsselfragen typische Persönlichkeitsbilder zu entwickeln. Um die "gradmäßig verschiedene Auswirkung städtischer Einflüsse" (*Grüneisen*, S. 21 und 26) zu erfassen, bildete er die Einstellungen der in der Stichprobe Befragten auf einer Skala[34] von "konservativ bis modern" ab. In diesem Zusammenhang sei schließlich darauf hingewiesen, daß Theodor W. Adorno nach seiner Rückkehr in die Bundesrepublik Deutschland Aufgaben als Mitberater für die Darmstadt-Studie wahrnahm.

Wenn aber selbst "einschlägig vorbestrafte" Sozialwissenschaftler aus verschiedenen Bindestrich-Disziplinen in Deutschland derart oberflächliche Ungereimtheiten und mißverständliche Standpunkte vertreten, dann nimmt es kaum Wunder, daß kritische Stimmen überhandnahmen und die ganze Arbeitsrichtung Gemeindemonographie in Verruf brachten.

---

[34] Analog der sog. F-Skala zur indirekten Messung von Vorurteilen.

5. Ausweitung und Vertiefung des Themenspektrums in den letzten 30 Jahren

> Vorab sei festgehalten, daß ich diese Arbeit nicht als eine verstehe, in der bloß andere Arbeiten zitiert werden, sondern als eine, die es unternimmt, kulturelle Wirklichkeiten direkt darzustellen.
>
> Roland Girtler, Aschenlauge. Bergbauernleben im Wandel. Linz (AU) 1988, S. 13 (Landesverlag)

Als Antithese zum vorstehenden Epigramm soll in diesem Abschnitt einfach zur Kenntnis genommen werden, an konkreten Beispielen, wie neuere Gemeindestudien betrieben werden, was sie beobachten und zur Erkenntnis beitragen. Dabei geht es mehr um Inhalte als um Verfahren; es wurden ganz willkürlich als innovativ angesehene Werke ausgewählt, wobei das Prädikat "neu" sich nicht auf das erstmalige Vorkommen der Fragestellung bezieht, sondern auf die Aufmerksamkeit, die ihr zuteil wird. Insofern spiegelt das hier gewählte Vorgehen durchaus die Vorlieben und die selektive Wahrnehmung des Rezensenten. Die dargestellten Monographien sollen etwas von der sozialwissenschaftlichen Bandbreite und der Vielfalt der Forschungsfelder vermitteln, ohne den Anspruch auf Vollständigkeit zu erheben.

Die distanzierte Reflektion neuerer Gemeinde- bzw. Dorfstudien im weiten Sinne folgt zunächst dem definitorischen Prinzip der Addition in Wort und Schrift (5.1). Knappe Inhaltsangaben sind soweit als möglich im "Originalton" gehalten, teilweise kapitelweise gegliedert und gelegentlich mit freien Assoziationen und Marginalien versehen, ohne den Leser mit einem Übermaß an wissenschaftlichen Termini zu plagen. Es ist zwar nicht beabsichtigt, den Verfassern Gewalt anzutun, doch verkürzen die "Steckbriefe" geradezu zwangsläufig. Die erzählten Geschichten sollen für sich selbst sprechen, so daß ihnen keine äußerlich bleibenden Kategorienschemata auferlegt werden. Freilich fällt im Vorgriff auf die Interpretation der Ergebnisse auf, daß viele Verfasser - aus welchen Gründen auch immer - kaum oder keinerlei Querbezüge zu beispielhaften Fallstudien oder Monographien aus der unmittelbaren Nachbarschaft herstellen, so als wollten sie den von *Bell/Newby* erhobenen theoretischen Vorwurf von der "non-cumulative nature of community studies" noch im nachhinein bestätigen.

Der gewählte Zeitabschnitt bedeutet, daß die ersten vier Essays sich mit der Zusammenschau bei *Planck* u.a. 1982 überlappen. Dem Titel nach, weniger in der hier gebrauchten Bedeutung, behandelt zwar ein Aufsatz des Essener Wirtschafts- und Sozialgeographen Gerhard *Henkel* aus dem Jahre 1997 den bisher ausgesparten Zeitraum der letzten „zwei Jahrzehnte Dorfforschung". Doch dreht sich diese eher selbstreferentielle Standortbestimmung um die von ihm initiierten interdisziplinären „Dorfsymposien" im ostwestfälischen Bleiwäsche. Sein vorherrschendes Interesse gilt der anwendungsorientierten Dorferneuerung/-sanierung, seine Sorge der befürchteten Fremdbestimmung des Landes. Immerhin hebt *Henkel* die frischen Impulse durch „populäre Laienforschung" vor Ort hervor, abseits der professionellen Hochschulinstitute! Die gewählte chronologische Reihenfolge sollte nicht als unterstellter linearer Fortschrittstrend mißverstanden werden. Das ominöse Ausgangsjahr 1968 wurde beibehalten, obgleich es für die einen den partizipatorischen Aufbruch zur "Basis-Demokratie", für andere eher das Pubertätsstadium in der politischen Entwicklung Nachkriegsdeutschlands symbolisiert.

Die willkürliche Auswahl der Fallstudien beeinträchtigt naturgemäß die vergleichende Betrachtung (5.2). Einerseits werden Studien einbezogen, die nur bei weiter Auslegung. als Dorfmonographien bezeichnet werden können, sie behandeln jedoch wichtige Zielgruppen wie z.B.: Vollerwerbslandwirtschaft, Frauen von Kleinbauern, Berglandwirtschaft und dergleichen. Die internationale Standortbestimmung über die deutschen Grenzen hinweg unterbleibt ganz - abgesehen von gelegentlichen Blicken nach Österreich und in die Schweiz. Die solange geforderte und selten empirisch eingelöste Interdisziplinarität wird auf Sozialwissenschaften eingeschränkt, wodurch Architektur, Demographie, Ethnologie u.a. von vornherein auf der Strecke bleiben. Interdisziplinarität kann sich sogar zum großen Problem von Dorfstudien auswachsen. Jenseits der professionell verengten Sicht von Land- und Agrarsoziologie zeichnet jedenfalls häufig stilistische Brillianz die Fremden und Außenseiter des Fachs als Autoren von Dorf- und Gemeindemonographien aus, die vermutlich wenigstens teilweise mit der geisteswissenschaftlichen Schulung der Autoren und der relativ langen Ausreifungszeit der Studien sowie der üblichen Veröffentlichungspraxis der Verlage erklärt werden kann. Daß allerdings mitsamt der spekulativen Phantasie und Experimentierlust zur Überschreitung ungereimter Arbeitsteilung - z.B. zwischen der Industrieökonomik hinsichtlich Berufsarbeit und der Konsumsoziologie hinsichtlich des Alltagslebens - in der Dorfforschung gelegentlich Einbahnstraßen und Holzwege beschritten werden, sei an wenigen Beispielen stichwortartig erläutert, ohne daß damit Dominanzansprüche irgendwelcher Art erhoben werden: Auch hier sind Inhalte wichtiger als Etiketten.

Es erscheint wenig hilfreich, wenn etwa Historiker und Ethnologen versuchen, die Diskussion um Fachfragen in der Dorfforschung unter sich auszumachen, wenn andere Disziplinen - Geographie, Recht, Ökonomie, ja Philosophie - ebenso gefragt sind. Und so sehr der Blick des Fremden die Erkenntnis der eigenen Gesellschaft zu beflügeln vermag, die bloße Außenperspektive allein kann irreführen. Deshalb wird der völkerkundliche Ansatz hier konsequent ausgespart (*Schiffauer; Spittler; Barley*), weil für den Nicht-Fachmann auf diesem Felde zu viele Blindstellen, Interferenzen und Fallgruben lauern. Das gilt möglicherweise sogar für die Ethnologen selbst bei der Rückkehr von ihrer langen Reise zu den vermeintlichen Primitivkulturen in die Industriezivilisation, soweit sie auf den Spuren klassischer Feldforscher auf den Südseeinseln oder anderswo wandeln. Eine zurückgewandte Ethnologie, wie z.B. der Peasantism-Ansatz als Paradigma für Landwirtschaft in der Dritten Welt und zur Analyse der small village community (Teodor *Shanin*), gerät leicht unter déjà-vu- oder schlimmer noch: Idylle-Verdacht, wenn bereits das Zeitalter der letzten Kleinbauern angebrochen ist (vgl. *Kuhnen* 1991). Dennoch kann ernsthaft nicht bestritten werden, daß die beiden Spezialdisziplinen - Ethnologie ebenso wie Peasantism - wichtige Beiträge gerade zur Feldforschung in Dörfern bzw. Kleingemeinden geliefert haben (vgl. auch *Wimmer* 1996). Den sog. Bielefelder Ansatz aus der Entwicklungssoziologie überträgt beispielsweise Christa *Müller* auf ihre ethnographische Studie über den Strukturwandel in einer südostwestfälischen Gemeinde. Sie untersucht die „große Transformation", welcher die Beschäftigten insbesondere der Landwirtschaft, des Handwerks und im Einzelhandel nach dem zweiten Weltkrieg unterworfen sind, seit die hergebrachte lokale „moral economy" in Borgentreich - Kreis Höxter; rund

2.000 Einwohner auf 30 qkm - durch die Abhängigkeit vom anonymen Weltmarkt abgelöst worden ist.

Im 19. Jahrhundert wurde die Fotographie in der Völkerkunde als Werkzeug scheinbar nüchterner, wertfreier Empirie - im Vergleich zu anderen Medien - entdeckt. Tatsächlich ist das anthropologische Foto als Schablone des Wirklichen höchst konstruiert und an die kollektiven Erfahrungen und Bedeutungsmaßstäbe der Zeit rückgebunden, aus denen der Betrachter sie interpretiert. Und in der Zeitgeschichtsforschung werden ebenso Frageverbote verhängt oder aber apologetische Tendenzen treten hervor, wie z.b. der sogenannte Historikerstreit 1986/87 zeigte. Bestandsaufnahmen für Bindestrich-Disziplinen (state of the art) berufen sich zudem mit Vorliebe auf das schlechte Gedächtnis der Zeitgenossen. Etliche Aussagen über vermeintliche Schwachstellen der ländlichen Soziologie, die Howard *Newby* 1980 bloßstellte, finden sich bereits bei C. Arnold *Anderson* in einem Aufsatz aus dem Jahre 1959. *Newby* seinerseits empfahl folgende Ansätze als besonders fruchtbar für die ländliche Soziologie in Industrieländern: Dependenztheorien, Zentrum-Peripherie-Theorie, interner Kolonialismus, ländliches Managertum, eine Liste, die m.E. nicht besonders vielversprechend aussieht. Immerhin verwendet selbst *Atteslander* (a.a.O., S. 9) im Kontext der Disparitätsdiskussion von Teilräumen den Ausdruck "sekundäre Binnenkolonialisierung", um die fremdbestimmte Politik des sozialen, ökonomischen sowie ökologischen Ausgleichs für ländliche Räume in der Planungspraxis zu bezeichnen.

Auf die Ebene der Sozialwissenschaften beschränkt heißt das: Solange sich Fachgrenzen überschreitende Zusammenarbeit darin erschöpft, benachbarte Disziplinen nur als Abziehbilder wahrzunehmen, ihre Denkmuster und Erkenntnisinteressen holzschnittartig zu vergröbern, läuft der Anspruch auf eine komplexe, multiperspektivische Problemsicht ins Leere (Ute *Frevert*). Dieses Schicksal blieb nicht der Historie allein vorbehalten; auch Deutungsangebote der Ethnologie wurden jenseits einschlägiger Fachbeiträge und Publikationsorgane nicht angenommen. Darüber hinaus kann sozio-kulturelle Dorfforschung ästhetische Maßstäbe für die Dorferneuerung setzen und der Bevölkerung zu einem Bewußtsein ihrer selbst verhelfen. Das gilt nicht nur für technokratische Konzepte bzw. die Zeichenbretter von Städtebauern und Landschaftsplanern. Architektur und Landesplanung betrachten Ortsgestalt als das Verhältnis von ländlicher Siedlung und Landschaft, für die jeweils angemessene Gestaltungsformen - hinsichtlich Größenordnung, Straßenführung, Erschließungsmaßnahmen, Ausführungsart - zu erhalten bzw. zu entwerfen sind, ohne daß sie zu bloßen Versatzstücken verkommen sollten, die Wirklichkeit bloß äußerlich vortäuschen (Kulisse). Kurz gefaßte oder ausführliche Darstellungen über die Wissenschaften, die sich mit der komplexen Wirklichkeit ländlicher Räume bzw. von Dörfern befassen, finden sich schließlich an unvermuteten bzw. entlegenen Stellen des Schrifttums: so etwa aus pädagogischer (*Rückriem*), aus theologischer (*Huber*) oder aus geographischer Sicht (*Henkel*).

Besondere Schwierigkeiten bereiten immer wieder die im Laufe der Zeit auftretenden Strukturveränderungen, an die allzuleicht und immer wieder vorgebliche "Niedergangstheorien" - z.b. der Familie (dagegen van *Deenen* 1961), des Handwerks bzw. der Landwirtschaft anknüpfen. Bezogen auf den physiognomischen Wandel des hier zentralen Untersuchungsgegenstandes, das Dorf, ist zu beobachten, daß sich die Lebensbereiche im alten Siedlungskern auflösen, während der Landschaftsverbrauch an den Rändern überproportional ansteigt (vgl. *Henkel*, S. 227). Neben der Siedlungsform - spatial form; settlement type - unterscheidet Jess *Gilbert* (1982, S. 620-627) noch die beiden Dimensionen der Produktionsweise - mode of production - (hier das kapitalistische Wirtschaftssystem) und bestimmte Kulturmuster als Bestimmungsgründe sozialer Raumorganisation. Konstituanten historischer ländlicher Räume waren und sind weniger autonome sozialökologische Variable per se - etwa: Größe, Dichte etc. - als vielmehr die Wirtschaftsweise der Primärproduktion: Landwirtschaft, Fischerei, Forsten, Bergbau u.ä.. Welche Merkmale kennzeichnen nun zukunftsorientierte, alternative ländliche Räume als eigenständige und zugleich mitsamt der Städte und Suburbia arbeitsteilig organisierte soziale <u>Institutionen?</u> Als solche wird jegliche Form stabiler, dauerhafter Muster menschlicher Beziehungen und wiederkehrender Regelmäßigkeiten des Gruppenverhaltens angesehen (*Hartfiel*, S. 341). Institutionen sind nach Wolfgang *Lipp* (in: *Endruweit/Trommsdorf*, Band 2, S. 306f.) soziale Gebilde, die mehrfunktionale Leistungen erbringen und schwerpunkthaft regeln:

a. generative Reproduktion (Familie, Verwandtschaft),

b. Vermittlung von Fähigkeiten, Fertigkeiten und Kenntnissen (Erziehung, Bildung),

c. Versorgung mit Nahrung und Gütern (Wirtschaft),

d. Aufrechterhaltung der gesellschaftlichen Ordnung nach innen und außen (Herrschaft, Politik),

e. Orientierung des Handelns an Wertbeziehungen (Kultur und Symbolik).

Die Institution Dorf bzw. Gemeinde dürfte trotz aller Funktionsverluste durch Zentralisierung, De-Institutionalisierung, Verwaltungsgebietsreform etc. zumindest gewichtige Leistungen hierzu weiterhin erbringen, selbst wenn sie durch die Postulate René *Königs* vermutlich überfordert wird. Dieser (1958) sieht die Gemeinde als "Grundform der Gesellschaft" an, welche "für die vielen mit der Totalität des Lebens schlechterdings identisch" (S. 10) ist und bezeichnete sie als das "bedeutendste intermediäre Sozialgebilde zwischen der Familie und gesellschaftlichen Großgebilden vom Typus der Nation" (a.a.O., S. 180).

5.1 Einundzwanzig Ortsmonographien von 1968 bis 1999: Kurzdarstellung mit Kommentar

Es erscheint zwar selbstverständlich, sei indessen ausdrücklich hervorgehoben, daß die kurzen Besprechungen keineswegs das Lesen und vertiefte Studium der Originalschriften zu ersetzen vermögen. Die anschließenden Steckbriefe sollen jedoch einen umrißhaften Eindruck von der Vielfalt der Inhalte und Methoden neuerer Dorfstudien vermitteln.

1. **Werner _Roth_, Dorf im Wandel. Struktur- und Funktionssysteme einer hessischen Zonenrandgemeinde im sozialkulturellen Wandel. Eine empirische Untersuchung. Frankfurt am Main 1968**

Verfasser strebt keine monographische Darstellung im Sinne einer Ortsgeschichte oder eines heimatkundlichen Kompendiums an. Er nimmt vielmehr die traditionsreiche volkskundliche Dorfuntersuchung mit komplexerer Fragestellung - Einfluß gesellschaftlicher Strukturen und Wandlungen - und mit erweiterter Methodik - empirische Sozialforschung - auf und bemüht sich außerdem um die Erforschung der "Grenzlandproblematik" (a.a.O., S. 13, 16, 32, 210-277). Er zieht dabei "erstmals in der volkskundlichen Dorfforschung" (S. 18) konsequent das reichhaltige Arsenal sozialwissenschaftlicher Materialquellen heran:

- standardisierte, repräsentativ ausgewählte Interviews (n = 110),
- Expertengespräche mit 50 gemeindlichen Funktionsträgern,
- Aufsätze von Schulkindern (n = 60),
- amtliche Statistik,
- komplette Lebensläufe der ältesten Gemeindebewohner,
- Chroniken von Gemeinde, Pfarrei, Schule, Verein und Familie,
- Archivquellen, Behördenunterlagen, teilnehmende Beobachtung, Heimatbeilagen in der Tagespresse, Rundfunk- und Fernsehsendungen.

Die Lektüre des umfangreichen Texts wird gelegentlich mit Hilfe von 15 Fotos, neun Karten und Schaubildern aufgelockert. Die große Landgemeinde Obersuhl an der Ulster - heute im Landkreis Hersfeld-Rotenburg - war unmittelbar an der Zonengrenze gelegen, die sie vom thüringischen Untersuhl abtrennte. Es handelt sich um eine "städtisch orientierte Arbeiter-Bauern-Gemeinde", deren Sozialstruktur und Volksleben sich in mehreren Schritten zu der heutigen Form herausgebildet hat (S. 278f.). Die Gemeinde, die vor dem zweiten Weltkrieg vor allem auf den Kreis Eisenach und nach Erfurt hin ausgerichtet war, liegt an der historischen Territorialgrenze von Hessen und Thüringen, die sich auch als Mundartgrenze ausprägt.

Bereits um die Jahrhundertwende hielt die Industriearbeiterschaft in Obersuhl ihren Einzug, Landwirtschaft und Dorfhandwerk waren zurückgetreten. Hierfür zeichneten zunächst zwei Hauptberufsgruppen verantwortlich (vgl. S. 56-67, S. 100):

- die sogenannten "Bahner" - Bahnarbeiter und -beamte - auf den nahegelegenen Haltepunkten der Eisenbahn zunächst in Gerstungen, später in Bebra, und
- die sogenannten "Schachter" im Kalibergbau des umliegenden Werrabeckens.

In der Zwischenkriegszeit setzte sich der Wandel des soziokulturellen Binnengefüges in der Gemeinde mit dem Einzug der Technik und des städtischen Zeitalters fort, wobei vor allem der Nationalsozialismus sowohl beschleunigte als auch nivellierte. Die starke Bevölkerungsumschichtung in der Folge des zweiten Weltkrieges hinterließ deutliche Spuren in der Untersuchungsgemeinde. Den schwerwiegendsten Eingriff stellte die politische Grenzziehung seit 1945 dar. Sie überlagerte die alten Territorial- und Mundartgrenzen und führte zwischenzeitlich zu einer völligen Neuausrichtung der wirtschaftlichen, kulturellen und persönlichen Beziehungen, auch wenn im Bewußtsein der Einwohner die unerwartete Gleichgültigkeit überrascht (a.a.O., S. 254), mit der hier das Ungewöhnliche hingenommen wurde. Das Abreißen der ehemaligen Arbeits-, Einkaufs-, Versorgungs- und soziokulturellen Verflechtungen wirkte sich ungünstig im Sinne eines wirtschaftlichen Gefälles und materieller Einbußen aus, die sich im Verhältnis zu den Zentren des Wiederaufbaues ausbildeten. Die verschiedenen Stationen dieses Verlustes werden im einzelnen aufgezeichnet: Errichtung der Grenze 1945, kleiner Grenzverkehr, Schmuggel und illegaler Übertritt, Interzonenhandel und -reiseverkehr, Schließung der Grenze 1952 und dergleichen.

Zu den beiden schon genannten Hauptberufsgruppen der "Bahner" und "Schachter" trat nunmehr als dritte - nach den Ereignissen von 1989/90 vermutlich vorübergehend, R.S. - die der sogenannten "Grenzer" (Grenzschutz, Zoll und dergleichen) hinzu. Die zumeist aus (rheinisch-westfälischen) Großstädten zugezogenen Angehörigen dieses Bevölkerungsteils (S. 107, 201) wohnten großenteils in isolierten Randgebieten der Gemeinde und traten ebenso im Vereinswesen selten in Erscheinung.

Eine Bauernschaft als einflußreiche und eigenständige soziale Gruppe ist längst verschwunden (S. 101). Die in der zweiten Hälfte des 19. Jahrhunderts verbreiteten Phänomene der Armut im und der Landflucht vom Dorf weg machte der anschließenden Aufwärtsentwicklung Platz, die nicht zuletzt "durch die Mehrfacheinkommen (Beruf des Mannes plus Nebenerwerbslandwirtschaft plus Einkommen von Familienangehörigen)" ermöglicht worden ist. Die Nebenerwerbslandwirtschaft erhält der Gemeinde dennoch das ländliche Gepräge (297f.).

Mit der Einführung der griffigen, offenbar der Umgangssprache entnommenen Bezeichnungen der Bahner, Schachter und Grenzer gelingt *Roth* eine treffliche Skizze der dörflichen Sozialstruktur, um die lokale und alltägliche Berufswelt auf den Begriff zu bringen. Das gilt gerade im Vergleich mit den blassen und überholten Einteilungen der Offizialstatistik[1], selbst wenn sich dahinter durchaus Differenzierungen verschiedenster Art verbergen können, etwa nach betrieblichen Aufgaben, Vorschriften der Tarifgestaltung, arbeitsrechtlichen Laufbahnen etc.. Doch so mutig sich der Autor der vernachlässigten innerdeutschen Grenzproblematik annahm, die in der Sozialwissenschaft weithin verdrängt und zu einem nachgerade peinlich vermiedenen Randthema abgewertet worden ist (vgl. etwa *Rudolph; Ahrens/Becker; Greverus* u.a., S. 303ff.), der defensive Zeitgeist der damaligen westdeutschen Eliten kommt in einer der abschließenden "Thesen zur Grenzsituation" beispielhaft zum Ausdruck, wo es dann heißt (*Roth*, S 303):

"14. Die Form eines möglichen Gesamtdeutschland stellt man sich aber übereinstimmend nur in der Art des bundesrepublikanischen Gesellschaftssystems vor, was als bedenkliche Illusion angesehen werden muß."

Das "man" im Zitat bedeutet hier (a.a.O., S. 266) die politische Meinung der befragten Einheimischen. Die obige These dagegen spiegelt post festum die "fortschrittliche" und als demonstrativer Nachweis friedfertiger Gesinnung dienende Einstellung wider, mit der Ende der 80er Jahre noch die Deklaration des politischen Zieles einer deutschen Wiedervereinigung als "Lebenslüge" der Bonner Demokratie gebrandmarkt wurde.

---

[1] Z.B. nach der sozialen Stellung des Haushaltsvorstandes: Selbständige, Beamte und Angestellte, Arbeiter, Berufslose und dergleichen.

Grenzen spielen nicht nur nach einem berühmtem Satz Georg *Simmels* (1908), sondern ebensosehr in den Köpfen der Menschen eine nach wie vor ausschlaggebende Rolle. Zur sozialen Dimension heißt es dort apodiktisch (a.a.O., S. 623): "Die Grenze ist nicht eine räumliche Tatsache mit soziologischen Wirkungen, sondern eine soziologische Tatsache, die sich räumlich formt." Das bestätigt eine sozialwissenschaftliche Studie aus dem deutsch-niederländischen Grenzgebiet mit Borken-Bocholt auf der einen, dem Achterhoek auf der anderen Seite (*Mrohs/Heukels* 1970). Allen europäischen Integrationsbestrebungen zum Trotz erwies sich die Staatsgrenze als sehr bedeutungsvoll. Beide oberflächlich agrarisch orientierten Teilräume befanden sich damals in einem kräftigen Industrialisierungsprozeß, der allerdings das Wirtschaftsgefälle zum jeweiligen Binnenland nicht hat ausgleichen können. Dennoch ginge die Hypothese fehl, die da lautet, "daß die Grenze für das persönliche Leben der Angesprochenen eine nicht geringe Rolle spielen dürfte" (a.a.O., S. 59). Was etwa bedeuten würde, daß die Bevölkerungen auf beiden Seiten mit dem Rücken zur Grenze stünden, daß sie gegenüber den Nachbarn isoliert seien (vgl. Inken *Bruns*)!

Daß sich an diesem strittigen Befund von vor 25 Jahren wenig geändert hat, geht aus den Empfindlichkeiten und Animositäten hervor, die der Zustrom von Deutschen auf die niederländische Seite der Grenze noch heute hervorruft. Diese siedeln sich wegen der viel günstigeren Immobilienpreise drüben an, richten sich bei ihren Einkäufen, in der Freizeit, beruflich und in der Schulwahl immer noch auf Deutschland aus. Nach einer Studie, welche die beiden Nachbarstädte Herzogenrath und Kerkrade (NL) gemeinsam in Auftrag gegeben haben, gibt es "in Stadtvierteln mit starker deutscher Präsenz ... in der niederländischen Bevölkerung starken Widerstand gegen einen weiteren Zuzug ..." (Frankfurter Allgemeine Zeitung" Nr. 64 vom 17.03.1994, S. 3).

Selbst grenzüberschreitende Forschung im vollen Wortsinn findet sich selten genug. Immerhin lobte ein unverdächtiger Zeuge, der Würzburger Ökonom Dieter *Meinke* (a.a.O., S. 26f.), die Studie von *Mrohs/Heukels*, die in je einem gemeinsamen Text- und Tabellenband zugleich auf niederländisch und deutsch veröffentlicht worden ist. Sie habe "vorgeführt, daß sich Analysen für Gebiete beiderseits der Grenze nach Grundkonzeption, Datenerhebung und -auswertung und Formulierung auch gemeinsam und einheitlich durchführen lassen, wogegen einer später erarbeiteten Strukturuntersuchung (Euregio-Gutachten 1971) für die Situationsanalyse die Grenze selbst zum Schicksal geworden ist"[2].

Es bereitet deshalb erhebliche Schwierigkeiten, im Alltagsleben ein gutnachbarschaftliches Verhältnis und einen pfleglichen Umgang miteinander - über zwischenstaatliche Verträge hinaus - aufrecht zu erhalten. Da gibt es rechtliche Schwierigkeiten und Image-Probleme in der europäischen Zusammenarbeit von Grenzregionen, die sich häufig genug lediglich auf die Ebene der Verwaltungen und Honoratioren beschränkt (vgl. von *Malchus* u.a. 1984; 1985; *Reis*; *Schabhüser*). Da bestehen individuelle Ängste, Erinnerungen, Tabus und Befangenheiten, aber auch kollektive Vorurteile.

Wie verhält es sich dann mit den Grenzeinflüssen im Bereich der sogenannten harten wirtschaftlichen Fakten, im Vergleich mit den - abwertend gern als demoskopisch eingeschätzten - Unterschieden bei den o.g. weichen Daten? Makroökonomische Untersuchungen über die Auswirkungen des Zusammenschlusses zur Europäischen Wirtschaftsgemeinschaft auf das regionale Wachstum gelangen nicht immer zu den vermuteten Ergebnissen, was die erwartete Umkehrung von Handelsströmen und/oder Auslandsinvestitionen anbetrifft. Karin *Peschel* und Mitarbeiter legten flächendeckende Studien für die Länder Norwegen, Schweden, Dänemark, Bundesrepublik Deutschland und "Rest der Welt" vor, (vgl. u.a. *Bröcker, Peschel, Reimers*), die gerade im Hinblick auf Beitrittsverhandlungen zwischen Mitgliedsländern der EG und der ehemaligen EFTA bedeutsam erschienen. Die theoretisch inspirierte, methodisch anspruchsvolle und statistisch sorgfältig gearbeitete Studie rekonstruiert ein interregionales ökonometrisches Handelsmodell auf der Branchenebene. Für den empirischen Test zogen die Verfasser sehr differenziertes Material aus den 60er Jahren heran. Es gelang nicht, die Eingangsthese signifikant zu belegen, die besagt, daß die Möglichkeit des Zugangs zu den Input- und Output-

---

[2] Beim "EUREGIO-Gutachten" handelt es sich um: Leo H. *Klaassen* u.a., Strukturuntersuchung - Structuronderzoek Twente-Oostgelderland, Westmünsterland, Grafschaft Bentheim. Bonn-Rotterdam 1971.

Märkten an den verschiedenen Standorten Einfluß auf das regionale Wachstum ausübte, indem etwa Teilräume in Randlage der jeweiligen nationalen Territorien höhere wirtschaftliche Entwicklungsraten realisieren konnten.

2. **Reinhold E.G. Sachs, Wirtschafts- und Sozialverhalten von Landwirten. (Schriftenreihe für ländliche Sozialfragen, Heft 65) Hannover 1972**

Die Habilitationsschrift behandelt die Formen landwirtschaftlichen Entscheidungshandelns als Zusammenspiel von Motivation und Orientierung von Bauern im Prozeß agrarstruktureller Entwicklung. Die beiden Grundbegriffe werden folgendermaßen bestimmt (vgl. auch *Sachs* 1987):
- Motivation als vom jeweiligen Aktor selbst abgerufenes Energiepotential und
- Orientierung als sozialer Bezugsrahmen, innerhalb dessen Kombinationen von Lage, Mittel und Zielen angestrebt werden. Als theoretisches Konzept verwendet *Sachs* ein behavioristisches Persönlichkeitsmodell nach *Tolman* (1951). Dieses lehnt sich an die sozialpsychologische Feldtheorie Kurt *Lewins* an, wird aber auch lerntheoretisch gestützt. "Darin werden als a b h ä n g i g e Variable die Handlung bzw. das Verhalten und als u n a b h ä n g i g e Variable individuelle und situative Gegebenheiten des Aktors zum Zeitpunkt der Handlung angenommen" (a.a.O., S. 13; Hervorhebung i.O.). Die Vorgänge zwischen Reiz (oder Trieb) und Handlung erklären sich über die zusätzliche Annahme komplexer Zwischenvariablen (vgl. Abbildung 1). Dieses Modell definiert etwa Bedürfnisse als Verhaltensbereitschaften, die insgesamt stärker von der gegebenen Reizsituation beeinflußt werden als von physiologisch bestimmten Bedingungen.

Das Aggregat des Bedürfnissystems wird - im Sinne Kurt *Lewins* und ähnlich der Bedürfnishierarchie nach Abraham *Maslow* - in drei Kategorien zerlegt, die einer Skala zwischen "angeboren" und "erlernt" entspricht (*Sachs* 1987, S. 138):
- Primäre Grundbedürfnisse biologischer Art umfassen Hunger, Durst, Geschlechtstrieb, Schmerzvermeidung, Aggression, Neugier u.ä.
- Sekundäre Bedürfnisse sind auf das soziale Wesen Mensch gerichtet: z.B. Geselligung, Liebe, Anerkennung, Herrschaft.

- Tertiäre, kulturbezogene, Bedürfnisse richten sich auf oder gegen allgemein anerkannte Werte und Ziele einer Kultur.

Diese "Abteilungen" des Bedürfnissystems setzt *Sachs* in Beziehung zu einem Komplex aus Ziel- und Wertvorstellungen von Landwirten, der aus "Sicherung" - physische Existenz des Betriebes, Gewährleistung der Subsistenz der Bewirtschafter -, aus "Bindung" an Hof und Beruf sowie aus "Freiheit" der Berufsausübung und Betriebsgestaltung besteht. Die von ihm postulierte These des sogenannten S-B-F-Bedürfnis-Systems stößt auf Überzeugungen-Werte-Schemata, "welche in Wechselwirkung untereinander "V e r h a l t e n s r ä u m e" aufbauen, die im Zuge von Lernprozessen oder unter der Einwirkung psychodynamischer Mechanismen "umstrukturiert" werden können" (1972, S. 13).

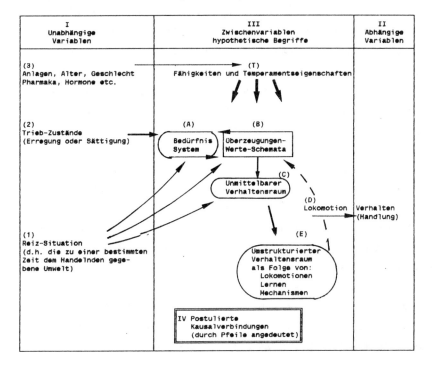

Abb. 1: E.C. *Tolmans* Diagramm des psychologischen Modells (Nach *Bergius*, 1960, S. 508).

Die auf den Prozeß der Entscheidungshandlungen einwirkenden Fähigkeiten und Temperamentseigenschaften werden im *Tolman*-Modell nicht weiter differenziert. Ausgehend von dem Bedürfnissystem und den ihm zugeordneten Orientierungstendenzen lassen sich für jede der drei Abteilungen - Sicherung, Bindung, Unabhängigkeit - sowohl Trieb- als auch Hemmkräfte, Argumente für und wider bestimmte Maßnahmen formulieren. Diese sieht *Sachs* (1987, S. 141) nach der *Lewin*schen Terminologie als psychische Feldkräfte ("Valenzen") an, die unterschiedlich stark geladen oder gewichtet sind und untereinander im Spannungsaustausch stehen. "Die Überzeugungen-Werte-Matrix nimmt diese Feldkräfte auf und sortiert sie sozusagen angesichts der jeweiligen Situationsreize (der physikalischen, sozialen und kulturellen) "(a.a.O.).

Derartige Entscheidungen zur Bewältigung des einzelbetrieblichen Strukturwandels betreffen: Betriebserhaltung oder -umstellung, das Für und Wider von Aussiedlungen, die Ablaufformen endogen und/oder exogen angestoßener Entscheidungsprozesse, Bindungskräfte oder Emanzipationsstreben. Sie ziehen die o.g. Ziele und Werte - verkörpert im S B-F-Syndrom - ins Kalkül, sie variieren mit der jeweiligen Einschätzung der Gesamtlage, sie projizieren schließlich die Ausstattung mit Produktionsmitteln - Arbeit, Boden, Kapital, Disposition - in die Zukunft.

<u>Methode und empirische Basis:</u> Der Verfasser führte im nordhessischen "Raum Trendelburg" vier Interviewserien (1961, 1965, 1970, 1982/83) mit rund 25 Landwirten und deren Haushaltsmitgliedern durch, ferner Gruppendiskussionen mit jeweils vier bis sechs jungen Landwirten an den drei zuletzt genannten Zeitpunkten. Sämtliche Äußerungen wurden mit Einverständnis der Gesprächspartner auf Tonband mitgeschnitten (1987, S. 139f.). Die Verwendung wiederholter Intensivbefragungen (Panel) und qualitativer Auswertungsmethoden waren seinerzeit durchaus originelle Forschungsansätze. Kritische Äußerungen der Befragten hinsichtlich des Tatbestandes "einzementierter Höfe" und die Charakterisierung öffentlicher Hilfen als Investitionsfallen (1972, S. 147) werden nicht unterschlagen.

Die Untersuchung richtete sich an die Adresse der "Beispielsmaßnahme" zur Verbesserung der Agrarstruktur im Raum Trendelburg. Hier handelte es sich eindeutig um eine beinahe einmalige Ausnahmesituation in der westdeutschen Nachkriegszeit. Durch Auflösung von vier Großbetrieben - Domänen infolge Bodenreform - war es möglich, einen integrativen Maßnahmenmix aus Flurbereinigung (5.500 Hektar) einschließlich Wegebau und Dränung, Aufstockung und Landkauf, Bau neuer Gehöfte als Gruppenaussiedlungen sowie Althofsanierung und Neuansiedlung von Heimatvertriebenen zu bewerkstelligen. Dafür wurden in den Jahren 1954-1960 insgesamt mehr als 20 Mio. DM Kapital[3] an öffentlichen Mitteln aufgewendet.

Eine abschließende Würdigung der Studie von Sachs ergibt folgendes Fazit: Wenngleich im Hinblick auf die westdeutsche Agrarsoziologie anzumerken ist, daß der innovative Impuls dieser Arbeit in der Folgezeit kaum rezipiert und m.W. noch weniger weiterentwickelt wurde, so sind im Vergleich mit einigen neuerdings Aufmerksamkeit heischenden Ansätzen biographischer Forschung über Landwirte durchaus zukunftsweisende Merkmale hervorzuheben. Diese methodisch eher qualitativ vorgehenden Studien - z.B. *Hildenbrand/Bohler* u.a.; *Timmermann/Vonderach; Herrmann* - widmen sich der Frage, wie der heutige Landwirt unter den obwaltenden Umständen mit den Herausforderungen des Weltmarktes im Betrieb und in der Familie umgeht, wie er im radikalen sozialökonomischen Strukturwandel seit etwa 1970/1980 die ambivalente bzw. widersprüchliche Einheit von Tradition und Moderne aushält und bewältigt? Das was *Sachs* bereits 20 Jahre zuvor in einem vielschichtigen Modell explizit postuliert und mit ähnlichen Methoden transparent und empirisch nachprüfbar vorweggenommen hat, wird nunmehr im reifen Zeitalter selbstreflexiver Sozialforschung zwar für eine breitere Öffentlichkeit, doch weniger übersichtlich und kontrollfähig, aus den selbstverständlichen Kommunikationsweisen des Alltaglebens - so der Anspruch - mittels sinninterpretierender Verfahren abgeleitet, und nach meinem Eindruck mit einer kräftigen Prise impliziter, vulgärpsychologischer Ad-hoc-Überlegungen gewürzt.

---

[3] Legt man die Inflationsrate gemäß Preisindex für die Lebenshaltung von 4-Personen-Haushalten von Arbeitern und Angestellten mit mittlerem Einkommen für die Jahre 1957 bis 1993 zugrunde, so ergibt sich ein Betrag zum 1.1.1994 in Höhe von 64 Mio. DM. Dieser erhebliche Aufwand belegt eindrücklich den exemplarischen Demonstrationscharakter dieses Projekts der "Arbeitsgemeinschaft zur Verbesserung der Agrarstruktur in Hessen e.V." (AVA).

Selbst wenn die Meinungen über das Ausmaß der aktuellen Probleme des Agrarsektors - ein Bereich, der beinahe habituell seit 100 Jahren "an der Klagemauer" steht - auseinandergehen, so besteht doch Einvernehmen darüber, daß diese traditionelle Bevölkerungsgruppe sich seit geraumer Zeit in einem tiefgreifenden Umbruch befindet, den Hermann *Schlagheck* als wirtschaftliche Existenz-, persönliche Sinn- und politische Vertrauenskrise bezeichnet hat. Diese äußerte sich einerseits im Selbstbild hauptberuflicher Landwirte bereits im Jahr 1980 an einem außerordentlichen Grad gesellschaftlicher Benachteiligungsgefühle (Tabelle 1), die Edmund *Mrohs* in einer repräsentativen Stichprobe bei Verwendung einer identischen Frage aus dem "Allbus" im Vergleich mit anderen sozialen Gruppen ermittelte (a.a.O., S. 108).

Tabelle 1: Die soziale Zufriedenheit der Befragten nach sozialer Stellung

Antworten[1]	Landwirte		Außerlandwirtschaftliche Bevölkerung					
	im Haupt-beruf	im Neben-beruf	Selb-stän-dige	Beamte	Ange-stellte	Ar-beiter	Sonstige	insge-samt
(1) mehr als gerechten Anteil	0,8	1,3	3,6	5,7	4,3	2,2	3,6	3,6
(2) gerechten Anteil	10,5	26,6	72,3	74,0	68,7	52,9	62,8	63,6
(3) etwas weniger	54,7	43,2	18,4	14,6	19,5	32,1	20,9	21,9
(4) sehr viel weniger	32,3	24,6	2,1	3,2	2,2	4,5	5,6	4,4
keine Antwort	1,7	4,3	3,6	2,5	5,3	8,3	7,1	6,5
zusammen	100,0	100,0	100,0	100,0	100,0	100,0	100,0	100,0
φ Index (1-4)	3,20	2,95	2,19	2,16	2,20	2,42	2,31	2,20

[1] Die Frage lautete: Im Vergleich dazu, wie Andere hier in der Bundesrepublik leben: Glauben Sie, daß Sie Ihren gerechten Anteil erhalten, mehr als den gerechten Anteil, etwas weniger oder sehr viel weniger?

Quelle: E. *Mrohs* 1983, S. 108

Im Spannungsfeld zwischen landwirtschaftlicher Tradition und agrarindustrieller Moderne verschiebt sich folgerichtig das Fremdbild über Landwirtschaft in der öffentlichen Meinung auf der anderen Seite (vgl. *Linnartz*). Beide Erscheinungen scheinen eine neue Stufe auf dem Wege zur gesellschaftlichen Marginalisierung des Agrarsektors anzukündigen.

3. **Albrecht *Lehmann*, Das Leben in einem Arbeiterdorf. Eine empirische Untersuchung über die Lebensverhältnisse von Arbeitern. Stuttgart 1976**

Der mehrere Jahre im Flecken Greene - heute: Landkreis Northeim - ansässige und politisch aktive Verfasser legte hiermit eine soziographische Studie (a.a.O., S. 2f., S. 38) vor, die sich insbesondere der örtlich vorherrschenden Arbeiter-Teilkultur annimmt. Die persönliche Eingebundenheit in die Gemeinde erleichterte die teilnehmende Beobachtung der innerörtlichen Interaktionen. Darüber hinaus wurden willkürlich ausgewählte männliche Arbeiter im Erwerbsalter (n = 110) "systematisch befragt" sowie Gruppengespräche mit "Gastarbeitern" angestellt. Darüber hinaus zog *Lehmann* für seine historischen Nachforschungen schriftliche Quellen heran (Staatsarchiv, Kirchenbücher, Kreiszeitungen, Vereins- und Kommunalarchivalien).

Für die Schilderung der sozialen Schichtverhältnisse im 19. Jahrhundert ist von Belang, "wie aus einer bäuerlichen und unterbäuerlichen Bevölkerung eine Arbeiterbevölkerung wurde" (S. 9). Im Schatten der herzoglich braunschweigischen Domäne - inklusive Branntweinbrennerei -, die um 1900 etwa 40 bis 50 Personen als Arbeiter und zusätzliche polnische Schnitterkolonnen beschäftigte, blieben bäuerliche Bevölkerungselemente als typische dörfliche "Besitzklasse" ohne prägenden Einfluß. Einer dünnen Mittelschicht, die sich aus dem dörflichen Kleinhandel und den im benachbarten Eisenbahnknotenpunkt Kreiensen tätigen Post- und Bahnbediensteten, aus Forstbeamten, Lehrern und Gerichtsschreibern zusammensetzte, stand eine kleine "akademische" Führungsschicht gegenüber: Arzt, Apotheker, Pfarrer, Amtsrichter und Domänenpächter. Eine breite Unterschicht aus Gutsarbeitern, kleinen Landbesitzern, teils mit handwerklichen Nebenberufen, von Tagelöhnern und unselbständigen Handwerkern bildete demgegenüber die große Mehrheit der Ortsbevölkerung - die sogenannten unterbäuerlichen Schichten -. Gravierende und starre Unterschiede in den Einkommensverhältnissen, im jeweiligen Lebensstil und voneinander abgeschlossene Verkehrskreise verhinderten Aufstiegsvorgänge zwischen den Schichten. Als Ausweg aus diesen ständischen Verhältnissen verblieben seinerzeit die Auswanderung nach Übersee oder in die Stadt, Berufspendeln und Heiraten über die Gemeindegrenzen hinweg und als Äußerung bei politischen Wahlen der "Hang nach links"!

Der häusliche Bereich (Kapitel III), d.h. Eigenheim mit Garten und relativ große Haushalte stehen im Mittelpunkt der Lebenswünsche der befragten Arbeiter. Diese Lebensform wird unter Einsatz aller Angehörigen angestrebt, ist emotional hoch besetzt und symbolisiert den Erfolgsmaßstab. Das Wohnzimmer verkörpert "gleichsam ein Stück bürgerlicher Gegenwelt zum Alltag der Arbeiter; es erfüllt eine wichtige kompensatorische Funktion für ihr Selbstbewußtsein" (S. 37). Häuslichkeit als vorherrschender Wert im Bezugssystem verheirateter Arbeiter prägt ebenfalls die sozialen Beziehungen (Kapitel IV, S. 49ff.) mit dem Kreise der Bekannten, Verwandten, Nachbarn und Vereinsmitglieder. Gerade Vereinsaktivitäten stärken das Verbleiben am ländlichen Wohnort.

Ein eigenes Kapitel (V, S. 84-99) ist den ausländischen Arbeitern gewidmet. Sozialkontakte - außer mit Arbeitskollegen - waren ausgesprochen selten; Einstellungen und Verhaltensweisen ließen aggressive Zwischentöne gegenüber den Gastarbeitern gelegentlich erkennen. Man spricht über Gastarbeiter, aber nicht mit ihnen. Aber auch die verbreitete Rückkehrwilligkeit, die Absicht, nur auf kurze absehbare Zeit in Deutschland zu bleiben, Sprachschwierigkeiten und extrem sparsame Verhaltensweisen erschweren deren Integration, so daß die befragten Türken und Portugiesen in Distanz zur dörflichen Unterschicht am Wohnort verblieben.

Am ausführlichsten kommt die alltägliche Kommunikation (S. 100-141) zur Sprache. Da werden die geeigneten Orte und Situationen beobachtet - Straßen und Plätze, Geschäfte, Gastwirtschaften -, wo Interaktion stattfindet. In den Gastwirtschaften selbst werden die Treffen der sogenannten Montagsrunde, die Aktivitäten der Gymnastikriege und die Vorgänge bei der Jahresversammlung des Sportvereins abgehandelt. Hinzu kommen ausgewählte Fallbeispiele dörflichen Erzählens und der dortigen Realitätsbewältigung, was Arbeitsleben, Lebenserinnerungen, Dorforiginale u.ä. anbetrifft. Das Schlußkapitel wendet sich den Lebensgewohnheiten und dem Interaktionsmilieu in der arbeitsfreien Zeit zu. Die Arbeiter bleiben unter sich!

Eine spätere Studie widmet *Lehmann* der allmählichen Akkulturation der Flüchtlinge und Vertriebenen in Westdeutschland. Als Quellen für die verbreiteten Denkgewohnheiten und Weltbilder (Mentalitätsgeschichte) der bundesdeutschen Nachkriegszeit verwendet er Erinnerungen und Erzählungen in seltener Anschaulichkeit: farbige Erfolgsstories, Schwänke, Übertrumpfungsgeschichten als originale und fiktionale Erzählformen für ehemalige Konflikte aus dem Flüchtlingsmilieu. Das Einleben in der Stadt äußert sich normalerweise im Auffinden der Wohnung und beruflichen Stellung, was der üblichen Zuwanderung und Segregation - z.B. in die Städte Hamburg, Bremen und Hannover - entspricht. Dagegen existiere "der Flüchtling" als Sozialtyp auf den Dörfern noch heute, wenngleich die Stellung der "Fremden" im Dorf nach und nach in abgestufter Weise von den später zugewanderten Gruppen der "Gastarbeiter" und anderer Ausländer oder Aussiedler eingenommen worden ist (a.a.O., 1993, S. 48).

"Trotz aller Wandlungen der Moderne gilt für die Dörfer noch heute, daß sie geschlossene Lebenswelten geblieben sind". ... "So konkret als "Heimat" werden weder ... oder eine andere große Stadt erinnert, so wirken immer nur Dörfer und kleine Städte in den Köpfen" (a.a.O., S. 125).

Die Ähnlichkeit zur heutigen Diskussion über Neubürger und zur Asyldebatte in Deutschland und anderswo liegt auf der Hand. Die Analyse von *Brunner/Jost/Lueger* stellt demgegenüber stärker die Ausländerakzeptanz bei den Einheimischen in einer kleinen burgenländischen Gemeinde (AU) ins Zentrum. Wie sehen bei diesen das alltägliche Flüchtlingsbild, der lebensweltliche Sinnhorizont, die Verhaltenserwartungen und die Duldsamkeit gegenüber Abweichungen aus? Verschiedene Impulse aus kulturellen (Sprache, Religion, Geschichte), ökonomischen (Gewinnchancen, Berufspendler, billige Arbeitskräfte) und politischen (Parteipräferenz, kommunales Selbstbewußtsein) Faktoren spielen zusammen und bringen im untersuchten Aufnahmeort eine zwar ambivalente, doch insgesamt positive Akzeptanz hervor. Diese wird allerdings durch den Ausnahmefall begünstigt, daß der überwiegende Bevölkerungsanteil der Gemeinde selbst kroatischen Ursprungs in einem deutschsprachigen Umland ist. Dennoch kann nicht einmal hier von Integration der überwiegend kroatischen und bosnischen Flüchtlinge gesprochen werden; Fakt ist vielmehr Abschottung, soziale Schließung und Separation, wobei insbesondere die Fristigkeit des Aufenthalts und der alltägliche Sonderstatus als Flüchtling "den Eintritt in das innere Gemeindeleben" verwehren (a.a.O., S. 134). Meldungen über tendenziell ähnliche Erfahrungen mit Aussiedlern in einer kleinen münsterländischen Gemeinde gingen anfangs der 90er Jahre durch die westdeutsche Tagespresse.

4. **Albert *Ilien* und Utz *Jeggle*, Leben auf dem Dorf. Zur Sozialgeschichte des Dorfes und Sozialpsychologie seiner Bewohner. Opladen 1978**

Diese bahnbrechende Studie über eine Arbeiterwohngemeinde, welche die Autoren dieses Buches "Hausen" nennen - heute kleiner Ortsteil der Stadt Rottenburg am Neckar, Sitz eines katholischen Bischofs - ist in einem lebhaften, möglichst allgemeinverständlichen Stil geschrieben und verzichtet dabei auf jedweden wissenschaftlichen Apparat[4]. Im einleitenden Kapitel - Das Problem - wird gerade den "Klassikern" der deutschsprachigen Dorfforschung in der Nachkriegszeit angekreidet, daß diese zwar nach sozialwissenschaftlichen Standards erhobene exakte Daten erfassen, diese indessen mithilfe von Begriffen interpretieren, die einer harmonisierenden und dem Dorf äußerlich bleibenden Sicht intuitiv-hermeneutischer Tradition entstammen (a.a.O., S. 9).

Um näheren Aufschluß über das wirkliche "Leben auf dem Dorf", die Eigenart und den Eigen-Sinn der dörflichen Lebenswelt zu erhalten, ob es nun um leichter zugängliche Phänomene oder auch unterschwellige und kollektiv virulente Sachverhalte geht, wählen die Verfasser eine andere Forschungspraxis, die sie eine kritisch verfahrende interaktionsanalytische Methode nennen (a.a.O., S. 33). Sie versuchen, das Realitätserleben in zwei unterschiedlichen - wenngleich vielfältig vermittelten - Perspektiven zu entziffern, welche die sozialgeschichtliche Prägung der Bewohner einerseits berücksichtigt, zum anderen ihren individuell lebensgeschichtlichen Sinn aufdeckt:
- der eher objektiv orientierte Zugang fragt nach den Realfaktoren, die die heutige Lebensweise der einheimischen Dorfbevölkerung prägen und weitgehend von der vergangenen bäuerlichen Lebensweise bestimmt werden;

---

[4] Anders bei Utz *Jeggle*, 1977.

- ein zweiter, eher subjektiv zu nennender Ansatz erschließt die besonderen Merkmale des dörflichen Realitätserlebens und -Gestaltens vermittels einer "sozialpsychischen Hermeneutik", um wesentliche Bereiche der Selbstwahrnehmung und Sprachbildungsfähigkeit - bzw. deren Schranken: die fehlende Wahrnehmung von Widersprüchen; Störungen in der öffentlichen Kommunikation angesichts dörflicher Probleme - auszufiltern.

Die Analyse des dörflichen Sozialsystems, des "Hausener" Kosmos, vernachlässigt zunächst die beiden Randgruppen der Gastarbeiter und Autopendler nach Reutlingen/Tübingen (a.a.O., S. 16). Dafür entschädigt nicht zuletzt, daß dank günstiger Umstände einer der Verfasser bereits mehrere Jahre im Dorf wohnte, als die "Projektgruppe" der Universität mit den Befragungen vor Ort begann. Der anspruchsvolle Methodenmix, dessen sich die Verfasser befleissigen, umfaßt: historische Quellen (z.B. Dorfchroniken), Textauslegungen, Statistiken, verbale Mitteilungen und teinehmende Beobachtung, die sich aus langjähriger Vertrautheit mit den Einheimischen besonders ertragreich gestaltete. Quelle des kollektiven "Hausener" Geschichtserlebens waren die agrarisch bestimmte Lebensweise und der gewohnte Schrecken (Kapitel 2, S. 34ff.) von Krieg, Herrschaft und Not. Der landwirtschaftliche Grund und Boden als einziger Schutzschild vor Armut, Hunger und Elend sorgte, zwar regelmäßig von Naturkatastrophen unterbrochen, für ein Überleben an der Grenze des Existenzminimums (Kapitel 3). Die Organisation der Dreifelderwirtschaft führte in der Gemeinde der Bodenbesitzer über projektive Verdächtigung des Anderen gewissermaßen zu einem "eingezäunten Bewußtsein". Erst die notgedrungene Einführung des Kartoffelanbaus und der Fruchtwechselwirtschaft sowie die erfolgreiche Bachregulierung verschafften zeitweise größeren Nahrungsspielraum (Kapitel 4).

Die Kapitel 5 bis 7 (a.a.O., S. 67-100) wenden sich der Verwandtschaft, den Ehepartner-, den Geschwister- und den Generationen-Beziehungen zu. Sie bildeten vor dem Hintergrund der existierenden Not die Ordnungsprinzipien des "Hausener" Sozialgefüges, die vom Hauptprägefaktor, der bäuerlichen Wirtschaftsweise, bestimmt wurden. Die solcherart verdinglichten Sozialbeziehungen nach Alter, Geschlecht und Verwandtschaft zeichneten wiederum verantwortlich für die örtlichen

Ungleichheitsdimensionen, Heiratskreise und die Sozialisation in das Dorf und in die Familie. So wird die Grenze zwischen Ober- und Mittelschicht im 19. Jahrhundert bei etwa sechs Morgen gezogen. Es finden sich Mutmaßungen über begleitende Angst- und Haßpotentiale, feindliche Triebenergien und deren Unterdrückung in der alltäglichen Interaktion, wie sie der feudalistischen Agrargesellschaft und der bürgerlichen Eigentumsideologie innewohnen.

Die nachfolgenden Ausführungen behandeln das Eindringen der Moderne und die Auseinandersetzung mit ihren Begleitumständen. Neben die beiden bisher dominierenden Schichten der Bauern und der Armen/Hungerleidenden/Kriminellen tritt die neue Schicht der Handwerker seit etwa 1850. Zusammen mit der neuen Produktionsweise 1850 bis 1880 hört nun die Kongruenz von Arbeit und Leben und die Methode auf, aus dem wirtschaftlichen Handeln alle anderen Lebensäußerungen und Regeln von Hausen zu erschließen (110). Aus der Aktengeschichte werden etwa der zunehmende Stellenwert von Erziehung und Selbst-, Un-, sowie Unterbewußtsein erschlossen. Bei dieser Bestandsaufnahme der Gegenwart "Hausens" geht es vor allem um die dörfliche Verarbeitungsweise der Probleme.

Die Analyse zum "Aufbruch der Gegenwart" (Kapitel 8, S. 111ff.) bedient sich der Ergebnisse einer Prestige-Befragung. Vier Vertrauensleute stuften die einheimischen Bewohner und Wähler nach der "Geltung im Dorf" ein (a.a.O., vgl. S. 18-24; 140-142), die sich zwar an der agrarischen Schichteinteilung orientierten, doch gleichfalls neuen Gesichtspunkten Rechnung trugen. Die Bürgermeisterwahl von 1953 wird ausführlich untersucht, beflügelt durch den glücklichen Umstand, daß Flugblätter als historische Kronzeugen städtischer Innovationen im Dorf "Hausen" verwendet werden können. Sie dienen als Ausgangspunkt für die Strukturanalyse des Alltagshandelns: "Wahl-Verwandtschaften" votieren einheitlich, dorföffentlich und einflußreich mit Vergleichen für die Jahre 1931 und 1974. Verwandtschaft meint definitionsgemäß (S. 140) Abstammung, Hilfeleistung, Repräsentation, Macht und Front. Die Prestigebefragung 1974 erfolgt nach neun Dimensionen:
- Alter, Familienstand, Verwandtschaft, lokale Herkunft, Konfession (alt, agrargesellschaftlich),

- Vereinszugehörigkeit, kommunalpolitische Tätigkeit, innerdörflicher Beruf (als neue Strukturen) und
- außerdörflicher Beruf (neugebildet und angepaßt an die sozialen Möglichkeiten und Erfordernisse).

Als Ergebnis wird zusammengefaßt (a.a.O., S. 142):

> "In dem alten dreidimensionalen Prestigesystem, das nach Geschlecht, Alter/Familienstand sowie Verwandtschaft/Herkunft/Konfession aufgebaut war, hat sich die Verwandtschaftsdimension im Rahmen der neuen Strukturen "Beruf", "Verein" und "Kommunalpolitik" historisch regeneriert und durch die Aufnahme der neuen Elemente den gewandelten ökonomischen und sozialen Möglichkeiten und Erfordernissen angepaßt. Dabei zeigt sich beides, Beharrung und Wandel: Symbiose von Gestern und Heute."

Kapitel 9, S. 143ff.: Gemeindepolitik heute, beschreibt das Vordringen der Ortsfremden. Hier werden Dorfgerüchte über Hintergründe aller möglichen Vorgänge verbreitet und hinterfragt. Die unfreiwillige Aktionsforschung des im Ort lebenden Autors und die "Crux" teilnehmender Beobachtung werden selbstkritisch eingeschätzt. Parteiische Gewährsleute stellen eine Prestigeskala der dörflichen Meinungsführer auf, die ebenso wie die - vom örtlichen Sozialsystem bisher ausgeschlossenen - Randgruppen (s.o.) bei der Bürgermeisterwahl eine große Rolle gespielt haben. An den Gerüchten nämlich lassen sich entscheidende dörfliche Interaktionsprofile erkennen (S. 150)! Autoritative Einstellung wird aufgefaßt als aus zwei komplementären Abhängigkeiten zusammengesetzt: Abhängigkeit einerseits und autoritäres Auftreten gegenüber Dritten andererseits. Es wird die "stark nonverbal bestimmte dörfliche Kommunikationsweise" (154) festgestellt, der eine Prädominanz des Vorstellungsbildes andererseits entspreche (160), im Bannkreis sowohl kollektiver dörflicher wie jeweils eigenbezogener Bewertungsmaßstäbe.

Kapitel 10 (S. 160ff. Heimat?) fragt nach dem Dorf als Gegen-Welt zum meistens außerdörflichen Arbeitsalltag. Es herrsche eine auffallend unhistorische, diffus-nostalgische Heimatbindung der stark außen- und kommerziell orientierten Brauchtumsvereine vor. Die formelhafte Gefühlsadäquanz weist auf einen starken Gegensatz zwischen Fest einerseits und Alltag andererseits hin. Sie scheint den wirtschaftlichen Autarkieverlust des Dorfes zu kompensieren; ähnlich wie das Eigentum, bleibt der Feierabend affektiv hoch besetzt und mit viel Arbeitsaufwand verbunden. Es scheint sich beim selbstgeschaffenen Wohnbereich um den Fluchtpunkt zur städtischen Kontrasterfahrung zu handeln (171). Kapitel 11 (S. 173f.) handelt über die/das Fremde(n). Ob sich in der Eigenheit des Dorfes eher Autonomie oder eher Fremdbestimmung aussprechen: Mündigkeit und kritische Selbstverantwortung der Bewohner sind der Maßstab, an dem der Geschlechtsrollenkontrast, Kindererziehungspraktiken (Besitzfixierung, Sauberkeitswahn, kompensative Bestätigung) untersucht werden. In der Dorföffentlichkeit werden zwei Versionen unterschieden:

- "relevante" Dorföffentlichkeit der Frauen, die über das Tagesgeschehen im Dorf bestimmt, und

- sogenannte "eminente" Dorföffentlichkeit der Männer, die sich mit Dorfpolitik befassen.

Der abschließende Befund lautet "Dorf in fremder Gesellschaft" (a.a.O., S. 185; Zitat: S. 186):

> "So hat sich das Hausener Sozialgefüge, das "Dorf", nachdem sein alter Hauptprägefaktor, die bäuerliche Wirtschaftsweise nämlich, in eine Nebenrolle gedrängt wurde, von seiner eigenen Basis gelöst; es existiert heute scheinbar selbständig und sich selbst tragend. Doch zeigt sich gerade in dieser Selbständigkeit das Weiterwirken alter, heute nicht mehr sinnvoll scheinender Zwänge, die ein verblüffend problemarmes Leben der Hausener in der modernen Gesellschaft eröffnen.- ...
>
> Hausen ist somit vielleicht nicht nur ein Paradigma für die anderen "verstädternden Pendler-Dörfer", ... Hausen ist vielleicht auch ein Paradigma dieser Gesellschaft, die das dörfliche Anders-Sein ... so geflissentlich übersieht ..."

Das im Schrifttum großenteils - in der Agrar- und Landsoziologie ebenfalls - geradezu begeistert aufgenommene Werk von *Ilien/Jeggle* entfaltete in der Folge eine starke Breitenwirkung. Selbst kritische Stimmen, die sich in späteren Studien finden, beispielsweise bei *Ballhaus* oder *Wagner*, beschränken sich im wesentlichen auf einzelne Aspekte. Aus heutiger Sicht verwundert es kaum, daß manche Ausführungen dem "Zeitgeist" der Entstehungszeit deutlich Tribut zollen[5]. Das gilt ebenso für

---

[5] Ähnliche Eindrücke von den kollektiven Erinnerungen der Bevölkerung an dörfliche Außenbeziehungen bzw. Beobachtungen zum örtlichen Wahlkampf aus dem Jahre 1959 finden sich im Epilog *Wylies* (a.a.O., S. 336 bzw. 358ff.) über den Alltag einer französischen Gemeinde.

die leitbildhaften Perspektiven gesellschaftlicher Teilhabe und Verselbständigung einerseits, den methodischen Nachdruck auf die Vorgänge der Kommunikation und Interaktion andererseits, die bei der Interpretation auffälliger empirischer Befunde - für den Geschmack des Rezensenten vielleicht im Übermaß - herangezogen werden. Das fordert gelegentlich den Vorwurf heraus, das fragwürdige Verfahren psychoanalytischer Rückprojektion im Sinne von Ernst *Topitsch* 1960 zum Maßstab des beobachteten Verhaltens eingesetzt zu haben[6].

5. Cheryl *Benard*, Edit *Schlaffer*, Notizen über Besuche auf dem Land. Am Rande des Wohlstands. München 1979

Die Einleitung schildert zwei Orte am Rande der Wohlstandsgesellschaft, die zwar klassische Merkmale von Entwicklungsländern trügen, doch dem Einbruch der Probleme moderner Industriegesellschaften ausgesetzt sind. (1) Das peripher an der ungarisch-österreichischen Grenze im Südburgenland gelegene "Sankt Anna" - auf das rd. 2/3 des Textes entfallen, und (2) "Isarkirchen" als letzte Haltestelle einer Schnellbahnlinie der Stadt München. Es werden zwei Perspektiven im Schnittpunkt zwischen Einzelleben, Gemeinschaft und Weltgeschichte angelegt. Sehr viele Sozialwissenschaftler seien tatsächlich Vertreter im Dienste der Marktforschung von Privatfirmen, stritten dies jedoch in der Regel ab (a.a.O., S. 17). Hier werde die Tatsache der Hotelinterviews "erstmals enthüllt": in der orthodoxen Interviewsituation maßen sie sich ohnehin ungerechtfertigt Autoritätsverhältnisse an!

Kapitel 1 enthält die Ortsbeschreibung von "Sankt Anna". Die dortige soziale Situation liege völlig außerhalb des Wahrnehmungshorizonts der Sozialwissenschaftler. Es handelte sich bei diesem Zugang nicht um eine wissenschaftliche Problemanalyse, sondern einfach darum mit den Leuten zu reden: Bruchstückhafte Vermutungen über persönliche Leiden, Entbehrungen und Belastungen der Moderne anzustellen (vgl. S. 151).

---

[6] Das soll heißen: Das Verfahren beschreibt die wissenschaftliche Neigung, gedankliche Vorstellungen „tiefensemantisch" zu verdinglichen, indem ursprünglich individuelle Auffassungen und sprachgebundene Aussagen mit subjektiv-emotionalen Anmutungsqualitäten zunächst in wahrgenommene Phänomene der Außenwelt - hier: des Dorfes - verlagert werden, um anschließend als scheinbar objektives Ereignis oder Gegebenheit der äußeren Umwelt auf die Gesellschaft übertragen und ausgegeben zu werden.

Die Überschrift von Kapitel 2: Wir sind eine Herkules-Gemeinde - bezieht sich auf die den Ort beherrschende Herrenhemdenfabrik, die auf der Ausbeutbarkeit des weiblichen Proletariats in einem kapitalistisch-industriellen Patriarchat beruhe. Kapitel 3: Theorie kapitalistischer Zeitgeschichte der Fabrikarbeit (a.a.O., S. 42) erhebt den Anspruch, daß kaum ein Leser irgendwo anders auf so kurzem Raume Gelegenheit für diese Lektüre - frei nach Marx - haben wird (a.a.O., S. 44). Ein Industriesystem, das auf der Zentrierung von Abhängigkeiten und Arbeitszwang einerseits aber auch auf Fortschrittshoffnungen und Wohlstandserwartungen andererseits beruht. Insbesondere wird auf die Ähnlichkeit mit der Gegenwart als stärkster Eindruck hingewiesen, wenn man Schilderungen des Arbeiterlebens aus den Jahren 1790 mit 1975 vergleicht. Es handelt sich um die "spezielle Mißhandlung" der Textilarbeiterinnen als Zusatzverdiener (a.a.O., S. 48). Häufig diene die Arbeit sogenannter sozialwissenschaftlicher Bürokraten als ideologische Waffe (51f.), wobei situationsspezifische Ausbeutungsformen, die mit den Macht-Verhältnissen einhergehen, für die Lebensbedingungen den entscheidenden Tatbestand bilden. Hier z.B. die Vermeidung subversiver Worte (55): Ausbeutung, Unterdrückung, Herrschaft, teilweise geschildert mithilfe der Kontra-Apologetik von DDR-Literatur. Anstelle der internationalen Perspektive geht es hier um die ortseigene Produktion von Armut.

Die Ausführungen von Kapitel 4: Kinder-Küche und Akkord beruhen auf Interviews mit sieben Frauen bzw. Fabrikarbeiterinnen, die einkommens- und lebensnotwendige Erwerbskombinationen an der Arbeitsstätte einer sogenannten verlängerten Werkbank betreiben (84). Nach Karl Marx war der erste Klassengegensatz jener zwischen Mann und Frau. In Kapitel 5: Arbeit und Wissenschaft wird behauptet: Eine wirklich oppositionelle Theorie, die sich mit den realen Verhältnissen beschäftigt, leistet Wissenschaft eben nicht; eine Sozialkritik, die an den Bedingungen gesellschaftlicher Arbeit anknüpft, wird seit Marx nur noch journalistisch betrieben (a.a.O., S. 86). Akkordarbeit ist betriebswirtschaftlich definiert als Leistungslohn, der gleichzeitig in der sozialen Realität für Frauen nur einen Bruchteil des männlichen Verdienstes ausmacht (91). Die Arbeitsämter produzieren im Hinblick auf die tatsächliche Ausgangslage durchaus illusionäre, imaginäre Leistung- und Eignungstests für die Mädchen an diesen peripheren Standorten; es handelt sich um die absichtlich kalkulierte Erzeugung von Hoffnungen in der Regenbogenliteratur ebenso wie in der Wissenschaft ("human relations" - Schule).

Kapitel 6 (S. 98ff.) behandelt die fast vergebliche Suche nach weiblichen Lehrberufen. Häufig wird die betriebliche bzw. familiäre Kontrolle als Schutzbehauptung deklariert. Man findet drei voneinander deutlich segregierte Gruppen mit jeweils fast immer nur erlaubten Kontakten innerhalb der Gruppe: 1. Schüler/Studenten, 2. Lehrlinge, 3. Arbeiter und Arbeiterinnen vor allem. So früh wie möglich wird deshalb die Heirat als Ausweg gesucht, weil wenig Alternativen bestehen und weil sonst die weiblichen Dorfbewohner aus dem öffentlichen Leben des Dorfes ausgeschlossen werden können. Kapitel 7: Literatur als Flucht und Anpassung enthält eine Durchsicht von Jugendzeitschriften auf dort angesprochene Sexualprobleme zwischen Schwärmerei und Rachsucht.- Kapitel 8: Hochwürden und sein Raumschiff zeigt, daß Ministrantinnen ebenso wie die späteren Mitglieder des Pfarrgemeinderates viel pünktlicher und pflichtbewußter sind als die Buben, auf die man aber achtgeben muß, weil die sonst wegbleiben. Ein entsprechendes Potential an Kommunikationsinstanz wäre also vorhanden.

Kapitel 9 (a.a.O., S. 119): Eheglück in Sankt Anna befaßt sich mit Gewalt in der Ehe in Abhängigkeit vom Charakter, von den Lebensumständen, der wirtschaftlichen Ausgewogenheit zwischen den Ehepartnern und der sexuellen Beziehung. Kapitel 10 beschreibt den Aufstieg von Inge T. als Modellfall und dorfweites Idealbild (S. 134). Der dörfliche Kontrollmechanismus der sozial-symbolischen Handlungen - zum Beispiel die Zugehörigkeit zur allgemeinen Hilfs- und Austauschstruktur - dient dem allgemein verbreiteten Wunsch nach Anschluß an die moderne, städtische Welt, sowohl auf regionalpolitischer als auch auf individueller Ebene. Als Übergang wird hier sogar von den Autorinnen die "Armutskultur" bemüht. Das Beispiel Inge, wo der Mann Ingenieur, die Frau Lehrerin ist und wo die soziale Anerkennung des Dorfes von der Rollenkonformität der Ehefrau erwartet, daß sie sich der Karriere ihres Mannes voll anpaßt; die Frau trägt die Institution der Familie!

Mit Kapitel 11 (S. 141): Letzte Haltestelle ... beginnt das Kapitel über die Gemeinde "Isarkirchen" am Rand der Metropole München. Die Sozialwissenschaft sei ein

Produkt der Massenmedien und der allgemeinen Langeweile geworden (S. 145): Das alltägliche Zusammenleben, der Kampf gegen die imperialistische Dynamik Münchens (geplanter Frachtflughafen etc.), die Banalität des Normalen als Forschungsproblem wird häufig gar nicht mehr gesehen.

Kapitel 12: Was die Leute, die etwas zu sagen haben, uns bei den Besuchen auf dem Lande sagten: Die Autorinnen gehen aus von den Zuwendungsbedürfnissen der Schulkinder, die häufig in den Eheproblemen der Eltern ihren Ursprung haben. Hier wird auf die unterschiedlichen Rollenmuster von Jungen und Mädchen hingewiesen: die Kinder reproduzieren in Miniatur die Schattenseiten unserer Kultur (159): Alleinzuständigkeit der Mutter. Diese Aussagen werden an Erfahrungen des Kindergartens festgemacht. In ähnlicher Weise werden Überlegungen über Altersheime und deren schlechten Ruf angestellt, der meistens zu Recht bestehe, wo eben die ausgemusterten Menschen versammelt werden.

Benard/Schlaffer halten dies für das Grundmuster aller Lebenszusammenhänge im Kapitalismus, das Grundmuster der Fabrik (167): die Aufsichtspersonen werden von den anderen entweder unter Zwang oder im Sinne der Gruppendynamik unterschieden; darauf baut dann eine Ideologie von Rollenverteilung und Liebe auf. Ansätze von Humanität und Gemeinschaftsstreben kommen im Markt, in der Lohngesellschaft und in der Automatik des Konkurrenzdenkens zu kurz.- Auch die Persönlichkeit des Bürgermeisters verkörpert Werte und Bestrebungen der Modernisierung (173); bei den Politikern im Ort begann erst 1972 das große Umdenken mit einer kritischen Sicht auf das Wachstum.

Kapitel 13 (S. 188ff.) über die Industrialisierung der Ehe befindet, daß eine geänderte Arbeitsorganisation und Familienstruktur die individuelle Anpassungsfähigkeit überstrapazieren (195). Die männliche Monopolstellung in bezug auf Lohn und Arbeitsplatz wird immer noch in Anspruch genommen: so die Erfahrungen der Eheberatungsstellen vor Ort. Lebensqualität, Lebensstandard und Aufstiegswille führen insbesondere bei den Arbeiterinnen zu einer starken Doppelbelastung, die dann häufig in resignativer Zufriedenheit oder Projektion der Ambitionen auf die Ehemänner bzw. die Kinder abgeleitet werden (203). Fast eine Art Internationale kämpfender

Mittelschichtfamilien richtet sich gegen die männliche Autorität. Neue Lebensweisen und alte Einstellungen stehen sich gegenüber (S. 206), es gibt keinen Sachzwang, keine Logik auf der Grundlage von Macht, die auf den objektiven Tatsachen basiert. Vielmehr ist Einsicht offenbar immer die Eigenschaft der Schwächeren.

Die "flotte Schreibe" des erfolgreichen Autorinnen-Duos, deren Themenspektrum hernach von streitbaren Sachbüchern über den Erlebnisbericht einer Sahara-Durchquerung neuerdings bis zum Roman schillert, atmet deutlich die Aufbruchstimmung der 70er Jahre. Das Werk enthält außerdem eine gehörige Portion Chuzpe der journalistisch und gern mit *Marx/Engels* argumentierenden Verfasserinnen, die schlicht davon auszugehen scheinen, als ob sich seit Mitte des 19. Jahrhunderts für das Alltagsleben großer Bevölkerungsgruppen gar nichts Wesentliches geändert habe! Die amüsanten Ausfälle gegen die soziologische Disziplin halten zumeist (z.B. S. 17, 27, 42) näherer Prüfung nicht stand. Das gilt etwa für die altbekannte Verwechslung von Entstehungs- und Begründungszusammenhang im Erkenntnisprozeß. Manche Einlassungen zur vermeintlich schönfärberischen "bürgerlichen Industriesoziologie" entbehren der Grundlage. Schon der flüchtige Blick in willkürlich ausgewählte - sowohl neuere als auch ältere, inländische ebenso wie ausländische - Einführungstexte belegt gelegentlich schon im Titel, spätestens aber im Inhaltsverzeichnis, daß diese Disziplin mit dem Behaviorismus/Fordismus im ersten Drittel dieses Säkulums zwar ihren Anfang nahm, damit aber noch lange nicht das Ende ihrer „Dogmengeschichte" erreicht hat (vgl. etwa: *Burisch; Rose; Reinhold;* zur „Taylorisierung": *Brose*).

6. **_Kaschuba_, Wolfgang, Bauern und andere - zur Systematik dörflicher Gesellschaftserfahrung zwischen Vorindustrialisierung und Weltwirtschaftskrise. In: derselbe und Carola Lipp, Dörfliches Überleben. Tübingen 1982, S. 1-285**

*Kaschuba*s "Fortsetzung" der Kiebingen-Studie (*Ilien/Jeggle*: "Hausen") befaßt sich mit dem Wandel im frühindustriell-bäuerlichen Selbstverständnis in der Neuzeit über sieben Generationen hinweg: von 1780 bis etwa 1930. Dieser Wandel findet seine Ausdrucksformen in den verschiedenen Phänomenen gesellschaftlicher Kontinuität und Ungleichzeitigkeit. Der Kern besteht in den dörflichen (Über-) Lebensstrategien. Die zentrale Problemperspektive liegt um den bäuerlichen/dörflichen Reproduktionsprozeß. Verfasser widmet sich mit gleichem Nachdruck der hauswirtschaftlichen Versorgung wie der Produktion. Für das Selbstverständnis der Dorfbewohner verwendet er das Konzept der kognitiven Dissonanz, wobei darauf hinzuweisen ist, daß in früheren Studien Ogburns These des "cultural lag" (vgl. Herbert *Kötter*) ähnliche Funktionen ausübte. Unter den vorindustriellen Belastungsprozessen (Kapitel 2, S. 10f.) geht der Autor vor allem auf die feudalzeitliche Subsistenzwirtschaft ein, wobei er die "scherenförmig gewachsene Disproportionalität" zwischen den mit der lokalen Population gestiegenen Versorgungsansprüchen und dem weniger gewachsenen wirtschaftlichen Versorgungspotential betont. Hierzu dürften die drei Seiten der Volkswirtschaftlichen Gesamtrechnung: Einkommensentstehung, -Verwendung und -Verteilung hilfreich sein!

Gab es bis dahin nur das traditionelle Dorfhandwerk für Reparatur des Nahrungsmittel-, Kleiderfonds und der Arbeitsgeräte, tritt als erster Schritt haus-, vor- und frühindustrieller Warenproduktion das sogenannte Bauer-Weber-Modell (Kapitel 3, S. 22: Ländliche Industrie: Kiebingens Leineweber) etwa im Zeitraum 1850 bis 1900 hinzu, das sich dadurch auszeichnete, daß es landwirtschaftsnah, familiär, häuslich war und ökonomisch unbedingt erzwungen wurde. Hier werden Überlegungen des interregionalen Exportbasismodells wirksam. In Kapitel 4 (S. 42): Das "Auslaufen" - wirtschaftliche und kulturelle Grenzen des Integrationsraumes Dorf - geht es um die Suche nach sozialökonomischen Überlebenschancen des klein- und unterbäuerlichen Fußvolkes, von Saisonwanderern, Wanderarbeitern, Bauhandwerkern, weil erst ab etwa 1870 in der Nachbarschaft Industrien aufgebaut wurden. Arbeitslosigkeit, Armut und Ausgrenzung wegen Delinquenz waren übliche Strategien der Dorfgemeinschaft, doch gab es im 19. Jahrhundert noch keine Abwanderungen in die städtisch-industrielle Lohnarbeit und die Übernahme des damit verbundenen Ethos. Die Krise des dörflichen Strukturwandels um 1848 (Kapitel 5, S. 63) trat infolge von drei Problemsträngen ein: 1. dynamischer Einwohneranstieg, 2. Ausweitung der hausindustriellen Produzentengruppe und 3. regionale Wanderung gewerblicher Arbeitskräfte. Dies alles wurde durch Mißernten, Armenpflege und Proletarisierung akzentuiert. Die aufgezeigten Entwicklungen führten zu einer fortschreitenden sozialen Binnendifferenzierung des Dorfes als Funktion innerdörflicher Besitzverteilung (Kapitel 6, S. 87: Sozialökonomisches Schichtungsmodell), von der auch die berufliche Gliederung abhängt. Nach dem Maßstab der Steuersummen im Jahre 1823 bis 1864 (später fortgeführt bis zum Jahre 1931, vgl. Kapitel 11) gelangt der Verfasser zu dem Ergebnis einer Einteilung in Ober-, Mittel- und Unterschicht etwa im Verhältnis 1 : 3 : 6.- Drei große Berufsgruppen umfassen ca. drei Viertel der beruflich Tätigen zu etwa gleichen Teilen (Kapitel 7, S. 104: Arbeitswelten) im Jahre 1864: Landwirte, Bauhandwerker sowie Dorfhandwerk und Weber, es kommen noch etwa 10 % Tagelöhner hinzu. Die Leineweber und Bauhandwerker bilden praktisch die markantesten Proletarisierungsschienen im Gewerbe. Verfasser führt Zu- und Abstromtabellen der Berufe vor, und gibt eine Graphik der Berufsgruppenentwicklung und Mobilitätsrichtungen über den o.a. Betrachtungszeitraum.

Eine Reagrarisierung mit "Hopfenblüte und bäuerliche Renaissance" tritt etwa im Zeitraum 1860/70 bis 1910 ein (Kapitel 8, S. 123). Verfasser macht die Untergrenze der Oberschichtenbauern bei einem Grundbesitz von damals etwa 3 Hektar fest (S. 127). Doch diese günstige Agrarkonjunktur verstärkt das dörfliche Zweiklassensystem. Mittelschichtenfamilien müssen sich etwa mit 1,5 bis 2 Hektar landwirtschaftlicher Nutzfläche zufriedengeben. Es kommt zu einer ersten Expansion kapitalistischer Produktionsmittel im Agrarbereich. Trotz des für Hopfen typischen Preisroulettes werden Dreschmaschinen angeschafft und Lohnunternehmen gegründet. Die Schattenseite dieser Monokultur bildet das Fehlen alternativer Produktivititätssteigerungen im Zeitraum 1860 bis 90, d.h. es bildete sich im übrigen Agrarsystem eine Strukturschwäche und Rückständigkeit aus. Dann kam um die Jahrhundertwende die nachgeholte Mechanisierungswelle um so stärker zum Zuge. Sie ging einher mit Gebäudemodernisierung und der Einstellung familienfremder Arbeitskräfte in die größeren Landwirtschaftsbetriebe. Auf diese Weise konnten die Landwirte ihren Status kontinuierlich bis weit in das 20. Jahrhundert hinein sichern (S. 148)!

Das Gegenbild: Auszug und Heimkehr vom Wanderarbeiter zum Industriependler (Kapitel 9, S. 149ff.): Im unterbäuerlichen Souterrain ging dieser Agraraufschwung in den Jahrzehnten nach der großen Krise um 1850 an der Mehrheit der Bevölkerung vorbei. Die konjunkturellen Wechsellagen konnten als Pendeln zwischen lokaler agrarischer Selbstversorgung und externer Verdienstchance als Tagelöhner, Bauhandwerker und dergleichen aufgefaßt werden. Noch immer blieb die kommunale Armenhilfe bestimmend; gewisse Anstöße kamen durch den Eisenbahnbau vor Ort und die Reichsgründung 1871 mit der Freigabe der Heirats- und Familiengründung. Die Wanderungsbilanz von 1850 bis 1899 wird dargestellt. Es zeigt sich eine Parallelität von Krise und Ortsbindung einerseits sowie Prosperität und Wanderung andererseits. Um etwa 1900 tritt die Region in das Industriezeitalter ein, indem Textil-, Metall-, Maschinen- und Uhrenindustrien in Rottenburg und Tübingen gegründet werden, zugleich aber ein Rückgang und Strukturwandel im Bauhandwerk eintritt. Auf der anderen Seite macht sich die Gründung der Sozialversicherung bemerkbar. Vor dem ersten Weltkrieg ist damit Kiebingen rein berufsstatistisch zu einer Arbeiterwohngemeinde geworden, doch behält das Dorf den wirtschaftlich-kulturellen Doppelcharakter der Lebenswelt mit der Nebenerwerbslandwirtschaft bei. Die bäuerlich-handwerkliche Oberschicht behauptete ihre lokale Führungsposition souverän in ökonomischer und sozialer Hinsicht, doch auch im dörflichen Öffentlichkeits- und Machtsystem, d.h. in der Gemeindevertretung.

Die Identitätskonflikte und das Krisentableau mit den Wirtschafts- und Sozialkonjunkturen der Weimarer Republik (Kapitel 10, S. 177) spiegeln sich lokal, d.h. in der Arbeitslosigkeit und Unterstützung, wobei der Agrarsektor erneut als dörfliche Überlebensgrundlage der Selbstversorgung erhalten bleibt. Die eigentliche Hypothek der 20er und 30er Jahre resultiert aus dem Anspruch der Oberschicht auf Kontrolle und Besitzstandswahrung; das trifft zunehmend auf Widerstand: Zugezogene nehmen Sprecherrollen für unterprivilegierte dörfliche Gruppen wahr. Die Ausweg- und Perspektivlosigkeit insbesondere der Kinder und Jugendlichen der Unterschicht macht sich bemerkbar, da außerdem kein Freizeitangebot vor Ort vorliegt. Es werden Versuche unternommen, schon vor dem Dritten Reich freiwillige Arbeitsdienste zur dörflichen Integration der nachwachsenden Generation aufzubauen, die später zu Gewöhnungseffekten und zur Entartung im Dritten Reich führen und die dann eintretende dirigistische Variante von Notstandsarbeiten u.ä. vorbereiten.
Das "bäuerliche Rollenselbstverständnis" als Sachwalter des dörflichen Allgemeininteresses betrifft insbesondere die Verfügungsgewalt über die gemeinsamen materiellen Ressourcen und wirkt restriktiv auf die Chancen und Bedingungen der Angehörigen dörflicher Unterschichten. Die Mehrheit der Kiebinger Lohnarbeiter lebte noch

immer in jenem Zwischenstatus arbeiterbäuerlicher Existenz, den der Erfahrungshorizont des dörflichen Kontextes prägte; bäuerliche Verhaltensmuster überwogen. Diese arbeiterbäuerliche Identität im Rollenverständnis und in der Selbstwahrnehmung, das noch heute weitgehend Gültigkeit besitzt (vgl. Rolf G. *Heinze* 1979), prägt ein nachdrücklicher Bezug auf das Dorf, die Agrarproduktion und die Familie (a.a.O., S. 201f.).

Kapitel 11, S. 205: Moderne Dorfgesellschaft? Schichten - Berufe - Mobilität schließt an die Analyse von Kapitel 7 an. Dieser Vergleich des Kaiserreiches mit der Weimarer Zeit und der vor-industriellen Sozialstruktur ist natürlich nicht unproblematisch. Doch erstens ist die Gravitationsachse Landwirtschaft/Handwerk/ unterbäuerliche Dualwirtschaft geblieben, zweitens besteht Dominanz der Kleinparzellenbesitzer, drittens gibt es keine Binnendifferenzierung der Arbeiter. Es gilt die alte Schichtproportion von etwa 6 : 3 : 1 mit dem Überwiegen von Arbeiterbauern. Es werden erneut die Hausbauaktivitäten, die Zahl der Familiengründungen und die Berufsangaben untersucht; neu treten Eisenbahner und Fabrikarbeiter ins Bild. Wiederum werden das intergenerationelle berufliche Abstrom- und Zustromverhalten statistisch nachgewiesen ebenso wie die Berufsgruppenzugehörigkeit für den gesamten Zeitraum 1823 bis 1931 der Väter bzw. Söhne. Der Proletarisierungstrend im Richtungsverlauf der sozialen Ungleichheit und im Schichtenprofil wird nachgewiesen. Es verbleibt die alte bäuerliche Handschrift; im Rückblick kann man von "goldenen" stabilen Jahren vor dem ersten Weltkrieg sprechen.

In Kapitel 12 (S. 232) werden die dörflichen Erfahrungshorizonte des Nationalsozialismus mitgeteilt. Hier fragt der Resenzent: Kann man überhaupt das Bild emanzipatorischer Gesellschaftspraxis als Maßstab für das Dorf anlegen? Der Autor rät zur Vorsicht mit "faschistoiden" etc. Prädispositionen. Er äußert Probleme mit den schwierigen Bewertungsfragen, die sich in diesem Zusammenhang aufdrängen. Zumindest im Agrarbereich ist das "zurück zur Scholle" weitgehend symbolisch und deklamatorisch geblieben. Es kommt lediglich zu einer ideologischen Aufwertung an sich verbreiteter dörflicher Reaktionsweisen. Außerdem zeigen die Kiebinger

Zentrumstraditionen eine gewisse Wirkung. Im dörflichen Innenleben zeigt sich, daß NS-Parteigenossen überwiegend unter Zugezogenen zu finden sind.

Kapitel 13 (S. 260ff.) befaßt sich mit Dorföffentlichkeit / soziale Profile dörflicher Politik. Der Autor verwendet hier äußerst strenge Maßstäbe, um etwa die Resistenz der Konfession und des Dorfes gegen die totalitäre Gleichschaltung zu belegen, z.B. den "tatsächlich basisdemokratische(r) Öffentlichkeitsstrukturen" (S. 270). Dieser Maßstab ist post festum und selbst nach 1968 - trotz weit verbreiteter Kritik gegen „entartete" Parteiendemokratien - vermutlich nur in den jüngeren Alterskohorten der Bevölkerung konsensfähig. Ähnliche Vorbehalte gelten für die Auslassungen des Autors über das bloß "formale" Kriterium des Wahlverhaltens als Prüfstein (vgl. 273, 269). Bei der dargelegten Alternative: Grundlegende Systemveränderung versus immanente systemische Partizipationsmöglichkeit könnte man einwenden: ist das dann noch dörfliche "Außenabgrenzung" und Selbstbehauptung? Möglichkeiten zur Kontrolle und die Bildung von Gegenmacht würden in diesem Falle durchaus ausreichen.

Lokale Politik betrifft Wahlverhalten, organisierte Parteipolitik und öffentliche Parteinahme, also den dörflichen Erfahrungshorizont. Vom Ende des 19. Jahrhunderts bis 1932 bestanden recht stabile Drei-Viertel-Mehrheiten der Zentrumswähler, während die kleine Gruppe der Linkswähler die neuen, fremden Elemente im dörflichen Sozialspektrum als artikulierte Protestgeste vertraten. Dieses fugenlose politische Verbundsystem reduzierte somit den Wahlvorgang auf eine (S. 265) bekenntnishafte Wahlpflicht, die mit einem parteipolitischen Öffentlichkeitsmonopol des Zentrums verbunden war. Die Reserviertheit der meisten Kiebinger gegenüber dem Nationalsozialismus scheint ohnehin mehr ein Symptom politischer Indifferenz zu sein und erreichte kaum die politische Qualität einer entschieden antifaschistischen Haltung (R.S.: wieder eine eher unhistorische Formulierung)! Auf der zweiten, der eigentlich konstitutiven Ebene dörflicher Öffentlichkeit, nämlich derjenigen politischer Gemeindevertretung und der kommunalen Selbstverwaltung, erwies sich Dorfpolitik ebenfalls als resistent einerseits, doch wenig antifaschistisch andererseits.

Dorfpolitik wird vielmehr in den "fragmentierten Kommunikations-, Beziehungs- und Abhängigkeitsstrukturen des dörflichen Alltags gemacht" (S. 271), denen der institutionelle Rahmen der Ämter und Mandate nur nachträgliche Legitimität verleiht, indem

er private Macht als öffentliches Recht (Steuerzahler) sanktioniert. "Man kann diese negative Charakterisierung dörflicher Demokratietraditionen tatsächlich so pauschal und absolut stehen lassen!"
"In freier Wahl - und auch diese Formulierung wäre natürlich mit Blick auf die dörfliche Wahltradition eigentlich unzulässig - gelingt also keinem Unterschichtsvertreter der Zugang in dieses Gremium" (S. 273; vgl. auch S. 276). Unbeeindruckt von allen ökonomisch-sozialen Wandlungsvorgängen im gesamtgesellschaftlichen Raum verblieb also - bis etwa 1930 - die Realität eines dichten innerdörflichen Abhängigkeitsgeflechts und der Eigengesetzlichkeit dörflicher Öffentlichkeit, während Wahlfreiheit nur eine theoretische Möglichkeit war. Den Grund hierfür bilden die durch die gemeinsame Verteidigung des Produktionsmittelbesitzes über Generationen zusammengehaltenen Familien und Verwandtschaftsverbände. Erst in den Weimarer Jahren kommt diese starre kommunalpolitische Szene ebenso wie die soziale Isolation des Dorfes zunehmend in Bewegung. Der Nationalsozialismus gerinnt im Laufe der Zeit zu einem Akt der politischen Entmündigung und Fremdbestimmung auf dieser zweiten Ebene (S. 281), trotz fehlender Legitimationsgrundlage und trotz geringer sozialer Kompetenz seiner Einzelmitglieder. Man mag bezweifeln, ob es überwiegend dörfliche Tugenden sind, über die der Nationalsozialismus Eingang erhielt, tatsächlich spiegelte der Integrationsprozeß sich weitgehend in der örtlichen Vereinsszene wider, greift also auf das herkömmliche Muster der Verwandtschaftspolitik zurück (S. 284f).

Ohne an dieser Stelle auf die in Umfang und Qualität gleichwertige und vor allem demographisch angelegte Studie von Carola *Lipp*[7] einzugehen, die sogar Zeithorizonte von etwa 1700 - teilweise seit 1581 - bis ungefähr 1930 aufspannt, dürfte deutlich geworden sein, daß eine sozialwissenschaftlich und ortsgeschichtlich gründlich inspirierte Volkskunde außergewöhnliche Leistungen zu vollbringen vermag. Sie hält dem Vergleich mit dem Reflexionsgrad und der Methodenwahl zeitgenössischer Kultursoziologie durchaus Stand (vgl. u.a. *Rohe; W. Lipp*). Offen bleibt lediglich, ob und inwieweit die aufgezeigten Prägungen in der Ortsbevölkerung von heute weiterwirken.

---

[7] Unter dem Titel: Dörfliche Formen generativer und sozialer Reproduktion. a.a.O., S. 287-609.

7. Heide *Inhetveen* und Margret *Blasche*, Frauen in der kleinbäuerlichen Landwirtschaft. Opladen 1983

Der in der "traditionellen Agrarsoziologie" verbreiteten Perspektive der nicht hinterfragten Modernisierung, die den Fortschritt am Maßstab stadtzentrierter, industriekapitalistischer Entwicklung mißt und daraus Forderungen nach Anpassung der herkömmlichen Lebens- und Arbeitsverhältnisse in der Landwirtschaft ableitet, dieser spektakulären Außenansicht, stellen die Verfasserinnen einleitend den Blickwinkel der Verlierer und Lastenträger des Strukturwandels gegenüber (a.a.O., S. 9). Sie bewegte vielmehr die Frage, wie die ländlichen Kleinproduzenten, die gerade die Schattenseiten der Veränderung an Leib und Seele erlebten, den Gang der Dinge einschätzen, welche Wünsche sie damit verbanden, welche Opfer sie bringen mußten und welche Kräfte sie demnach immer wieder zum Mithalten bewegten? Wie kann der einzelne Hof dem Akkumulationsdruck und dem Modernisierungszwang standhalten, wenn mit der wirtschaftlichen Depravierung zugleich das soziale Ansehen der Kleinlandwirte sich verringert? (Kapitel 1: Die Kleinbäuerin und ihr Hof, S. 20ff.).

Kapitel II - Bäuerin und Ökonomie (S. 55ff.) - wendet sich der Subsistenz und der häuslichen Reproduktion auf der einen, dem Ware-Geld-Zyklus der Marktproduktion auf der anderen Seite zu. In der Mehrzahl der Fälle erlangten die Frauen finanzielle Mitsprache und Handlungsspielraum auf dem Hofe. Bei der Untersuchung der Vorstellungen und Verhaltensweisen der handelnden Menschen "liegt es nahe, nach den Orientierungen und Normen zu fragen, die das ökonomische und soziale Handeln der bäuerlichen Produzenten heute leiten" (S.57). Hier werden in der üblichen agrarsoziologischen Fachliteratur zwei gegensätzliche Positionen vertreten, die *Inhetveen/Blasche* wie folgt kennzeichnen:
- zum einen die Auffassung der Übernahme industrieller Normen und der Anpassung an städtische Familienformen, wenngleich mit einer gewissen Phasenverschiebung,
- zum anderen die These von der Bauernfamilie als einer eigenständigen Vergemeinschaftungsform im Hinblick auf ihre ökonomischen Funktionen.

Die Verfasserinnen bevorzugen die Sichtweise einer ambivalenten Orientierung des landwirtschaftlichen Kleinproduzenten als widersprüchliche Realität zwischen den Anforderungen von Tradition und Marktwirtschaft, von Momenten bäuerlichen Wirtschaftens zwischen "Rückständigkeit" und "Eigenständigkeit" (a.a.O., S. 58 und 231f.). Radikale Veränderungen der Verhaltensweisen und Einstellungen sind genauso anzutreffen wie ein fester Kern traditioneller Grundhaltungen, um den Belastungen des Alltags standzuhalten.

Im Methodenanhang wird dargelegt, wie die qualitativen Auswertungen der Intensivinterviews in den Vordergrund rückten und der "Reiz des Urmaterials" biographisch-teilnehmender Beobachtung dazu führte, Äußerungen der Befragten möglichst wörtlich zu verwenden als Beleg dafür, wie die Bäuerinnen die Realität selbst sehen. Bei der Wiedergabe der Zitate wurde ein Mittelweg zwischen Lesbarkeit und Originalität des fränkischen Dialekts eingeschlagen.

Kapitel III (a.a.O., S. 98ff.) geht dem Verlauf des Produktivkraftwandels aus der Sicht der Bäuerin nach. Wird die Industrialisierung als "das notgedrungene Neue", eher als Wunsch oder als Zwang angesehen? Die dominierende Bedeutung des Maschinenwesens "macht den Menschen zur Maschine" und enteignet das tradierte bäuerliche Regelwissen als altmodisch und abergläubisch. Die hergebrachten Rhythmen und Produktionskreisläufe geraten in Gegensatz zum naturwissenschaftlichen Denken und zum industriellen Arbeitstakt. Die Tiermedizin wird eher als Destruktiv- denn als wissenschaftliche Produktivkraft erfahren, der technische Fortschritt durchaus kritisch gesehen.

Die Analyse der Tätigkeiten der Kleinbäuerin (Kapitel IV, S. 152ff.) trennt zwischen der Arbeit im Stall, der Arbeit auf dem Feld und der Haus- und Kinderarbeit. Dabei stehen weniger Fragen der Quantifizierung als vielmehr qualitativ-strukturelle Merkmale im Vordergrund. So enthält "Anhänglichkeit" an das Vieh emotionale Bestandteile der Arbeitsfreude. Demgegenüber wird die erholsame und abwechslungsreiche Feldarbeit eher pragmatisch angegangen, während Hausarbeit als Frauen- und Nebensache abgetan wird. Die räumliche Trennung zwischen Haus und Stall könnte

- bei konsequenter Ausbildung - die Arbeits- und Lebenssphäre voneinander trennen.

In der alltäglichen Praxis vollbringen die Kleinbäuerinnen eine beträchtliche Syntheseleistung, aber auch plötzliche Perspektivenwechsel zwischen den verschiedenen Tätigkeitsbereichen. Jeweils 40% der Befragten sehen sich als normal bzw. ständig stark belastet, die restlichen 20 % als extrem be- und überlastet. Beim Vergleich der Bedingungen mit anderen Berufsgruppen wird allerdings durchgehend geäußert: "Fabrikarbeit? Das wäre das Letzte!" An der "Untersuchung der Lebensverhältnisse in kleinbäuerlichen Dörfern" durch die Forschungsgesellschaft wird gerügt, daß die Nachfolgestudie von 1972 die Binnenstruktur der Familie nicht annähernd so genau herausgearbeitet habe wie 1952 (a.a.O., S. 162, Fußnote 177).

Im Schlußkapitel (S. 231-251) werden Arbeit, Besitz und Familie als die lebensgeschichtlichen Bestimmungsgrößen hervorgehoben. Landwirtschaftliche Produktionsverhältnisse und biographisch verfestigte Verhaltensweisen, Normen und Orientierungen schaffen hierfür den Rahmen, um zu verstehen, warum Handlungs- und Einstellungsmuster oft so zählebig und resistent überdauern. Dieser Rahmen wird ausgefüllt von der Doppelnatur des Bauern als Besitzer und Nutzer seiner Produktionsmittel. Auf der anderen Seite freiwillige oder erzwungene Einarbeitung von Kindheit an, Hofesidentifikation, sie alle bilden ein Motivbündel aus dem Druck der Verhältnisse, aus Eigeninteresse und aus Schicksalhaftigkeit: Wunsch der Eltern, Mangel an Alternativen, Situation der Nachkriegszeit, Arbeitsfreude.

Das Buch von *Inhetveen/Blasche* bezieht manche Anregungen aus einer lesenswerten Studie "Einstellung zur Landarbeit", die Julius O. *Müller* verfaßt hat, der damals durchaus auf den Spuren der "kritischen Theorie" der Frankfurter Schule gewandelt ist; die Analyse in vier Landbaugebieten der alten Bundesrepublik ist 1964 veröffentlicht worden. Die damals nicht thematisierte Kontroverse zwischen "Quantifizierung versus qualitativer Forschungsansatz" geht auf das gleiche Jahr zurück, als van *Deenen/ Mrohs/Tiede/Vilmar* in der gleichen Schriftenreihe die Ergebnisse ihrer Arbeitstagebuchuntersuchungen vorlegten. Beide Forschungsansätze besitzen bis zum heutigen Tag ihren Wert, wie etwa die neuen Zeitbudgeterhebungen 1991/92 der amtlichen Statistik belegen dürften (vgl. von *Schweitzer* u.a.; *Cécora* 1993; *Blanke/Ehling*).

Manche den Vertretern der sogenannten traditionellen Agrarsoziologie vorgeworfene Einseitigkeiten - wie z.b. die Konzepte der Rückständigkeit oder Anpassung - lösen sich auf, wenn man dort im Text neben den gelegentlichen "Zahlenfriedhöfen" genauer nachliest. Nirgendwo findet sich etwa "die widersprüchliche oder ambivalente Einheit von Tradition und Moderne" ähnlich rund formuliert[8]. Allerdings dürfte die wiederholt bei *Inhetveen/Blasche* angesprochene These von der "Feminisierung der Landarbeit" (a.a.O., S. 9-11, 153, 183) bei Kleinbauern in dieser Form für die westdeutsche Landwirtschaft insgesamt unzutreffend sein (vgl. van *Deenen/ Knirim; Mrohs* 1981, S. 47ff.); sie kann nicht verallgemeinert werden!

8. **Erika *Haindl*, Kulturanalyse einer "historischen" Kleinstadt als Grundlage für kommunalpolitische Planungs- und Sozialaufgaben. (Europäische Hochschulschriften, Reihe 19, Band 22) Frankfurt-Bern 1983**

Anlaß und Ziel dieses umfangreichen[9] und 1979 abgeschlossenen Werkes (vgl. Vorwort und Kapitel A) bildet der langandauernde und wechselhafte Vorgang der Altstadtsanierung in Hofheim, dem Verwaltungssitz des zwischen Frankfurt am Main und Wiesbaden gelegenen Main-Taunus-Kreises. Als Erkenntnisinteresse überragt die Untersuchung der sogenannten Raumorientierung, da die historisch gewachsene, soziale und ästhetische Vielfalt des Gemeindegefüges zu individueller/kollektiver Verhaltenssicherheit im Raum führe. Angestiftet durch die ganze Misere der baulichen Gestaltung des Ballungsgebietes Rhein-Main, gilt es innerhalb der unheilen Welt Konfliktstrategien zu entwickeln, um bessere Lebensbedingungen

---

[8] Immerhin gehören "Spannungsfeld von dörflicher und industrieller Entwicklung" (*Wurzbacher/Pflaum*) sowie "Ambivalenz der Verhaltensmuster von Landwirten" (van *Deenen* 1970) durchaus zum Wortschatz empirischer agrar- und landsoziologischer Forschung!

[9] Wegen des DIN A4-Formats bedeuten die 301 Seiten Text etwa einen doppelten Umfang in Normalschrift, darunter 25 Abbildungen, 29 Zeichnungen, ferner Karten, Tabellen und Graphiken.

für unterprivilegierte Minderheiten zu schaffen. Die soziale Aufgabe der Stadtgestaltung wird dadurch erschwert, daß Bauherren wie Architekten zunehmend zu juristischen Personen geworden sind. Durch Teilnahme an den Entscheidungsbefugnissen in kommunalpolitischen Gremien engagierte sich die (einheimische) Autorin in der lokalen Kulturszene und bewegte sich in Bürgerinitiativen zum Schutze der Altstadt seit etwa 1968.

Nach dem zweiten Weltkrieg erlebte die Erforschung der kleinen Gemeinden unter amerikanischem Einfluß - Gemeinde als Graswurzel der Demokratie - zunächst einen Aufschwung (Kapitel B). Diese Ansätze gerieten zeitweise in Vergessenheit, doch rückte die Daseinsform der kleinen und mittleren Städte erneut ins Blickfeld, als die Großstadtflucht katastrophale Ausmaße annahm. Dieser Teil der gebauten Umwelt bildet zusammen mit der Darstellung der umgebenden Landschaft ein gemeinsames Ökosystem (Kapitel C).

Das Kapitel über die Unverwechselbarkeit der Stadterscheinung (D; S. 28ff.) liefert die Darstellung einiger charakteristischer Merkmale der Stadt Hofheim. Im Anschluß an Kevin *Lynch* 1960 (für die amerikanische Großstadt) - und Wilhelm *Landzettel* - werden Stadtgestalt und Ortsbilder vermittelt. Derartige Gesichtspunkte des Stadtgrundrisses, der Lage und Bebauung der Straßen, der Straßenräume und Plätze, städtebaulicher Dominanten, der Einbindung der Altstadt in das Gesamtgefüge der Innenstadt - Siedlungsfläche um 1800, 1904 ..., 1976 - und der Lage im Landschaftsraum sind für die Erlebnisqualität und Alltagswelt des Bewohners bedeutsam. Mit Hilfe von Zeichnungen werden die raumgestaltenden Elemente deutlich hervorgehoben: Wege, Knoten, Plätze und ihre Raumfolgen. Nach dem Eindruck des ortsfremden Rezensenten wird hiermit sogar ein gewisser "Ersatz" von Teilaspekten für die nicht explizit einbezogene symbolische Raumorientierung angeboten (hierzu vgl. Kapitel H unten). Die nachfolgenden Kapitel E bis G (S. 83-124) sind der Stadtgeschichte - von der Vor- und Römerzeit über das Mittelalter hin bis zum 19./20. Jahrhundert -, der demographischen Entwicklung - Altstadt, Hofheim insgesamt, Umlandverband Frankfurt - und den institutionalisierten Dienstleistungen - soziale Versorgung, Behörden, Bildung, Medizin, Verkehr - gewidmet.

Das Hauptkapitel H schildert Hofheim als Satisfaktionsraum für seine Bewohner. Als Rahmenbedingung ist der Lebensstil der Wohlstandsgesellschaft anzusehen. Die Verhaltensweisen der Verschwendungsgesellschaft und jahrzehntelanges Vorherrschen der Wachstumsideologie ließen die an den Raum gerichteten Alltagsbedürfnisse, die die Sicht der Betroffenen widerspiegeln, weithin außer Acht. Hierfür gilt es Bewertungskriterien zu erarbeiten. Die Bevölkerungsstrukturen der Altstädte sind jedoch krank: u.a. die sozialen Phänomene der Segregation, Gettoisierung, Gentrifikation. Die Umstrukturierung der Hofheimer Innenstadt vollzog sich in vier Phasen (a.a.O., S. 126-129):

- Aufgabe traditioneller Nutzungen,
- Sanierungsplanung als Ensemble-Erhaltung = Einzug anderer Sozialschichten,
- Steigerung der ökonomisch verwertbaren Anmutungsqualität der Innenstadt und
- Aufwertung des Wohnwertes für den Rest der Altstadtbevölkerung.

Anschließend wird die sozial relevante Raumorientierung anhand der Bewertungskriterien von Erik *Cohen* 1976 untersucht. Die Sicht der Betroffenen kommt in zahlreichen wörtlichen Statements aufgrund qualifizierter Interviews zur Sprache. *Cohen* unterscheidet drei Bedürfniskategorien des Raumorientierungsmodells: (1.) Instrumentelle Raumorientierung enthält Ressourcennutzung, materielle Existenzsicherung nach Wirtschaftssektoren und kommunalen Dienstleistungen, Sozialeinrichtungen und Geschäften. (2.) Strategisch-politische oder kontrollierende Raumorientierung fragt: Wer kontrolliert öffentliche und private Räume, wer übt formelle und informelle Kontrolle aus; wer nimmt Einfluß auf politische Entscheidungen? Als dritte Kategorie nennt *Cohen* lediglich die sogenannte sentimentale Raumorientierung. *Greverus* verfeinert und unterscheidet zusätzlich nach soziokultureller Orientierung einerseits, symbolischer Orientierung andererseits. (3.) Soziokulturelle Raumorientierung fragt nach den Benutzern, nach der kulturanthropologischen Definition von Kultur und Prestigewerten. (4.) Die symbolische Raumorientierung betreibt Diffusionsforschung: Lokale Einheiten, soziale Interaktionen, gemeindliche Bindungen, die Analyse von städtischen Ortsbildern und unverwechselbaren Stadterscheinungen. *Haindl* klammert die vierte Dimension, nämlich die symbolische Orientierung als die am schwierigsten zu erfassende aus der nachfolgenden empirischen Analyse aus.

1. Instrumentelle Raumorientierung (S. 129f.): Der Abschnitt befaßt sich detailliert mit Wasser, Verkehr, Produktion und Verarbeitung in der ehemals stadtbildprägenden Ackerbürgerstadt; Pendler und Steuerleistungen, Einzelhandel/Handwerk/ Dienstleistungen werden untersucht. Drei Kategorien von neueren Ansiedlungsinteressenten werden unterschieden: utopische Idealisten, idealistische Realisten, Materialisten (a.a.O., S. 175).

2. Die Analyse der strategisch-politischen oder kontrollierenden Raumorientierung (S. 187ff.) beschränkt sich auf die Zusammenhänge der <u>Stadtsanierung</u>: Zusammensetzung des Hofheimer Stadtparlamentes, Metamorphose einer Innenstadtkonzeption in der Vorbereitungszeit. Unter Strukturwandel wurde im Städtebauförderungsgesetz die weitgehend hemmungslose Anpassung an sozial widrige Verhältnisse verstanden. Der Bauträger (Nassauische Heimstätte) sowie Bürgerinitiativen und dergleichen werden vorgestellt. Anliegen des Denkmalschutzes als Partizipationsmodell der Innenstadt mit freiem Architektenwettbewerb als städtebaulichem Ideenwettbewerb wurden erfolgreich durchgesetzt (a.a.O., S. 209):

> "Es war der Versuch, durch aktive Aneignung einer historisch geprägten Umwelt einen adäquaten Raum für eine Alltagswelt zu finden, die durch die Möglichkeit der Betroffenen zur Identität mit ihrem alltäglichen Handeln bestimmt ist. Die wieder zu aktivierenden Anmutungsqualitäten des Ambientes versprachen eine Intensivierung privater und beruflicher Kreativität".

Die Kräfte von sogenannten "Abrißkoalitionen" für den Bau eines neuen Einkaufszentrums und weitere Tiefgaragenprojekte trafen bei der Aufstellung der Bebauungspläne auf den Widerstand der Altstadtkommission, die sich der Mithilfe und Ideen eines Planungsbüros für eine erhaltende Altstadtsanierung versicherte (a.a.O., S. 213).

> "Die Entscheidung zur autoarmen oder autofreien Stadt hat jedoch nicht den Vorteil, als Sachentscheidung gefällt zu werden, da es eine politische Entscheidung sein müßte, weil zuviele Interessen mit vitalem Durchsetzungsvermögen davon betroffen sind".

Zusammenfassend heißt es weiter (a.a.O., S. 216):
> "Die projektierte Zerstörung der Geschichtlichkeit der Stadt führte im politisch-strategischen Bereich zur Bildung einer Initiative, die sich ausschließlich aus

Bürgern zusammensetzte, die weder im produktiven noch im reproduktiven Zusammenhang von den projektierten Stadtveränderungsmaßnahmen betroffen waren und die politisch in unterschiedlichen Richtungen orientiert sind; die "Bürgervereinigung Hofheimer Altstadt e.V." entspricht dem von Reimer *Gronemeyer* charakterisierten "altruistischen" Typus mit einer Motivation aus "sozialem Gewissen"."

Die Herkunft des Engagements beim Kern der Gruppe aus den Ideen des Umfeldes der 1968/69er Studentenbewegung und ihren Argumentationsmustern wird nicht verleugnet: ökonomisch-kapitalistische Interessen, kulturelle Revolution, legitime Advokatenplanung etc.

3. Die sozio-kulturelle Raumorientierung (a.a.O., S. 217ff.) stellt die Vereine als Medien der lokalen Interaktionsstruktur dar. Sie erfüllen für die Mitglieder das Bedürfnis nach Identifikation mit dem Lebensraum; in Nachbarschaften - baulich: um Innenhöfe herum - werde intersubjektive Vertrautheit erfahren. Die spezifischen Anmutungsqualitäten der Altstadt, die dortigen Nutzungen und Prestigewerte werden herausgestellt, aber auch kritisch auf die Eigenschaften als Schmelztiegel, als Identifikationsobjekt sowie im Hinblick auf ideologische Gehalte überprüft.

Der abschließende Rückblick auf die historische Kleinstadt als "Ort für Alltagsleben in einer identifizierbaren Umwelt" (S. 241ff.) rekapituliert den Ausbau Hofheims zur Wohnstadt, als schon in den 50er und 60er Jahren die Entscheidung gegen die Industrialisierung fiel. Die spätere erhaltungsorientierte Stadtsanierungsplanung setzte sich aufgrund erfolgreicher lokaler Proteste durch, um die sozialräumliche Segregation aufzuheben oder aufzuhalten. Das setzte die Rückdrängung von Standort- und Grundrenteninteressen voraus. *Haindl* plädiert für interdisziplinäre Zusammenarbeit bei der Analyse räumlicher Strukturen, von Landschaft und Stadtgestalt. Soziale Phänomene können eben nicht ohne Berücksichtigung materieller Aspekte zutreffend beurteilt werden. Den materiellen Aspekten tragen Soziologen gelegentlich ebenfalls Rechnung (u.a. *Treinen; Linde; Böltken*). Anderswo finden sich die in der Studie eher implizit verwendeten Begriffe "Identität" (*Bassand; Meulemann*) oder "Heimat" (o.V., Sammelband, hrsg. von der Bundeszentrale für Politische Bildung) oder Region (*Schilling/Ploch*) näher erläutert. Die Verfasserin selbst widmete übrigens weitere einschlägige Studien durchaus dörflichen Siedlungskernen und Lebensbedingungen (vgl. *Haindl/Landzettel; Haindl* 1995).

9. Edmund *Ballhaus*, Dorfentwicklung im Spiegel der Fotografie und im Bewußtsein der Bewohner am Beispiel Echte. Wiesbaden-Berlin 1985

Das ungewöhnliche äußere Format der Arbeit fällt zunächst auf: bei 205 Seiten Text und Fotos entfallen 164 Seiten auf 329 Abbildungen. Es bleiben 40 Seiten Umfang für Text, der aber ist so dicht geschrieben, daß er etwa 80 Seiten entspricht.

Die Kapitel 1-5 (S. 7-24) befassen sich mit Wissenschaftsethik, dem dörflichen Wandel und der Darstellung der Zielsetzung sowie der Kritik am Beispiel der Feldforschung über Kiebingen und der Profilierung des eigenen Anliegens. Im Mittelpunkt steht das Medium Fotografie, welche die Entwicklung eines Dorfes in diesem Jahrhundert aufzeigen soll, um zu verdeutlichen, wie sehr wirtschaftliche und soziale Bedingungen das veränderte äußere Erscheinungsbild einer Gemeinde prägen, vor allem nach dem letzten Krieg, und ergänzt um die Erzählungen der Dorfbewohner gleich "Geschichte von unten" aus dem Blickwinkel der Betroffenen. Es geht um die authentische Wiedergabe und den Vergleich eines historischen Zustandes mit dem Ort Kalefeld 7 heute sowie ein kritisches Hinterfragen der "Dorferneuerung". Als glaubhaften Zeugen der wahrgenommenen Außenwelt handelt es sich nicht um "Echte in alten Fotografien", sondern um den Versuch einer realitätsnahen Darstellung des dörflichen Alltags mithilfe der Bewohner.

Der Autor erhebt Vorwürfe des Zynismus gegen die Verfasser der Kiebingen-Studie (a.a.O., S. 9-18, S. 142), insbesondere *Ilien* und *Jeggle*. Dort würden ahistorische und fragwürdige Kontinuitäten vom heutigen Bewußtsein aus rekonstruiert; tiefenpsychologische Exkurse und Projektionen werden klischeehaft einfach als dorfspezifisch unterstellt, obwohl sie gesamtgesellschaftlich relevant sind. Entspricht das von ihnen gezeichnete Bild der Nachbarschaft und der sozialen Kontrolle überhaupt noch dem heutigen Dorfalltag - z.B. die statische Sicht des "Fluchs der bäuerlichen Welt" -? Die immer wieder betonte Gegenwelt - sei es als soziokulturelle Stagnation, sei es als idyllische Gegenwart - zur Stadt und Gesamtgesellschaft sei irreal. Hat bei einer derart tiefgreifenden Veränderung des Äußeren und Inneren, die alle Dörfer ergriffen hat, die Vergangenheit wirklich noch die von den beiden Autoren betonte Bedeutung? Die bei ihnen zu findende "These der flexiblen Resistenz" hinderte sie daran, abseits der einmal befahrenen Spuren Veränderungen zu registrieren. Urbanisierungsfaktoren werden also unterschlagen. Weitaus schwerer wiegen jedoch nach Meinung von *Ballhaus* die Vorwürfe unüberbrückbarer Distanz und die teilweise verletzende und unsolidarische Kritik an Menschen und Mitbewohnern: z.b. die dargestellte Psychopathologie im Dorf, das sogenannte Erb- und Teiltrauma der Kiebinger, der pointierte "Not- und Terrorzusammenhang".

Kapitel 5 (S. 21-24) handelt von der Methode. Subjektive, qualitative Autobiographien entstehen aus 52 Gesprächen mit Vertretern von etwa zehn sozialen Gruppen: anhand von Gesprächsleitfäden ergab sich ein Tonbandmaterial von etwa 200 Stunden Dauer. Die Dorfbewohner berichten selbst über ihre zumeist bäuerliche Vergangenheit, die sie überwiegend nicht idealisieren, sondern von der sie sich gelöst haben. Sie berichten aber auch über ihre Einstellung zu Gegenwartsfragen, was verdeutlicht, wie sehr die Dorfgestalt Ausdruck sozialökonomischer Verhältnisse ist. Geschichtliche Fakten treten zugunsten der subjektiven Erfahrung von Geschichte zurück. Die Erfahrungen wiederum schlagen sich in sehr unterschiedlicher Bewertung der sozialgeschichtlichen Zusammenhänge nieder.

Kapitel 6 (S. 25-60) handelt von der Fotografie, davon 60 Fotos. Es informiert über Medien und die faszinierende aesthetische Wirkungsmacht von Bildern: deren Verwendung als glaubwürdige Zeugen von Authentizität und/oder als „Bilder die lügen"! In Kapitel 7 (das alte Dorf und erste Vergleiche, S. 67-119) geht es im wesentlichen um: "Die Dorfbewohner erzählen" ebenso wie bei Kapitel 11: "Das Dorf im Vergleich". Lange Zeit bildeten die Bauern mit mehr als 20 Hektar die Spitze der sozialen Rangordnung, bis zum zweiten Weltkrieg; daneben (S. 65) gab es eine mittlere Schicht aus Handwerkern und "Kuhbauern", als unterste Schicht galten Tagelöhner, Arbeiter und Gesinde.

Die Kapitel 8 und 9 (S. 120 und 130) handeln von den ersten Rissen, der Öffnung des Dorfes für neue Wege. Darunter wird das Eindringen von rund 344 Bergleuten (Heiermännern) in den 30er Jahren und etwa 900 Flüchtlingen in den späten 40er Jahren berichtet. Im Kapitel 9 werden zwei exemplarische Lebensläufe über dieses Jahrhundert und das Eindringen des Automobils in die Dorfwelt abgehandelt.

Kapitel 10 (S. 139) handelt vom "Dorf im Wandel". Es zeigt zunächst, daß der Anteil der Einheimischen, also der im Dorf Gebürtigen, nur noch eine Minderheit ausmacht und stellt zum anderen in der Berufsstruktur die Jahre von 1900 bis 1920 versus 1960 bis 1980 anhand von Unterlagen des Standesamtes gegenüber: Bei den tätigen Männern zeigt sich, daß die Landwirte zur verschwindenden Minderheit geworden sind, während der Anteil der berufstätigen Frauen von praktisch Null in der Zwischenzeit auf die große Mehrheit angewachsen ist.

Außerdem wird der Wandel des Siedlungsbildes, vor allem nach 1960 dargestellt und mit einer Kritik der "Dorferneuerung von außen", nämlich aus der Stadt, verbunden, die häufig zur "Integrationspädagogik" (S. 146) verkommen sei. Hierzu ist allerdings anzumerken, daß die üblichen Vorher-Nachher-Vergleiche und -Bilder in ihrer Bewertung ausgesprochen ambivalent sind. Denn sie können als eingängige Argumente für beide Zwecke verwendet werden: sowohl als Nachweis effizienter Modernisierung, ebenso wie als Merkwert der verklärten Vergangenheit. Kapitel 11 behandelt das Dorf im Vergleich (S. 151-205).

Abschließende Stellungnahme: In Abgrenzung zur Soziologie stellt Volkskunde die individuelle Erscheinungsform - statt übergreifender Strukturen - dar: Hier entsteht angesichts der subjektiven Befürchtung von Dörfern ohne Gesicht und Geschichte ein Dorf, das seinen ländlichen Charakter sehr radikal abgestreift hat (S. 208). Dorfgemäße Architektur betrachtet das Dorf nicht als attraktive Kulisse aus verstädterter oder denkmalspflegerischer Perspektive, sondern als einen Lebensraum, in dem eine gewachsene Umwelt mit neuen Lebensformen in Einklang gebracht werden muß.

Die "fordistische" Aesthetik der Nachkriegszeit wird zunehmend von der neuerdings erstrebten "Renaissance des besonderen Ortes" abgelöst (hierzu vgl. Detlev *Ipsen*, 1988, a.a.O.), wenn aus der ungestalten Natur durch das von Menschen Geschaffene die jeweils geschichtliche Kulturlandschaft erstehen soll. Ein triviales Paradebeispiel aus den Hofberichten zur Praxis der Flurbereinigungsverfahren stellt die Darstellung ehemals begradigter und verrohrter Bachläufe dar, die neuerdings "naturbelassen", "renaturiert" ausgelegt werden. Im Medienzeitalter, in der Bilderflut, erlangt die Fotographie einen quasi-dokumentarischen Charakter. Dabei gerät häufig in Vergessenheit, daß diese unterschiedliche Auffassungen des künstlerischen Blicks zuläßt, ja geradezu fotographiegeschichtliche Epochen und individuelle Handschriften aufweist, wie z.b. anonyme "Standbilder" um die Jahrhundertwende im Vergleich zu individuell bewegten Lichtbildern um etwa 1920. Das gilt ebenfalls für abgelichtete "Sensationen vom Dorfe" (Josef *Burri*), die durch Zitate zeitgenössischer Briefe, Auszüge aus Rechnungen oder Zeitungsmeldungen noch an Glaubwürdigkeit zu gewinnen scheinen.

10. **Ingeborg *Meyer-Palmedo*, Das dörfliche Verwandtschaftssystem. Struktur und Bedeutung: eine Figurations-Analyse. Frankfurt am Main/New York 1985**

Diese Studie legt das schon bei *Haindl* behandelte Raumorientierungsmodell zugrunde, das die Wünsche und Bedürfnisse in vier Kategorien erfaßt, deren Befriedigung die Dorfbevölkerung innerhalb ihres alltäglichen Lebensraumes erwartet. Während die instrumentelle ebenso wie die strategisch-politische oder kontrollierende Raumorientierung jedenfalls im öffentlichen Umfeld an Bedeutung verloren, stieg das Gewicht der sozio-kulturellen (Kommunikation, Interaktion) sowie der symbolisch-ästhetischen Raumorientierung vornehmlich im privat-familiären Umfeld. Die Verfasserin fragt: Wie erklärt sich die Diskrepanz, eine gewisse Zwiespältigkeit zwischen der hohen Ortsidentifikation mit einem "Dorf am Rande des Geschehens" (S. 47) auf der einen Seite und den relativ geringen Befriedigungsmöglichkeiten vor Ort auf der anderen Seite? - Gibt es da Kompensationsmöglichkeiten? Diese Widersprüche im marginalen Dorf von heute sieht sie verkörpert in der Ambivalenz zwischen den Überresten der alten Lebensform des "ganzen Hauses" und dem inzwischen vorherrschenden, arbeitsteilig getrennten Dasein im industriegesellschaftlichen Nationalstaat.

Als theoretisches Konzept zieht sie desweiteren das dynamisch-prozeßhafte Gesellschaftsmodell von Norbert *Elias* heran, welches einen Figurationsstrom als Grundkonstellation menschlichen Zusammenlebens unterstellt, wo das dörfliche Beziehungsgefüge/Wandlungsmuster sich in Abhängigkeit von den höher aggregierten Gesellschaftsebenen mitsamt der diese begleitenden kooperativen und antagonistischen Konfliktlösungen verändert. Die Autorin findet die o.g. Ambivalenz als erstes Zeichen für die Besonderheit spezifisch dörflicher Konfiguration (S. 63) vor, als zweites Zeichen das schichtabhängige besondere Verwandtschaftsverhältnis.

Auf der Grundlage achtmonatiger teilnehmender Beobachtung und ausführlicher Quellen- und Archivstudien erstellt *Meyer-Palmedo* nicht weniger als 25 Hof- und Verwandtschaftspläne. Sie macht darauf aufmerksam, daß auch andere Mitteilungsformen, wie beispielsweise "unsprachliche", sinnliche Erfahrungen aus erster Hand Zugehörigkeit signalisieren können. So ist bekannt, daß verschiedene Sprachen Ausdruck ebenso verschiedener Denk- und Empfindungsweisen sind. Allein die Dialekt-"Zitate" der Dorfbevölkerung in dieser Arbeit "beschreiben in ihren Formulierungen die dörflichen Zusammenhänge so, wie ihnen das Schriftdeutsch nicht gerecht werden könnte" (S. 184). Mit Hilfe dieses Materials geht die Autorin dem sich im Dorfalltag zwischen 1800 und 1982 vollziehenden Wandel des schichtenspezifischen Abhängigkeitsgefüges des alten Dorfes nach, wo sich der soziale Aufstiegswille gezwungenermaßen an der bäuerlichen Lebensweise orientierte, sprich: am individuellen Boden- und Hausbesitz als der Kontinuitätslinie. Dieser trennte im 19. Jahrhundert vier Schichten (S. 70) - Pferdebauern, Kühbauern/Handwerker, Tagelöhner/Gruschelbauern, Ortsarme (Hirten, Schäfer, Nachtwächter u.a.) -, um die Mitte des 20. Jahrhunderts nur noch drei Schichten (S. 97: Ober-, Mittel-, Unterschicht), an denen sich die schöpferischen Aneignungsmöglichkeiten des dörflichen Lebensraumes ausrichten.

Die Bedeutung des Verwandtschaftsnetzes für die innerörtlichen Bindungen ebenso wie für die schichtabhängigen Differenzierungen stellt somit das Erbe des alten Dorfes dar, das in Konflikt mit modernen gesellschaftlichen Bedingungen gerät oder aber mit dieser "zweiten Welt" über das Verwandtschaftsgefüge lange vermittelt worden ist. Innerhalb der letzteren geht die alte Öffentlichkeit mit dem Verlust der Ämter und örtlicher Tätigkeiten verloren, wird die ehemalige gemeindliche Autonomie (Gemeindebesitz, Erbrecht) geschmälert, werden ehedem "ganzheitliche" Bindungen und Verantwortlichkeiten - für Nachbarn, Alte, Kranke, Arme - durch neue Formen staatlicher Daseinsvorsorge ersetzt. Das früher allumfassende Netz wird heute vorherrschend auf rationale Teilaspekte reduziert, was wiederum emotionale Bedürfnisse der einbezogenen Menschen unbefriedigt läßt, wie die Autorin meint. Das Verwandtschaftssystem vermittelte ehedem seinen Mitgliedern alle vier Qualitäten: Kontinuität, Öffentlichkeit, Autonomie und Ganzheitlichkeit. Die infolge heutiger Arbeits- und Sozialstrukturen eingetretenen Funktionsverluste gerade im modernen Dorf der Gegenwart zeigen sich im Wiederaufleben sogenannter "Sehnsuchts-, Mängel- oder Verlustbegriffe", wie beispielsweise Heimat, Dorf, Identität, Kommunikation (S. 179; Fußnote 6 auf S. 235).

Das auffällige Phänomen einer hohen Dorfidentifikation ist im Schrifttum häufiger beobachtet und einschlägig behandelt worden. Derartige Zusammenhänge beschreiben ebenfalls Begriffe wie symbolische Ortsbezogenheit (*Treinen*), Ortsverbundenheit (*Schmied*) und Bindungen an Wohnstandorte (W. *Marx*). Der Beitrag von *Meyer-Palmedo* ragt allerdings in der stilistischen Durcharbeitung, in der theoretischen Beleuchtung und in der empirischen Fundierung einer lokalen Netzwerkanalyse deutlich hervor. Einer dauerhaften innerdörflichen Spaltung zwischen Verwandtschaftssystem und Vereinszugehörigkeit geht Gertrud *Hüwelmeyer* nach.

11. Kurt *Wagner,* Leben auf dem Lande im Wandel der Industrialisierung. Frankfurt am Main 1986

Das Dorf Körle, unweit Kassel gelegen (20 km), nach der Gebietsreform und trotz Zusammenlegung mit drei weiteren Ortschaften die einwohnerkleinste Gemeinde

Hessens, wird hier dargestellt, und zwar unter weitem historischem Rückgriff von etwa 1780 bis 1970. 36 Fotos und Lagepläne vermitteln durchaus Gefühle von Identifizierung und Authentizität.

Zur Methode: Es handelt sich um eine Arbeit mit historischem Schwerpunkt (S. 31). Erstes Verfahren bilden 40 mündliche "offene" Interviews von durchschnittlich drei bis vier Stunden Dauer, die aufgezeichnet worden sind. Bei ihrer Auswertung handelt es sich um ein hermeneutisches Verfahren, mit der Gefahr retrospektiver Umdeutungen und Verzerrungen durch Übertragungen. Solche mündlichen Quellen ("oral history"), also qualitative Interviews, sind primär eine Form der Erzählung und bieten erst in zweiter Linie Informationen über Sachverhalte. Die Methodendiskussion auf diesem Feld ist noch nicht sehr weit fortgeschritten (S. 39).
2. Verfahren teilnehmender Beobachtung
3. Herkömmliche Auswertung archivalischer Quellen, Dokumente und Zeugnisse.
Der zeitliche Schwerpunkt der Arbeit liegt jedoch eindeutig im 20. Jahrhundert und hier besonders in der Zeit nach dem ersten Weltkrieg, was vor allem durch die methodische Vorgehensweise bedingt ist (S. 25). Anders als der analytische Ansatz der "peasant society" betont der Autor die Existenz einer stark differenzierten innerdörflichen Klassenstruktur, und steht damit der Frage und Problemstellung von Hans *Linde* am nächsten, wie er sie in seinen Schriften "Zur sozialökonomischen Struktur und soziologischen Situation des deutschen Dorfes" und die "soziale Problematik der masurischen Agrarlandschaft und die masurische Einwanderung in das Emscher-Revier" dargelegt hat (S. 24).

Das besondere Interesse des Verfassers gilt den Ursachen, der Herausbildung sowie den Formen der Bewältigung innerdörflicher Konfliktpotentiale und der Kontinuität oder Diskontinuität spezifischer Konfliktlösungsmechanismen. Die Bearbeitung der Fragestellungen erfolgt auf der Grundlage eines umfassend diachronischen Rahmens, mit dem die zentralen Bereiche und Veränderungen des dörflichen Lebens und Wirtschaftens erfaßt werden, wobei in die Analyse sowohl soziologische, sozialgeschichtliche wie volkskundliche Überlegungen eingehen.
Gegen die "Tübinger Schule" mit ihrem Konzept der "Geschichtlichkeit der Gegenwart" wird eingewandt: die dortige Historisierung greife immer noch zu kurz. Vor

allem kritisiert *Wagner* den Begriff der Ungleichzeitigkeit, der gewachsene Vorurteile über die Zurückgebliebenheit des Landes und der dörflichen Bevölkerung unnötig verstärkt. Das werde besonders deutlich in der Begrifflichkeit der teilweise pathogenen Qualität der Dörfer etc. Die in der These von der Ungleichzeitigkeit wie in den Modernisierungstheorien gleichermaßen angelegte Annahme und die daraus abgeleitete These von der Notwendigkeit der Anpassung verstelle nicht nur den Blick auf die Notwendigkeit der Erklärung bestimmter Phänomene aus sich heraus, sondern ignoriert auch die Erkenntnisse über den bisherigen Verlauf des historischen Prozesses (vgl. S. 20-22). Vielmehr bildete sich ein sich wandelnder spezifisch dörflicher "Lebensstil" heraus, der die besondere Adaption der dörflichen Wirtschafts- und Lebensweise an die der Stadt verkörpert. Es geht darum, den Wandel von einem kleinbäuerlich-handwerklich geprägten Dorf zu Beginn des 19. Jahrhunderts zur Arbeiter-Angestellten-Schlafgemeinde 1970 mit Restbeständen der früheren Merkmale nachzuzeichnen. Dieser Perspektivwechsel impliziert eine Hinwendung zur Mikroanalyse und Ereignisgeschichte kleinräumlicher Zusammenhänge und geht so vor, daß tiefgreifende Einwirkungen wie Bauernbefreiung, Gemeinheitsteilung, Verkopplung, Eisenbahnbau, Industrialisierung, Vereinsgründungen und kommunale Politisierung aufgegriffen werden.

Einen zentralen Stellenwert nimmt das Kapitel 7 - "Hast'e was, bist'e was", S. 125ff. - ein. Es geht hier um die dörfliche Klassenspezifität und inneragrarische Differenzierung in der Selbst- und Fremdwahrnehmung. *Wagner* führt eine Terminologie "dörflicher" Klassen ein, indem er zwischen Pferde-, Kuh- und Ziegenbauern unterscheidet (S. 134ff.). Diese Definition entscheidet über den Rang im dörflichen Sozialgefüge, wobei diese Gruppen sehr unterschiedlich von der Bauernbefreiung und Flurbereinigung und in ihren Interessen berührt worden sind. Der Verfasser gibt zwar den fliessenden Charakter der Grenzen zu: doch geht er etwa mit Stand von 1920 bei 10-30 Hektar LF von Pferdebauern, im Bereich von 2-10 Hektar LF von Kuhbauern aus, die zusätzlich Handwerk oder aber Arbeiter- und Angestellten-Berufe ausüben (a.a.O., S. 154). Kleiner als 2 Hektar handelt es sich um Ziegenbauern, die der Lohnarbeit nachgehen und außerdem bei Pferdebauern im Arbeitsleuteverhältnis stehen bzw. sich aus ihrer eigenen Fläche selbst versorgen können. Die zwei Dimensionen des Klassenbegriffes beziehen sich einmal auf die sozialökonomische Struktur, zum anderen auf die Ausformungen des individuellen Bewußtseins und Handelns (Haushalt, Verwandtschaft, politische Kultur).

Dieser lebensweltliche Klassenbegriff im Zusammenwirken sozialökonomischer Strukturen bestimmte die Ausformung von Verhaltensweisen und konkreten Reaktionen, ebenso wie des individuellen Bewußtseins und Handelns der Beteiligten. Er ist darüber hinaus dem geschichtlichen Wandel und geschichtlichen Widersprüchen unterworfen. Der Zwang zur "doppelten Ökonomie" (S. 101 und 110) als der Verbindung von landwirtschaftlicher Selbstversorgung und handwerklich-gewerblicher Arbeit einschließlich dörflichen Wohnens verändert trotz Zuordnung zur Arbeiterklasse Stadt und Land! Er sorgt für die Nichtausschließlichkeit der Industriearbeit. Dieses Phänomen kennzeichnet die dörflichen Klassenkonstellationen und Konfliktlösungsmechanismen, die nicht unbedingt als Klassenkampf wahrgenommen und definiert werden können. Diese ökonomischen Produktionsverhältnisse erstrecken sich aber auch auf die kulturelle Klassenherrschaft mit den ihr allgegenwärtigen Machtstrukturen in der Reproduktionssphäre (Konsum, Bildung, Religion und Freizeit).

Die Mittelstandsideologie der "Kuhbauern" sorgte für soziale Abgrenzung nach unten (S. 144), was sich in kulturellen und politischen Aktivitäten ebenso wie in der Zugehörigkeit zu deutschnationalen Vereinen und in den Heiratskreisen niederschlug. Den sozialen Abstieg erkannte man erst nach dem Zusammenbruch des Dritten Reiches. Die Anzahl der Pferdebauern von 1928 entsprach etwa derjenigen von 1825 (S. 136). Das "Arbeitsleute-Verhältnis" als Machtbeziehung zwischen Pferde- und Ziegenbauern war teilweise als Loyalitäts-Verhältnis, teilweise als patriarchalisches Ausbeutungs- und Unterwerfungs-Verhältnis zu sehen. Es änderte sich im Laufe des 19. Jahrhunderts grundsätzlich und führte in den 20er Jahren dieses Jahrhunderts zu einer sich abzeichnenden politischen Radikalisierung der Ziegenbauern nur in diesem Bereich (S. 152-154). Dieser Widerspruch und Klassenunterschied in der Dorfgemeinschaft der Weimarer Zeit ist wiederum Resultat gesamtgesellschaftlicher Entwicklung.

Der Haushalt als Arbeits- und Lebenszusammenhang (Kapitel 8, S. 157ff.): Hier blieb bis in die 50er Jahre das Dreigenerationengefüge in den Haushalten erhalten, deren

Sozialform wesentlich durch eine Reihe von Merkmalen gekennzeichnet war: Vor allem die innere Struktur wird unter zwei Aspekten untersucht: als Herrschaftszusammenhang und als Lebenszyklus der "moral economy". Dem Haushalt kam eine hohe symbolische Wertbesetzung zu. Die Auslagerung der produktiven Bereiche aus den Wohnräumen Körles hat sich vollends erst ab Mitte der 60er Jahre durchgesetzt.

Zur <u>Entwicklung der politischen Kultur</u> Körles <u>1880 bis 1933</u> (Kapitel 9, S. 245ff.) wird ausgeführt, daß pure Zahlen in Form von Wahlergebnissen wenig Aufschluß über die "wahre" politische Einstellung der Handelnden und die Verankerung einer Partei in der Bevölkerung geben können. Jedenfalls blieb die langfristige Verfügung über Grund und Boden als wichtigste Voraussetzung dörflicher Überlebensstrategien erhalten, auch wenn in der Weimarer Republik in Körle die <u>SPD</u> Mehrheitspartei war, vor allem wegen der Ziegenbauern, während die Pferdebauern DNVP wählten. Das führte zu der Trennung in "linke" Arbeitervereine und "rechte" Deutsche Sportvereine. Vereinsorganisationen, politisches Bewußtsein und Handeln sind verschiedene und keineswegs übereinstimmende Dimensionen eines Gesamtzusammenhanges (S. 305).

Die <u>Naziherrschaft 1933-45</u> (Kapitel 10, S. 323ff.) wird auf mehr als 70 Seiten abgehandelt. Die ökonomische Basis der Haushalte wurde durch das Einkommen aus der industriellen Arbeit zwar verbreitert, veränderte aber nicht grundsätzlich die Lebensweise der "doppelten Ökonomie": Zwerg- und Arbeiterbauern sind kein wirkliches Proletariat, sie leben im Dorf und in der Stadt mit "doppeltem Bewußtsein". Die allmähliche Stärkung des Selbstbewußtseins wurde in die alltägliche Politisierung und die Widersprüche übertragen, und führte zur verstärkten Identifikation mit der Rolle des Arbeiters in den 20er Jahren.

<u>1945 bis zur Gebietsreform 1972</u> (Kapitel 11, a.a.O., S. 397ff.): Nach der bewährten protestantischen Heilmethode: "Suche Vergebung deiner Sünden in harter Arbeit, Respekt vor der Autorität und privaten Schuldgefühlen" blieb das Arbeitsleben dominant. Der Einstrom von 300 Evakuierten und Vertriebenen führte in der Folge zur Vereinsgründung durch Ortsfremde, was wiederum partielles Ab- und Ausgrenzungsverhalten begünstigte. Im Mißverhältnis zwischen Selbst- und Fremdwahrneh-

mung übten die Zugezogenen im Dorf einen besonderen Druck auf den Wohnraum ebenso wie auf die landwirtschaftliche Nutzfläche (Lebensmittel) aus, was schließlich zu Ressentiments führte, die sich in der Vereinsgründung, bei der Baulandbereitstellung und bei den kommunalen Wahlerfolgen der Partei BHE niederschlugen. Die dörfliche Klassenstruktur alten Typs blieb bis in die 60er Jahre wirksam. Der Status- und Prestigeverlust der Pferdebauern zog sich bis weit in die 70er Jahre hinein fort.

Kritische Zusammenfassung: Einige wenige unscharfe und unzweckmäßige Begrifflichkeiten fallen auf: z.B. Definition Dorf (S. 28) oder die Übernahme der agrarischen versus industriellen Wirtschafts- und Lebensweise im Anschluß an *Grüner* (1977, S. 61-81) - hierzu hat sich schon von *Wilamowitz* 1985 (S. 247) entsprechend geäußert. Weitere Konzessionen an den Zeitgeist betreffen: dörflicher Lebensstil, Alltagsleben der kleinen Leute und dergleichen. Etwas ärgerlicher ist vielleicht der verfehlte Vorwurf an *Wurzbacher/Pflaum* und die diesen angeblich mangelnde historische Dimension.

In der mental nicht auf das geschichtliche Intermezzo von 12 Jahren fixierten Darstellung weist *Wagner* (a.a.O., S. 394f.) abschließend darauf hin, daß die seinerzeitige Zustimmung und Begeisterung zum NS-Regime im heutigen Umfeld "z.T. durch aufgesetzte postantifaschistische Haltungen überlagert (wird)", der noch immer "stark ausgeprägte Vorurteilsstrukturen und sich daraus ableitende Denk- und Handlungsmuster" gegenüberstehen, deren Fortbestand nicht zuletzt "das Resultat der sowohl individuellen wie gesamtgesellschaftlich weitgehend unaufgearbeiteten Erfahrungen mit dem Faschismus" in seiner Epoche ist (vgl. hierzu weiterführend *Falter* 1991 sowie *Eitner*). - In eine Fotobeschriftung schlich sich m.E. eine Verwechslung ein: (a.a.O., S. 344) statt "SA marschiert" handelt es sich wohl um die Fahne der Hitler-Jugend.

12. Beate *Brüggemann* und Rainer *Riehle*, Das Dorf. Über die Modernisierung einer Idylle. Frankfurt a.M. - New York 1986

Kapitel 1: (Um)wege beim Neuzugang zum Land - Wiederentdeckung des Landes nach seinem Verschwinden - thematisiert die Modewelle der Beschäftigung mit dem Lande, die Bauern als revolutionäres Potential untersucht, den Charme der Provinz/Heimat, das alternative Leben als illusionäre Schwärmerei vorstellt. In der "Kapitalisierung bäuerlichen Lebens" (Kapitel 2, S. 30ff.) wird die kapitalistische Eingemeindung von Land behandelt und die Frage, was das Dorf noch mit den Bauern gemein hat. Es folgt ein kurzer Überblick der Entwicklung der Landwirtschaft in den letzten 30 Jahren.

Kapitel 3 enthält - so die Verfasser - intellektuelle Ideologien, die von außen der Realität auf dem Land übergestülpt würden. In der Wissenschaft, speziell in der Agrarsoziologie verbreitete, empirisch vordergründig/oberflächlich bestätigte Vorurteile verhindern die theoretischen Fragen/Erklärungen. Es handele sich um eine begriffslose und vorurteilsgeladene Sammlung äußerlicher Fakten und deren Interpretation. Das gipfelt im Vorwurf der oberflächlichen, auf die einfache Normalität fixierten Momentaufnahme. Die vielfältig vorhandenen Widersprüche, Probleme und Krisen ebenso wie die Abstiegs- und Schrumpfungsprozesse und der Strukturwandel in 30 Jahren werden verdrängt. Es geht um das typisch deutsche Erbe, das in dem autoritär-faschistischen Schrifttum vermeintlich "bürgerlicher" Ideologie (S. 45) augenfällig wird. In der heutigen Trivialliteratur liefere der überzeitliche "ewige Bauer" (43ff.) den früheren und heutigen Vertretern wissenschaftlicher Agrarsoziologie das "politische Rüstzeug".

Die dörfliche Selbstdarstellung = Neuigkeiten des Immergleichen (Kapitel 4, S. 61ff.) basiert auf der Analyse der Lokalzeitung, der Vereinstätigkeiten und des Gemeindeblatts der "Walddörfler". Das Erfreuliche, Harmonische, Bäuerliche steht im Vordergrund, Konflikte werden gern verschwiegen (Heimatsyndrom). Dabei ist die Personifizierung der Schreiber und des Geschriebenen augenfällig. Hier kommt der identitätsstiftenden Lokalgeschichte eine große Bedeutung zu, ohne daß die dörfliche Tradition kritisch hinterfragt werde: Was wird nicht erwähnt? In den Berichten über "geselliges Leben" werden die typischen Rollenzuschreibungen erfaßbar: Hierfür sind Arbeit und Besitz sowie Familie die entscheidenden Geltungskriterien. Darüber hinaus werden Werte vermittelt jedoch nicht problematisiert und in Frage gestellt. Hier stellte sich die Aufgabe, "mittels der Lokalpresse eine erste Annäherung an das Dorf zu versuchen". Die symbolischen Formen der Lokalberichterstattung deuten auf einen besonderen Kommunikations- und Interaktionsstil hin, welche die Wahrnehmung der Bewohner von "Walddorf" in besonderer Weise ansprechen (vgl. auch Kapitel 7).

Die "Falle der Übersichtlichkeit" (Kapitel 5) enthält eine kurze (11 S.) methodische Erörterung des Alltagsbewußtseins. Im Interaktionsprozeß geht es um Nähe versus Distanz dörflicher Kommunikationsregeln. Objektive Daten, subjektive Menschen, und der historische Hintergrund bilden die Elemente der Sozialisationsforschung mit soziodemographischer, kulturanthropologischer und ethnomethodologischer Ausrichtung. Die weiteren vier Kapitel (S. 106-223) gehören zusammen: Sie beschreiben das, was "Walddorf" nach Ansicht der Verfasser im Inneren zusammenhält, und warum dies so und nicht anders geschieht. Zur Bäuerlichkeit des Dorfes wird ausgeführt: Die objektive Rollendualität von Bauern ist nicht subjektiv aufzuheben: Oberflächliche Anpassung an die Bedingungen, Maschinen und Phänomene steht im Widerspruch zum Denken, Bewußtsein und Verhalten = veränderte Umgebung bei konstanter Wahrnehmung. Zu beobachten ist die Omnipräsenz von Arbeit trotz Marginalität der Landwirte im Dorfbild und in der Sozialstruktur. Es gilt das Erfahrungsmuster der Unentrinnbarkeit und der Wiederkehr des Immergleichen. Die Problematisierung, d.h. eine Verbalisierung problematischer Situationen und die Suche nach bzw. die Diskussion von Alternativen, würde das vorherrschende Regeldenken infrage stellen: Diesem kommt eine ambivalente Schutzfunktion zu, während die dorfinterne Unfähigkeit Konflikte auszutragen (Sprachlosigkeit, Konfliktvermeidung) offensichtlich ist. "Walddorf" und seine Bauern haben sich äußerlich an die kapitalistische Industrialisierung seit 1950, an den sozialen und technischen Strukturwandel angepaßt, dieser hat aber das dörfliche Sozialsystem in seinen Formen und Inhalten nur geringfügig verändert. Die Bäuerlichkeit des Dorfes, die Denkweise im Dorf, die damit verbundenen Werthaltungen sind - aus der Sicht des Fremden - ungebrochen.

Familie plus Besitz ergibt die Macht der Vergangenheit (Kapitel 7, S. 143ff.). Unter Rückgriff teilweise bis ins 19. Jahrhundert teilweise bis Kriegsende werden die Gesindeordnung, Geschlechtsrollen, Leibgeding-Verträge, die Rollenhierarchie in der Familie untersucht, wobei die Resistenz bäuerlicher Verhaltensweisen und Denkstrukturen erneut deutlich wird (163). Die These der partnerschaftlichen Familie wird nicht unterstützt, obgleich Stadt-Land-Unterschiede nirgendwo konkret vorgeführt werden. Es wird vielmehr behauptet, daß die Erziehungsstile geschlechtsspezifisch aufgeteilt und hierarchisiert sind und einer strengen sozialen Kontrolle unterliegen. Die Einstellung zum Haus gleicht weitgehend der des Bauern zum Hof. Die beobachteten Phänomene werden oberflächlich hingenommen. Das Alltagsverständnis und -verhalten sowie die Produktionsweise bestimmen alle Lebensbereiche, vor allem die Reproduktion und Sozialisation; dagegen gibt es kaum eine Artikulation eigener Gefühle und Bedürfnisse. Konflikte und Auseinandersetzungen in den Familien werden selten ausgetragen, Überzeugungsarbeit wird kaum geleistet, so die Sicht der Außenstehenden.

Die Unbeweglichkeit der spezifisch dörflichen Sozialform wird festgestellt. Sie äußert sich in Überwachung nach innen, Abwehr nach außen = Permanenz sozialer Kontrolle (Kapitel 8, S. 179ff.). Daraus ergibt sich ein stabiles und zugleich labiles Selbstbewußtsein des Dorfes und des einzelnen, das Verhaltenssicherheit liefert. Die historisch verständlichen bäuerlichen Grunderfahrungen bilden heute noch die Prägekräfte des Zusammenlebens im Dorf:
- Geld- und Marktabhängigkeit, Fremdbestimmtheit,
- Marginalisierung, als Gefahr aus dem Agrarsektor gedrängt zu werden,
- Individualisierung und Isolierung in Arbeit und Verkehr,
- Flexibilität und .
- Verunsicherung. Von 1178 bis zum zweiten Weltkrieg brachte "Walddorf" viele Opfer. Gegen Ende des zweiten Weltkriegs "wurde das Tal - sozusagen abschließend - von Marokkanern und Franzosen durchzogen. Dann kamen die Flüchtlinge, dann folgten die Touristen" (a.a.O., S. 192).

Als "Herrschaft der Regel im dörflichen Sozialsystem" (Kapitel 9, S. 199ff.) ist der Arbeitsrhythmus geprägt durch die Ungleichzeitigkeit der materiellen Bedingungen einerseits und der Sozialformen im Mikrokosmos Walddorf andererseits. Der Determinismus schlägt sich im Speiseplan, in der Sitzordnung, dem Tagesablauf und Jahreszyklus nieder. Das Wissen um die soziale Position der Familie im Dorf stellt ein Bündel typischer Wahrnehmungs- und Erlebnisweisen des sozialen Regelwerks dar. Dazu verhilft die geographisch personbezogene Besitzverteilung und die bäuerliche (zeitlich, inhaltlich) Arbeitsorganisation. Dem zweifelhaften Harmoniebedürfnis steht der Zwang zur eindimensionalen Konvention gegenüber. Aus alledem resultiert - so das Schlußkapitel - ein affirmativ-defensives Anpassungs-Verhalten und eine deutliche Perspektivlosigkeit desselben.

Das glänzend geschriebene Buch in der Absicht, zu den Strukturbedingungen und zum Inhalt der spezifischen Sozialform "Dorf" vorzudringen, sucht den Schlüssel zum Verständnis in der historisch geprägten "Bäuerlichkeit" von Dorfbewohnern - Landwirten und sonstigen -, die Wahrnehmung, Denken und Handeln, Kommunikation und Interaktion vor allem präge:
- aller mittlerweile eingetretenen Marginalität des Anteils der Bauern,
- und der Folgen gesamtgesellschaftlicher Anpassung an die "Kapitalisierung" zum Trotz.

Dieser Befund ist allerdings mehr als strittig! Um hier nicht die inkriminierten Scholastiker selbst anzuführen, seien unparteiische Dritte gehört. Günter *Endruweit* (1990) stellt die genaue Gegenthese auf. Bei ihm heißt es aus der Sicht einer Stadtregion, "daß wir am Anfang vom Ende des traditionellen ländlichen Dorfes stehen: das Traditionelle ist nicht länger ländlich, und das Ländliche nicht länger traditionell" (a.a.O., S. 86)[10]. Vierzig Jahre früher wies bereits Ernst *Stauffer* (1954, S. 136) am Beispiel der Darmstädter Gemeindestudien darauf hin, daß die persönlichen Reaktionsweisen der Dorfbewohner den Einflüssen städtischer Kultur und Massenpropaganda durchaus zugänglich seien, „und wie sehr die Auffassung von der Unwandelbarkeit der bäuerlichen Natur einer empirischen Grundlage entbehrt"!

---

[10] Übersetzung aus dem Englischen, R.S.

Die Freude an polemischen - manchmal Schein- - Gefechten verleitet die Verfasser gelegentlich zu einer flüchtigen und sinnentstellenden Zitierweise, nur um die selbstaufgebauten Türken einer etablierten - nicht zuletzt quantitativ orientierten - Agrarsoziologie[11] zur Strecke zu bringen. Leider läßt die Darstellung der selbstgewählten Vorgehensweise teilweise zu wünschen übrig, denn über die (empirischen?) Grundlagen ebenso wie zur sogenannten "Methode selbstreflexiver Sozialforschung" bleibt der Leser weitgehend im Unklaren. Unter dem Vorwand, die Dorfbewohner vor den andernfalls einfallenden (anderen!) Sozialforschern zu schützen, geben die Verfasser beispielsweise den Namen der Untersuchungsgemeinde bewußt nicht preis[12]. Die trotz alledem äußerst anregende Studie bezieht einen Teil ihrer Motivation vermutlich aus der internalisierten Aufstandshaltung einer jüngeren Generation von Soziologen gegen ältere Vertreter der Zunft. Ähnliche Beweggründe gelten für manche der Überlegungen, die Hans *Pongratz* über die Literatur zur bäuerlichen Tradition im sozialen Wandel an verschiedenen Orten angestellt hat (vgl. derselbe, 1987, 1991). Der oft stilistisch bedingte Bedeutungsüberschuß (Redundanz) von Aussagen läßt sich nur selten eindeutig und konzis wiedergeben getreu dem Leitspruch:
"Traue keinem Zitat, das Du nicht selber aus dem Zusammenhang gerissen hast"!

13. Roland *Girtler*, Aschenlauge, Bergbauernleben im Wandel. Linz 1988

Der Verfasser widmet das Buch seinen Eltern, "die mehr als 30 Jahre die Ärzte von Spital am Phyrn waren". Aus eigenem Miterleben in der Kinderzeit will er den radikalen Wandel in Erinnerung rufen, der infolge Mobilität in das alte oberösterreichische Gebirgsdorf eingebrochen ist, wo bis etwa 1950 die bäuerliche Alltagskultur Bestand

---

[11] Deren Vertreter werden bezeichnenderweise als "Kolonisator" und "Vampire" des ländlichen Raumes verunglimpft (a.a.O., S. 56). - Solche Bezeichnungen aus dem Horrorgenre finden sich in der Dorfforschung freilich schon früher. So zitiert *Schnapper-Arndt* (1883, 3. Aufl., S. 125) einen Amtmann aus dem Jahre 1812, der sich über die Gründe der Armut in Reifenberg wie folgt ausläßt:
...."erzeugt durch undankbaren Boden, Sinken der Gewerbe; Überbevölkerung, übermäßige Feiertage, Prozeßsucht und wie alle diese Vampyre des menschlichen Geschlechts heißen" ...

[12] Telefonische Auskunft Dr. Rainer *Riehle*, Berlin, vom 09.04.1996.- Die Verfasser von „Middletown III" (*Caplow* u.a., S. 407, Fn. 1) sprechen zwar von „... a form of sociological politeness to respect its collective privacy by using a pseudonym", nennen aber doch den Namen der Gemeinde.

gehabt hat. Als Materialgrundlage verwendet er darüber hinaus Archivquellen und qualitative Methoden, insbesondere freie Interviews mit alten Bauern und Bäuerinnen, Knechten, Mägden und Waldarbeitern. Das karge Leben und der harte Alltag unter den klimatischen Bedingungen der Ostalpen ließen insbesondere in der Zwischenkriegszeit "den kleinen Mann" - Kleinhäusler, Kleinbauern, Landarbeiter, Holzknechte - die "Dornen der Armut" verspüren. Die Not bereitete - so der Autor - mit den Nährboden für den Aufstieg des „Austrofaschismus" - dieser Begriff[13] wird allerdings im Buch nicht verwandt - und des Nationalsozialismus.

In lockerer Gliederung werden die biographischen Abschnitte (Kindheit, Arbeitsleben, Alter, Tod) und Lebensbedürfnisse (Nahrung, Kleidung, Freizeit, Gesundheit, Hygiene: hierher gehört auch die "Aschenlauge") abgehandelt, wobei den "natürlichen Kreisläufen" (Tagesablauf, Arbeitsteilung, Jahreszeit; Hofübernahme) besonderes Gewicht zugemessen wird. Auch Frömmigkeit, Unterhaltung (unmäßiges Essen an Festtagen) und Magie erhalten ihren Platz. Als regionale Besonderheiten werden benannt:
- Das "Roboten": gemeinschaftliches Arbeiten und Nutzung von Gegenständen,
- das "Fädeln" der Dienstboten als Wechsel des Bauernhofes,
- die "Stör-"Arbeit von Handwerkern auf dem Lande.

Eher folkloristische Momente finden sich in den Passagen über das "Fensterln", uneheliche Kinder, Raufhändel zur Zerstreuung, Jagd und Wildschütz. Der Fremdenverkehr beginnt vor Ort erst nach 1900 mit Sommerfrischlern und Wintersportlern und dominiert das bäuerliche Leben seit den 70er Jahren (S. 288). Bis weit nach dem Kriege trug man keine Tracht im heutigen Sinne (S. 249).

Die Lektüre des *Girtler*schen Werkes entläßt den Rezensenten einigermaßen ratlos und zwiespältig, denn das bunte Potpourri und die pointillistischen Farbtupfer ergeben kein überzeugendes Gemälde über das verflossene Zeitalter alpenländischer Bergbauern, die weitgehend Selbstversorgerwirtschaft unter kumulierter Standortungunst betrieben. Die (auto-) biographisch erinnerte und nacherzählte Jugendgeschichte des Arztsohns liefert hierfür nur dürftige Anhaltspunkte. Das kommt viel-

---

[13] Vgl. oben 3.1 (*Jahoda* u.a.)!

leicht davon, wenn sich ein Sozialwissenschaftler wie ein Betroffener fühlt. Zuverlässiger über bedrängende sozialökonomische Fragen österreichischer Landwirte in der gegenwärtigen Marktwirtschaft informieren übrigens Andere (vgl. *Pevetz/Richter; Dax* u.a.).

Der ebenfalls hohe Stellenwert der Bergbauernthematik für das Nachbarland, die Schweiz, wird deutlich - Tell-Mythos -, wenn man sich vergegenwärtigt, daß der Anteil der Alpweiden am dortigen Territorium mit Stand 1975 auf ein rundes Viertel der Eidgenossenschaft veranschlagt wird. Hier trat zudem gewissermassen ein Sonderfall der Modernisierung ein, indem der Fremdenverkehr die städtische Siedlungsweise in die Berge brachte, wo lediglich einige wenige, abgelegene, Rückzugsgebiete an die verlorenen Lebenswelten erinnern (vgl. *Niederer*, S. 109, 357 und 377). In diesem Kontext legte Urs *Jaeggi* bereits 1965 eine gründliche Vergleichsstudie für vier Gemeinden im Berner Oberland vor. Etliche der damaligen Überlegungen führen heute noch weiter.

Jaeggi verwirft zahlreiche der seinerzeit in der Öffentlichkeit verbreiteten Stereotype über (Berg-) Bauern (a.a.O., S. 18-24). Er kritisiert die soziologischen Begriffe "Gemeinde" und "Nachbarschaft" als einem naiven Realismus verhaftet und legt stattdessen die juristische Definition der Verwaltungseinheit zugrunde (a.a.O., S. 34f.). Er zeichnet - in Kapitel IV: Die Lage der Dörfer - u.a. "das subjektive Bild der Untersuchungsgemeinden" (a.a.O., S. 78-101), wo eindringlich Aktivitäten, Interaktionen, Gefühle, Status, Prestige, Normen, soziale Kontrolle und Sanktionen sowie Wissen im innerdörflichen Miteinander bzw. in den Außenbeziehungen abgehandelt werden.

Das Hauptkapitel (V: Bericht über die empirische Erhebung, S. 102-248) enthält die soziographische Momentaufnahme auf der Grundlage der Auswertung eines Samples von 420 Gemeindebürgern. Arbeit, Besitzverhältnisse, Schule, Beziehungskreise, Freizeit, Religion, Politik, soziale Normen sind die gängigen Überschriften. Besonderer Wert wird auf die Gruppe der Sozialaktiven, das Bild der Zukunft und die mutmaßlichen Folgen der Veränderungen für die Betroffenen gelegt, insbesondere für die "Bergbauern im Wandel", die den treffenderen Titel des Buches abgeben würden. Wie schon frühzeitig andernorts kritisch angemerkt wurde, "ist die

Dorfsoziologie dadurch vor Schwierigkeiten gestellt, daß leicht die Bauernfrage mit der Dorffrage gleichgesetzt wird" (Fritz *Rudolph* 1955, S. 7), ein Einwand, der selbst die vorzügliche Studie *Jaeggis* trifft.

Jaeggi hegt außerdem schriftstellerische Ambitionen. In seinem Roman "Soulthorn"[14] kehrt der (geläuterte?) Held in die geliebte und gehasste Heimatstadt zurück, um unordentlich hängengebliebene Erinnerungsfetzen aus der Kindheit heimzuholen. Die autobiographischen aber auch erdichteten - fiction! - Bilder der Vergangenheit bedrängen und befreien zugleich. Der ertragreichen "Doppelstrategie" von Urs *Jaeggi* könnte man entnehmen, daß belletristische und sozialwissenschaftliche Literatur sich gegenseitig zwar nicht ausschließen, doch tunlichst nicht miteinander vermischt werden sollten (vgl. oben Cheryl *Benard*)!

14. **Susanne *Häsler*, Leben im ländlichen Raum. Wahrnehmungsgeographische Untersuchungen im südlichen Neckarraum. (Stuttgarter Geographische Studien, Bd. 108) Stuttgart 1988**

Die Betrachtung der materiell-wirtschaftlichen Raumausstattung, wie sie der amtlichen Statistik und Landesplanung eigentümlich ist, ist nur eine mögliche Perspektive - die Außensicht - zur Messung regionaler Lebensbedingungen. Erst die zusätzliche Erfassung subjektiver Raumanmutungen, welche die zwischengeschalteten mentalen Vorgänge in der individuellen und kollektiven Wahrnehmung und in den Wertvorstellungen der Bewohner - die Innenansicht - mit berücksichtigt, bringt die alltagsweltliche Qualität der Lebensräume umfassender zur Sprache. Ausgehend von ihrem Plädoyer für eine verhaltenswissenschaftlich fundierte Sozialgeographie (Kapitel 2) versucht die Verfasserin, der Eindimensionalität des Stadt-Land-Gefälles zu entkommen, die aus der einseitigen Beurteilung dörflicher Lebensbedingungen allein über Negativmerkmale herrührt, etwa: Die innerdörfliche Vielfalt an Funktionen und Institutionen ging verloren; die Zahl der Arbeitsplätze in Handwerk und Einzel-

---

[14] Ein Wortspiel (Anagramm) für den Geburtsort Solothurn (CH) aber auch die Übersetzung aus dem Englischen für "Seelenstachel".

handel schwand dahin; kommunal-politische Entscheidungen fallen anderswo; Kulturleben findet fast nur noch in Vereinen statt; Freizeit- und Versorgungsansprüche werden überwiegend außerhalb des Wohnorts befriedigt. Was prägt dann etwaige Abwanderungsentscheidungen und Wegzugserwägungen einerseits, das Beharrungsvermögen und Heimatgefühl andererseits?

Verfasserin versucht, anhand der Analyse von drei Ortschaften - Tal- bzw. Höhen- oder Gäu-Gemeinden am bzw. über dem Neckar, zwischen Horb und Rottenburg gelegen - die Übereinstimmung bzw. Abweichung ("kognitive Dissonanz") zwischen objektiven Gegebenheiten einerseits und dem Meinungsbild der Einwohner andererseits nachzuweisen, indem sie das Instrument einer standardisierten schriftlichen Befragung (mit hoher Rücklaufquote) einsetzt. Die methodische Anlage der Untersuchung richtet sich darauf (Kapitel 3 und 4), dorfspezifische Mentalitäten zwischen Tal- und Höhenorten aufzufinden, die mit deutlichen Unterschieden etwa in der jeweiligen Berufsstruktur, in der geographischen Abgeschiedenheit, aber auch im Grade des "Gemeinschaftssinns" der Bewohner einhergehen. *Häsler* stellte methodische Überlegungen zu einer Reihe von Forschungsfragen an (a.a.O., S. 36):

"Die subjektive Bewertung der ländlichen Umwelt durch die ansässige und zugewanderte Bevölkerung interessierte insbesondere im Hinblick darauf,
- in welchen Bereichen der Schwerpunkt des Gesamturteils über den ländlichen Lebensraum liegt, wie seine Vor- und Nachteile durch die Bewohner gewichtet werden,

- ob die ländliche Infrastruktur an den alltäglichen Bedürfnissen oder aber an den überdurchschnittlich gut ausgestatteten städtischen Zentren gemessen und wie die Versorgungssituation generell eingestuft wird,

- ob das dörfliche Wohnumfeld Qualitäten besitzt, die Defizite in den Bereichen Arbeit, Versorgung, Bildung und Kultur kompensieren können,

- ob die Bewohner ihre ländliche Wohnsituation eher nach ihren psychischen und sozialen Bedürfnissen beurteilen oder vor allem nach übergeordneten Wertmaßstäben von Lebensstandard, Wohlstand und Teilhabechancen an Konsum und Kultur,

- in welchem Zusammenhang Seßhaftigkeit bzw. potentielle Abwanderung mit (im-) materiellen Faktoren stehen,

- ob verschiedene Bewohnergruppen, soziale Schichten und Altersgruppen unterschiedliche Bewertungskriterien für den ländlichen Raum haben, d.h. inwieweit selektive Wahrnehmungsmechanismen individueller und sozialgruppenspezifischer Prägung festzustellen sind, und

- ob es ortsspezifische Abweichungen in der Beurteilung ländlicher Strukturen gibt und wie sie zu erklären sind."

Weil Hausbau, Hauserwerb und Hauserbe unterschiedlichen Stellenwert für den jeweiligen Entscheidungsträger besitzen, legt *Häsler* (a.a.O., S. 44f.) außerdem bei der Darstellung der Ergebnisse "den Schwerpunkt auf die Unterscheidung der Einstellungen von Gebürtigen und Zugezogenen (i.O.).

"Die wesentlichen Überlegungen dazu waren:

- Wegen des fehlenden natürlichen Bevölkerungswachstums wird die Einwohnerentwicklung und die Zukunft des ländlichen Raumes generell entscheidend von den Wanderungsbewegungen zwischen den Teilräumen des Landes abhängen. Wenn der gegenwärtige Trend zum Land anhält, werden Zuzügler aus den Verdichtungsräumen die Einwohnerstruktur der Dörfer künftig vermehrt bestimmen.

- Die unterschiedlichen Sozialisationshintergründe und Wertordnungen Seßhafter und Zugewanderter ließen auf ebensolche Unterschiede in der Wahrnehmung der ländlichen Umwelt schließen.

- Allen Zugezogenen ist gemeinsam, daß sie sich für eine der Erhebungsgemeinden als Wohnort entschieden haben. Was waren ihre Motive? Haben sich ihre Erwartungen erfüllt?

- Es wurde vermutet, daß lebensgeschichtliche Erfahrungen entscheidenden Einfluß auf die Wahrnehmungshorizonte haben. Den Gebürtigen ist die lebenslange Seßhaftigkeit am Wohnort gemeinsam. Dagegen ist jeder Ortswechsel eine Entscheidung, die eine neue Aneignung und Anpassung an Umweltstrukturen verlangt und die soziale, möglicherweise auch personale Identität des einzelnen beeinflußt.

- Ob man "von hier" oder "fremd" ist, bestimmt die Beteiligungschancen im Dorf wesentlich und auf Dauer. Hinsichtlich der Frage nach der Kommunikation, den sozialen Kontakten und der Integration schien die Gruppierung besonders relevant."

Die Darstellung der Ergebnisse selbst erschöpft sich keineswegs im bloßen Auszählen von Antworten. Vielmehr erfolgt eine kritische und weiterführende Diskussion mit Literaturbefunden, u.a. auch mit zahlreichen Querverweisen auf die Studien aus dem Umkreis der Tübinger Volkskunde. In Kapitel 5: Die politische Gemeinde wird u.a. geprüft, ob von der administrativen Eingemeindung der Dörfer in eine Stadt oder aber in eine Dorfgemeinde eine Wirkung ausgeht. In: Das Dorf als Wohnumwelt (Kapitel 6) und Das Dorf als Sozialraum (Kapitel 7; S. 63-106) wird herausgearbeitet, daß dörfliches Wohnen und die Zufriedenheit mit Wohnumfeldqualitäten den dominanten Pluspunkt in der Gesamtbeurteilung der ländlichen Lebenssituation darstellen. Das werktägliche Berufspendeln als Voraussetzung ländlichen Wohnens (Kapitel 10) ebenso wie Nachteile in der Versorgung (Kapitel 8): - "Unterversorgung" - nur ein Wahrnehmungsproblem? - und hinsichtlich Bildung, Freizeit und Kultur (Kapitel 9) - "Die Vereine sind das öffentliche Dorfleben!" - werden von den Bewohnern in Kauf genommen, sind zur ländlichen Lebensgewohnheit geworden.

Erdkundlich wiederum besonders ergiebig sind namentlich die abschließenden Ausführungen über
- geistige Landkarten vom Dorf (Kapitel 11) und
- Ortsbezogenheit-Bindungswert-Heimat ... (Kapitel 12, S. 154ff.).

Die zeichnerische Darstellung kognitiver Dorfpläne und subjektiver Landkarten vermittelt ein Bild vom Bild von der Welt durch Eingesessene und Zugezogene. Die Anpassung an die (städtisch geprägten) materiellen Leitbilder und Wertordnungen erfolgt eben schneller als die der individuellen und sozialen Wertmaßstäbe des Alltagslebens selbst (a.a.O., S. 99). Ein sprechendes Beispiel für derartige innerörtliche Differenzierungen bietet etwa die Bezeichnung "Känguruh-Viertel" für eines der dörflichen Neubaugebiete bei den Einheimischen: "Große Sprüng' und nix im Beutel" (a.a.O., S. 156). Und bei der Analyse relativer Beziehungsarmut bzw. sozialräumlicher Integration im Dorf stellt sich heraus (a.a.O., S. 161-167; Zitat S. 161):

> "Obwohl die über die Identifikation mit dem Ortsnamen definierte Ortsbezogenheit Assoziationen zu Bindungen auf vielen Ebenen des Gemeinwesens zuzulassen scheint, verliert der Begriff bei näherer Betrachtung viel von seinem angenommenen Erklärungsgehalt und wird sich im weiteren Verlauf als die unverbindlichste Umschreibung des emotionalen Lokalbezuges herausstellen".

Das abschließende Fazit der Verfasserin (Kapitel 13, S. 175-194) bleibt insgesamt vergleichsweise vorsichtig und bestätigt gerade dadurch den weiteren Forschungsbedarf in der Beurteilung der offenen Frage nach eigenständigen regionalen - hier: dörflichen - Lebensverhältnissen. Ergänzend sei hinzugefügt, daß insbesondere Wolfgang *Zapf* zahlreiche Studien[15] zur Lebenslage und zu unterschiedlichen individuellen Wohlfahrtstypen vorgelegt hat, wobei er ausgewählten objektiven Lebensbedingungen auf der einen subjektiv wahrgenommene Lebensqualitäten auf der andern Seite gegenüberstellte (*Zapf* 1979).

15. **Regina *Schulte*, Das Dorf im Verhör. Brandstifter, Kindsmörderinnen und Wilderer vor den Schranken des bürgerlichen Gerichts Oberbayern 1848-1910. Reinbek bei Hamburg 1989**

Wohlverstanden, es handelt sich erneut um keine Dorfstudie im eigentlichen Sinn. "Die zentrale Frage dieser Arbeit war nicht, welches die Lebensverhältnisse der oberbayerischen Dorfgesellschaft im 19. Jahrhundert waren, sondern wie sie[16] erfahren wurden" (S. 85). Das alte oberbayerische Dorf begann bereits "Teil einer gesamtgesellschaftlichen Entwicklung zu werden, die über den Markt, die Wissenschaft und das Rechtssystem Einfluß in die Binnenstruktur des Dorfes gewinnt" (S. 288). Das höhlte nicht nur die Selbstdeutungen der bäuerlichen Gesellschaft aus, sondern setzte einen Prozeß der Normsetzung von außen in Gang, die sich wechselseitig in Widersprüche verwickelten. Die archaische Ordnung des bäuerlichen Lebens war schon in Unordnung geraten.

Die Studie zeichnet an drei Bereichen nach, wie sich die Spannungs- und Konfliktlinien zwischen der dörflichen und der bürgerlichen Gesellschaft entfalten. Auf den Spuren typisch ländlicher Delikte mit teilweise spezifisch oberbayerischer Färbung (S. 97) geht die Verfasserin zunächst der manifesten Bedeutung von Verhörprotokollen und Gerichtsakten im Einzelfalle nach und versucht darüber hinaus, die latente

---

[15] Auf der Grundlage repräsentativer Surveys, jedoch nicht regionalisiert!
[16] Soll heißen: subjektiv; R.S.

Schicht der versunkenen Lebenswelt der Dörfer und des Sozialraums ihrer Bewohner zu rekonstruieren. Derartige gerichtsnotorische Straftaten finden ihren Ursprung einesteils in innerdörflichen Generations- (Jugendprotest u.ä.) und/oder in unterbäuerlichen Schichtungsfragen, reichen teilweise aber auch bis zum dörflichen Aufruhr gegen Jagdprivilegien der Obrigkeit.

Für diese Entzifferungsarbeit des sozialen Zusammenhangs sind es "die Frageansätze der Sozialanthropologie, der Ethnologie und manchmal auch der psychoanalytischen Hermeneutik gewesen, die im Hintergrund" des Vorgehens der Historikerin standen (S. 29), mitsamt zeitgenössischer autobiographischer Literatur aus Oberbayern. Für diese Landschaft zeichnet sie das Bild einer besonders egalitären und selbstbewußten Bauernschaft, wo innerhalb des Dorfes Arbeit und Besitz zu den fundamentalen Bau- und Ordnungsprinzipien gehörten, so daß hier schwer überbrückbare Klassenunterschiede herrschten. Von den Konflikten und Brüchen in der dörflichen Gesellschaft ausgehend, richtet sie - umgekehrt wie *Jeggle* oder *Kaschuba*, die gerade von den beobachteten Regelhaftigkeiten ausgehen (a.a.O., S. 22) - den Blick auf die Unordnung der Dinge in der Sozialkultur. Diese sucht und findet sie in den Kriminalakten (Aussagen von Zeugen, Angeklagten, Polizisten und Richtern) der Landgerichte München und Traunstein sowie in irrenärztlichen Gutachten und dergleichen.

In den Prozeßakten geht sie den obrigkeitlichen Interpretationsmustern ebenso nach wie der häufig unausgesprochenen, unterbewußten Schicht der Texte, in denen die Betroffenen - Täter, Opfer, Zuschauer; Knecht, Bauer, Magd - ihre subjektiven Bedeutungsnetze und symbolischen Bilder mit Dorfbezug verwenden, die der städtischen Justiz uneinsehbar bleiben. Welche hintergründigen Interpretationsmuster erschließt Regina *Schulte* nun für die drei untersuchten Delikte: Brandstiftung, Kindsmord und Wilderei?

Die Analyse von 114 **Brandstiftung**sakten 1879 bis 1900 (S. 41-117) zeigt, daß fast ausschließlich Angehörige des ledigen bäuerlichen Gesindes, d.h. Männer, ohne Familienbindung und der ländlichen Unterschicht zugehörig, die Täter sind. Rache für erlittene Unbill oder vermeintliche Kränkung ist das emotionale Kernmotiv.

Brandstiftung markiert aus der Sicht des Dorfes eine mißlungene bäuerliche Sozialisation, die über den Arbeitskonflikt und existenziellen Verlust hinausweist, indem die drohende Selbstzerstörung aus dem Innen der quälenden Gefühle nach außen, in den Sozialraum des Dorfes, gewendet werde. Der rote Hahn belege somit einen typisch männlichen Sinnzusammenhang aus dem Blickwinkel des Dorfes, der öffentlich demonstrierte Omnipotenzphantasien darstellt und zugleich komplementär männliche Ohnmacht ausdrücke (S. 278f.). Mit dem Blick der damaligen Irrenärzte und kriminalpsychiatrischen Sachverständigen auf die isolierten Krankengeschichten werde der untaugliche Versuch unternommen, bei den Tätern individuell krankhaftes Fehlverhalten festzustellen, das etwa auf pyromanische Veranlagung oder aber das bei vom Lande stammenden Dienstmädchen verbreitete Heimwehmotiv zurückgeführt wurde.

Einen andersartigen Tatbestand erfüllen jene Bruchstücke krimineller Biographien aus den Akten, den die Untersuchung von 60 **Kindstötungen** aufgrund der Anklagen der Staatsanwaltschaft 1878-1910 offenlegt (S. 121-176). Die Angeklagten, großenteils Dienstmägde, entstammen fast ausschließlich der ländlichen Unterschicht der Gütler, Taglöhner und Handwerker, sie gehören somit nicht der untersten Sprosse der sozialen Stufenleiter (Gesinde und sonstige Besitzlose) an. Die Kindsmorde bilden einen weiblichen Wahrnehmungszusammenhang; die Täterinnen suchen ihre Misere vor der Dorföffentlichkeit möglichst zu verbergen und geben häufig kein eindeutiges Tatmotiv an. Sie beschreiben ihre Schwangerschaft als verspätete Abtreibung oder Krankheit, ohne eine Mutter-Kind-Beziehung entstehen zu lassen. Die normale Lebensperspektive dieser Frauen war an der Heirat ausgerichtet; durch uneheliche Kinder aus einer bloßen Liebschaft, die nicht als Vorform einer Ehe erschien, kam die Mutter ins "Gerede"; für sie gab es dann im Dorfe keinen Platz mehr (S. 280ff.). Das weibliche war ja genauso wie das männliche Gesinde in den Lebens- und Arbeitsrhytmus des familiär geprägten Raumes der bäuerlichen Haushalte eingebunden.

Der dritte Teil der Studie wendet sich dem kriminellen Delikt der **Wilderei** zunächst anhand der Untersuchung von 70 einschlägigen Verfahren zu (S. 179-274). Jagdfieber, Fleischversorgung und Wildschaden waren eng verflochten mit der bäuerlichen

Ökonomie und der dörflichen Solidargemeinschaft. Erst innerdörfliche Zerwürfnisse machten Denunziation bei der Jagdobrigkeit möglich und durchbrachen den kollektiven Zusammenhang der "alten" bäuerlichen Freiheit gegenüber den mißliebigen Jagdprivilegien der Herrschaft. Das konnte letztlich im Aufruhr dörflicher Lebensweise gegen fremdbestimmte Ordnungen gipfeln, wie das Überhandnehmen der Jagdfrevel in unmittelbarem Kontext des unruhigen politischen Geschehens von 1848 in München und der 1850 erlassenen bayerischen Jagdrechtsnovelle zu belegen scheint.

Als weitere Datenquelle werden außerdem Sammlungen von alpenländischen Wildschützenliedern (Stanzln, Schnaderhüpferl, Moritaten etc.) aus dem 19. Jahrhundert verwendet und einer semantischen Untersuchung unterzogen. Die Bedeutungsanalyse des Liedgutes zeige, daß der Verstoß des "ganzen Dorfes" gegen Jagdrechte und Wildereigesetze einen imaginären Raum für das kollektive Unbewußte aufspannte, welcher den Dorfjugendlichen als Metapher für projektive Erotik- und Sexualitätsphantasien eröffnet, der außerdem als Initiationsritus in der Altersklasse der Mannbarkeit aufzufassen sei (S. 282ff.).

Das Vergnügen an der Lektüre des Werkes wird gelegentlich durch den Jargon aus popularisierten medizinischen (Pathologie etc.) und geisteswissenschaftlichen Begriffen (Diskurs u.ä.) getrübt. Ob und inwieweit die Einschätzung Bestand hat, daß das "ambitionierte Unternehmen, mit dem die Verfasserin der Agrarforschung hierzulande in mancher Beziehung neue Wege weist" - so Volker *Ullrich* in einer Rezension für "Die Zeit", Hamburg, Nr. 23 vom 1.7.1990, S. 52 -, mag dahingestellt bleiben. In der Eigenschaft als heuristisches Entdeckungsverfahren dürfte der gewählte Weg wohl unumstritten sein. Infolge zumeist spärlicher archivalischer Quellenlage erfordert er außerdem eine gründliche theoretische Fundierung, deren Interpretationsspielraum allerdings zunimmt. Gerade die Übersichtlichkeit des Lebens auf dem Land/Dorf begünstigt etwa die zeitgeschichtliche Erforschung des nationalsozialistischen - oder auch des realsozialistischen - Alltags. Wie jeder andere besitzt freilich der hermeneutische Ansatz der Psychohistorie - hier vor allem die tiefen- und kollektiv-psychologische Exegese - seine Grenzen, wenn an die Stelle des Räsonnierens über den Gegenstand selbst, der aus dem Blick gerät, philologische

Übungen treten, welche die Welt allein per Auslegung und Erklärung von fragmentarischen Texten betrachten.

16. **Everhard *Holtmann*, Politik und Nichtpolitik. Lokale Erscheinungsformen politischer Kultur im frühen Nachkriegsdeutschland. Das Beispiel Unna und Kamen. Opladen 1989**

Daß Nachgeborene durchaus willens und in der Lage sind, die Ereignisse einer längst vergangenen Gründerzeit spannend zu vergegenwärtigen und nutzbringend für Zukunftsaufgaben zu rekonstruieren, das belegt diese Studie zur Archäologie der politischen Kultur in zwei am östlichen Rand des Ruhrgebietes gelegenen Klein- und Mittelstädten, die ergänzend Material über den Kreistag und weitere Nachbargemeinden oder Städte - Hamm (Westfalen) - im Hellwegkreis einbezieht. Die nur geringfügig ergänzte Druckfassung einer Habilitationsschrift aus dem Jahre 1986 basiert vor allem auf der Untersuchung von Akten kommunaler Gremien und Behörden (Gemeinde-, Staats-, Pfarrarchive; Kreis- und Ortsverbände der politischen Parteien u.a.), auf der Analyse von Pressetexten in der lokalen Berichterstattung der Tageszeitungen und der Dokumentation von Erinnerungsberichten mit überlebenden Zeitzeugen (n = 23) aus der kommunalen Wert- bzw. Funktionselite: Mandatsträger, Zeitungsredakteur, Betriebsrat, Geistlicher oder Parteifunktionär. Die textnahe Methodik und qualitative Auswertung will die Einstellungen, Meinungen und Stimmungen freilegen, die im staatlosen Interim der anomalen Jahre von 1945 bis 1950 vorherrschten.

Bevor *Holtmann* sich dem im Untertitel genannten Untersuchungsgegenstand in der Hauptsache zuwendet, werden Überlegungen zur Forschungsstrategie und zur geschichtlichen Einordnung angestellt. Im Abschnitt A wird in Auseinandersetzung mit partizipations- und demokratietheoretischen Vorwegnahmen, die in das angelsächsische Konzept der "civic political culture" einfliessen, ausgeführt (a.a.O., S. 26):
"Die Wahrnehmung von Politik und deren demokratische Umsetzung hat sich in der Ausnahmezeit nach 1945, das ist eine zentrale theoretische Annahme, die der folgenden Fallstudie zugrundeliegt, wesentlich über vorpolitische (i.O.)

Beziehungsstränge und Kommunikationsnetze sowie Bindungen im Sozialmilieu vermittelt." Anders als in der Weimarer Republik vermochten sich die politischen Lizenzparteien in Form des politisch-administrativen Systems (PAS) bei der Bevölkerung erfolgreich eine gewisse Reputation zu verschaffen (a.a.O., S. 35):

"Daß Nachkriegspolitik in ihrer lokalen Primärform dem demokratischen Parteienstaat einen frühen Vorteil für seine spätere dauerhafte kulturelle Akzeptanz verschafft hat, ist eine zentrale These der vorliegenden Untersuchung. Als sich 1948/49 dank wachsender finanzieller Verfügungsmasse und im Gefolge der Rückübertragung staatlicher Souveränität die politischen Perspektiven auf die normale vertikale Gewaltenteilung zwischen Gemeinden, Bund und Ländern wieder einpendelten, ist der Startvorteil des Parteienstaates von früheren Vorurteilen und "unpolitischen" Verdrängungen nicht neuerlich ganz eingeholt worden."

Holtmann verweist darauf, daß gleichlautende Begriffe heuristische Probleme aufwerfen, sobald daraus irreführende und einseitige Befunde über vermeintliche Politikdefizite, typische Wirtschaftsgesinnungen und Bürgermentalitäten abgeleitet werden. Das gelte etwa für die Verwendung eines engen Partizipationsbegriffs und die überwiegend input-orientierte Betrachtungsweise von political culture in der angelsächsischen Forschungstradition. Erstere sei allein auf Parteiarbeit, Medien und Interessengruppen fixiert und vernachlässige die Primärstrukturen (Familien, Freunde, Nachbarn). Letztere unterschätze wiederum die administrative Kompetenz als Traditionsprofil einer sozial vermittelten deutschen Teilhabekultur, wo der outputorientierte "kleine Mann" und "Normalverbraucher" Leistungserwartungen an die öffentliche Gewalt - z.B. in Gestalt des Sozialstaates - hegt. Hier handele es sich gleichsam um autochthone Ansätze zur Demokratisierung eines für Deutschland kennzeichnenden Einstellungsmusters (a.a.O., S. 283), dessen Außenseite darin besteht, Erwartungen "administrativer Kompetenz" an die Kommunalpolitik zu richten, dem die Innenseite einer verinnerlichten Amtsauffassung entspreche, wie sie z.B. in der Ausübung der Direktions- und Kontrollrechte bei der Lebensmittelversorgung in der Nachkriegszeit sehr öffentlichkeitswirksam zum Ausdruck kam. Gerade in der sozialpathologische Züge tragenden Notlage der Nachkriegszeit bestanden in den Stadträten/-verwaltungen und Kreistagen klare Prioritäten zu Lasten des "Rede"- und zugunsten des "Arbeitsparlamentes". Derartige partizipative Orientierungen aber verbleiben unterhalb der Schwelle einer am angelsächsischen Modell ausgerichteten Beteiligungskultur (a.a.O., S. 199).

Abschnitt B - Kommunale Politikorientierung in historischer Perspektive - widmet sich diesem Sonderweg. Dem Paradox einer "unpolitischen lokalen Sachpolitik" und seiner Bedeutungsgeschichte geht das umfangreichste Kapitel I (S. 43ff.) nach: Entwicklungsgeschichte der munizipalen Ausrichtung des lokalen Milieus, der Parochialkultur und der Ausbildung des Versorgungsdenkens und der Leistungsverwaltung als den historischen Vorbedingungen für "Nichtbeteiligung". Diese schlug sich in einer verzögerten Akkulturation der Parteien auf der Ortsebene nieder - Dreiklassenwahlrecht seit 1850 in Preußen -: eben Sachpolitik anstelle von "Parteienstreit". Der Träger dieses Stadt- und altbürgerlichen besitzmittelständischen Habitus und Mentalitätstyps (Theodor *Geiger*) besaß ein "unpolitisches" Vorverständnis von Gemeinde- (Sach-) Politik als historisch gewachsene Erfahrungs- und Einstellungskonstante, der sich mit den veränderten kommunalpolitischen Stimmenverhältnissen und dem Finanzgebaren seit 1918 - etwa Hauszinssteuer - nur schwer abfinden konnte. Selbst kommunale Wahlen im Zeitraum 1924-1933 (Kapitel II, S. 97ff.) wurden als Schicksalskampf der bürgerlichen Mitte gegen die sozialdemokratischen Mehrheiten u.a. aufgefaßt und geschlagen.

Im Hauptteil (Abschnitt C) behandelt *Holtmann* zunächst - wenn man so will: chronologisch - die Hauptetappen der Entwicklung der Stimmungslage von der Stunde Null bis zur Währungsreform. Es folgen die Darstellung des parteienübergreifenden Konsenses der sogenannten Aufbaukultur als Mythos einer zweiten deutschen Gründerzeit, ein kurzer Rückblick auf das Ausmaß politischer Beteiligung, anschließend drei Abschnitte über die allmähliche parteipolitische Neuorientierung großer Bevölkerungsgruppen. Die chaotische Umbruchsituation der Zeit zwischen den Systemen, die Unwägbarkeiten der "Stunde Null" mit schwarzem Markt und Hamsterfahrten wird in Erinnerung gerufen (Kapitel III, S. 121ff.).

Infolge der kritischen Ernährungslage, des Mangels an Wohnraum und Bekleidung erreichten Stimmung und Moral ihren Tiefpunkt im Hungerwinter 1946/47 (Kapitel IV, S. 139ff.). Der "Kohlenklau" und andere sozialdarwinistische Verhaltensweisen gingen um, die Ungereimtheiten von Entnazifizierungsverfahren ("Persilscheine") untergruben die alliierte und die abgeleitete deutsche staatliche Autorität. Kein Wunder, daß sich die Ohne-mich-Haltung als vermeintliche antipolitische Lebenslehre für einige Jahrzehnte verfestigen konnte. Beobachter verwendeten den mehrdeutigen Begriff von "Apathie"[17], um die Grundstimmung der Bevölkerung zu bezeichnen: mit scheinbarer Politikverweigerung als Korrelat und der geistigen Verschleißerscheinung des Hungeralltags (Kapitel V, S. 144ff.). Der Verfasser bezweifelt allerdings, daß das Faktum der äußeren Nichtbeteiligung allein bereits über die Systemakzeptanz informiere.

Den negativen Nexus zwischen schlechter Versorgung, öffentlicher Stimmung und politischer Passivität löst erst die Währungsreform im Juni 1948 als Stimmungswende auf (Kapitel VI, S. 166ff.). Das Prinzip Hoffnung und der begleitende Schaufenstereffekt weiten die Erwartungshorizonte. Der Nachholbedarf und Primat der Konsumorientierung ändern zwar nicht die inaktive Politikeinstellung als solche, wohl aber die subjektiven Beweggründe der anhaltenden Apathie: Abwartehaltung! Unter der Chiffre der <u>Aufbaukultur</u> (Kapitel VII, S. 177ff.) steht das Dringliche als normative Vorgabe im Vordergrund, ohne daß danach gefragt wird, ob Rekonstruktion - Restauration? - oder Neuordnung auf der Agenda steht. Zunächst hochfliegende Pläne zur Rückvergewisserung der klassischen deutschen Hochkultur werden alsbald auf die drückende "Magenfrage" verengt: "Was ißt der Mensch?" Gleichwohl ergab sich innenpolitisch ein friedenstiftender Nebeneffekt (a.a.O., S. 196):
> "Als ein tragender Pfeiler der Aufbaukultur anerkannt, verlor das Interessentenprofil der "Mitte" ... seine zu Zeiten Weimars charakteristische demokratiezerstörerische Schärfe."

Kapitel VIII, S. 198ff. - Akteure ohne Massenbasis? - fragt nach der politischen Beteiligung und etwaigem Protestverhalten mittels der Indikatoren Wahlbeteiligung, Parteimitgliedschaft und Besuch politischer Veranstaltungen. Im Anschluß daran untersucht *Holtmann* die nachmaligen Volksparteien als Brenn- und Sammelpunkte demokratischer Neuorientierung (Kapitel IX, S. 214-256). Unbelastet vom Odium vermeintlicher "Dolchstoß-" oder "Umsturz"-Legenden, wird der lokalpolitische Mikrokosmos zwischen den Polen der Diktatur der Bürgermeister und den Ortsparteien einerseits, den eher strukturellen (Machtelite) bzw. kulturellen

---

[17] Auf die Gegenwart in Deutschland übertragen, kann man angesichts der verbreiteten Verdrossenheit mit der politischen Klasse in den Worten Joe *Kleins* nur ermahnen:
"When too many people begin to think their vote doesn't matter, when they drift from apathy to antipathy, is precisely the moment politics matters most" ("Newsweek", New York, 31.01.1994, S. 15).

(Parteienorientierung) Aspekten des Parteiensystems andererseits aufgespannt. Die Orientierung der alten Traditionsmilieus überschreitend, zeigt sich der Wandel einer Wertelite mit der protestantischen Hinwendung zum Parteienstaat: zunächst Integration des betont evangelischen Milieus in die örtliche CDU und gleichzeitig die Öffnung minoritärer Gesprächskreise nach links. In die sekundäre Sogwirkung der CDU gerieten außerdem das "unpolitische" Bürgertum und die berufsständischen Interessenvertreter von Handwerk, Handel, Landwirtschaft und Gewerbe. Der regional dominierenden SPD wiederum gelangen lokale Ansätze zu einer linken Volkspartei, indem sie Randsympathie im alten Mittelstand zu wecken, die sozialistischen Traditionsmilieus an sich zu binden, vor allem aber die Hitlerjugend- und Flakhelfer-Alterskohorten zu integrieren wußte. Die Gesprächsangebote in der sogenannten *Gleisner*-Runde und mit dem Theoretiker der Ortspartei, die Bildung des sogenannten Bergheimer Kreises und die Aktivitäten im Volksbildungswerk unter Einschluß kirchlicher Gruppen bildeten wichtige Knotenpunkte.

Das nächste Kapitel (X: Wege zur politischen Konformität; S. 257ff.) belegt den ideell aufgewerteten und ökonomisch begünstigten Wandel der herkömmlichen besitzständischen Einstellungsmuster und zeigt, wie der Wiederaufbaukonsens den vormaligen ideologischen Sprengstoff entschärfte. Das wird wiederum beispielhaft an der (partei-)politischen Einschmelzung des fünften Standes der Flüchtlinge dargestellt, nicht zuletzt anhand der ambivalenten Wirkung des aufrechterhaltenen Rückkehrpostulats. Anschließend werden nochmals die lokalen Aspekte wechselseitiger Distanz und Anpassung zwischen Parteienstaat (Politik) und administrativer Kompetenz (Nichtpolitik) überprüft (Kapitel XI, S. 279-316). Die vordemokratische Auffassung von überpolitischer Verwaltung (i.O.) wird am Beispiel des mißverständlichen Versuchs einer Kommunalreform nach britischem Vorbild dargelegt. Offizielle Proteste gegen Auflagen der Besatzungsmacht und die Selbstdarstellung energischer Überwachung mittels Bewirtschaftungskontrollen dienten als geeignete Selbstentlastungskalküle des kommunalen PAS.

Im Ausblick (Kapitel XII, S. 317ff.) wird zusammenfassend danach gefragt (Zitat auf S. 317):

"ob die eingangs eingeführte Hypothese, das Jahrfünft von 1945 bis 1950 habe für die Politische Kultur der Bundesrepublik einen originären und nachhaltig prägenden Beitrag geleistet, durch Ergebnisse der vorgelegten lokalen Fallstudie gestützt wird?"

Der Verfasser bejaht diese Frage, nicht ohne darauf hinzuweisen, daß der Kredit der Gründerjahre durchaus wieder verspielt werden kann, wie eine neuerlich wachsende Nichtübereinstimmung von politischen Strukturen und politischer Kultur zu signalisieren scheine. Manche Befunde *Holtmann*s - wie z.B. Protestverhalten in der Wahlkabine (S. 208ff.) oder die Auswirkungen industrieller Demontage - können nicht nur mit Weimar, sondern auch mit den Folgen der sozialökonomischen Transformation nach 1989/90 in Ostdeutschland verglichen werden. So bedenkenswert im übrigen die Abrundung des Partizipationsbegriffs erscheint, so wirft sie doch beträchtliche Gewichtungs- und Aggregationsprobleme auf. - Gerade wenn zur Mitte der 90er Jahre die Stimmenanteile der großen Volksparteien zurückgehen, wenn die Prägekraft der traditionellen Sozialmilieus als Ausdruck kollektiver Interessenlagen geringer wird, wenn die Zahl der Nicht- und Wechselwähler zunimmt, so ist doch auf beide Verhaltensweisen, Kontinuität und Wandel politischer Mobilisierungsvorgänge, hinzuweisen. Denn über die großen Brüche in diesem Jahrhundert - Kaiserreich, Republik von Weimar, Nationalsozialismus, 1945-48/49, Bonner Republik; seit der deutschen Vereinigung 1989/90 - hinweg, allen Säkularisierungstendenzen und Wandlungen des Alltagslebens zum Trotz behielt der Forschungsansatz der Sozialmilieus zumindest bis Ende der 60er Jahre seine Erklärungskraft, wie etwa am Beispiel der unweit gelegenen Gemeinden der Landkreise Coesfeld und Olpe ermittelt wurde (vgl. *Rüping*).

17. **Regina *Römhild*, Histourismus. Fremdenverkehr und lokale Selbstbehauptung. (Notizen, Band 32) Frankfurt am Main 1990**

In dieser zunächst als Magisterarbeit angelegten Studie (S. 8, 102) unternimmt die Verfasserin den Versuch, den Fremdenverkehr aus der Sicht der Bereisten zu betrachten, den Maßstab von Bedürfnissen der Bewohner ländlicher - hier: hessischer - Reiseziele anzulegen. Der moderne Tourismus stelle ländliche Lebensräume in den Dienst urbaner Regeneration. Die Überlagerungsstrategie der Agglomerationen bewirke an den Zielorten weiteren Autonomieverlust durch planerische und tatsächliche Fremdbestimmung. Das sich ergebende Muster des Kulturkontakts zwischen Stadt und Land wird folgendermaßen beschrieben (a.a.O., S. 65; vgl. auch S. 12, 24, 52/54):

"Zusammenfassend kann der ländliche Zielgebiete betreffende Histourismus als ein spezifisches, auf lokal-regionale Geschichte und ihre Manifestationen, vor allem historische Architektur und kulturelles Brauchtum, gerichtetes kommunikatives System **definiert**[18] werden, das eine temporäre Kontaktsituation zwischen ortsfremden Mitgliedern eines eher urbanen Kulturmilieus und ortsansässigen Mitgliedern einer eher ländlich, d.h. dörflich oder kleinstädtisch geprägten Kultur herstellt; das Medium dieses Kulturkontakts ist der historische Raum, an den die eine Gruppe vor allem kurzzeitig zu verwirklichende, regenerativ-anregende Nutzungsbedürfnisse richtet, während er für die andere Gruppe permanente alltägliche Lebensumwelt ist, d.h. wesentlicher Rahmen für heimatliche, kollektiv-historisch verankerte Orientierung und Identifikation. Konflikte entstehen vor allem durch Störungen innerhalb dieses Kommunikationssystems und durch widersprüchliche, unvereinbare Nutzungsinteressen."

Der Gedankengang in der Hauptsache wird in vier Kapiteln entfaltet. Tourismus in Hessen (Kap. 4) geht den gesellschaftlichen Freizeitbedürfnissen nach, die, von den Präferenzen der Ballungsraumbewohner geprägt, die Seltenheitswerte von natur- und kulturräumlichen Qualitäten in den Urlaubslandschaften suchen: Fachwerk, ländliche Idylle und dergleichen. Urbane und medial vermittelte Klischees verdichten sich zu fremdetikettierten Werbeimages, die sich auch in den Köpfen der Bereisten verselbständigten. Die Auswahl von fünf Untersuchungsgemeinden zwischen der Wetterau auf der einen und dem Vogelsberg auf der anderen Seite (Kap. 5) legt vor allem zwei Kriterien zugrunde: 1. "ein signifikantes ... Image in der Histourismus-Topographie ...; 2. eine mindestens ab 1986 laufende Förderung im Rahmen des Dorferneuerungsprogramms" (S. 98).

Wie vollzieht sich nun schöpferische Planung ("neue Ideen") und Innovation im ländlich-historischen Raum (Kap. 6) konkret an den untersuchten Beispielen? Gibt es noch lebendige Dorfkultur, erhaltenswerte Bausubstanz und seltene Landschaftseindrücke? Wie verträgt sich planerische Fremdeinschätzung mit dem lokalen

---

[18] Hervorhebung von mir.

Selbstbild bei der Ortserneuerung? Häufig dominieren Touristeneinflüsse die Versuche wiederbelebten Brauchtums. Konservierende Denkmalspflege und verfälschende Übersanierung seitens zuständiger Experten "schweben über den Wolken profaner Nutzungsansprüche", dörfliche Eigenwerte und gesellschaftskritisches Potential fallen dem internalisierten Rückständigkeitsstigma auf dem Lande und vermeintlichen Sachzwängen zum Opfer. Die Verfasserin setzt sich avant la lettre "gegen den Mißbrauch historischer Substanz für nostalgisch-kitschige "Disney-World"-Inszenierungen" in Europa zur Wehr (a.a.O., S. 163)!

Im nächsten Kapitel (7) wird danach gefragt, welche dörflichen Überlebensstrategien genutzt werden können, um die Mentalität der Überlagerung durch Interessen der Ballungsgebiete und auswärtige Planungsmächte erfolgreich zu brechen. Als wichtige Hemmfaktoren werden die Abhängigkeit der Ortsteile von den Entscheidungen der Großgemeinden, die Indifferenz der lokalpolitischen Hierarchie und sprachliche Berührungsängste und Schwierigkeiten bei der Planungspartizipation/Bürgerbeteiligung ausgemacht. Lebhaftes Vereinswesen dagegen liefert zumindest Anhaltspunkte dafür, daß Ersatzgrößen und Identitätswurzeln für die Ausbildung lokaler Bedürfnisse und Nutzungsansprüche der Alteingesessenen und Zugezogenen bestehen bleiben. Auch wenn der historische Wandel des Dorfes vom autarken "ganzen Haus" zur fremdbestimmten Wohn- und Freizeitgemeinde zwar überzeichnet, doch als tendenziell unaufhaltsam zutreffen mag (a.a.O., S. 239), so gelte es doch, "aus der kollektiven Konzentration auf den Kern der historisch investierten Erfahrung ein je spezifisches Leitmotiv" für die Orientierung der Gruppen im Dorfumfeld zu entwickeln (S. 248). Solche Orientierungspunkte sind notwendig, um das Leben in der Freizeitkulisse, den Zooeffekt bloßer Museumsdörfer, den Ausverkauf historischer Bausubstanz mit folgenreichem Austausch von Stadtflüchtlingen, sowie die Ausgrenzungstendenz und Rückzugsmentalität der beteiligten Bevölkerungskreise hintanzuhalten und einem gleichberechtigtem Miteinander Platz zu machen.

Die gut gemachte und anschaulich mit Fotos, Karten und Fremdenverkehrsprospekten ausgestattete Studie verdankt einen Teil ihrer Attraktion und Überzeugungskraft den langjährigen Institutserfahrungen und dem erfolgreichen interdisziplinären Zusammenwirken einer Forschergruppe aus Architekten, Anthropologen (vgl. *Haindl*), Denkmalpflegern und Landschaftsplanern, die sich ab 1977 der ganzheitlichen Erneuerung des hessischen Dorfes verschrieben hatte (vgl. *Greverus* u.a. 1982): Studienfälle waren damals die Orte Wald-Armorbach (vgl. *Meyer-Palmedo*), Selters, Kreis Limburg/Weilburg, und Herleshausen, Werra-Meißner-Kreis. Den Besonderheiten der Freizeitgestaltung auf dem Lande bzw. in der Landwirtschaft gingen empirische Arbeiten der Forschungsgesellschaft nach (*Thormählen; Nahr/Uttitz*).

Außerdem ist der engere Kontext der neueren Volkskunde zu nennen. Hermann *Bausinger* (1961; Neuauflage 1986, S. 54-93) stellte heraus, daß die klassische "Einheit des (dörflichen) Ortes" der Auflösung des Horizontes Platz gemacht habe, daß die Exotik zur räumlichen Expansion beitrage und der (damals noch verfemte) Heimatbegriff als Kraftfeld ebenso wie als sentimentale Kulisse oder aber als Nachruf auf verlorene Lebenswelten diene. Derselbe Autor widmete sich später (1971, S. 159-209) noch intensiver dem von *Römhild* mit Histourismus benannten Phänomenen und nahm etliche Erkenntnisse vorweg. Als er unter dem Titel volkstümliche Relikte den Themenkreisen

- Tourismus und Folklorismus[19],
- Folklore als Gegenwelt,
- von der Kulturindustrie weitgehend vereinnahmter Folklorismus, sowie
- Gegenstand und Wandel kulturanalytischer Ansätze

ausführlich nachging, untersuchte er die marketingstrategischen Images und Profile einer scheinbaren Fülle von touristischen Werbeprospekten, mit dem Ergebnis, daß die Menschen diese vorfabrizierten Angebote als Fluchtprogramme aus der Arbeitswelt betrachten, ohne daß diese "zum Entkommen aus der Industriegesellschaft und ihren Bedingungen verhelfen" (1971, S. 179). Auf der "Suche nach einem imaginären Reich der Ursprünglichkeit" verfügen diese Anwälte selbst über alle zivilisatorischen Bequemlichkeiten der Moderne (vgl. *Niederer* 1984, S. 312). Gerade die im Tourismus verbreiteten Ortsreportagen und Festreden liefern mit die augenfälligste Lobtopik über die heutige Warenwelt (Gert *Ueding*, S. 98). Eine intensive Einzelfall-

---

[19] *Henkel* (1993, S. 168) spricht hier analog von Folktourismus.

studie über den Wandel Carolinensiels vom Sielhafenort zum Fremdenverkehrszentrum liefern *Hahn/Reuter/Vonderach*.

18. **Franz *Kromka*, Lupburg und seine Bewohner - Leben in einer bayerischen Landgemeinde, Wirklichkeit und Wunsch. (Gießener Schriften zur Wirtschafts- und Agrarsoziologie, Heft 20) Gießen 1991**

Nach kurzen Vorbemerkungen über Bevölkerung, Wirtschaft und Sozialorganisation (Vereinswesen und Kommunalverfassung) der Gemeinde sowie zur Methodik - standardisierte Fragebogenerhebung bei 255 zufällig ausgewählten Einwohnern - wendet sich der Verfasser, ohne explizit vorformulierte Hypothesen, den Ergebnissen der Untersuchung in vier Themenkreisen zu. Die Entstehung der Studie ist im Kontext ganzheitlicher Dorferneuerung angesiedelt.

Lupburg als Heimat (1) behandelt Ortsverbundenheit, Wohndauer am Ort, Präferenzen und Mobilitätsbereitschaft. Gerade die große Gruppe der Auspendler beteiligt sich am Vereinsleben und am öffentlichen Leben in der Gemeinde. Die bivariaten Auszählungen im Hinblick auf Lupburg als Arbeits- und Wohnort (2) verwenden u.a. auch "Gerüche- und Geräusche-Tests" (S. 31ff.) zur Erfassung des dörflichen Lebensraumes. Der Verfasser unternimmt allerdings nicht den geringsten Versuch, die Aussagekraft dieser Instrumente irgendwie zu validieren. Schon Arthur *Schopenhauer* pries den Geruch als "den Sinn des Gedächtnisses" und Ulrich *Planck* (1986) sprach von den örtlichen "Denk- und Fühlmalen". Albrecht *Lehmann* schließlich zieht - ähnlich wie der französische Mentalitätshistoriker Alain *Corbin* - wiederholt Geräusche und Gerüche als wichtige Indikatoren heran bei dem Versuch, die gegenseitige Eingewöhnung der Flüchtlinge und Vertriebenen in Westdeutschland nachzuzeichnen.

Außerdem rekurriert *Kromka* wiederholt, freilich lapidar und unvermittelt, auf Befunde prominenter Humanethologen, um bestimmte phylogenetische Anlagen (S. 4) und psychohygienische Vorteile (S. 35) des menschlichen Wohlbefindens im Naturbezugsraum nachzuweisen, wobei dahingestellt sei, ob und inwieweit derartige Hinweise auf die diesbezügliche "Patristik" das Anliegen der Dorferneuerung befördern. Es fehlt nicht der werbende Hinweis auf Gesinnungen, die Arnold *Gehlen* ihrer agrarischen Herkunft wegen als "Agrarmoral" (S. 21, 39) bezeichnet hat. Die abgefragten Zufriedenheitsgrade mit bestimmten Infrastruktureinrichtungen vor Ort werden zu Recht nicht allein im Sinne bloß physischer Erreichbarkeit, sondern auch nach der jeweils bestehenden psychischen Distanz beurteilt.

Der Abschnitt (3) - Lupburg als Ort politischer und sozialer Teilhabe - geht dem Potential bürgerinitiativer Aktivitäten, dem Vereinsleben, den Ehrenämtern, der Bürokratie und Führerschaft in Gemeindeangelegenheiten, der Nachbarschaft und der Beurteilung der Dorferneuerung nach. Themenkreis (4) - Lupburg im Vergleich mit einem imaginären Idealdorf - verwendet die hierzulande von Peter *Hofstätter* eingeführte Methode der Polaritätsprofile, um den Abstand zwischen Wunsch und Wirklichkeit darzustellen. Der Vergleich zwischen Lupburg und dem Idealdorf läßt deutliche semantische Differentiale erkennen, während die zusätzlich herangezogenen demographischen Differenzierungsmerkmale - Alter, Geschlecht, Schulabschluß, Arbeitsplatz vor Ort/ Pendler, Ortsverbundenheit - nur wenig Einfluß zu besitzen scheinen.

Die angestrebte Momentaufnahme der örtlichen Lebensbedingungen und des subjektiven Wohlbefindens der Bewohner des Marktfleckens Lupburg ist zwar ausnehmend kurzgefaßt (< 100 S.), doch bleibt sie eigentümlich farblos und trocken.

Das gilt zunächst einmal gemessen an den von *Kromka* selbst andernorts gelieferten Beiträgen (vgl. derselbe, 1975; 1995). Er versucht etwa die Frage zu beantworten, ob sich das moderne Dorf in der Krise befinde (1984)? Anzeichen hierfür macht er an einer Reihe von Merkmalen fest, wie z.B. Entkirchlichung, Kontinuitätseinbußen (Verwaltungsreformen, Schwierigkeiten des Vereinswesens, Bereitschaft zum Ehrenamt etc.), Schwächung herkömmlicher Gemeinschaftsbindung (infolge von Individualisierung, Pendlerwesen u.ä.), Autoritätsvakuum ... Sein zusammenfassendes Ergebnis im Sinne eines eindeutigen Gewinns bzw. Verlusts an Konformismus oder aber Autonomie der Dorfbewohner fällt indessen ausgesprochen ambivalent aus. Er lehnt die pauschale These von der Krise des Dorfes als unberechtigtes

Trugbild ab, wenn diese als „Höhe- oder auch Wendepunkt einer gefährlichen Entwicklung oder Situation" verstanden wird.
Die Lupburg-Studie fällt ebenso im Vergleich mit andern einschlägigen süddeutschen Untersuchungen aus dem Rahmen des Gewohnten. Etwa zur gleichen Zeit gaben Elmar *Zepf* u.a. eine Veröffentlichung zum „Leitbild Dorf" heraus, die eine andere Zielgruppe mit Hilfe redaktioneller Bearbeitung und ansprechender Gestaltung von Dessin und Layout anpeilte. Sehr viel lesbarer - in Farbe, reich bebildert - und anspruchsvoll, beinahe luxuriös ausgestattet, illustriert ein weiteres Heft aus jener Schriftenreihe die Eindrücke von und Reflexionen über Siedlungen, Landschaften und Menschen, die ein Architekt (Wilhelm *Landzettel*) und eine Kulturanthropologin (Erika *Haindl*) auf einer Reise durch Bayern und mittels Analyse von sechs Beispielsdörfern gesammelt und verarbeitet haben: Heimat - ein Ort irgendwo? Selbst wenn das zuletzt genannte Buch recht einseitig die Sonnenseite der Dörfer im wörtlichen Sinne betont, während Nutzungskonflikte, Interessenunterschiede und Gruppenauseinandersetzungen zu kurz kommen und sogar die historischen Ausflüge unzulässig zur Metapher vom heilen, idyllischen Dorf verklärt werden, die Lektüre dürfte den kritischen Zeitgenossen, der mit offenen Augen durch das Land wandert bzw. fährt, außerordentlich anregen oder aufregen!

19. **Rainer *Beck*, Unterfinning. Ländliche Welt vor Anbruch der Moderne. München 1993**

In einer außerordentlich umfangreichen Schrift (mit Anhang weit über 600 Seiten), deren Vorarbeiten mehr als zehn Jahre zurückliegen, legt der Verfasser die "Mikrogeschichte 1721" eines im Landsberger Oberland zwischen der gleichnamigen Kreisstadt Landsberg am Lech und dem Ammersee - unweit des Pfaffenwinkels - gelegenen Ortes vor. Dieser Zeithorizont hebt weit über das üblicherweise als Vergleichsmaßstab zur Moderne herangezogene 19. Jahrhundert ab und trifft auf eine dementsprechend magere Datenlage. Die Studie geht zu großen Teilen auf Veröffentlichungen zurück, die der Verfasser als "naturale Ökonomie" (Kapitel 1 und 2) und "ländliche Wirtschaft und dörfliche Gesellschaft" (Kapitel 3-6) vorgelegt hat.

Gerade die schwierige historische Quellenlage forderte offenbar den findigen Verfasser geradezu heraus, quantitative Überlegungen anzustellen, die letztlich durchaus kliometrischen Ansprüchen genügen. In seinen Berechnungen verwendet er u.a. das für ökonometrische Gleichgewichtsmodelle der landwirtschaftlichen Produktion entwickelte Konzept von "Regions- bzw. Gruppenhöfen" (Wilhelm *Henrichsmeyer*), welches auf der Angebotsseite Gruppen homogener Betriebe als Entscheidungseinheiten unterstellt. Dabei befleißigt sich der Autor, grob gesprochen, des folgenden Vorgehens. Von wenigen plausiblen Anhaltspunkten aus engt er schrittweise das Feld zunehmend ein und gelangt letztendlich zu selbstkritisch eingeschätzten Überschlagsrechnungen. Anhand von Archivmaterialien, aus der einschlägigen Hausväterliteratur, aufgrund von Steuerunterlagen, Rechnungsbüchern für örtliche oder benachbarte Gutshöfe, mittels Inventarlisten und Austragsregelungen richtet *Beck* das Brennglas und den Argumentationszusammenhang über gelegentliche Belege für Altbayern oder sogar Süddeutschland dann auf den Gerichtsbezirk bzw. das Oberland Landsberg, und gelangt schließlich zu Befunden in Nachbargemeinden und/oder im Dorf Unterfinning selbst. Die Lektüre wird gelegentlich durch Karten und Graphiken sowie einige Abbildungen ergänzt, wobei die letzteren etwa zur Hälfte aus dem Anfang des 19. Jahrhunderts stammen.

Das erste Kapitel: <u>Dorf und Natur</u>, behandelt Klima- und Bodenqualität, den Dorfetter und die Feldflur (Acker, Wiese, Wald), die privaten und kollektiven Ressourcen des Dorfes und die Ordnung des Flurzwanges (Wegerechte etc.). Gewohnheitsrechtliche Regelungen sorgten für ein jederzeit prekäres Kräftegleichgewicht, um die vielfachen Interessenüberschneidungen der dörflichen Wirtschaft und die Spannungen zwischen der Landwirtschaft und den herrschaftlichen Instanzen auszugleichen und das Konfliktpotential, etwa zwischen Bauern und dem Dießener Forst zu entschärfen. Der nächste Abschnitt - die <u>"alte Landwirtschaft"</u> - wendet sich der Organisation der Nutzung natürlicher Ressourcen des Dorfes zu. Die Dreifelderwirtschaft mit Winterung, Sommerung und Brache wird am konkreten Beispiel festgemacht, der Zusammenhang von Bodenfruchtbarkeit und Viehhaltung eindringlich dargestellt. Futterbedarf, Nutzungsdauer, Nachzucht, Fleisch- und Milchleistung, Saatgut- und Erntemengen werden ebenso kalkuliert wie die Nährwerte, die Nahrungskörbe, Energiebilanzen und der Bauernarbeitskalender. Aus Sicht des gelernten Landwirts mag es müßig erscheinen, gelehrte Abhandlungen über Quisquilien wie die (von der Aufstallungsform abhängige) Stallmistausbringung (S. 105) oder das Kalben der Kühe (S. 152) einzuflechten.

Die folgenden drei Kapitel widmet der Verfasser ausführlich der innerdörflichen Berufs- und Sozialdifferenzierung selbst und ihren Konsequenzen, während die beiden großen Schlußabschnitte die externen Beziehungen des Dorfes und seiner Bewohner zur Herrschaft einerseits, das Verhältnis zwischen Naturalökonomie und dem Markt/den Märkten andererseits untersucht. Zunächst stellt sich die Frage: Ist das Dorf - 51 Häuser und Höfe, ca. 200 bis 250 Einwohner - eine Welt nur von Bauern (Kapitel 3)? Im Gegensatz zum Schematismus des sogenannten "Hoffußes" der steuerlichen Güterklassen zeigt sich im Lichte der Statistik der Bodenbesitzverteilung eine ganz erhebliche Streubreite, angesichts derer "es geradezu verblüffend (ist), wie sehr bäuerliche Momente den Ort durchdrangen" (S. 242). Auf nur acht der großen Haushalte von 15 Hektar aufwärts entfielen immerhin 65 % des Landes = die wirklich bäuerliche Besitzklasse. Während fünf Hektar das Minimum für die Selbstversorgung darstellen, verfügen weitere 24 Familien am unteren Ende der Besitzhierarchie zusammen lediglich über 3 % des Bodens. So war zwar Landbesitz allgemein verbreitet, doch sehr ungleich. Inwieweit vermochten zusätzliche handwerkliche und Lohnarbeits-Berufe derartige Unterschiede zu kompensieren?

Den Aktivitäten des örtlichen Handwerks/Gewerbes geht das nächste Kapitel nach, wo zunächst die "ehrlichen Mannsnahrungen" von Wirt, Müller und Grobschmied herausgestellt werden, die außerdem ähnlich wie der Pfarrer über erklecklichen Landbesitz verfügen. Anders bei den üblichen Handwerken wie Schumacher, Leinweber und dergleichen, die ihren Geschäften lediglich für eine begrenzte Jahreszeit nachgehen konnten. Darüber hinaus ist die dörfliche Selbstversorgung in Handel und Konsum weit verbreitet und selten auf die Arbeitsteilung mit der Stadt angewiesen. Jenseits von Handwerk und bäuerlichem Besitz entfalten sich die Lebensformen der sogenannten unterbäuerlichen Schichten (Kapitel 5). Zwar stehen die zugehörigen Taglöhner und Dienstboten in Sozial- und Arbeitsbeziehungen zur bäuerlichen Ortsbevölkerung. Der harte Kern dieser Gruppe umfaßte mit immerhin 18 Familien rund ein Drittel der Einwohnerschaft, war zyklisch wie strukturell unterbeschäftigt. Modellrechnungen der sozialökonomischen Befindlichkeit dieser Dorfarmen und Bettler zeigen, daß diese gezwungen waren, durch eine Schattenökonomie von Heim- und nebengewerblicher Produktion, von Hausierern und Verlegern (für Devotionalien, Textil- und Bekleidungsgewerbe) - als „Kraxenträger" und Landhändler - und über das Zubrot der Straße ihr karges Los aufzubessern.

In Kapitel 6: <u>Gegensätzliche Interessen und die Ökonomie der Macht</u> (S. 386-504) wird zunächst geklärt, was es mit der Leibzinsbarkeit der Gerichtsuntertanen auf sich hatte. Anders als etwa in Ostelbien bzw. Böhmen herrschte im spätfeudalen Altbayern allgemein die Renten-Grundherrschaft der Kirche oder aber diejenige der Kurfürsten aus dem Hause Wittelsbach oder aber unter anderen Rechts- und Eigentumstiteln vor, unter denen im Wandel der Zeiten sich ein Nutz- und Untereigentum für die Bauern herausschälte. Im ständigen Tauziehen zwischen den beteiligten Wirtschaften und Grundherren hießen die verschiedenen Nutzeigentumsformen: "Leibgeding", "Erbrecht", "Neustift" oder "veranleite Freistift"; schon im 17. Jahrhundert war das Freistift zur vorherrschenden Leiheform geworden (S. 406 und 421).

Auf des Dorfes (Agrar-) Ökonomie lasteten drei große Abgaben:

1a. Die jeweiligen Besitzwechselabgaben, die später Laudemialgebühren genannt wurden, als dynamischer Faktor;

1b. Die praktische Handhabung von "Stift(Naturalabgaben) und Gilt" als Bringschuld der grunduntertänigen Familien. Zwar mußten diese bei jedem Veränderungsvorhaben um "gnädige Konsenserteilung" bei der Herrschaft nachsuchen. Doch waren die Lasten auf lange Zeit fixiert.

2. Der "Zehnt" vom Rohertrag wurde an die "geistliche Ökonomie" abgeführt, den sich der Pfarrer oder die Klöster u.ä. auf den Feldern abholten. Hier waren jedoch Zahlungsrückstände, Schuldennachlässe und "Gnadenerweise" durchaus aushandelbar. Und neben der "frommen Last" fungierte die Kirche als ländliches Kreditinstitut.

3. Der zunehmende Steuerdruck des Landesherrn und Staatsapparates ging gegenüber den eher partikularen Gewalten von 1 und 2 bei der Abschöpfung in Führung und drängte die Grundherren in eine eher defensive Position. Da gab es die - vor allem infolge des wachsenden Militärbedarfs - Wittelsbacher Untertanensteuer, Fron- und Jagddienste, Scharwerk-, Schanz- und Fuhrar-

beiten sowie die ständige Militärfourage im absoluten Staat. Diese landesherrlichen "Praestationes" treffen insbesondere die unterbäuerlichen Schichten hart und überproportional.

Das (neue) Abschlußkapitel 7: <u>Das Dorf und der Markt</u> - berücksichtigt das über das lokale Geschehen hinausreichende Gefüge von Löhnen, Preisen und wirtschaftlichen Transaktionen ebenso wie die zwischen den Gruppen auf dem Dorfe eingespielten Austauschbeziehungen für Nahrungsmittel, Arbeit, gewerbliche Güter und Dienste, soweit diese über die Selbstversorgung hinausgingen (innerer Markt). *Beck* berechnet die Lebenshaltungskosten und den Marktwert verschiedener Nahrungskörbe, geht dabei zunächst vom "Kornstandard" aus, bestimmt die Höhe des Taglohnes neben der Kost und fragt nach der "Störarbeit" der Handwerker auf dem Lande. Die Haupt-Nahrungsquelle oder zumindest einen Rückhalt geben die Agrareinkommen der Dorfbevölkerung ab: Schätzung der Netto- bzw. Bruttowertschöpfung. Bei der Ableitung der verfügbaren Familieneinkommen rückt er die irrige Vorstellung von der verbreiteten ländlichen Großfamilie zurecht (S. 545), und macht gleichfalls Abstriche am nur für die eigentlichen Bauern (vgl. Kapitel 3) gültigen Bild vom "ganzen Haus" (S. 549f.). Dann wird der materielle Lebensstandard der Einwohner rekonstruiert, differenziert nach sechs Haushaltstypen und je nach Größe des Landbesitzes. Für diese werden dementsprechend die Konten für Aufwand und Ertrag, für die Einkommensverwendung und die Naturalbilanzen aufgestellt (S. 556ff.).

Insgesamt beeindruckt das monumentale Werk über den Mikrokosmos Unterfinning durch die großzügig gebändigte Stoffülle, die gelungene Vermittlung von Territorialherrschaft und -geschichte mit dem Dorfalltag der Bewohner. Es wäre verfehlt, darüber zu rechten, ob der Verfasser nicht manchmal des Guten zu viel getan hat, indem einige Abschnitte von Information förmlich überborden. Als kleine Spitze sei eine Ungereimtheit im Literaturverzeichnis angefügt, die ich als Anzeichen für eine idiographisch (Heinrich *Rickert* 1926) enggeführte Zitierweise bemängeln möchte: Da wird der Name eines prominenten wissenschaftlichen Agrarpolitikers fälschlich (S. 599) als Buch(en)berger, A(dolf) geschrieben. Das nach Fachrichtungen spezialisierte Wissen und die damit verbundenen „Zitier- und Lobekartelle" dringen eben überall vor. Immerhin sind Ergebnisse der Unterfinning-Studie für ein größeres Publikum im Regionalfernsehen anschaulich[20] aufbereitet worden. Das Schreiben von dickleibigen Ortschroniken und fundierten Abhandlungen zur mehr oder weniger säkularen Wirtschafts- und Sozialgeschichte im lokalen/regionalen Maßstab ist überhaupt in Mode gekommen - z.B. Paul *Erker*: Revolution des Dorfes? -. So veröffentlichte das Göttinger Max-Planck-Institut für Geschichte, dessen Mitarbeiter das international beachtete Konzept der Protoindustrialisierung entwickelt haben, eine beeindruckende Monographie über das Leineweberdorf Laichingen auf der Schwäbischen Alb, verfaßt von Hans *Medick*. Peter *Exner* wiederum geht der Modernisierung der ländlichen Gesellschaft und der Landwirtschaft anhand von gleich drei Gemeindestudien in Westfalen nach!

20. Winfried *Gebhardt* und Georg *Kamphausen*, Zwei Dörfer in Deutschland. Mentalitätsunterschiede nach der Wiedervereinigung. Opladen 1994

Die Verfasser widmen sich einem Thema, das in der seit 1989/90 anderen Bundesrepublik Deutschland erheblich an Bedeutung gewonnen hat: Wie grundlegend und dauerhaft sind individuelle und kollektive Unterschiede zwischen den Menschen einzuschätzen, die über rund 40 Jahre hinweg durch einen "eisernen Vorhang" getrennt worden sind, mit der Folge einer tiefgreifenden Auseinanderentwicklung in ideologischer, sozialökonomischer und realpolitischer Hinsicht? Was bleibt von den jeweiligen Biographien bestehen, was geht an Kohorteneffekten verloren? Als Mentalität bezeichnete Günter *Hartfiel* andernorts (1972)

> "die spezifisch umwelt- und erfahrungsbedingte Prägung der psychischen Disposition eines Individuums, die bewirkt, daß kognitive Wahrnehmungen .. über die Wirklichkeit unmittelbar mit Wertungen, emotionalen Steuerungen .. und vorweggefaßten Meinungen .. verbunden werden. Soweit solche Dispositionen etwa gleichartig innerhalb bestimmter Gruppen ... auftreten, können "soziale Mentalitäten" festgestellt werden ... Die Soziologie untersucht die Zusammenhänge zwischen objektiven Lebensverhältnissen (Arbeits- und Berufssituation, Wohnlage, ökonomische Lebensbedingungen) und Mentalitätsbildung."

---

[20] Bayern 3, Sendung am 31.10.1996.

Als Untersuchungsweg wurde eine vergleichende Dorfstudie mit zwei Gemeinden gewählt, die einem einheitlichen Kulturraum - dem bayerischen bzw. sächsischen Vogtland - im oberen Saaletal angehören. Die Studie ist sehr übersichtlich in drei Kapitel und ein Nachwort gegliedert und gut geschrieben. Sie dokumentiert typische "soziale Situationen" in Bildern und Portraits ausgesuchter Interviewpartner mit insgesamt 46 Fotos (auf 175 Seiten) mit künstlerischem Blick. Kapitel I entfaltet die Begriffsgeschichte von Mentalität, die Fragestellung der Mentalitätsunterschiede in Ost- und Westdeutschland, und die Methoden ihrer Erfassung. Demzufolge umreißt "Mentalität" den weiten und diffusen Bereich des Gewohnheitshandelns, der eingespielten routinisierten und ritualisierten Einstellungen und Werthaltungen (a.a.O., S. 15), der sich in den Dimensionen des Alltagshandelns einerseits spiegelt: am Arbeitsplatz, in der Familie, in der Kirche, in den Freizeitaktivitäten, in der Erziehung, in den Sicherheitsbedürfnissen, in den Fremd- und Selbstbildern, in der Art des Medienkonsums u.a. Auf der anderen Seite wird die sogenannte Alltagsästhetik als außerordentlich mentalitätsrelevant eingestuft, die sich in so banalen Bereichen wie Wohnungseinrichtung, Gartengestaltung, PKW-Besitz, Eß- und Trinkgewohnheiten, öffentlichen Räumlichkeiten und dergleichen materialisiere (a.a.O., S. 20f.). Die Ableitung des theoretischen Konzepts geschieht "unter Rekurs auf die kultursoziologische Fundierung des Mentalitätsbegriffs bei *Weber* und *Geiger* und mit Hilfe der phänomenologischen Lebensweltkonzeption Alfred *Schütz'* " (a.a.O., S. 18).

Kapitel II (S. 27-56) enthält die Dorfbeschreibungen, das sind die äußeren Gegebenheiten, von Werda und Regnitzlosau. Diese skizzieren in aller Kürze die geographische Lage und Geschichte, Bevölkerung und Wohneigentum, die Wirtschafts- und Sozialstruktur - Textilindustrialisierung seit etwa 1850 -, die kommunalpolitischen Verhältnisse - als "schwarze Oasen" gekennzeichnet -, die infrastrukturelle Versorgung und Verkehrsanbindung, Freizeitangebote, Vereinsleben und schließlich etwas ausführlicher das äußere Erscheinungsbild der beiden Untersuchungsdörfer, z.B. Neubaugebiete, Friedhöfe, Kirchen, Gartenzäune, Fassadenschmuck und dergleichen.

Das Hauptkapitel (III, S. 57-165) wendet sich dem Leben im Dorf, der inneren Bewältigung der Dimensionen alltäglicher Lebenswelten zu. Die Interpretation geht in drei Schritten vonstatten.

A) Von der Grundannahme der relativen Veränderungsträgheit des Alltagswissens ausgehend, werden die Belege angeführt, die Stabilität und Kontinuität des Bewährten im Dorfvergleich dokumentieren. Als solche zeigen sich die ungebrochene Dominanz der "Sekundärtugenden" - Arbeit, Eigentum, Heimat - im Überwiegen materieller Orientierungen und die verbreitete Eigentümlichkeit, das "kleine Glück" der Geborgenheit in Familie und Verwandtschaft als Normalitätsstandard fraglos anzuerkennen. Weitere Konstanten finden sich sowohl in der Bereitschaft, die - wenngleich fiktive - konfliktfreie Idylle der "Dorfgemeinschaft" aus Nachbarschaft, Vereinen und Gemeindepolitik aufrechtzuerhalten, als auch in den wirkungsmächtigen Resten volkskirchlicher Milieus, welche sich in der Teilhabe an "christlicher Folklore" und den kirchlichen Kasualien niederschlägt.

B) Derartige Bewahrung des Bekannten wird erst in Situationen der Krise und des Umbruchs infragegestellt, wie sie sich in beiden Gemeinden angesichts des Einbruchs des Fremden und der Wendeereignisse zugetragen haben. Dann stehen Problembereiche und Konfliktfelder, Sorgen und Ängste der Menschen im Vordergrund. Diesen Wandel der Lebenswelten gerade in der ostdeutschen Gemeinde identifizieren die Verfasser als

- Verlust der Sicherheit an Chancen, am Arbeitsplatz, vor Kriminalität,
- Bedrohung des Eigenen, was zur Bildung negativer Stereotype z.B. über West- und Ostdeutsche, Ausländer und Asylbewerber führt,
- "Last der Zeit": veränderte Arbeitsanforderungen, vermehrte Bürokratie und Umstellungsschwierigkeiten verursachen einen radikalen Bruch zu Lasten der Freizeit u.a.,
- "Ende der Gleichheit" infolge gesellschaftlicher Differenzierung, entstandenem "Sozialneid" und Wohlstandsgefälle zwischen Vereinigungsgewinnern und -verlierern.

C) Erst der Vergleich zwischen den Gemeinsamkeiten auf der einen und den Wendeerfahrungen auf der anderen Seite erlaubt eine Antwort auf die Frage, ob es sich bei den in beiden Gemeinden vorgefundenen Werthaltungen, Gewissheitsmustern und Handlungsstrategien um zwei je spezifische Mentalitäten handelt oder nicht, die sich im Spannungsfeld zwischen Individualisierungsdrang und der Sehnsucht nach Gemeinschaft zu behaupten haben. Im Lichte der in Gerhard *Schulzes* "Erlebnisgesellschaft" 1992 rekonstruierten fünf Milieubeschreibungen seien für beide Dörfer insbesondere das sogenannte Integrations- und das Harmonie-Milieu als gemeinsame Wirklichkeit charakteristisch. Alle beobachteten Grundhaltungen (a.a.O., S. 148ff.) wie Überschaubarkeit und Geborgenheit, Sicherheit und Gewissheit (Kirche, Familie, Haus), Identität und Konformität, laufen im Bild der Gemeinschaft zusammen wie es vor mehr als 100 Jahren von Ferdinand *Tönnies* gezeichnet wurde (a.a.O., S. 159, vgl. auch S. 26). In der abgeschiedenen westdeutschen Provinz werden Familie und Gemeinschaftsrhetorik als normativer Schleier über die durch pluralisierte Lebensstile längst veränderte Realität gelegt, eine Entwicklung, welche die ehedem im Osten vom sozialistischen Gleichheitspostulat abgestützte "Notgemeinschaft" nunmehr im Zeitraffertempo nachholt und weithin als Verlust beklagt. Als Resümee stellen die Verfasser fest (a.a.O., S. 163),

> "daß in beiden Gemeinden der Wille zur "Gemeinschaft" diejenige Grundhaltung ist, die sich wie ein roter Faden durch alle einzelnen Lebensbereiche hindurchzieht und das Gesamtbild prägt. Wir gewannen in beiden Dörfern oftmals den Eindruck, als begegne uns Ferdinand *Tönnies* persönlich und läse uns aus "Gemeinschaft und Gesellschaft" vor."

Bis hierher halten die Autoren ihr Pulver trocken und den Leser im Ungewissen, um dann in der abschließenden Diskussion der Ergebnisse eine überraschende dialektische Volte zu schlagen. Denn der aufmerksame Zeitgenosse hält längst die gängigen Vorurteile gegen die zitierte Grundhaltung parat, die andere Autoren zur Genüge betont haben. So stellten *Bell/Newby* (1971) ihrer kritischen Analyse amerikanischer und europäischer community studies bereits das despektierliche Motto voran: "Who reads Ferdinand *Tönnies* today?" Statt eines Nachwortes bringen dann auch *Gebhardt/Kamphausen* in einem staatsbürgerkundlichen Essay "zur Lage der Nation" kritische Einwände (a.a.O., S. 164-183) gegen den Mythos der Gemeinschaft und gegen die Sehnsucht nach Idylle (Helmuth *Plessner*, 1924) als den Ausdrücken einer typisch deutschen Mentalität vor.

Fazit: Den empirischen Befund könnte man überspitzt auf den Punkt bringen: Die vielzitierte "Mauer in den Köpfen" der West- und Ostdeutschen schrumpft - um im

Bild zu bleiben - zum "Zaun in den Köpfen" zusammen, so Christian *Geyer* ("Frankfurter Allgemeine Zeitung" Nr. 114 vom 18.05.1994, S. N7). Die methodisch nicht immer überzeugende Umsetzung des theoretischen Konzeptes -mit der Grundannahme langfristiger Konstanz alltagsweltlicher Mentalitäten - bleibt eher Prämisse als Ergebnis. Ich vermute ungeschützt, daß die aufgezeigten "stabilen Lebenswelten" selbst über nationale Grenzen hinweg in West-Europa weithin Ähnlichkeit aufweisen! Gerade wegen der überstarken Betonung der Metapher der Alltagsästhetik verblüfft eine Leerstelle in der wissenschaftlichen Ahnengalerie, von den Befürwortern der sogenannten Alltagsgeschichte einmal abgesehen. Es handelt sich um Pierre *Bourdieu*s Studie "distinction" von 1979 (deutsche Übersetzung 1982), die zwar im Literaturverzeichnis, nicht aber im Text auftaucht. Dieser hat sich dort bereits wegweisend über Lebensstile, Habitus, Bildungsadel in Kunst, Musik und Sprache, Klassengeschmack u.ä. ausgelassen.

Exkurs zur neuerlichen Verwendung des Mentalitätsbegriffs

Es ist hier nicht der Platz, ausführlicher auf die sozialwissenschaftliche Tragfähigkeit des Mentalitätskonzeptes o.ä. einzugehen. Dieses hatte seinerzeit Theodor *Geiger* in die Analyse der sozialen Schichtung des deutschen Volkes (1932, S. 77ff.) eingeführt. René *König* (1987, S. 258-297) beklagte später in einem Rückblick auf Seitenlinien und Vergessenes aus der Berliner Soziologie um 1930 das Verschwinden des heute total vergessenen Begriffs der "Mentalität" (ebenda, S. 293), die er umgangssprachlich als Teilansicht und erlebnismäßige Innenseite des alltäglich handelnden Menschen auffaßt. Diese Klage ist seit einiger Zeit gegenstandslos geworden, denn Mentalitätsunterschiede, Mentalitäts- und Wahrnehmungsgeschichte i.w.S. werden vielfach für Plausibilitätsüberlegungen bei zahlreichen Sachverhalten zuhilfe genommen (vgl. *Vester* 1995; für Dörfer z.B.: Hugo *Maier* u.a., 1990, S. 6; *Roscher/Koch*, S. 13), um sekundärstatistisch fundierte quantitative "Erklärungsansätze" mittels multivariater Schätzverfahren abzurunden. Deshalb wird bereits vor dem überzogenen Gebrauch dieses unscharfen Konzepts gewarnt.

Eine analoge, wenngleich nicht ausdrücklich so genannte, Verwendung findet sich z.B. in Untersuchungen zur regionalen Inzidenz in der sogenannten Armutsforschung: sprich Sozialhilfe! *Krug/Rehm* (a.a.O., S. 204-207) untersuchten die Einflußgrößen der unterschiedlichen Sozialhilfedichte in den westdeutschen Stadt- und Landkreisen. Als eine solche identifizierten sie u.a. die jeweilige Ausprägung der sogenannten Verhaltensdisposition, die sie statistisch an Indikatoren christlicher Glaubensbindung und -bewertung (Konfessionszugehörigkeit) sowie der politischen Anspruchshaltung (Parteipräferenz) festmachten (vgl. *Struff,* 1992, S. 248 und 262).

- In der Wahlforschung finden sich ähnliche Gedankengänge. Für die Untersuchung des aktuellen Verhaltens individueller Wahlbürger, etwa bei der Entscheidung zur Wahlenthaltung oder aber zur Protestwahl von links- bzw. rechtsextremistischen Parteien, wurden in ähnlicher Weise "neue Wählermentalitäten" (Ursula *Feist,* S. 7, 17 und 79) oder aber der - aus der Heilkunde/Pathologie entlehnte - Terminus "Einstellungssyndrom" (*Falter*, 1994, S. 131, 138) benutzt. - Den theoretisch-anspruchvollsten - weil interdisziplinären - Versuch und das methodisch aufwendigste Instrumentarium[21] unternahm jedoch das Institut für Wirtschaft und Gesellschaft (IWG) mit der Absicht, die wirtschafts- und arbeitskulturellen Unterschiede in den alten Bundesländern zu erfassen.

Meinhard *Miegel* (u.a.) wirft der in der Bundesrepublik betriebenen Regional- und Raumordnungspolitik ein verengtes Menschen- und Gesellschaftsbild ebenso wie eine mechanistische wirtschaftliche Weltsicht vor (a.a.O., S. 115f.). Diese blende die subjektiven Faktoren bei der Analyse der beobachteten regionalen Unterschiede im Wirtschaftswachstum und in der Vollbeschäftigung aus. Denn trotz jahrzehntelanger Ausgleichsleistungen in der (alten) Bundesrepublik mit der Absicht, die jeweilige Wirtschafts- und Beschäftigungslage zwischen Ländern und Regionen einzuebnen, seien die regionalen Gefälle bestehen geblieben. Nach *Miegels* Meinung verfehlt deshalb das oben skizzierte Politik- und Wirtschaftsverständnis die Lebenswirklichkeit.

---

[21] Die Datengrundlage besteht aus zwei repräsentativen Befragungen durch EMNID, der statistischen Analyse der Landkreise, einer Unternehmensbefragung, sowie weiteren Expertengesprächen und Sekundäranalysen.

"Denn unter ähnlichen objektiven Bedingungen werden unterschiedliche wirtschaftliche Ergebnisse gezeitigt, wie umgekehrt unter unterschiedlichen Bedingungen ähnliche Leistungen - gemessen an der Bruttowertschöpfung, Steuerkraft, Arbeitslosenquote - erbracht werden" (a.a.O., S. 116).

Er fragt deshalb nach den Gründen (a.a.O., S. 117),

"warum zwischen Ländern und Regionen trotz gleicher Wirtschaftsordnung und -politik sowie vielfältiger Bemühungen, objektiv gleiche Lebensbedingungen zu schaffen, starke Wirtschafts- und Beschäftigungsgefälle bestehen können"?

"Den unerklärten Rest" führt er am ehesten auf Unterschiede in den nicht direkt erfaßbaren "Wirtschafts- und Arbeitskulturen" sowie der "individuellen Denk- und Anschauungsweisen" - sprich: Mentalitäten - in den jeweiligen Bevölkerungen zurück. Diese wiederum begreift er als Ausdruck von drei großen Gruppen von Einflußgrößen auf den Grad der erwerbswirtschaftlichen Prägung und regionalen Erfolgsorientierung:

1. Wirtschafts- und beschäftigungsrelevante Neigungen und Verhaltensweisen der Einwohner im Hinblick auf Privatleben, Freizeit, Vermögen, Arbeitseinsatz und -ethos etc., die im Mittelpunkt der Studie stehen (Kapitel 6, S. 48-95).

Die empirischen Testversuche bei *Miegel* u.a. zur Analyse der komplexen Zusammenhänge überzeugen allerdings wenig. Er bildet nämlich zwei Vergleichsgruppen aus zweimal dreizehn Landkreisen in den alten Bundesländern, die bezüglich Wirtschaft und Beschäftigung als besonders stark bzw. schwach einzustufen sind. Die einfache Auszählung der Merkmalsausprägungen ergibt zwar gelegentliche Anhaltspunkte für Unterschiede erwerbswirtschaftlichen Handelns, seiner Folgen und mutmaßlichen Einflußgrößen zwischen der starken und der schwachen Gruppe, doch eher im Sinne einer explorativen Suchstrategie statt statistisch signifikanter Abweichungen.

2. Dauerhafte (Klima, Lage), langfristige (Geschichte, Herrschaft, Religion, Erbrecht) und aktuelle (Politik, Rechtsordnung, Institutionen und Einzelpersönlichkeiten) Faktoren beeinflussen die Mentalitäten (Kapitel 7) und die subjektiven Zufriedenheiten (Kapitel 8), werden jedoch nach eigenem Urteil eher kursorisch geprüft.

3. Zur Wirkung des wirtschafts- und beschäftigungsrelevanten Handelns und seiner Ergebnisse ("Emanationen") als Folge vorangegangener oder gegenwärtiger Aktivitäten der Regionalbevölkerung (Kapitel 5) werden im wesentlichen einsichtige Vermutungen und Plausibilitätsüberlegungen angestellt.

Miegel versucht also, den ökonomischen Primat zu relativieren, indem er eine wechselseitige Kompensation zwischen objektiven und subjektiven Lebensbedingungen zuläßt, und zieht daraus weitreichende Schlußfolgerungen für die Regional- und Raumordnungspolitik. Frei nach der voluntaristischen Devise: Wollen impliziert Können - mahnt er angesichts der mentalen Beharrungskräfte gesellschaftlicher Gruppen und der begrenzten Handlungsspielräume aktueller Politik kritisch an:

> "Denn sollten regionale Wirtschafts- und Beschäftigungslagen erheblich von Neigungen und Verhaltensweisen der jeweiligen Bevölkerung abhängen, wäre nicht nur fraglich, ob das Postulat gleicher materieller Lebensbedingungen verwirklicht werden k a n n, sondern mehr noch, ob es überhaupt verwirklicht werden s o l l" (a.a.O., S. 122 - Hervorhebung im Original).

Vermutlich, weil der Test am untauglichen Objekt vorgenommen wird, scheiterte somit weitgehend der Versuch von *Miegel* und Mitarbeitern, die zündende Grundidee ihres Argumentationsmusters empirisch umzusetzen. Der vorläufige Fehlschlag dieser Pilotstudie dürfte einesteils auf fehlendes bzw. ungeeignetes Datenmaterial[22] zurückzuführen sein, anderenteils auf methodische Mängel, die mit der sorglos-naiven Handhabung demoskopischer Umfrageergebnisse sowie der auffälligen Beliebigkeit zusammenhängen, mit der elementare Fragen etwa nach der statistischen Signifikanz beobachtbarer Unterschiede ignoriert worden sind.

Die bisher referierten Befunde bezogen sich vornehmlich auf Nord-Süd-Unterschiede in der alten Bundesrepublik. Deshalb ist abschließend zu prüfen, ob in der mir zugänglichen Literatur zur Dorfforschung in Ostdeutschland einschlägige Anhalts-

---

[22] Allein der derivative und hochaggregierte Charakter von durch Regionalschlüssel abgeleiteten Kennziffern auf der Kreisebene, z.B. Arbeitsproduktivität pro Kopf, verbietet eigentlich weitreichend interpretierte Aussagen über letztlich betriebsindividuell und standortbedingte Mentalitäten bzw. "wirtschafts- und arbeitskulturelle Unterschiede" im Bundesgebiet! Denn selbst die Ungenauigkeit gerade der wichtigen wirtschaftlichen Beobachtungen (wie z.B. der volkswirtschaftlichen Gesamtrechnung) in der deutschen Regionalstatistik ist nicht einmal der Größenordnung nach einigermaßen zuverlässig abzuschätzen; diese Tatsache wird von den Anwendern ihrer Ergebnisse allzuleicht vernachlässigt.

punkte zur Mentalität aufzufinden sind. Hier ergibt sich für die Vergangenheit Fehlanzeige, was bei der weltanschaulich bedingten Vorherrschaft materieller Lebensbedingungen - vor allem Arbeiten und Wohnen - weniger überrascht (vgl. etwa *Krambach* u.a., *Hubatsch* und *Krambach* u.a., *Krambach* und *Lötsch* u.a., *Feldmann* u.a., *Henkel* 1992; *Parade* 1989, 1991). - Seit 1989/90 ist der Hinweis auf Mentalitätsunterschiede bzw. -besonderheiten hüben und/oder drüben beinahe unausweichlich geworden. Ein Kulturhistoriker, Dietrich *Mühlberg*, hat aus Selbstbefragung 1998 den selbstironisch gefärbten Befund beigesteuert: Ostkultur sei „ein unbestimmter, gemeinsamer Vorrat an Bildern, Melodien, Emotionsauslösern, Denkfiguren, Vorurteilen, Weltvorstellungen, Sehnsüchten, Abneigungen". Das gilt für Gemeindestudien (vgl. *Berking; Bachmann/Wurst; Humm*) ebenso wie für die Ost und West vergleichende Surveyforschung (u.a. *Meulemann; Gluchowski/von Wilamowitz-M.*). Befunde tendenziell voneinander abweichender Entwicklungsmuster gesellschaftlicher Tranformation zeigen sich etwa auf folgenden Gebieten:

1) Protestbereitschaft (z.B. Braunkohlentagebau: *Wolkersdorfer*) oder aber Apathie bei den Betroffenen,
2) Umkehrung etwaiger Stadt-Land-Unterschiede, z.B. demographische Entwicklung, Umfang der Arbeitslosigkeit,
3) Wahlverhalten politischer Parteien: geringe Bindung und Loyalität gegenüber den sog. Volksparteien sowie latente/manifeste Neigung zu links- und rechtsextremen Gruppierungen!

---

21. <u>Sighard *Neckel*</u>, Waldleben. Eine ostdeutsche Stadt im Wandel seit 1989. Frankfurt-New York 1999

Aus dem nunmehr umfangreichen Literaturfundus über die sozialökonomische Transformation in Ostdeutschland gewinnen zunehmend ausgereiftere Studien an Bedeutung. Das betrifft nicht nur die spannende Geschichte alltäglicher Politik im uckermärkischen Dorfe Grüntal, Kreis Barnim. Mit der Gründung einer polytechnischen Oberschule im Jahre 1963 und ihrer Lehrerschaft tritt neben die Landwirtschaftliche Produktionsgenossenschaft eine zweite Grundorganisation der SED und bezieht ausdrücklich Stellung gegen die Opposition der protestantischen Ortskirche, welche die Reste des alten Milieus aus (ehemaligen) Bauern und Handwerkern um sich sammelte (vgl. *Berking* 1995). In demselben Landkreis liegt der von *Neckel* im Zeitraum 1989-96 untersuchte Wandel von Machtkonstellationen in der Politik einer Mittelstadt. Dieser Wandel durchlief mehrere Stationen: von den Kreis- und Betriebsleitungen als den eigentlichen Zentren lokaler Politik im vormaligen Staatssozialismus, dann der 1990 gewählten Wenderegierung - Erbe der Bürgerbewegung mit dem SPD-Kandidaten als vorherrschender Kraft - bis hin zu dessen (plebiszitärer) Abwahl des Stadtregiments im Jahre 1995.[23] Ihm wurden die Folgeprobleme der Vereinigung angelastet, während die entscheidenden ökonomischen Ressourcen bei überlokalen Akteuren - Bundesregierung, Treuhandanstalt, Privatkapital - lagen. Am Schluß steht die darauffolgende abermalige Umkehr der Machtverhältnisse zugunsten der alten einheimischen Funktionseliten mit dem „Erdrutschsieg" eines nunmehr parteilosen Kandidaten[24].

*Neckel*s (a.a.O., S. 16 und 83) ethnographisch gestaltete, doch methodisch wenig transparente, Feldforschung mittelstädtischer Politik beruht auf themenzentrierten, teilweise mehrfachen, Interviews mit insgesamt 115 Personen. Seine Gesprächspartner entstammen vier Gruppen:
- aus Politik und Verwaltung (Bürgermeister, Stadtverordnete, Parteifunktionäre, leitende Beamte und Angestellte),
- aus der lokalen Öffentlichkeit (Pressesprecher, Lokalredakteure, Journalisten),
- Personen aus dem Arbeits- und Wirtschaftsleben (Unternehmer/Manager, Gewerkschafter/Betriebsräte, Ingenieure, Wirtschaftsförderer, Verbandsfunktionäre und sonstige),
- Ortsbürger aus den verschiedensten Berufen und Verwaltungsbereichen.

*Neckel*s Analyse stützt sich vor allem auf die Rekonstruktion elementarer Deutungsmuster in Gestalt demokratischer Ordnungsvorstellungen bei den örtlichen Spitzenkandidaten der Parteien (a.a.O., S. 83ff.). Hinzu kommen biographische Portraits

---
[23] Nicht zuletzt wegen innerparteilicher Obstruktion im mitgliederstärksten Ortsverein (a.a.O., S. 215).
[24] Zu DDR-Zeiten bereits Bürgermeister in einer anderen Gemeinde.

führender Lokalpolitiker (a.a.O., S. 125ff.) und „teilnehmende" Wahlkampfbeobachtung kollektiver Mentalitäten.

Die Realität hinter der Fassade ehemals staatssozialistischer Planwirtschaft beschreibt er als Vorherrschaft wuchernder Partikularinteressen (Populismus) und instrumenteller Beziehungsmuster der Kader mit Bevölkerungsgruppen nach den Erfahrungsregeln des lokalen Tausches. Nach fünfjähriger Amtszeit war dagegen die Wenderegierung in der Stadt und bei den Bürgern ein Fremdling geblieben (a.a.O., S. 202). Sie konnte die Rollenerwartungen nicht erfüllen, beging zudem handwerkliche Fehler und taktische Schnitzer im Modernisierungsregime.

Das lokale Konfliktmodell des kommunalpolitischen Machtkampfes im ostdeutschen Wandel führt *Neckel* letztlich auf die Figurationsanalyse von Norbert *Elias* zurück, der Etablierte und Außenseiter voneinander unterschied. Es handelt sich um eine Fallstudie um das Jahr 1960, deren Autoren der wechselseitigen Statuszuweisung der Mitbewohner eines englischen Arbeitervorortes nachgingen und eine spezifische Form sozialer Ungleichheit und Rangordnung entdeckten - nämlich die Wohndauer am Platz -, hier für zwei Bevölkerungsgruppen, deren eine im sog. „Dorf", die andere in der „Siedlung" wohnte.[25] Diese duale Interaktion wird im Anschluß an Georg *Simmel* durch hinzukommende mächtige Dritte zu einem asymmetrischen Machtgefälle erweitert. „Der Machtvorteil der DDR-Außenseiter zum Zeitpunkt der Wende lag nun darin begründet, daß der mit den Etablierten verbündete Dritte - die Sowjetunion - sich zurückzog, während der westliche Dritte auf Seiten der Außenseiter in kürzester Zeit Positionen auf dem Boden der DDR einnahm" (a.a.O., S. 208). Personalquerelen, die Ausbildung ostdeutscher Sonderidentitäten und die neue Eintracht zwischen altem Establishment und westlichem Kapital (a.a.O., S. 231, 249) brachten schließlich eine Front zustande, die dem Angriff auf die Regierung der Außenseiter zum schließlichen Erfolg verhalf.

Der für den Leser gut und locker auf mehr als 250 Seiten verfaßte Text über den Ausschnitt aus dem verwirrenden Kontext von „Wählern und Gewählten" bleibt ins-

---

[25] Derartige Konstellationen finden sich übrigens im deutschen Schrifttum bereits bei *Croon/Utermann* (1958) sowie in der „Jülich-Studie" von F.U. *Pappi* (1973).

gesamt vergleichsweise eindimensional der Wahlkampfbeobachtung verhaftet, vor allem wenn man die Studie mit den als Referenz angegebenen Texten vergleicht (vgl. vor allem Norbert *Elias* und John L. *Scotson*, dt. Übersetzung 1990; Everhard *Holtmann* 1989; Ralf *Zoll*). Die pointillistische Darstellungsweise allerdings eröffnet relativ unbestimmte Spielräume einer offenen Interpretation der Ergebnisse, ohne den Gesamteindruck hervorzurufen, auf überzeugende Weise ein in sich stimmiges Bild gezeichnet zu haben!

5.2 Vergleichende Darstellung

Es ist bereits darauf aufmerksam gemacht worden, daß es sich bei den rezensierten Ortsmonographien des vorangehenden Abschnitts um eine willkürliche Auswahl handelt. Die Maßstäbe für eine etwaige Synopse der dort versammelten Studien sollten nicht allzu streng bemessen sein, geht es doch eher um das grundsätzliche zur Kenntnis bringen selbst! Verschiedenartige Gesichtspunkte der Untersuchungen kommen zur Sprache:

- demographische und administrative Grunddaten der Ortschaften,
- Einfluß von Hochschulstandorten und Forschungstraditionen,
- Lokalisierung der deutschsprachigen Untersuchungsdörfer,
- Wissenschaftsdisziplin, methodischer Zugriff und siedlungsstruktureller Gemeindetyp,
- Überprüfung anhand weiterer, beliebig ausgewählter und in 5.1 nicht abgehandelter Dorfmonographien.

Gerade der zuletzt genannte Schritt kommt ohne gelegentliches Nennen von Autorennamen nicht aus. Besonders auffällig ist der häufige Mangel an Querverweisen, ganz gleich, ob es sich um Zitate aus bahnbrechenden Studien, Belege aus Monographien für Nachbardörfer oder gar um Erkenntnisse für dieselbe Gemeinde handelt. Nur wenige Beispiele sollen das verdeutlichen:

(1) Mehrere Fallstudien der Nachkriegszeit befassen sich mit Ortschaften am Südabhang des Taunus, insbesondere im Main-Taunus-Kreis. Dazu zählen u.a. die von *Haindl* oder *Freund* verfaßten, aber auch die einzige mir bekannte deutsche Wiederholungsuntersuchung im Zeitabstand von zehn Jahren

(Mohr, Beckhoff). Keine jedoch nimmt Bezug auf *Schnapper-Arndt*s Werk über fünf Dorfgemeinden auf dem Hohen Taunus!

(2) Obwohl die eine Gemeinde als Pendlerzielort für die andere erwähnt wird, stehen die Monographien für die beiden Ortschaften im niedersächsischen Kreise Northeim ebenfalls beziehungslos nebeneinander.

(3) Das scheint für den deutschen Sprachraum allgemein zu gelten. Denn weder *Girtler* noch *Benard/Schlaffer* führen die berühmte Marienthal-Studie der ebenso prominenten Autoren *Lazarsfeld-Jahoda-Zeisel* im Literaturverzeichnis auf.

(4) Der im übrigen beachtliche Dorfvergleich *Ossenberg*s vernachlässigt die Studien der Forschungsgesellschaft über Bischoffingen von 1952 und 1972 durch Nichtbeachtung.

(5) Im südlichen Neckarland ist die stärkste lokale Häufung von Dorfstudien anzutreffen: die Ortschaften Kiebingen, Bieringen, Kusterdingen u.a. Doch abgesehen von einem Hinweis auf Besonderheiten des Kusterdinger Mundartgebrauchs bei *Bausinger* (1972, S. 37f.) bezieht lediglich *Häsler* ausführlich Stellung zu den Arbeiten der Tübinger Volkskunde.

An dieser Stelle kann naturgemäß kaum vermieden werden, "genetische" Herkünfte ins Spiel zu bringen, die bestimmte Hochschulstandorte und Lehrstuhltraditionen berücksichtigen. Ohne im einzelnen wissenschaftliche Stammbäume und Ahnentafeln rekonstruieren zu wollen, seien nur Zusammenhänge und Netzwerke mit zumindest drei Personen genannt:

- Marburg: *Weber-Kellermann, Bimmer, Heilfurth, Roth*
- Frankfurt: *Greverus, Haindl, Meyer-Palmedo, Römhild*; Heinz *Schilling*
- Tübingen/(Mainz): *Bausinger, Ilien, Jeggle, Kaschuba, Carola Lipp, Köhle-Hezinger, Fliege; Schwedt, Matter*
- Bern/Berlin: Richard F. *Behrendt, Jaeggi, Brüggemann, Riehle, Berking, Neckel.*

Die ausgewählten Monographien (Übersicht 6) sind ganz überwiegend auf dem Buchmarkt - keine „graue" Literatur - veröffentlicht worden, wobei schwer zu beurteilen ist, ob das eher auf angebots- oder aber nachfrageseitige Kräfte zurückgeht. Die geographische Lokalisierung weist mit Schwerpunkt nach Hessen[26] und Baden-

---

[26] Robert von *Friedeburg* (S. 33) stellt fest, daß zahlreiche neuere Studien detailliert die Sozialgeschichte der hessischen ländlichen Gesellschaft untersuchen!

Übersicht 6: Grunddaten für die rezensierten Dorf- und Gemeindestudien

Ort(steil) bzw. Gemeinde	Kreis bzw. Umschreibung 1961	Kreis bzw. Umschreibung 1987	Bundesland bzw. Ausland	Fläche (qkm) 1961	Fläche (qkm) 1987	Einwohner 1950	Einwohner 1961	Einwohner 1970	Einwohner 1987	Einwohner 31.12.1996
1 Obersuhl Wildeck	Rotenburg	Hersfeld-Rotenburg	Hessen	10,36	39,86	3472	3240	3074 6391	5234	5387
2 „Raum Trendelburg" Stadt Trendelburg	Hofgeismar	Kassel	Hessen	40,59	69,34	5440	4397	5913	5584	5780
3 Greene Kreiensen dito	Gandersheim „	Northeim	Niedersachsen	7,88 3,83	65,04	2510 3409	6213 2011 2948	2387 2944	8058	8251
4/6 Kiebingen Rottenburg dito	Tübingen	Tübingen	Baden-Württemberg	5,18 40,06	142,27	874 9446	1040 10786	9468 1388 12965 27914	33108	39942
5 St. Anna*	„Südburgenland"		Österreich	kA				kA		
7 Isarkirchen* „Wenn's Weiber gibt, kann's weitergehn."	„20 Min. S-Bahn" Ebermannstadt Lauf a.d.P.	München Forchheim Nürnberger Land	Bayern Bayern	kA kA				ca. 14.000		
8 Hofheim	Main-Taunus	Main-Taunus	Hessen	19,79	57,38	10179	14178	kA 18552 28221	34256	36516
9 Echte (K.7) Kalefeld	Osterode	Northeim	Niedersachsen	9,04 10,00	84,11	1851 1964	1327 1704	1265 1655 7634	7251	7420
10 Wald-Amorbach	Erbach	Odenwald	Hessen	3,64	30,76	411	338	354 6519	6774	7347
11 Körle Breuberg	Melsungen	Schwalm-Eder	Hessen	6,65	17,49	1670	1444	1696 2183	2535	2897
12 Walddorf*	„südlicher Schwarzwald"		Baden-Württemberg	kA					ca. 3000	
13 Spital am Phyrn	„südliches Oberösterreich"		Österreich		109,00				ca. 2300	
14 Ahldorf Horb dito	Horb „	Freudenstadt	Baden-Württemberg	5,94 11,66	119,80	524 3185	515 4266	573 5001 18677	21050	24884
Wachendorf Starzach	Horb	Tübingen	„	6,91 27,81		638	672	746 2995	2938	3796
Bieringen Rottenburg	Horb	Tübingen	„	6,87 14,27		541	574	550 27914	33108	39942
15 „Dorf im Verhör"		„Oberbayern"	Bayern	kA				kA		

Fortsetzung Übersicht 6:

Ort(steil) bzw. Gemeinde	Kreis bzw. Umschreibung 1961	1987 (1996)	Bundesland bzw. Ausland	Fläche 1961 (qkm)	Fläche 1987 (qkm)	Einwohner 1950	Einwohner 1961	Einwohner 1970	Einwohner 1987	Einwohner 31.12.1996
16 U n n a	Unna	dito	Nordrhein-Westfalen	20,00		26332	31465	50025	54040	67338
dito				88,45			49333			
Kamen	Unna	dito	,,	10,57		16601	19806			
dito				40,93			35833	4513	44002	47160
17 Langenhain-Z.	Friedberg	Wetterau	Hessen	10,19		838	708	786		
Ober-Mörlen				28,25	37,65	3289	3297	3676	5048	5781
dito								4462		
Staden	Friedberg	Wetterau	,,	3,15		626	597	652		
Florstadt				14,04	39,60	3336	3383	3763	7745	8485
dito								7244		
Ortenberg	Büdingen	Wetterau	,,	3,55	54,70	1694	1645	1810	7871	9275
								7688		
Hirzenhain	Büdingen	Wetterau	,,	3,75	16,11	1204	1340	1522	2664	3072
								2752		
Herbstein	Lauterbach	Vogelsberg	,,	18,09	79,95	2072	1706	1882	4621	5284
								4845		
18 Lupburg	Parsberg	Neumarkt i.d.Opf.	Bayern	5,87	30,59	863	836	1004	1979	2177
								1762		
19 Unterfinning	Landsberg a.L.		Bayern	9,78	23,33	530	380	381	1191	1510
Finning		dito		7,90		604	470	528		
								1060		
20 Regnitzlosau	Rehau	Hof	Bayern	5,63	39,91	1546	1537	1701	2562	2710
Werda	Auerbach	Vogtland	Sachsen					3002	1018[1]	
21 Waldleben*	Eberswalde	Barnim „Waldleben"	Brandenburg		13,58				1734[1] 55000[2]	1815 47000

Zeichenerklärung: * - Pseudonym
kA - keine Angabe
„....." - keine Dorfuntersuchung i.e. S.

[1] 1.1.1993   [2] 30.06.1989 einschl. Finow

Quelle: SBA (Hg.), Amtliches Gemeindeverzeichnis für die Bundesrepublik Deutschland. Stuttgart-Mainz 1963, 1972 (W. Kohlhammer), Stuttgart 1989 (Metzler-Poeschel)
SBA (Hg.), Amtliche Schlüsselnummern und Bevölkerungsdaten der Gemeiden und Verwaltungsbezirke in der BR Deutschland. Ausgabe 1997. Wiesbaden 1998

Karte 2

Lage der 21 rezensierten Untersuchungsorte
(1968 bis 1999)

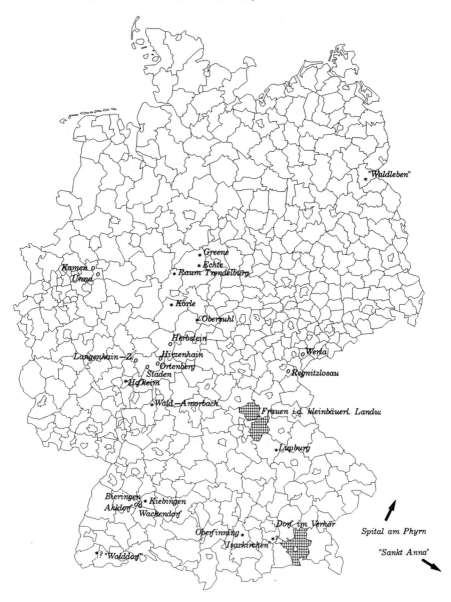

* Ortsmonographie   o Studie mit mehreren Orten   ⊞ keine Dorfuntersuchung i.e.S.

Württemberg (Karte 2). Daß diese südwestdeutsche Schlagseite überzufällig auftritt und nicht allein auf verzerrte Wahrnehmung des Verfassers[27] zurückzuführen ist, scheint die Beobachtung zu bestätigen, daß gerade für diese beiden Bundesländer thematisch entsprechende Sammelbände vorliegen (*Blümcke; Greverus* u.a.). *Meyer-Palmedo* (a.a.O., S. 33) steuert hierzu folgendes Argument bei:

"Die Gemeinde wurde - vor allem im Norden Deutschlands - mehr oder weniger zur Staatsanstalt erklärt, in der alles "von oben nach unten" geregelt wurde. Alles, was sich auf Gemeinden und Genossenschaften im Umkreis des bäuerlichen Lebens bezog, war eher suspekt und "fortschrittsfeindlich". Anders im süddeutschen Raum. Besonders dort, wo die Landesherrschaft nicht stark genug war, um alle Dinge ihren Wünschen entsprechend zu ordnen, konnte die Dorfgemeinde dennoch das absolutistische Zeitalter - wenigstens im Kern - überstehen und einige Selbstbestimmungsrechte bewahren."

Diese Feststellung ad hoc wird in einer älteren Wahlkreisstudie zur Bundestagswahl von 1961 über den früheren Stadt- und Landkreis Heilbronn ausführlicher untermauert. Hans-Dieter *Klingemann* zeichnete vergleichsweise ausführlich (1969, S. 42-58; 257) den historischen Kontext und das politische Profil tradierter Subsysteme mit jeweils ausgeprägter Parteiendominanz nach, die regional ziemlich genau an den alten Gemeindegrenzen abgelesen werden konnten. Diese gehen auf die ehemaligen altwürttembergischen Oberämter und ihre Vorläufer zurück, die *Klingemann* als frühe Ansätze genossenschaftlich-korporativer Selbständigkeit gegenüber der Herrschaft deutet. Die in diesem Kapitel behandelten Ortsmonographien enthalten zwar mehr oder weniger ausführliche Kapitel über Fragen der Kommunalpolitik[28], doch speziell zu den festumschriebenen Ereignissen der Analyse von Wahlentscheidungen und Parteipräferenzen, den Paradestücken des Faches empirische Wahlforschung, tragen jedenfalls die vorgestellten Studien wenig bei.

Anders sieht die Sachlage bei Untersuchungen zur vertikalen Schichtzusammensetzung und zum Klassenbewußtsein der Bevölkerung, nach objektiven Merkmalen und der jeweiligen Selbsteinstufung, aus. Schlüsselwerke dieser Forschungsrichtung - wie z.B. *Warner* in den USA (vgl. Abschnitt 3.2) oder Renate *Mayntz* (Euskirchen-

---

[27] Bonn wird gelegentlich pointiert als die nördlichste Stadt Süddeutschlands bezeichnet.

[28] Beispielsweise laufende Nummer 1, 4, 6 (Carola *Lipp*), 11, 16 und 21.

Studie) - sind aus gründlichen und inspirierten Gemeindestudien hervorgegangen. Und Franz Urban *Pappi* zeigte am Beispiel der rheinischen Kleinstadt Jülich, wie der Zustrom hochqualifizierter Naturwissenschaftler mit überwiegend protestantischer Konfession das örtliche Schichtungssystem in einem katholisch geprägten Umfeld aufmischt, so daß die Errichtung der dortigen Kernforschungsanlage deutlich nach Alt- und Neubürgern trennt. Derartige Besonderheiten sind auf der Dorfebene genauso relevant. Deshalb greifen etliche Ortsmonographien einschlägige Fragen dörflicher Schichtung der Bevölkerung auf. In immerhin sieben[29] (von insgesamt 21) Fällen werden aussagekräftige lokale Varianten sozialer Schichtung in verschiedenen historischen Aggregatzuständen näher erläutert!

Desweiteren läßt das gewählte Ordnungsschema (Übersicht 7) erkennen, daß
- an den gewählten Dorfmonographien weibliche Verfasser ungefähr paritätisch beteiligt sind,
- die volkskundliche Hochschuldisziplin überwiegt, während Agrar- und Landsoziologen eine verschwindende Minderheit darstellen,
- methodisch Monographien im engeren Sinn und die 80er Jahre als Veröffentlichungszeitraum vorherrschen.

Dabei sollte freilich nicht in Vergessenheit geraten, es ist vielmehr ausdrücklich zu betonen, daß die genannten Hochschulfächer - bei aller eifersüchtig gehüteten Selbständigkeit - mehr oder minder ausgeprägte Züge der „Versozialwissenschaftlichung" durchgemacht haben![30]

Schließlich sind die Untersuchungsdörfer siedlungsstrukturell in der Hauptsache den alten Gemeindetypen der BfLR[31] (Nr. 6, 8, 11, 13, 15,17) - nach Verdichtung und Zentralität; vgl. *Böltken/Janich* - abseits von Kernstädten sowie Ober- und Mittelzentren zuzurechnen. Das trifft zwar für 17 von insgesamt 31 dokumentierten Fällen zu. Von der großräumigen Lage her gesehen verzerrt freilich die geographische Auswahl mit Schwerpunkt Südwestdeutschland. Denn zehn der "Dörfer" gehören zu den

---

[29] Das sind aus Abschnitt 5.1 die laufenden Nummern: 1, 3, 4, 6, 10, 11 und 19.
[30] Die Soziologisierung der geisteswissenschaftlichen Disziplinen reicht freilich schon wesentlich länger zurück (vgl. *Rammstedt*, S. 59 sowie S. 58, Fußnote 10).
[31] Seit 1998 wissenschaftlicher Bereich des Bundesamtes für Bauwesen und Raumordnung (BBR).

Regionen mit großen Verdichtungsräumen (I), neun zu den Regionen mit Verdichtungsansätzen (II) und lediglich zwei zu den ländlich geprägten Regionen (III).

Ergänzende Befunde zum gewandelten Erscheinungsbild des "modernen" Dorfes erschließen weitere Dorfstudien (Übersicht 8), die in der obigen Synopse nicht enthalten oder aber in anderen Abschnitten bereits erwähnt worden sind. Zur wirtschaftlichen Funktion des neuzeitlichen Dorfes gehört längst, nicht erst seit dem neuerlichen Rückgang der Landwirtschaft, die Pendelwanderung an die außerhalb gelegenen Arbeitsstätten von Gewerbe und Dienstleistungen. "Zwischen die beiden zentralen Lebensräume Wohnung und Arbeitswelt schiebt sich damit ein dritter wesentlicher Bereich im Alltag: der des Weges zur Arbeit" (*Aschenbrenner-Kappe*, S. 22). Bei aller Pendeltradition unterliegt dieses Phänomen wiederum dem sozialen, wirtschaftlichen und kulturellen Gestaltwandel (vgl. *Wagenbach; Ahrens/Becker*), und zwar in Abhängigkeit vom Ausbau der Infrastruktur und der Verteilung der Industrie. In der Großvätergeneration war es noch üblich, beispielsweise Arbeit in den rheinisch-westfälischen Industriegebieten aufzunehmen und lediglich das Winterhalbjahr in der kargen Eifel zu verbringen. Das ist von den Zeitgenossen eindrucksvoll im sogenannten Trivialroman (Clara *Viebig*, Das Weiberdorf) dargestellt worden. Noch heute gibt es etwa winterliche Saisonarbeitslosigkeit im Bayerischen Wald oder in Friesland als verbreitetes Normallos. In der Vätergeneration ermöglichte der technische Fortschritt im Verkehrswesen dann das sogenannte Wochenendpendeln: Ganze Bauarbeiter-Kolonnen aus den Dörfern im Hohen Westerwald fuhren "auf Montage" in das Rhein-Ruhr- bzw. in das Rhein-Main-Gebiet. Gegenwärtig ermöglicht der Privat-PKW zumeist das arbeitstägliche Pendeln in das zugehörige Mittel- oder Oberzentrum bzw. dessen nächstgelegene Zweigstelle. Die Pendler aber sind nicht nur beruflich überwiegend städtisch orientiert, so daß bereits *Aschenbrenner/Kappe* (a.a.O., S. 54) die Hypothese vertraten, "daß man auch bei der Betrachtung des Dorfes nicht auf übergeordnete regionale Aspekte verzichten kann".

Übersicht 7: Ausgewählte Merkmale für die rezensierten Gemeindestudien

Lfd. Nr.	Jahr	Verfasser	Gemeinde bzw. Deckname	Disziplin	Methode	Siedlungsstruktureller Gemeindetyp 1993	Publikationsform
1	2	3	4	5	6	7	8
1.	1968	W. Roth	Obersuhl	V	M	13	B
2.	1972	R. Sachs	Trendelburg	ALS	P	11	S
3.	1976	A. Lehmann	Greene	V(S)	M	13	B
4.	1978	A. Ilien/U. Jeggle	Kiebingen ("Hausen")	V	M, P	11	B
5.	1979	Ch. Benard/ E. Schlaffer	"Isarkirchen" "St. Anna"	S	P	? -	B
6.	1982	W. Kaschuba	Kiebingen	V(H)	M	11	S
7.	1983	H. Inhetveen, M. Blasche	Ebermannstadt Lauf a.d.P.	S	P	? ?	B
8.	1983	E. Haindl	Hofheim a.T.	V	M	3	S
9.	1985	E. Ballhaus	Echte	V	M	13	B
10.	1985	I. Meyer-Palmedo	Wald-Amorbach	V	M	7	B
11.	1986	A. Wagner	Körle	H	M	13	B
12.	1986	B. Brüggemann/ R. Riehle	"Walddorf"	S	M	?	B
13.	1988	R. Girtler	Spital am Phyrn	S	M	-	B
14.	1989	S. Häsler	Ahldorf Wachendorf Bieringen	G	O	12 11 11	S
15.	1989	R. Schulte	Oberbayern	H	P	?	B
16.	1989	E. Holtmann	Unna Kamen	P	P, O	3 3	B
17.	1990	R. Römhild	Langenhain-Z. Staden Ortenberg Hirzenhain Herbstein	V	O	6 6 6 6 17	S
18.	1991	F. Kromka	Lupburg	ALS	M	13	S
19.	1993	R. Beck	Unterfinning	H	M	8	B
20.	1994	W. Gebhardt/ G. Kamphausen	Regnitzlosau Werda	S	P	15 4	B
21.	1999	S. Neckel	„Waldleben"	S	M	14	B

Fortsetzung Übersicht 7:

Zeichenerklärung:

Sp. 5: Disziplin
  V olkskunde
  S oziologie
  H istorie
  ALS Agrar- und
    Landsoziologie
  G eographie
  P olitische Wissenschaft

Sp. 8: B uchhandel
  S chriftenreihe

- nicht zutreffend

Sp. 6: Methode
  M onographie i.e.S.
  P aradigma Dorf
  O rtsvergleich

Sp. 7: Siedlungsstruktureller Gemeindetyp 1993 der BfLR

Regionstyp	Kreistyp	Gemeindetyp
I Regionen mit großen Verdichtungsräumen	1 Kernstädte	1 Kernstädte > 500.000 E
		2 Kernstädte < 500.000 E
	2 hochverdichtete Kreise	3 Ober/Mittelzentren
		4 sonstige Gemeinde
	3 verdichtete Kreise	5 Ober/Mittelzentren
		6 sonstige Gemeinden
	4 ländliche Kreise	7 Ober/Mittelzentren
		8 sonstige Gemeinden
II Regionen mit Verdichtungsansätzen	5 Kernstädte	9 Kernstädte
	6 verdichtete Kreise	10 Ober/Mittelzentren
		11 sonstige Gemeinden
	7 ländliche Kreise	12 Ober/Mittelzentren
		13 sonstige Gemeinden
III Ländlich geprägte Regionen	8 verdichtete Kreise	14 Ober/Mittelzentren
		15 sonstige Gemeinden
	9 ländliche Kreise	16 Ober/Mittelzentren
		17 sonstige Gemeinden

Quelle: Ferdinand *Böltken* und Helmut *Janich*, Siedlungsstrukturelle Gemeindetypen für die Raumbeobachtung. "BfLR - Mitteilungen", Bonn 3/1993, S. 6

Übersicht 8: Kennziffern für weitere im Text erwähnte "Dorfstudien" in Deutschland 1883 bis 1996

Erfasser	Jahr	"Dorf"	Kreis 1950	Kreis 1987	Bundesland	Fläche (qkm) 1950	Fläche (qkm) 1987	Einwohner 1950	1961	1970	1987	31.12.1996
Schnapper-Arndt	1883	Oberreifenberg	Main-Taunus		Hessen	3,84		1032	1098	1104		
		Niederreifenberg	"		"	4,15		1108	1189	1346		
		Seelenberg	Usingen		"	3,40		282	267	293		
		Schmitten	"	Hochtaunus	"	4,06	35,51	984	908	1055 6016	7168	8262
		Arnoldshain	"	"		8,27		826	965	1158		
Bidlingmaier, Maria	1918	Kleinaspach Aspach	Backnang	Rems-Murr	Baden-Württemberg "	13,23	35,46	1114	1005	1435 5905	6624	7960
		Lauffen a. Neckar	Heilbronn		"	22,64		7073	8533	9157	9089	10861
Rudolph	1955	Ronshausen	Rotenburg	Hersfeld-Rotenburg	Hessen	25,10	37,65	2407	2311	2450 2663	2582	2590
Mayntz	1958	Euskirchen	Euskirchen		Nordrhein-Westfalen	22,68	139,52	16805	20287 36847	41557	47050	52168
van Deenen	1961	Borkenwirthe Borken	Borken	Borken	Nordrhein-Westfalen	24,49	153,14	2478	2572 26750	28978	34228	39085
		Lippramsdorf Haltern	Reckling-hausen	Reckling-hausen	"	29,26	157,82	1775	1938	2344 26829	32758	35899
Peckhoff	1963	Naurod Wiesbaden	Main-Taunus	-	Hessen	10,21	204,01	1639	1816	2219 261864	251871	267669
		Ehlhalten Eppstein	"	Main-Taunus	"	7,26	24,20	572	613	733 7378	11999	13055
Ilwein/Zoll u.a.	1969ff.	Wertheim	Tauberbischofsheim	Main-Tauber	Baden-Württemberg	19,21	138,68	9789	11329	12029 21318	20377	24410
Biewert	1979	Reutlingen	dito		Baden-Württemberg	47,57	69,91 87,04	45735	67407 71579	84678 92412	98853	109113
Essenberg	1980	Bischoffingen Vogtsburg	Freiburg	Breisgau Hochschwarzwald	Baden-Württemberg	(siehe Übersicht 3)						5642
		Enzklösterle	Calw	Calw	"	20,20		954	1049	1132	1241	1365
		Hollenbach Mulfingen	Künzelsau	Hohenlohe	"	14,87	80,05	698	534	519 3641	4151	3894
		Onstmettingen Albstadt	Balingen	Zollernalb	"	20,59	134,41	4160	4715	5714 51691	46369	49210
		Otterswang Bad Schussenried	Biberach		"	13,17	55,01	567	565	654 7371	7201	8152
Wagenbach	1980	Hundsangen	Unterwesterwald	Westerwald	Rheinland-Pfalz	7,63		1341	1327	1471	1747	1981
Matter	1981	Langenfeld	Mayen	M.-Koblenz	Rheinland-Pfalz	4,72		570	643	753	782	786

Fortsetzung Übers. 8: Verfasser	Jahr	"Dorf"	Kreis 1950	1987	Bundesland	Fläche (qkm) 1950	1987	Einwohner 1950	1961	1970	1987	31.12. 1996
Greverus u.a.	1982	Selters Löhnberg	Oberlahn	Limburg-Weilburg	Hessen	4,85	33,83	372 4712	338 4279	381		4472
		Herleshausen	Eschwege	Werra-Meißner	"	13,60	59,83	2140 4114	1591 3696	2927		3105
		Wald-Amorbach Breuberg	Erbach	Odenwald	"	(siehe Übersicht 2)						7347
Reitz	1984	Woppenroth ("Schabbach")	Bernkastel	Rhein-Hunsrück	Rheinland-Pfalz	8,67		262	267	286	275	295
Ahrens-Becker	1985	Simmershausen Hilders	Fulda	Fulda	Hessen	8,63 16,01	70,38	660 1681	628 1627	622 1901 4741	4470	5098
Hahn/Reuter/ Vonderach	1987	Carolinensiel Harlesiel Wittmund, Stadt	Wittmund " "	"	Niedersachsen "	18,19 6,89	44,83 210,04	2197 3040 4658	1815 2966 4466	6670	19115	21021
Overlander, Henckel u.a.	1991	Kirchdorf	Grf. Diepholz	Diepholz	Niedersachsen	19,80	47,77	1377	1117	1207 2080	1861	1962
Wiengarn	1991	DO-Derne DO-Deusen	Dortmund		Nordrhein-Westfalen	kA						
Haindl	1994	Neustadt a.M. (Erlach)	Lohr a.M.	Main-Spessart	Bayern	16,39 3,59	19,98	862 367	713 365	780 424	1301	1371
Roscher/(Koch)	1994	Diedenshausen Gladenbach	Biedenkopf	Marburg-B.	Hessen	4,04	72,28	200	126	123 10935	10995	12359
Fuchs, Thomas	1996	Altenburschla Wanfried	Eschwege	Werra-Meißner	Hessen "	5,49	46,91	631	504	503 5657	(550) 4787	4874
Medick, Hans	1996	Laichingen	Münsingen Alb-Donau		Baden-Württemberg "	27,57 69,83		3965	4680	5406 8057	8714	10250

Quelle: wie Übersicht 4

Die komplexe Wirklichkeit des Alltagslebens auf dem modernen Dorf im Zeitalter der Medien und der Produktivkraft Forschung einzufangen ist durchaus Anliegen künstlerischer und sozialwissenschaftlicher Beobachtung. Edgar *Reitz'* Fernsehserie "Heimat" über das Hunsrückdorf "Schabbach" ging seit Mitte der 80er Jahre stark beachtet über deutsche und ausländische Bildschirme. Die angesehene Akademie für Raumforschung und Landesplanung in Hannover machte ihr Forschungsprojekt "Profil" mit einer interdisziplinären Studie an Kirchdorf fest (*Overlander/Henckel* u.a.).

Das statistische Profil selbst durchquert das Bundesland Niedersachsen als Korridor von Braunlage/Harz in Richtung Nordwesten bis Borkum. In der Gesamtbetrachtung (a.a.O., S. 127) der regional orientierten Bedürfnisse des überwiegenden Bevölkerungsteils, der im Gegensatz zur Außensicht vermeintlicher Experten häufig genug "sprachlos" bleibt, wird betont, daß soziale Kontakte, die Wohnsituation und der Zustand der Landschaft für die Bewohner Kirchdorfs wichtiger sind als - wie zumeist vermutet - Erwerbsmöglichkeiten oder die Erhaltung des überkommenen dörflichen Charakters.

Zuguterletzt sind einschlägige empirische Befunde über ländliche Räume bzw. Großstädte nachzutragen, die eigentlich nicht der Dorfforschung im engeren Sinne zugehören, jedoch nützliche Anregungen für diese enthalten.

(1) In der vergleichsweise dicht besiedelten Bundesrepublik ziehen in den 90er Jahren die Bauland- und Wohnungsmarkt-Probleme in den Großstädten erneut die Aufmerksamkeit auf sich. Hiervon ist der überwiegende Teil der Bevölkerung, der Arbeitsplätze und der Wertschöpfung unmittelbar betroffen, indirekt wirken selbstverständlich Strategien und Maßnahmen auf die übrigen Teilräume zurück. Engpässe in der Bereitstellung baureifer Grundstücke treffen auf eine erhebliche Zunahme des Siedlungsflächenbedarfs infolge Zuwanderung, Wohlstand und Anzahl der Eine-Person-Haushalte, so daß sich ein verstärkter Nachfragedruck aufgestaut hat. Was bedeutet dann unter den verfassungsrechtlichen Prämissen von Demokratie, Marktwirtschaft und Sozialstaat in regional- und raumordnungspolitischer Hinsicht das erklärte Ziel, „eine bedarfsgerechte Ausweitung des Baulandangebots sicherzustellen" (BMBau, Baulandbericht 1993, S. 115)? „Das Wohlstandswachstum der Nachkriegszeit fand seinen baulichen Niederschlag in einer umfassenden Suburbanisierung" (BMBau, Zukunft Stadt 2000, S. 108 (Zitat) und 113) einerseits, die für Wohnungen und Arbeitsplätze ungebrochen anhält. Andererseits entsteht für größere Haushalte mit (unter-)durchschnittlichen Einkommen in Großstädten eine Art „Wohnungsmarktfalle" (a.a.O., S. 74), so daß die aufgestellte Forderung nach mehr Steuerung über Preise - anstelle von Plänen und Prinzipien - schwer durchzuhalten ist. Angelsächsische Beispiele der Stadtzerstörung schrecken ab.

Entscheidungen über Ereignisse der Zukunft in einer offenen und antagonistischen Gesellschaft fallen aber unter Ungewißheit und Wagnis.

(2) Über Lokal- und Kommunalpolitik auf dem Lande bestehen Forschungsdefizite. Infolge der Verwaltungsgebietsreform der 70er Jahre ist der von *Wurzbacher/Pflaum* in den 50er Jahren als Ausnahmefall untersuchte Gemeindetyp - nämlich eine politische Gemeinde mit etwa 45 Ortschaften und Weilern - inzwischen zur Regel geworden (*Schneider*, S. 70). Deutliche Unterschiede zwischen den Kommunalverfassungen der einzelnen Bundesländer blieben jedoch bestehen. Herbert *Schneider* (a.a.O., S. 102-134) untersuchte am Beispiel von drei „Fallskizzen" auf der Gemeindeebene den sich aus den unterschiedlichen rechtlichen Rahmenbedingungen ergebenden Einfluß auf Lokalismus, Vereinswesen, politische Kultur etc., teilweise sogar für einzelne Ortsteile. Die Aussagen mithilfe der Fallskizzen besitzen allerdings eher exemplarischen als monographischen Charakter. Der logische und erkenntnistheoretische Stellenwert dieser sprachlichen Handlungen dürfte - im Vergleich etwa mit der Definition fachsprachlich normierter Termini - als weit weniger anspruchsvolle Stufe elementarer Begriffsbildung einzustufen sein, die Paul *Lorenzen* (vgl. *Kamlah/Lorenzen*, S. 27ff.) als „Prädikatoren" bzw. Prädikationen bezeichnet hat.

(3) Weitere Arbeiten wenden sich besonderen Bevölkerungsgruppen auf dem Lande zu - Landfrauen, Nichtlandwirte etc. -, von denen hier allein die Landjugend wegen ihrer projektiven Bedeutung aber auch infolge einer methodischen Kontroverse hervorgehoben werden soll. *Böhnisch/Funk* liefern einen ausführlichen Überblick über die Geschichte der Landjugendforschung (1989, S. 15-53) von der Weimarer Republik, über die 50er Jahre, bis hin zu den repräsentativen Studien, die - so die Autoren - in den Sog stereotyper Interpretation und einer überwiegenden Integrationsperspektive geraten seien. Die letztgenannte Einschätzung dürfte insbesondere die gründlichen Arbeiten von Ulrich *Planck* für die Jahre 1955, 1968 und 1980 betreffen. Demgegenüber befürworten *Böhnisch/Funk* die aktionistische Verbindung einer „sozialpolitisch verpflichteten Landjugendforschung" (a.a.O., S. 51), welche Hilfen für die subjektive Bewältigung von Lebensproblemen geben will. Diese Aufgabe entstehe aus der Ambivalenz der Wirklichkeit, die sich für die Jugendlichen aus dem

Spannungsfeld zwischen der modernen urbanen Welt auf der einen - vermittelt über (Aus-)Bildung, Medien und Konsum - und der sehr stark traditional geprägten ländlichen Alltagswelt auf der anderen Seite ergebe. Solche andersartige Konstellationen rufe sowohl die Geschlechtshierarchie als auch die regionalspezifische Lebenslage hervor. Explorative Befragungen werden im ländlichen Baden-Württemberg für drei Kreistypen durchgeführt: industriell durchmischt ohne Strukturschwächen, altindustrialisiert, agrarisch geprägt, mit der These (a.a.O., S. 110): Gegen die überformende Moderne erhielten sich oftmals Traditionselemente, z.B. der sozialen Kontrolle, der Nachbarschaft, der Moral und der dörflichen Öffentlichkeit als durchgängige Bereiche und verbindlicher Kontext des dörflichen Milieus. Wenngleich nicht leicht auszumachen ist, inwiefern hier im Vergleich zu den abfällig eingeschätzten quantitativen Repräsentativstudien ganz neue Wege eingeschlagen werden, so finden sich im übrigen eine Reihe von eindrucksvollen Vorschlägen und Formulierungen: z.B. die „Marginalisierung der bäuerlichen Sozialrolle im dörflichen Statusgefüge" (a.a.O., S. 160).

Eine jüngere Fragebogenstudie von *Böhnisch/Rudolph* u.a. vergleicht Landjugendliche in Ost- und Westdeutschland. Ziemlich unvermittelt finden sich dort interessante Befunde zur sogenannten „Fremdenfeindlichkeit" sowie Aussagen über latente bzw. manifeste Veranlagungen zur Gewalttätigkeit in dieser Altersklasse (1997, S. 47ff., 85f. sowie 107-112). Bei allen Abstrichen, die hinsichtlich der Artikulationsfähigkeit und Aussagebereitschaft in diesen Dingen anzubringen sind, so liefert die Untersuchung doch bedenkliche Anhaltspunkte zur auch auf dem Lande verbreiteten „jugendkulturellen Dimension von Gewalt" (Wilhelm *Heitmeyer*), die demzufolge keineswegs alleiniges Krisenphänomen in den Großstädten von heute darstellt, dem die Fallstudie von *Eisner* über Zürich nachgeht unter dem bezeichnenden Titel: Das Ende der zivilisierten Stadt?

6. Fazit und Ausblick

> ...if the pitfalls of the earlier rural community studies and much of agricultural economics are to be avoided, the re-emphasis upon both agency and specificity embedded within wider social formations would suggest the re-emergence of theoretically - informed locality studies.
>
> Graham Crow, Terry Marsden, Michael Winter, Recent British rural sociology. In: Philip Lowe and Maryvonne Bodiguel (ed.), Rural studies in Britain and France. London 1990, p. 258 (Belhaven Press)

Die vorgelegte Rückschau auf über 100 Jahre sozialwissenschaftlicher Dorf- und Gemeindestudien in Deutschland ließ Höhen und Tiefen dieses Arbeitsgebietes über mindestens drei „Bruchstellen" politischer Regimes hinweg deutlich hervortreten. In den Kapiteln 3 bis 5 stand weniger der Wandel des Gegenstandes selbst als vielmehr die Metamorphose seiner Erforschung im Mittelpunkt. Die selbstgewählte Form vornehmlich beschreibender Einzeldarstellungen teilt zwar auf narrative Weise manch Wissenswertes mit, sie macht indes das nach wie vor bestehende Theorievakuum der community studies nicht vergessen (vgl. *Bell/Newby* 1971). Hieraus resultiert deren eng begrenzte Diagnosefähigkeit: „Ohne Revisionszwang reihen sich konträre Einzelbefunde ohne gegenseitige Bezugnahme aneinander. In rascher Folge werden falsche Aussagen vergessen und durch neue ersetzt", so daß Erkenntnisfortschritt unterbleibt. *Friedrichs/Lepsius/Meyer* (1998, S. 26) münzen diesen Befund freilich auf die deutsche Soziologie überhaupt.

Die erzählende und beschreibende Form der Darstellung, angefangen von den Pionieren und Klassikern bis hin zu den Nachfahren unserer Zeit ersetzt zwar nicht die Lektüre der Originalschriften. Sie versucht aber wenigstens, Buchstaben und Geist der rezensierten Werke zu erfassen, um diese wiederlesen zu können (déjà lu!?). Die Rezeption als kritisch-aufklärerischer Umgang mit der Geschichte des

Fachs, ob als mehr oder minder eigenständiges Arbeitsfeld (Subdisziplin), ob als für bestimmte Fragestellungen geeignete Methode, lenkt das Forschungsinteresse auf Dörfer bzw. Kleingemeinden in ihrer Funktion als Wohnheimat, gewerblicher Standort, Lebensumwelt und sozialräumlicher Organisationsrahmen. Zweifellos ergänzen empirisch fundierte Gemeindestudien als eine Art soziales Mikroskop, als eigenständige Lokal- und Regionalmonographie, gängige Aggregatanalysen, z.b. zum Wahlverhalten anhand sozialstruktureller Merkmale (vgl. *Falter*, 1991, S. 327; *Bürklin/Klein*). Trotzdem „erlangten die Gemeindestudien bei uns nie die Bedeutung, die sie in der amerikanischen Sozialwissenschaft haben", so urteilt jedenfalls Erwin *Scheuch* (1998, S. 71) aus der Sicht der empirischen Sozial- und Politikforschung.

Stilbrüche waren in der Übersicht unvermeidbar, wenn im Laufe der Abhandlung vom Bibliographischen zu systematischen oder vergleichenden Betrachtungen und umgekehrt gewechselt wurde. An die Stelle sozialökonomischer Analysen im Ceteris-paribus-Kontext tritt die eher assoziative und reportagehafte Beschreibung, welche die Eigendynamik wirtschaftlicher Entwicklungen, politischer Entscheidungen und kognitiver Orientierungen der einzelnen Akteure berücksichtigt. Es ist hier nicht der Platz und würde eine kaum lösbare Aufgabe darstellen, die großen Linien in der Entwicklung, aber auch alle Einzelergebnisse der Studie mit den jeweils gebotenen Einschränkungen zu wiederholen bzw. zu verdichten. Das gilt erst recht für die in den einzelnen Abschnitten angesprochenen Irrtümer, Fehleinschätzungen, Kritikpunkte und sonstigen Petitessen.

Wenn man die quasi exterritorial agierenden multinationalen Unternehmen, ferner weltweite Finanzströme und die fast überall verbreitete Kommunikations- und Informationstechnik ins Auge faßt, stellt sich die Frage, ob räumliche Einheiten - wie Nachbarschaft, Gemeinde, Stadt, Land und Nation an Bedeutung verlieren (Richard *Münch*, 1998, S. 291). Wenig später postuliert er dagegen (ebenda, S. 408f.), ob nicht Stadt und Gemeinde als Orte des Zusammenlebens neu entdeckt werden müßten, um den Trend zur nivellierenden „Normalstruktur" und zum drohenden Profilverlust des Lokalen zu brechen! In der Krisenlage von community studies der 70er Jahre erhoffte man sich angesichts des Autonomieverlusts der Gemeinden die Rettung von der empirisch fundierten Analyse komplexer Makrogebilde und von der

„großen Theorie". Doch die Faszination mit dem eng geführten soziologischen Modernisierungskonzept des sozialen Wandels und dem nationalökonomischen Entwicklungs-/ Wachstumskonzept hat gegenwärtig stark nachgelassen. Die mangelhafte Diagnose- und Erkenntnisfähigkeit, auszusagen, warum und unter welchen Umständen bestimmte Ereignisse mit angebbarer Wahrscheinlichkeit eintreten werden, hat dazu beigetragen, selbst bei den Angelsachsen neues Interesse an „geschichtsphilosophischen" ebenso wie an ortsgeschichtlichen Fragestellungen wiederzubeleben, so z.B. die weltwirtschaftlichen „Lebensläufe" (cycles of growth and relative decline) von Staaten (vgl. *Kindleberger* 1996[1]).

Angesichts der Krisensymptome, welche die stadt- (vgl. *Pappi/Melbeck*) ebenso wie die dorfsoziologische Forschung infolge einseitiger Fixierung - déformation professionelle - auf die Normalität des ubiquitären Stadtlebens bzw. das Kommunikationsnetz des sogenannten global village durchmachen, stellt sich gebieterisch die Frage nach neuen oder alten Wegen bei der Analyse von Siedlungsformen und/oder des Gemeindelebens. Der ambivalenten Zeitstimmung am Ende des Milleniums zwischen dem *Rousseau*schen Mythos vom idyllischen Landleben auf der einen und dem Bild der bösen und grausamen Wildnis auf der anderen Seite entspricht die zwiespältige Einschätzung der Zukunft ländlicher Räume im Spannungsfeld von "zentraler Fremdsteuerung und/oder endogener Entwicklung - Trends und Prognosen bis zum Jahre 2000", wobei Gerhard *Henkel* (1993, S. 282ff.) die erstere für die wahrscheinliche Perspektive ansieht. Ähnlich folgert Cay *Lienau* hinsichtlich der regionalen Entwicklungsdynamik, daß „Städte (...) eher durch eine positive, die ländlichen Räume eher durch eine negative Entwicklungsdynamik gekennzeichnet (sind)" (1997, S. 12) und schränkt diese Aussage erläuternd dahingehend ein, „daß eine generelle Gleichsetzung von ländlichem Raum mit strukturschwachem Raum oder Passivraum verkehrt wäre" (ebenda). Im Ausland wird dagegen der Wiederbelebung des Landes (rural revival; la révitalisation des milieux ruraux) schon des längeren das Wort geredet. Zumindest für die (alte) Bundesrepublik widerspricht vor allem Heinrich *Becker* in „Dörfer heute" diesem Befund ganz energisch (1997, passim). Offen bleiben immerhin Dauer und Nachhaltigkeit dieser Trendwende mit Bezug auf

---

[1] Kapitel 8: Germany, the Latecomer, ebenda, S. 149-171.

die interregionale Verteilung der Einwohner, Erwerbstätigen/Arbeitslosen und Pro-Kopf-Einkommen sowie der kommunalen Finanzkraft!

Faßt man allein die außergewöhnlichen Belastungsfaktoren von Markt und Staat in den 90er Jahren ins Auge, als da sind: hohe Sockelarbeitslosigkeit, Wiederaufbau in den neuen Bundesländern, überbordender Sozialaufwand - ganz zu schweigen von der Umweltverträglichkeit und den Leistungsausgleichen für Familien, über Generationen hinweg und im weltweiten Maßstab -, so werden zunehmend Entsolidarisierungs-Befürchtungen in der Gesellschaft jenseits des üblichen Trittbrettfahrens laut. Dann wendet sich der hilfesuchende Blick erneut dem dritten Sektor zwischen Staat und Markt, den sogenannten intermediären Organisationen (Verbände, Gewerkschaften, Kirchen, Gemeinden u.ä.) zu, um solche Herausforderungen mithilfe ergänzender Handlungsebenen im gesellschaftlichen Wandel bestehen zu können. Vor dem Hintergrund der verfassungsrechtlich verbrieften "Allzuständigkeit" der Gemeinde bilden Autonomie und Finanzausstattung der Kommunen ein weiteres Dauerthema. Für den in der Bundesrepublik verbreiteten "Public-Private-Mix" im Institutionenverbund (Barbara *Seel*) nehmen sich verschiedene Ressorts des Bundes und der Länder der städtebaulichen Sanierung von Dörfern und Ortsteilen an (*Dehne/Schäfer* u.a.). Auf Seiten des Bundes sind hier vor allem Maßnahmen des BMBau (vgl. Raumordnungsbericht 1993, S. 23-43, 135f.) und des BML (Gemeinschaftsaufgabe "Verbesserung der Agrarstruktur und des Küstenschutzes") zu nennen. Doch stellt erst der fortdauernde Eigenimpuls das entscheidende Erfolgsmerkmal öffentlicher Maßnahmen zur Dorferneuerung dar (für quantitative Indikatoren wie z.B. Einkommen vgl. Stefan *Comes*). Freilich erfordern gründliche und anspruchsvolle Verfahren und Meßziffern der Wirkungsanalyse und Erfolgskontrolle einen erheblichen methodischen Aufwand (vgl. Theo *Kötter*, S. 114). Denn die Abbildung von Zielindikatoren, Bewertungskriterien und Maßnahmenwirkungen erfordert beinahe ein Übermaß an theoretischem und praktischem Wissen, und an statistischen Angaben (hierzu vgl. auch *Treuner* u.a., 1994).

Die neueren Äußerungen zur Dorfforschung von finanzwissenschaftlicher Seite und aus der Sicht des Vermessungswesens können um methodische Überlegungen im

Hinblick auf das volkskundliche Fachgebiet ergänzt werden. Hermann *Bausinger* (1987, S. 339) machte darauf aufmerksam,

> "daß umfassende, das Ganze einer Gruppe oder gesellschaftlichen Konfiguration analysierende Untersuchungen (ich denke vor allem an Gemeindeuntersuchungen) zugenommen haben: Im Grunde bieten erst sie den Hintergrund für Einzelanalysen partieller Kulturbereiche. ... die freilich auch am Ortsrand nicht halt macht, sondern überörtliche Kontakte und die überregionalen Einflüsse der Medien einschließt."

Der abschließende Blick auf die zukünftige Erforschung des Dorf- und Landlebens mithilfe von community studies hebt drei Gesichtspunkte hervor, die es nahelegen, diesem Arbeitsgebiet verstärkte Aufmerksamkeit in den sozialwissenschaftlichen Analysen zu widmen. Frei nach Mark *Twain* halte ich die Nachrufe über das Ende und den Abbruch dieser Forschungsrichtung für stark übertrieben:

(1) Es gibt zahlreiche Stimmen in der internationalen Fachwelt, die anspruchsvollen Gemeindestudien innovativen Erkenntniszuwachs bescheinigen.

(2) Gerade die für die deutsche Siedlungsstruktur kennzeichnende enge Stadt-Land-Vernetzung legt eine ganzheitliche Betrachtung nahe. Es erscheint durchaus voreilig, wenn Zeitgenossen - der „Idiotie des Landlebens" bzw. der heutigen Großstadt überdrüssig - die Kleingemeinde oder aber die „die Metropolen als reif für das Museum" (so Hermann *Lübbe* 1995) bezeichnen.

(3) Die Lieblingsbeschäftigung einschlägig tätiger Sozialwissenschaftler mit großstädtischen Fragestellungen verstellt gelegentlich die Wahrnehmung historisch und lokal/regional differenzierter Entwicklungen in Wirtschaft und Gesellschaft und läßt Forschungslücken entstehen!

Hier ist sogar ein denkwürdiger „Zusammenfall der Gegensätze" zu vermelden: Bekannte deutsche Großstadtsoziologen haben das Forschungsthema und den Blickwinkel des Lokalen / Regionalen neu entdeckt! Nach einer langen Phase vermeintlicher Nivellierung sozialer Unterschiede und mit der Auflösung besonderer ländlicher bzw. städtischer Produktions-, Politik- und Lebensformen schien Gemeindeforschung mehr und mehr ihres Gegenstandes verlustig zu gehen (*Häußermann/Siebel,* 1994, S. 382-385), überörtliche/gesamtgesellschaftliche Determinanten beherrschten eindeutig das Feld. Doch in der nachmodernen Phase zunehmender Differenzierung von Wirtschaft (weltweite IuK-Techniken) und Gesellschaft („reflexive Modernisierung") komme den örtlich gebundenen Milieus, unterschiedlichen lokalen Strukturen und sozialräumlichen Konfigurationen im Zuge der Auflösung hergebrachter Sozialverhältnisse erneut Bedeutung zu (ebenda)!

6.1 Neubewertung im ausländischen Schrifttum

Genaueren Aufschluß über eine neue, weil "selbstreflexive", Phase etwaiger Dorfstudien liefert wiederum ausländisches Schrifttum. Schon des längeren konstatieren *Bradley/Lowe* (1984) eine starke Wiederbelebung des sozialwissenschaftlichen Forschungsinteresses an theoretisch informierten Ansätzen zur Untersuchung der charakteristischen Eigenart von Örtlichkeit (locality ebenso wie localism), von Ländlichkeit und Regionalismus. Die ehemalige Zurückweisung der sozialökologischen Tradition, beispielhaft an den obsoleten Konzepten des Stadt-Land-Gegensatzes bzw. des Stadt-Land-Kontinuums vollzogen, zeitigte negative Nebenwirkungen. So vernachlässigte die Hinwendung zur Beschäftigung mit dem Wandel des nationalen (a.a.O., S. 3, i.O.) Sozialsystems und seinem Eindruck und den Folgen auf lokale und regionale Subsysteme die Analyse etwa verbliebener lokaler Unterschiede. Die davon herrührende Scheu, nicht zuletzt aufgrund der von *Bell/Newby* 1971 vorgebrachten Kritik, den community study approach fortzuführen, wirkte sich ungünstig auf Studium und Interpretation lokaler (i.O.) Besonderheiten (local distinctiveness) aus. Jene Einwände verwechselten jedoch methodische mit erkenntnistheoretischen Gründen, so die Ansicht von *Bradley* und *Lowe* (a.a.O., S. 5): Gemeindestudien als Forschungsstrategie - weniger als Analysemethode - bleiben demnach zweckmäßige Versuche, um "die soziale Bedeutung lokaler Vielgestaltigkeit in fortgeschrittenen Gesellschaften auf den Begriff zu bringen"[2] (a.a.O., S. 7). Die Kehrtwende zum erneuten Interesse an lokalen und regionalen Subsystemen leiteten *Bradley/Lowe* von sozialanthropologischen Studien britischer ländlicher Gemeinden einerseits, von der durch Standortverlagerungen der Industriebeschäftigung angespornten politischen Ökonomik andererseits ab.

---

[2] Eigene Übersetzung von: "...an . attempt to come to terms with the social meaning of local diversity in the advanced societies."

Nach Hochschuldisziplinen getrennt, verfolgen Historiker, Geographen, Ökonomen, Anthropologen, Soziologen und Politikwissenschaftler das Anliegen von "Rural Studies in Britain and France" (*Lowe/Bodiguel*). Dort werden wiederholt ältere Gemeindestudien kritisch auf ihre Mängel angesprochen (a.a.O., S. 44, 51, 182, 207). Andererseits wird das kümmerliche Wissen über die Forschungsgegenstände Macht und Dorfpolitik in kleinen französischen Städten beklagt (ebenda, S. 113), ehe abschließend die Soziologen *Crow/Marsden/Winter* (a.a.O., S. 256) eine neue Generation von theoretisch informierten Gemeindestudien und Zeitreihen empfehlen mit der Maßgabe, über die sozialökonomischen Wandlungen zu berichten, die sich in den Dörfern abspielen und die allgemeine Bevölkerungsbewegung und industrielle Umstrukturierung begleiten.

Folgt man weiter dem Tenor eines Artikels über die letzten 30 Jahre ländlicher Studien in England, dann geriet diese Forschungsrichtung in der Ära nach *Pahl* (1965/66) bzw. *Newby* (1977) in die analytische Sackgasse eines zwar „selbstreflexiven", jedoch „derivativen und sekundären", weil empiriearmen Theoretisierens (so Simon *Miller*, 1996, S. 108). Er setzt deshalb als wesentliches Thema für die Analyse gemeindlicher Schicht- und Machtverhältnisse folgendes auf die Agenda angewandter empirischer Sozialforschung (a.a.O., S. 111; Hervorhebung im Original):

> „What is currently lacking in rural studies - and urgently required - are bounded cases, *monographs* (a product maligned in England but esteemed in France) documenting this complex formation of classes in the various categories of 'countryside', whether their driving dynamic lies in rural production (like family farmers) or consumption (like the established service class) or both (like the 'traditonal' landowner)."

Miller bezieht sich hierbei (a.a.O., S. 100-107) auf eine von Terry *Marsden* und Philip *Lowe* (vgl. *Lowe* u.a., 1995, S. 15-20) vorgelegte Typisierung ländlicher Räume, die diese auf der Grundlage von vier Dorfstudien in Buckinghamshire entwickelt haben. Die Einteilung differenziert in aller Kürze zwischen

- preserved countryside (bewahrtes Land), beherrscht von Konsumenten und Dienstleistungsangehörigen der Mittelklasse,

- contested countryside, zwischen alten und neuen Einwohnergruppen umstritten,
- paternalistic countryside im bevormundenden Griff etablierter Landeigentümer,
- clientelistic countryside, abhängig von Staatshilfen, lokaler Planung und der EU-Förderung.

Nicht von ungefähr gibt es auffällige Überschneidungen dieser Einteilung mit der oben schon (vgl. Abschnitt 4.2, im Kontext mit der Darmstadt-Studie) von Barry *Wellman* (1979) aufgeworfenen „community question"[3]. Jürgen *Friedrichs* (1995, S. 153ff.) fragt - unter der Überschrift: Gemeinde in der Stadt? - nach den persönlichen Beziehungen, den sozialen Netzwerken und gesellschaftlichen Lebensbedingungen der heutigen Stadt- und Landbewohner.

Mit dem Begriff der Konterurbanisierung bezeichnen Paul *Cloke* (zitiert nach Simon *Miller*) und Philip *Lowe* u.a. (1995, S. 3, passim) den neuerdings zu beobachtenden „urban-rural-shift" in der Beschäftigung, der Ländlichkeit infolge des Entstehens vornehmlich übergemeindlicher Netzwerke wiederherstelle. Das einfache Dorf hat, wenn die meisten Bewohner in der Stadt arbeiten, seine Bedeutung als Rahmen des Alltagslebens seiner Bewohner verloren, das Land ist vom Produktionsstandort zur Konsumlandschaft geworden, die in erster Linie Wohnfunktionen, Unterbringung und Freizeitaktivitäten bereitstellt (vgl. für Finnland *Oksa/Rannikko*).

Henk *de Haan* sieht durchaus vielversprechende Entwicklungslinien einer wiederbelebten lokalen Mikroperspektive. Wie geht die Dorföffentlichkeit/Gemeindebevölkerung (vgl. Gert *Mak*) mit den Phänomenen wie z.B. Arbeitslosigkeit und Armut um, wenn biographische Deutungsmuster von „Arbeitsamkeit" im Vordergrund stehen? In der örtlichen Lebenswelt vermittelt das Konzept des subjektiven Deutungsmusters zwischen (gesamtgesellschaftlicher) Sozialstruktur und dem individuellen Verhalten, letzteres womöglich geschichts- und milieuspezifisch modifiziert (Karl A. *Chassé* 1996, S. 271ff.). Wie werden die Menschen in der gar nicht so heilen Welt „auf dem Dorfe" mit dem permanenten technischen Fortschritt, mit den allgegenwärtigen Veränderungen im Alltag, im Beruf und in der Freizeit fertig, wie bewältigen sie das alles, was begrenzt ihren Handlungsspielraum? Henk *de Haan*s Dorfstudien kreisen um das Selbstverständnis von Bauern für die Bewältigung des

---

[3] Community: lost, saved respectively liberated?

enormen Strukturwandels von Landwirtschaft und Agribusiness in den vergangen 35 Jahren. Seine empirischen Fallstudien stellen das übliche Verständnis vom Verhältnis zwischen den großen externen Makrokräften und den lokalen Ereignissen geradezu auf den Kopf. Er sagt treffend: Landwirte werden mit dem Kapitalismus auf dem lokalen Viehmarkt konfrontiert; vermeintlich „globale" Entwicklungstrends entspringen doch letztlich zahlreichen lokalen Ereignissen und Vorgängen! Die Wahrnehmung und Deutung der Betriebsleiter im Umgang mit den neuen Herausforderungen und Umwälzungen sind demgegenüber in durchaus traditionellen Mechanismen verankert, die letztlich auf Vererbung, Heiratsverhalten und anderen Verwandtschaftsbeziehungen beruhen.

Was bleibt künftig vom Widerstand gegen Anpassung und Modernisierung, von der Eigenart und Eigenständigkeit dessen, was zwischen Stadt und Land liegt? Gibt es einen wahren Kern oder handelt es sich lediglich um Behauptungen im "Jargon der Dörflichkeit/Bäuerlichkeit", um volkskundliche Reliktforschung oder etwa Unterschiede, die allein auf Schichtzugehörigkeit, die jeweilige Phase im Lebenszyklus bzw. Generations- und/oder Periodeneffekte zurückgehen? Zur Kennzeichnung und Neueinschätzung - re-appraisal - des verzwickten Verhältnisses zwischen Raum und Gesellschaftssystem greife ich nochmals auf die zu Anfang von Kapitel 5 bereits von Jess *Gilbert* (1982) geäußerten Vorstellungen zurück, der die drei Dimensionen von Siedlungsform, Produktionsweise und Kulturmuster miteinander verknüpfte (Abbildung 2).

Das modellhaft stark vereinfachte und in Deutschland um das föderalistische Gegenstromprinzip zu ergänzende Abbild der Wirkungsbeziehungen verdeutlicht zunächst, welche Variabilität von Erscheinungsformen das Verhältnis von Raum zu Gesellschaft prägen kann. Zur Produktionsweise[4] wurde oben bereits[5] ausgeführt,

---

[4] Hier sind sehr unterschiedliche Klassifikationen möglich; außer kapitalistisch vs. sozialistisch (*Gilbert*) z.B. die Einteilung entsprechend der Regulationsthese: Massenproduktion nach *Taylor*, Postfordismus etc. - Anders die Neue Politische Ökonomie: Die Ordnungspolitik unterscheidet beim rationalen Handeln in komplexen Steuerungssystemen durch Rückkopplung für verschiedene Gesellschaftsbereiche zwischen den Mechanismen: Markt, Wahl, Verband, Bürokratie, Verhandlung u.a.m. (vgl. *Dahl/Lindblom*; *Herder-Dorneich* 1994).

[5] Vgl. Einleitung Kapitel 5.

daß die traditionellen, auf ländlichen Ressourcen fußenden, Industrien (Landwirtschaft, Fischerei, Bergbau, Holzbe- und -verarbeitung etc.) unter schweren Druck geraten sind. Bei der Siedlungsform können Stadt, Dorf und Suburbia, bei den Kulturmustern etwa die ethnisch, wirtschaftlich (Armut) oder konfessionell bedingten Subkulturen als distinkte Merkmale voneinander getrennt werden. Die gegenseitige Beeinflussung zwischen übernationalen, gesellschaftlichen und lokalen/regionalen Wirkkräften für alle drei Dimensionen ist schon genannt worden. Nicht von ungefähr ähnelt das *Gilbert*sche Schema der Figur von „*Archer's* triangle", das sich aus den Eckpunkten Sozialstruktur, Kultur und Akteur zusammensetzt.

<u>Abbildung 2:</u> Schematischer Einfluß der Bestimmungsgründe Produktionsweise, Siedlungsform und "Kultur" auf die soziale Raumorganisation nach Jess *Gilbert* 1982

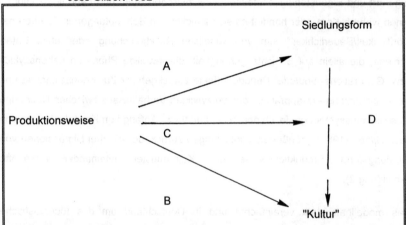

Das zwischen den drei Polen/Dimensionen aufgespannte und dem Wandel unterworfene nationale Gesellschaftssystem ist um das föderale "Gegenstrom - Prinzip" zu ergänzen. Hierunter werden im Anschluß an Herbert *Kötter* die Ebenen der übernationalen "Systemumwelt" und der lokalen/ regionalen (zivilen) "Subsysteme" verstanden, welche die obige Konfiguration nochmals nach drei "Maßstäben" differenziert, deren Eckpunkte sich wechselseitig beeinflussen.

<u>Quelle:</u> Jess *Gilbert*, 1982, S. 620-627

Herbert *Kötter*, Beschäftigungsstrukturen auf dem Lande. In: Franz Walk (Hrsg.), Dorf-Landschaft-Umwelt. (Internationale Grüne Woche, H. 24) Berlin 1987, S. 89

Mit den in Darstellung 2 durch Pfeile symbolisierten Bezügen weist *Gilbert* außerdem auf theoretische Denkweisen und Konzepte hin, die bestimmte Wirkungsrichtungen einseitig betonen. (1) Vertreter der (Neuen) Politischen Ökonomie betonten demnach die Pfeilrichtungen A und B; sie richten ihr Augenmerk auf die zweckmäßige Organisation von Institutionen einerseits, während subkulturelle Aspekte aus dem Blickwinkel des cultural lag betrachtet werden. (2) Sozialökologen schauen dagegen auf die rechte Seite des Diagramms; sie setzen Größe, Dichte und Ungleichheit als unabhängige Variable ein, so daß beispielsweise gestreute Siedlungsweise direkt ein besonderes ("ländliches") Kulturmuster herbeiführe (Pfeil D). Das gilt etwa für die obsoleten und nur geringfügig disparaten Konzepte des Stadt-Land-Gegensatzes und des Stadt-Land-Kontinuums (vgl. *Struff* 1975, S. 93). (3) *Gilbert* selbst bevorzugte das seinerzeit noch nicht vorläufig desavouierte Konzept des historischen Materialismus. Demzufolge werden sowohl ökologische als auch kulturelle Phänomene von der kapitalistischen Produktionsweise (Pfeil C) dominiert, wobei die städtisch und industriell zentrierte, gesellschaftliche Arbeitsteilung die Unterordnung und Abhängigkeit ländlicher Räume herbeiführe. Damit ist wiederum der eingangs von Kapitel 5 genannte Ansatz des internen Kolonialismus (*Newby*) bzw. der sekundären Binnenkolonialisierung (*Atteslander*) angesprochen. Anspruchsvolle Dorfstudien - so lautet die Botschaft -, die nicht bloß wirtschaftliche, volkskundliche oder siedlungsstrukturelle Reliktforschung betreiben wollen, werden demnach bestrebt sein, vor allem drei Gesichtspunkten Rechnung zu tragen:

(1) Zumindest die schematisch dargestellten inhaltlichen Dimensionen wären möglichst gleichwertig anzusprechen, weshalb gerade bei der Erforschung des örtlichen Wohn-, Arbeits- und Sozialraums mehrere Disziplinen einbezogen werden sollten.

(2) Gesamtgesellschaftliche Entwicklungstrends und Besonderheiten der lokalen distinctiveness (Dörfer; ländliche Räume) sind in der Analyse auseinanderzuhalten, aber auch wechselseitig zu berücksichtigen.

(3) Beides aber erfordert, die Grenzen der voneinander abgeschotteten Forschungsrichtungen und zwischen den für Dritte wenig einsichtigen Publikationsorganen durchlässiger zu machen, um Sprach- und Kommunikationsbarrieren abzutragen.

Einen Versuch derart inspirierter Gemeindestudien unternahm, finanziert durch den BML, die Forschungsgesellschaft mit dem Projekt: "Ländliche Lebensverhältnisse im Wandel 1952, 1972 und 1993". In einer Gemeinschaftsarbeit von sieben mitarbeitenden Instituten hat Projektleiter Heinrich *Becker* („Dörfer heute", 1997) einen Beitrag zu der erwarteten Renaissance von Dorfuntersuchungen geleistet, der insofern einen Solitär im einschlägigen Schrifttum darstellt, als es sich meines Wissens um die einzige Follow-Up-Studie zum Thema im deutschen Sprachgebiet schlechthin handelt. Das nach den Jahren 1952 und 1972 nunmehr vorgelegte Re-revisited der Forschungsgesellschaft ist vergleichend - 14 Dörfer bzw. Ortsteile in Nordwest-, Süd- und Ostdeutschland -, sozialwissenschaftlich interdisziplinär und arbeitsteilig angelegt. Zum zeitgenössischen Profil trägt außerdem bei, daß über die Ortsteilgrenzen hinaus das weitere Umfeld einbezogen wird, wie es die Darstellungen der umliegenden Landkreisgrenzen (Karte 3) und der entsprechenden regionalen Einwohnerdichte (Karte 4) nahelegen. Methodisch erhält das monographische Element im Untersuchungsablauf wieder stärkeres Gewicht.

Die Neueinschätzung der Einflußgrößen hat die gesamtgesellschaftliche und sozialreformerische Entwicklungslogik für die Dörfer zu berücksichtigen, die sich beispielsweise im gesunkenen Kulturgut verschiedener Thesen zum Städtebau und Baulandmarkt - Wohnungsnot versus Wohlstandsproblem - (vgl. BMBau 1993) ebenso niederschlägt wie in der Bewältigung des Sachverhaltes vom faktischen "Einwanderungsland Deutschland". Die sogenannte Unterschichtungsthese von Ausländern im Aufnahmeland besitzt auch für Dörfer Relevanz, wo Neubürger und Zuwanderer infolge materieller Lage und ethnischer Zugehörigkeit benachteiligt werden und buchstäblich an den Rand geraten. Es kann nicht Aufgabe dieser Studie sein, hier gründlich und abschließend Klarheit zu schaffen. Doch lassen sich historisch für Westdeutschland zumindest drei Gruppen von Neubürgern auf dem Dorf unterscheiden:

1. Notbedingter Zuzug von Flüchtlingen auf das Land in der Nachkriegszeit, ihr Verbleib und die etwaige Integration;
2. Ansiedlung stadtflüchtiger Familien und Villenbewohner - "die Freizeit, das wahre Leben"; "das Ideal: eine Großstadt auf dem Lande" (Institut für Demoskopie Allensbach 1993) - mit unterschiedlichen Wirkungen auf den Dorfkern und die Neubaugebiete (gentrification);
3. Unterbringung von Einwanderern und Aussiedlern in Landgemeinden (Asylbewerber, Ghettos, Kettenzuzug etc.).

Karte 3

**Ländliche Lebensverhältnisse im Wandel:
Lage der Untersuchungsdörfer der Forschungsgesellschaft**

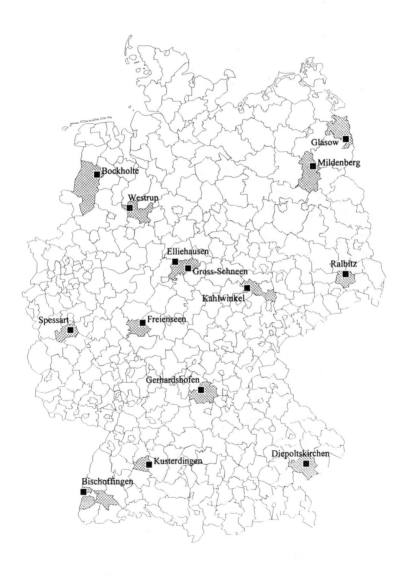

Karte 4

Einwohnerdichte in den Kreisen der BR Deutschland.
(Stand 31.12.1996)

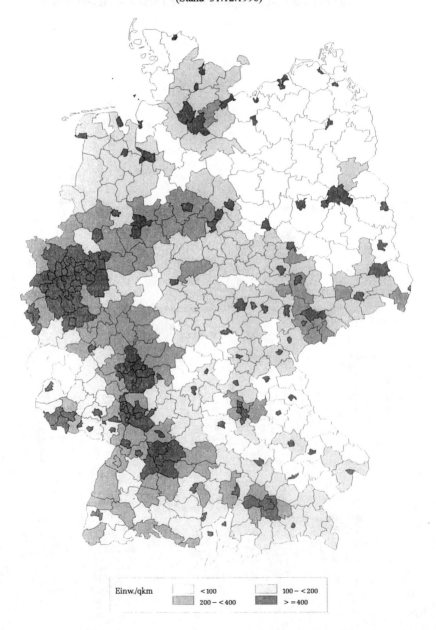

Mit den jüngst zu beobachtenden Trends allgemeiner Bevölkerungsentwicklung zwischen den weniger zentralen Standorten, verglichen mit den Metropolregionen im gebirgigen Westen[6] der Vereinigten Staaten befaßt sich eine Studie, die dem Phänomen des „rural rebound" oder „population-turn-around" nachgeht. Diese demographische Entwicklung hängt in erster Linie weder von Wanderungs- noch von Geburtenüberschüssen ab, so die Verfasser. *Shumway/Davis* beschreiben das sich wandelnde Muster der Bevölkerungsverteilung auf der Ebene der counties als
- ländliche Renaissance in den 70er,
- Rückgang der Bevölkerung in den nichtmetropolitanen counties in den 80er Jahren, sowie
- erneute „gleichgewichtige" Einwohnerzuwächse in den Jahren von 1990 bis 1995.

Sie führen dafür drei unterschiedliche Erklärungsansätze an:

(1) „Exogene Schocks" der Untersuchungsperiode als Folge singulärer „großer Ereignisse" (z.B. Ölkrisen der 70er, kalifornischer Geschäftsrückgang der frühen 90er Jahre, Rezessionen der 80er Jahre - Farmkrise und überbewerteter Dollar -),

(2) These der <u>wirtschaftlichen Umstrukturierung</u> in multinationalen Unternehmen und weltweite wirtschaftliche Verflechtung (Diversifizierung, High Tech-Klumpen, Dienstleistungssektor, Umweltvorschriften und Tourismusbelange),

(3) Entballung infolge von <u>Wohnortpräferenzen der Konsumenten</u> (bei gegebener technischer Möglichkeit, an kleineren Plätzen zu leben, was von vielen Touristen und Ruheständlern wahrgenommen werde).

Frank W. Young (1999) postuliert die Notwendigkeit einer wechselseitigen Einbettung/Interaktion zwischen wirtschaftlichen Prozessen (Wohlfahrtsniveau, Einkommensverteilung u. dgl.) und den passenden Sozialgebilden auf der kommunalen Ebene. Er beschreibt die „Hypothese der sozialstrukturellen Verstärkung" als ein Neo-<u>Durkheim</u>sches Konzept für Kleingemeinden. Dort hänge die jeweilige Wohlfahrt der Einwohner funktional von drei sozialstrukturellen Dimensionen ab:
- der Ausdifferenzierung von Institutionen (Erwerbstätigkeit, Gemeindeorganisation u.a.),

---

[6] Die US-Bundesstaaten: Arizona, Colorado, Idaho, Montana, Nevada, Neumexiko, Utah und Wyoming.

- dem Ausmaß des Pluralismus, gemessen an der politischen Partizipation gemeindlicher Teilgruppen,
- dem Solidaritätsgrad (ideologische Übereinstimmung, etwa in „Katholiken- bzw. Yankee"-Gemeinden).

Der Blick zum Gegenpol des Dorfes, zu den Armutsvierteln und Einwanderungsghettos der Großstädte, läßt gleichfalls erheblichen Forschungsbedarf erkennen. Für die deutsche Gegenwart vermißt etwa Sighard *Neckel* (1997) wirklichkeitsgesättigte Feldstudien, die Aufschluß über das Alltagsleben der sozialen Unterklassen in unseren Großstädten aus beobachtender Teilnahme vermitteln. Und er verweist auf Beispiele im einschlägigen USA-Schrifttum. *Neckel* unterscheidet verschiedene Wellen und Ansatzpunkte im Forschungsinteresse an großstädtischen Problemgruppen:

(a) Die soziologischen field oder street workers der „klassischen" Chicagoschule (ca. 1918 bis 1935) versuchten, mittels teilnehmender Beobachtung die kollektive Wirklichkeit in den durch eingewanderte Ethnien geprägten Stadtteilen per Monographien zu erfassen.

(b) Die Vertreter des symbolischen Interaktionismus (ca. 1946 bis 1960) wandten sich der mikrosoziologischen Fundierung sozialer Ordnung in zumeist kleinstädtischen „all American towns" zu. Die subjektive Sichtweise der Akteure - soziale Selbsteinschätzung, Spannung zwischen Alltagsleben und dem „amerikanischen Traum" - rückte in den Vordergrund.

(c) *Neckel* zufolge zeichnen sich in den 90er Jahren nunmehr die Umrisse des Konzeptes einer „dritten Chicago-Schule" ab. Am Beispiel der amerikanischen welfare-Debatte insbesondere im Hinblick auf schwarze alleinstehende Mütter zeigt er auf, wie individuelle Nutzenkalküle, gesellschaftliche Werthaltungen und Handlungsrestriktionen im nachbarschaftlichen Armutsgetto der Großstädte miteinander in Konflikt geraten.

Neckel leitet hieraus für Deutschland das Desiderat ethnographischer - quantitativ und/oder qualitativ angelegter - Gemeindestudien ab (vgl. derselbe Kapitel 5.1.21).

6.2 Dörfer und Landgemeinden im deutschen Siedlungsgefüge

Es ist hilfreich und notwendig, sich einen zutreffenden Eindruck von den langfristigen Veränderungen des Siedlungssystems, von den damit einhergehenden Größenordnungen und demographischen Vorgängen zu verschaffen. Hier steht das Verhältnis zwischen Stadt- und Landgemeinden im Vordergrund. Dabei ist zuzugestehen, daß die Verwaltungsgliederung nach politischen Gemeinden für die feingliedrige geographische Verteilung von Wohnplätzen und die Siedlungsweise im einzelnen über das staatliche Territorium hinweg nur näherungsweise Aussagen erlaubt. Die Aufgabe erleichtert nicht gerade der Umstand, daß der Gebietsumfang des Kaiserreiches von 1871 als Folge der Verluste nach dem ersten Weltkrieg (minus 13 %) und zweiten Weltkrieg (- 21 %)[7] stark reduziert und darüber hinaus durch Eingemeindungen und Gebietsreformen mehrfach neu gegliedert worden ist.

Ersatzweise ist man mangels besserem[8] darauf angewiesen, für die Analyse verschiedener Siedlungsformen auf Gemeindegrenzen bzw. Gemeindegrößenklassen als groben Anhaltspunkt auszuweichen. „Dorf" ist letztlich ganz prosaisch als Wohnplatz definiert und wird nach unten gegen Weiler (villa), nach oben gegen den „Markt" (Werner *Sombart*) abgegrenzt. Zwar verflüchtigte sich mittlerweile die Opposition von Dorf und Großstadt, nachdem der überschaubare Horizont des alten Dorfes sich entgrenzt und aufgelöst (disloziert) hat, in dem sich vormals das Leben und Geschehen der Bevölkerung, ihre Alltags- und Feiertagswelt abspielten. Denn die moderne Großstadt[9] ist überall und nirgends, vor allem, seit ihr jeweiliger Gegenpart, das Land, verschwunden ist. Stadt-Land-Unterschiede können nicht mehr auf unterschiedliche Modernisierungsgrade zurückgeführt werden; trotzdem bleibt die Frage nach dem Zusammenhang von Siedlungsweise und sozialen Beziehungen sinnvoll (vgl. *Pappi/Melbeck*, 1988, S. 223). Ob hierfür archetypische Vorstellungen, gleichsam Urbilder vom dörflichen/ländlichen Leben, aus den menschheitsgeschichtlich geprägten Tiefenschichten des Bewußtseins als Erklä-

---

[7] Davon waren jeweils ca. 6,5 bzw. weitere 9,5 Mio. Einwohner insbesondere in den deutschen Ostgebieten (Schlesien, Pommern, Ostpreußen) betroffen.
[8] Beispielsweise ein regelmäßiges und engmaschiges Koordinatensystem als Beobachtungsnetz über das Territorium gelegt.
[9] Ähnliches gilt für die Rede vom sogenannten „globalen Dorf".

rungsgrund herangezogen werden sollten, wie Bernhard *Schäfers* (1980, S. 11) anzunehmen scheint, sei dahingestellt.

Unmittelbar leuchtet der funktionale Zusammenhang zwischen dem Wandel der Flächennutzung eines Territoriums mit dem wirtschaftlichen und demographischen Wachstum einer Volkswirtschaft ein. Ulrich *Brösse* hat diesen Sachverhalt für die alten Bundesländer empirisch überprüft und zu diesem Zweck die Nutzungsarten in zwei große Gruppen eingeteilt. Die erste Gruppe umfaßt „Flächen für Wohnen, Industriegelände aller Art, Friedhöfe, Spiel- und Sportplätze und Grünanlagen, die zweite die restlichen Flächen wie Forsten, landwirtschaftlich genutzte Flächen, größere Gärten, Öd- und Unland, Wasser" (a.a.O., 1970, S. 529). Diese Flächeninanspruchnahme ist das Ergebnis der Verstädterung und Industrialisierung des Lebens und wird von *Brösse* als „zivilisatorisch genutzte Fläche" (S. 530) bezeichnet. Sie entspricht etwa der Siedlungs- und Verkehrsfläche[10] in der seit 1978 eingeführten Flächenerhebung (nach dem Belegenheitsprinzip). Ihr steht die zweite Gruppe als „Naturfläche" bzw. Agrikultur (einschließlich Silva-, Horti-, Aqua-Kultur) gegenüber.

Nach dieser Abschweifung zurück zur Analyse der langfristigen demographischen Entwicklung nach Gemeindegrößenklassen: Diese erfolgt zunächst im Sinne reiner Querverteilungen ausgewählter Volkszählungsergebnisse, ohne den etwaigen Klassenwechsel von Gemeinden von einer Größenklasse zur anderen zu berücksichtigen. Anschließend werden für zwei jüngere Perioden Bruttosalden unter Einschluß fiktiver Übergänge zwischen Gemeindegrößenklassen berechnet. Bei der Terminologie greife ich auf die Konvention einer internationalen Statistikerkonferenz von 1887 zurück (vgl. *Aschenbrenner-Kappe*, 1965, S. 15), wobei die Zusätze Land- im folgenden besonders beachtet werden:

< 2.000 Einwohner = <u>Land</u>gemeinden,
2.000 - 5.000 Einwohner = <u>Land</u>städte,
5.000 - 20.000 Einwohner = Kleinstädte,
20.-100.000 Einwohner = Mittelstädte,
> 100.000 Einwohner = Großstädte.

---

[10] Die statistische Sammelkategorie umfaßt die folgenden Nutzungsarten: Gebäude- und Freifläche; Betriebsfläche (ohne Abbauland); Erholungsfläche; Verkehrsfläche; Friedhöfe.

Der starke Bevölkerungszuwachs von 24 Mio. Einwohner im Kaiserreich kam per saldo sämtlichen städtischen Gemeindegrößenklassen zugute, die Hälfte allein den Großstädten (vgl. Tabelle 2). Doch trotz des relativen Bedeutungsverlustes blieb in der Periode zwischen Reichsgründung (1871) bis zum Vorabend des ersten Weltkrieges die ländliche Siedlungsstruktur intakt. Denn die Einwohnerzahl der Landgemeinden im Reichsgebiet blieb bis 1910 erhalten, auch wenn der gesamte landwirtschaftliche Geburtenüberschuß dem platten Lande verlorenging (vgl. Peter *Quante*, S. 105). Die Komponenten der demographischen Grundgleichung - natürliche

Tabelle 2: Mittlere Bevölkerung nach Gemeindegrößenklassen in Deutschland 1871 bis 1950 - jeweiliger Gebietsstand -

Jahr	Anzahl der Einwohner nach Gemeindegrößenklassen (in Mio. bzw. %)								Einwohner insgesamt
	unter 2000		2000-5000		5000-100000		> 100000		
	Mio.	in %	Mio.	in %	Mio.	in %	Mio.	in %	Mio. = 100
1871[1]	26,2	64	5,1	12	7,8	19	2,0	5	41,1
1900[1]	26,0	46	6,5	12	14,3	25	9,6	17	56,4
1910[1]	26,0	40	7,3	11	17,8	28	13,8	21	64,9
1925[2]	22,6	35	6,8	11	17,0	27	17,0	27	63,4
1939[2]	20,7	30	7,4	11	19,0	28	21,8	31	68,9
1950[3]	13,5	29	6,4	14	14,1	30	12,8	27	46,8

Gebietsstand: 1 Deutsches Reich in den Grenzen von 1913 einschl. Elsaß-Lothringen
2 Deutsches Reich in den Grenzen von 1935 einschl. Saarland
3 früheres Bundesgebiet ohne West-Berlin und Saarland

Quelle: Berechnet nach den Angaben bei Walter G. *Hoffmann*, Franz *Grumbach* und Helmut *Hesse*, Das Wachstum der deutschen Wirtschaft seit der Mitte des 19. Jahrhunderts. Berlin-Heidelberg 1965, S. 173f. und S. 178

Bevölkerungsbewegung (Bilanz von Geburten und Sterbefällen) auf der einen, Saldo aus Ein- und Auswanderungen auf der anderen Seite - sind an dieser Stelle nicht weiter zu untersuchen. Berufliche Abwanderung also war in diesem Zeitraum nicht mit Abwanderung vom Lande gleichzusetzen, erst recht nicht mit dem dramatischen Ereignis „Landflucht".

Zwischen den beiden Zählzeitpunkten 1925 und 1939 entfällt - bei verkleinertem Territorium - ein weit größerer Anteil des Einwohnerzuwachses auf Großstädte, unabhängig davon ob man die Bevölkerungsgewinne auf Gemeindegrößenklassen oder den Gesamtzuwachs bezieht. Zwischen den Weltkriegen verlieren im damaligen Reichsgebiet die Landgemeinden deutlich an Bevölkerung, Indiz für das Auftreten des vielbeschriebenen Phänomens der regional noch viel ausgeprägteren „Landflucht" (vgl. *Quante*, S. 106-113). Die Abwanderung aus der Landwirtschaft erfaßte diesmal nicht nur den Geburtenüberschuß, sondern verminderte auch den Bestand an Berufszugehörigen. Die Zeitgenossen schätzten das „Verhältnis von Landvolk und industrieller Gesellschaft" (vgl. *Ipsen* 1933) als ein solches der Entfremdung ein: krasser Stadt-Land-Gegensatz (vgl. auch *Drescher* 1937).

Widersprüchliche Entwicklungen prägen die regionale Bevölkerungsverteilung und die Aufteilung nach Gemeindegrößenklassen in der alten Bundesrepublik (Tabelle 3)[11]. Nach 1939 bzw. 1950 wurden vorübergehend viele Menschen, die vor dem Bombenkrieg evakuiert oder aus den ehemaligen Ostgebieten[12] geflüchtet oder vertrieben worden waren, in ländlichen Regionen untergebracht, z.B. Schleswig-Holstein, Niedersachsen und Bayern. Ein großer Teil von ihnen strömte nach dem Wiederaufbau in die Städte zurück. Hinzu kam eine deutliche Schwergewichtsverlagerung von Industrie und Bevölkerung in Richtung „Rheinschiene" und Süddeutschland. Zahlreiche wirtschaftlich weniger entwickelte Landkreise mit niedriger Bevölkerungsdichte (in Niedersachsen/Schleswig-Holstein, Teilen von Rheinland-Pfalz und Osthessen sowie in Bayern) haben erst in den Jahren nach 1970 den

---

[11] Über verschiedene Phasen der deutschen (Ein-) Wanderungsgeschichte in der zweiten Hälfte des 20. Jahrhunderts und die künftigen Möglichkeiten zur Förderung der gesellschaftlichen Integration und etwaiger Regelungen zur Staatsangehörigkeit berichten *Münz/Ulrich* (a.a.O., S. 699).
[12] Hinzu kamen die Sudetendeutschen.

Tabelle 3: Wohnbevölkerung nach Gemeindegrößenklassen in der Bundesrepublik Deutschland 1939 bis 1996 - jeweilige Größenklassen -

Jahr	unter 2000		2000 - 5000		5000 - 20000		20000 - 100000		100000 u.m.		zusammen	
	Anz.	%	Anz.	%	Anz.	%	Anz.	%	Anz.	%	Anz.	%
Gemeinden												
a) früheres Bundesgebiet												
17.05.1939[1]	21 977	91	1 461	6	564	2	131	1	42	0	24 175	100
13.09.1950[1]	20 934	86	2 151	9	865	4	178	1	47	0	24 175	100
06.06.1961	20 997	86	2 201	9	1 022	4	231	1	53	0	24 504	100
25.05.1970	18 704	83	2 211	10	1 246	6	290	1	59	0	22 510	100
30.06.1978	4 770	56	1 702	20	1 557	18	421	5	68	1	8 518	100
31.12.1986	4 653	55	1 729	20	1 617	19	437	5	66	1	8 502	100
31.12.1993	4 477	52	1 755	21	1 725	20	479	6	71	1	8 507	100
01.01.1996	4 441	52	1 758	20	1 760	21	483	6	71	1	8 513	100
b) neue Länder und Berlin-Ost												
31.12.1993	6 325	87	564	8	267	4	88	1	13	0	7 257	100
01.01.1996	5 006	82	702	11	297	5	95	2	13	0	6 113	100
Einwohner (in Tausend)												
a) früheres Bundesgebiet												
17.05.1939[1]	11 586,5	30	4 411,9	11	4 975,9	13	5 247,1	13	13 116,2	33	39 337,5	100
13.09.1950[1]	13 768,4	29	6 483,9	14	7 634,3	16	6 774,6	14	13 033,8	27	47 695,7	100
06.06.1961	12 487,2	22	6 745,3	12	9 041,4	16	9 099,6	16	18 799,8	34	56 173,2	100
25.05.1970	11 352,5	19	6 772,1	11	11 465,7	19	11 416,9	19	19 643,4	32	60 650,6	100
30.06.1978	3 814,5	6	5 443,9	9	15 158,4	25	15 716,2	26	21 177,0	34	61 310,0	100
31.12.1986	3 710,4	6	5 490,9	9	15 725,0	26	16 174,8	26	20 039,4	33	61 140,5	100
31.12.1993	3 633,6	5	5 625,0	9	16 942,7	26	17 783,8	27	21 754,5	33	65 739,6	100
01.01.1996	3 626,3	5	5 628,9	9	17 378,8	26	18 063,1	27	21 644,8	33	66 342,0	100
b) neue Länder und Berlin-Ost												
31.12.1993	3 659,7	23	1 703,8	11	2 576,5	17	3 385,1	22	4 273,2	27	15 598,3	100
01.01.1996	2 991,3	19	2 154,2	14	2 785,0	18	3 356,6	22	4 188,5	27	15 475,5	100

[1] Ohne Berlin-West, Saarland

Quelle: Statistisches Jahrbuch für die Bundesrepublik Deutschland: 1953, S. 40f.; 1962, S. 43; 1972, S. 34; 1979, S. 58; 1988, S. 60; 1995, S. 58f.; 1997, S. 58f.

demographischen Pfad der Stabilisierung und des Wachstums beschritten (vgl. *Breloh/Struff*, 1969, S. 358f. und 370 sowie *Struff* 1986, S. 222 und 226).

Für das (frühere) Bundesgebiet insgesamt ist festzustellen, daß die Großstädte wie schon in der Vorkriegszeit rund ein Drittel der Wohnbevölkerung beherbergen, obwohl deren Anzahl mittlerweile beträchtlich - von 42 auf 71 - angestiegen ist. Seit 1978 stagnieren die großstädtischen Einwohnerzahlen! Dagegen verdoppelte sich in der gleichen Zeit der relative Bevölkerungsanteil der Klein- und Mittelstädte, in denen gegenwärtig gut die Hälfte der Einwohner mit 35,4 Mio. (1939: rund 10,2 Mio.) im früheren Bundesgebiet lebt. Hierbei ist allerdings ein erheblicher Strukturbruch zu berücksichtigen, der sich in Tabelle 2 zwischen den Jahren 1970 und 1978 vollzogen hat. Die seinerzeit erfolgten <u>Gebietsreformen</u> in den Bundesländern veränderten quasi mit einem Federstrich die kommunalpolitische Zuständigkeit, um effizientere Verwaltungseinheiten zu schaffen. Das freilich stellte das bestehende Siedlungsnetz keineswegs auf den Kopf, viele ehemalige Kleingemeinden wurden vielmehr zu Ortsteilen von Klein- und Mittelstädten, die in der Summe rund 8 Mio. Neubürger hinzugewannen. Diese dürften weiterhin in ihrer großen Mehrzahl gemäß ihrer Wohn- und Lebensweise als ländlich geprägt anzusprechen sein, vermutlich mit ähnlich guten Gründen, wie sie Herbert *Gans* (1962) mit der Figur des urban villager für die von ihm anvisierte Zielgruppe alteingesessener Großstadtbewohner beschrieben hat.

Verlierer der Gebietsreformen waren überwiegend die Landgemeinden und Landstädte, deren Einwohnerzahl pauschal von 18,1 auf 9,2 Mio. halbiert wurde. Hinzu kommen weitere 5,1 Mio. Einwohner, die auf diese beiden Gemeindegrößenklassen in den neuen Bundesländern entfallen, ferner die unbekannte Größenordnung der urban villager in den vormaligen Klein- und Mittelstädten. Im Hinblick auf Kommunalpolitik und die beteiligten Wissenschaften ist freilich darauf aufmerksam zu machen, daß nach wie vor die große Mehrheit der Gemeinden den Größenklassen von unter 2.000 und/oder 5.000 Einwohnern zugehört. Und abgesehen von Nordostdeutschland steht nicht mehr das Problem der Landflucht, sondern eher die Frage sparsamer Flächenumwidmung zugunsten der Ansprüche durch Siedlung und Verkehr im Vordergrund des Interesses.

Das seit 1939/1950 gewachsene Gewicht der politischen Gemeinden von 5.000 bis unter 100.000 Einwohnern resultiert somit aus der Zuwanderung über die Grenzen des (früheren) Bundesgebietes, aus der Sub- und Konter-Urbanisierung innerhalb des Staatsgebietes und schließlich aus der „Maßstabsvergrößerung" der Verwaltungseinheiten. Die angesprochene Reform der Verwaltungsgebiete formte die "politische Landkarte" zwar auf den ersten Blick nachhaltig um, ohne indes die Siedlungsstruktur selber und das Dorf- oder Gemeindeleben daselbst grundlegend zu verändern. Das demonstrieren sinnfällig die Verhältnisse in den neuen Bundesländern (vgl. Tabelle 3). Gravierende Auswirkungen auf die Einstellungen und Verhaltensweisen der Bevölkerung spiegeln sich in dem anhaltenden Suburbanisierungsprozeß und in den sozialräumlichen Folgen des permanenten sozialökonomischen Strukturwandels sehr viel stärker.

Obige Tabellen enthalten Ergebnisse für vier bzw. fünf Größenklassen und Einwohnerzahlen zum jeweiligen Beobachtungszeitpunkt, d.h. reine Querverteilungen. Der Wechsel politischer Gemeinden von einer Größenklasse zur anderen wird nicht berücksichtigt, die Resultate werden verzerrt. Die Zugehörigkeit zu den einzelnen Gemeindegrößenklassen muß um derartige „Ausreißer" nach oben oder unten bereinigt werden, damit die tatsächlich beobachtete Bevölkerungsentwicklung in einer Größenklasse bei konstanter Ausgangsverteilung isoliert erfaßt werden kann. Aus detaillierten Randverteilungen der Gemeinden und ihrer Einwohnerzahlen für ein Anfangs- bzw. Endjahr einer mittelfristigen Periode und für 14 Größenklassen lassen sich rein rechnerisch fiktive Nettosalden ermitteln, welche die Veränderung der Einwohnerzahlen mittels plausibler Annahmen[13] über wahrscheinliche Übergänge zwischen (möglichst benachbarten) Größenklassen wiedergeben. Das ist hier für zwei Perioden, einmal vom 30.06.1978 bis 31.12.1986, zum anderen für den Zeitraum 31.12.1986 bis 31.12.1993, geschehen. Für das frühere Bundesgebiet insgesamt waren in beiden Zeiträumen sehr unterschiedliche Entwicklungstrends zu

---

[13] Die Besetzung der Klassen nach Anzahl der Gemeinden mitsamt der zugehörigen Einwohner im Anfangs- bzw. Endjahr ist bekannt. Als wesentliche Annahme kommt hinzu: für eine sieben- bzw. achteinhalbjährige Periode kann realistischerweise unterstellt werden, daß Wanderungen von Gemeinden über Größenklassen hinweg primär zwischen benachbarten Klassen erfolgen. Für die relativ wenigen Gemeinden > 20.000 bzw. 50.000 Einwohner werden die tatsächlichen Klassenübergänge berücksichtigt, während in den übrigen Fällen für die "Auf- bzw. Absteiger" - das sind die Zellen abseits der Diagonalen der 14 mal 14-Felder-Häufigkeits-Matrix - Durchschnittszahlen nahe der Klassenober- bzw. -untergrenze zugeordnet werden.

verzeichnen. Die Statistik weist für den erstgenannten Zeitraum eine leicht rückläufige Einwohnerzahl - von 61,31 auf 61,14 Mio. -, im letzteren einen kräftigen Zuwachs - 65,7 nach 61,14 Mio. - auf.

Die den Berechnungen zugrundeliegenden Arbeitstabellen enthalten in der ersten Spalte die Ausgangsverteilung, in der Kopfzeile die Veränderungen der Anzahl von Gemeinden und Einwohnern in den beiden Untersuchungszeiträumen. In der jeweiligen Diagonale befinden sich somit jene "stationären" Beobachtungen, welche ihre Zugehörigkeit zu den Größenklassen zwischen Anfang und Ende einer Periode nicht verändert haben. Tabelle 4 weist die Ergebnisse dieser Berechnungen für das frühere Bundesgebiet aus. Es zeigt sich, daß im Zeitraum mit stagnierender Gesamtbevölkerung 1978-1986 gerade die Großstädte - mitsamt der größeren Mittelstädte; vom Sonderfall des kurzlebigen künstlichen Gebildes "Lahnstadt"[14] in Hessen einmal ganz abgesehen - rund eine Million Einwohner eingebüßt haben, während klein- und mittelstädtische Siedlungsgebilde gleichzeitig nennenswerte Zuwächse verzeichneten.

Vom in erster Linie vereinigungsbedingten Zuwanderungsboom im darauffolgenden Zeitraum 1986-93 profitierten wiederum vor allem Klein- und Mittelstädte sowie Landstädte/Landgemeinden. Auf sie entfallen schätzungsweise und grob gerechnet 3,4 Mio. des Gesamtzuwachses (von 4,6 Mio. Einwohnern). Die Großstädte auf der anderen Seite vermochten zwar die Verluste im vorhergehenden Zeitraum mehr als auszugleichen, dennoch blieb der Anstieg ihrer Bevölkerungszahlen vergleichsweise bescheiden.

Ob sich hinter den Salden außerdem selektive Vorgänge verbergen - z.B. zwischen Deutschen und Ausländern; Suburbanisierungs- bzw. Gentrifikationsprozesse u.a. -, über derartige Begleiterscheinungen der Zuwanderung bzw. der siedlungsstrukturellen Entwicklung läßt sich anhand dieser Quellen nichts aussagen. Abschließend sei

---

[14] Zur schwierigen empirischen Suche nach dem (vielleicht nur eingebildeten) Imageproblem dieses Universitätsstandortes vgl. auch *Dommer/Schmidt* u.a. 1995, insbesondere S. 24.

Tabelle 4: Saldierte Schätzwerte für die um Übergänge bereinigte Bevölkerungsentwicklung nach Gemeindegrößenklassen im früheren Bundesgebiet in den Perioden 30.06.1978 - 31.12.1986 bzw. 31.12.1986 - 31.12.1993

Einwohnergrößenklasse	Salden der Entwicklung der Einwohnerzahlen im Zeitraum (in 1000)	
	30.06.1978 - 31.12.1986	31.12.1986 - 31.12.1993
< 100	./. 3,9	,1
100 - 200	./. 2,7	2,7
200 - 500	0	21,0
500 - 1000	18,4	31,6
1000 - 2000	64,8	193,5
2000 - 3000	83,9	176,4
3000 - 5000	114,3	329,4
5000 - 10000	186,7	553,1
10000 - 20000	298,9	813,1
20000 - 50000	65,9	859,5
50000 - 100000	./. 232,9[1]	387,4
100000 - 200000	./. 15,9[2]	286,2
200000 - 500000	./. 205,8	264,7
> 500000	./. 543,2	680,3
früheres Bundesgebiet insgesamt	./. 169,5[3]	4559,1[3]

[1] 1986: Gießen 71,1 Tsd. E.; Wetzlar: 50,3 Tsd. E.-
[2] 1978: "L a h n s t a d t": 153,6 Tsd. Einw.
[3] Kleine Rundungsfehler.

Quelle: SBA (Hrsg.), Statistisches Jahrbuch für die Bundesrepublik Deutschland. Stuttgart 1979, S. 56-58; 1988, S. 58-60; 1995: S. 55-59

nochmals darauf hingewiesen, daß die Modellrechnungen lediglich Größenordnungen einzuschätzen erlauben, die der statistischen Wirklichkeit annähernd entsprechen. Die intensive Verflechtung der Stadt-Land-Beziehungen als Eigenart des vergleichsweise dispersen deutschen Siedlungssystems dürfte indessen durch die Ausführungen im Querschnitts- bzw. Zeitreihenvergleich hinreichend verdeutlicht worden sein.

Angesichts dieser - nicht nur statistischen - Sachlage weisen eine Reihe von Bindestrichdisziplinen im Hinblick auf das Wahrnehmungsvermögen ihrer Untersuchungsobjekte eine teilweise extreme Schlagseite auf. Siedlungssoziologie, Stadt-

Land-Forschung sowie Kommunalwissenschaften sind in ihrer Aufmerksamkeit häufig allein auf (Groß-) Städte fixiert. Die Weitung des Erkenntnisspektrums über Krisenphänomene der Großstadt hinaus - so notwendig die Konzentration der Kräfte gelegentlich erscheinen mag - sollte jedoch die gesamte Stufenleiter der Gemeindegrößen und Siedlungsformen ins Auge fassen. Denn die intensive Stadt-Land-Verflechtung stellt nicht nur einen Charakterzug des Siedlungssystems im Vergleich zu anderen Ländern dar, sie bildet darüber hinaus wahrscheinlich einen Vorteil des Wirtschaftsstandortes Deutschland im weltweiten Wettbewerb und signalisiert gleichzeitig landschaftlich-kulturelle Vielfalt!

6.3 Schiefe Perspektive und Forschungslücken

Die hiermit vorgelegte kritische Rückbesinnung auf mehr als ein Säkulum sozialwissenschaftlicher Dorf- und Gemeindeforschung in Deutschland versuchte die in Staat, Wirtschaft und Gesellschaft selten bedachte Existenz der Dörfler und Landbewohner in den Blick zu nehmen, die in der zumeist betriebenen Stadtforschung deutlich zu kurz kommt. Ausgerechnet beim Beitrag der Kommunalwissenschaften für Politik und Verwaltung schreibt Joachim Jens *Hesse* (1989) mahnend ein entsprechendes Defizit[15] ins Stammbuch:

> "...; der ländliche Raum gewann erst sehr spät an Aufmerksamkeit" (derselbe, ... Eine Einführung ..., 1989, S. 15). - "Die damit verbundenen analytischen Verzerrungen und Einseitigkeiten gehen dabei primär zu Lasten des ländlichen Raums und der sogenannten "Dorfpolitik", die bislang eine in der Forschung deutlich geringere Aufmerksamkeit gefunden haben" (ebenda, S. 118, Fußnote 2).

Hesse vermeinte freilich seinerzeit erste Umorientierungen in den betreffenden Disziplinen aufspüren zu können" (a.a.O., S. 15, Fußnote 4). Dennoch bleiben Dörfer mit ihren vielen Facetten bis heute "eine verkannte Lebensform", so der Untertitel

---

[15] *Hesse* spricht hier allgemein von den Kommunalwissenschaften, doch gilt seine Aussage für die von Anderen behandelten Einzeldisziplinen - Stadtökonomie, -soziologie, Politik- und Verwaltungswissenschaften - genauso.

des Reiseschriftstellers Ulrich *Schmidt* (1997), deren Entwicklung in der deutschen Regional- und Raumordnungspolitik nur allzuleicht in Vergessenheit gerät. Wie oben im Hinblick auf die Reflexion im ausländischen Schrifttum und die Besonderheiten des deutschen Siedlungsgefüges näher ausgeführt, läßt eine derartige Voreingenommenheit die ländliche Entwicklungsforschung außer acht, gerät die Bevölkerung in kleinen Gemeinden und Dörfern allzuleicht in Vergessenheit.

Die einseitige Inanspruchnahme der Forschung durch Verdichtungsgebiete, ihre großstadtzentrierte Sicht und die Fixierung auf neuere Trends bei urbanen Risikogruppen wird allerdings auch in anderen Industrieländern verspürt. Andreas *Ladner* (a.a.O., S. 19) etwa schreibt: „In einem Mißverhältnis zur Bedeutung der Gemeinde im Alltag und im politischen Leben der Schweiz steht allerdings die Aufmerksamkeit, die ihr die Wissenschaft entgegengebracht hat". Er führt das vor allem auf die Schwierigkeiten der soziologischen Disziplin mit der Heterogenität des Untersuchungsgegenstandes zurück (ebenda, S. 9 und 13), die dergestalt in „Stadtforschung" einerseits und „Kleingemeindeforschung" andererseits zerfalle. Hinweise auf diese disparaten Wurzeln der Gemeindeforschung finden sich bereits im älteren Schrifttum (vgl. Art. Gemeindestudien (1956) des Instituts für Sozialforschung), wo das Werk von *Wurzbacher/Pflaum* bezeichnenderweise nur flüchtig im Anmerkungsapparat genannt wird, sowie in der Einführung Hermann *Kortes* (1972, S. 9-37) zur Soziologie der Stadt. Die spezifisch deutsche - anders als in den USA - Trennung von Stadt- und Gemeindesoziologie hat u.a. bereits Jürgen *Friedrichs* (1977, S. 33) für überflüssig erklärt!

Das vorgetragene Plädoyer zugunsten verstärkter Dorf- und Kleingemeindeforschung sollte allerdings nicht im Sinne der naiven These: „small is beautiful" mißverstanden werden; vielmehr ist die unvoreingenommene Bestandsaufnahme des gesamten Fächerkanons über die Breite der vorgefundenen Siedlungsformen angezeigt. Das neue Interesse an theoretisch reflektierten community studies speist sich ja nicht zuletzt aus dem vermuteten Stellenwert, welcher den sogenannten intermediären Gebilden - Familie, Vereine, Gemeinde, Verbände und dergleichen - im Hinblick auf den Zusammenhalt einer fragmentierten Gesellschaft eingeräumt wird. Freilich bleiben die vielberufenen lokalen Lebenswelten, als Gegenpol zu den Phänomenen der sogenannten „Globalisierung" in aller Munde, vergleichsweise blaß und nebulös (vgl. etwa Richard *Münch*). In der Öffentlichkeit zunehmend erörterte gesellschaftliche Folgen verbreiteter Tendenzen, wie z.b. Individualisierung, Wertewandel, Vergreisung der Bevölkerung, Zunahme von Eine-Person-Haushalten, Rückgang „normaler" Erwerbsarbeit und dergleichen sind im Grunde zuallermeist Beobachtungen für groß- und/oder universitätsstädtische Bevölkerungen sowie Dienstleistungszentren. Die typischerweise zugehörigen Risikogruppen - etwa: Asylbewerber, Alleinerziehende, Alte, Arbeitslose, Arme - werden allzuoft zum alleinigen Maßstab genommen, Landbewohner dagegen kommen nicht oder selten vor. Angesichts dieser Sachlage gab Hans *Bertram* schon vor einigen Jahren das apodiktische Urteil ab (1992, S. 136):

„Immer noch lebt in der Bundesrepublik die Mehrheit der Bevölkerung nicht in jenen großen urbanen Zentren, sondern überwiegend in ländlich geprägten Regionen, in Mittelstädten oder aber in jenen Industrieregionen Nordrhein-Westfalens".

Daß deshalb im Laufe der „Nachmoderne" neue Formen des Lebens in der Stadt und auf dem Lande entstehen, deren unvoreingenommene Analyse überraschende Thesen und neue Perspektiven für die Großstadtforschung - Peripherie ist überall (Walter *Prigge* 1998) und Auflösung der Stadt, so heißt es gerade im Stadtumland und an der Randzone der Verdichtungsgebiete - eröffnen, darauf haben eindringlich *Kötter* und *Krekeler* (1977, S. 33) hingewiesen!

Auf der politischen Tagesordnung und weltweiten Dringlichkeitsskala obenan steht dagegen die Zukunft der Stadtregion und der "Megastädte" (> 5 Mio. Einwohner) sowie deren umweltfreundliche Entwicklung. Die damit einhergehende Perspektive e contrario[16] besitzt unzweifelhaft Erkenntniswert für die mit diesem Buch verfolgte Fragestellung. Das gilt sowohl für vergleichende Bewertungen der Entwicklungschancen deutscher Großstädte bzw. Städtenetze (vgl. u.a. Dietrich *Henckel* 1993) als auch für internationale Einzelfallstudien (vgl. *Camagni*; *Rousseau/Prud'homme*, beide in Johannes *Hampe* und Robert *Obermeier* (Hg.), 1994).

---

[16] Elisabeth *Pfeil* (1972, S. 2) bezog die Definition e contrario auf ... "Stadt im Gegensatz zu Dorf ..., Großstadt als Sonderfall ...".

Das gilt erst recht für das von Thomas *Sieverts* (1997) kreierte regionale Entwicklungsmodell der "Zwischenstadt", der ausdrücklich an das durch Sinneseindrücke vermittelte "image of the city", d.h. an die sinnliche Wahrnehmung (Apperzeption) objektiver und subjektiver Umweltmerkmale von Kevin *Lynch* (1960), anknüpft (vgl. oben Abschnitt 5.1.8). Die hinter diesem nicht nur in baulicher Hinsicht treffenden umgangssprachlichen Ausdruck steckende Grundkonzeption erscheint mir für Zwecke der anwendungsorientierten und interdisziplinären Forschung geeigneter als andere Klassifizierungen, auch wenn es sich letztlich um eine negative Begriffsbestimmung handelt, z.B. die planerische Ausweisung sogenannter Leerräume bzw. Eigenentwicklung -. Andere, synchron oder diachron aufgefaßte, Begriffsschemata, wo die Präfixe Sub-, Des-, Re- bzw. Konter- bestimmte Phasen der Urbanisierungsvorgänge bezeichnen sollen (vgl. Jürgen *Friedrichs*, 1995, S. 34 oder Herbert *Schubert*) bzw. die neuerdings wieder aufgekommene Redeweise von der unsäglichen "Rurbanisierung" (Elisabeth *Holzinger* 1997) sind demgegenüber vergleichsweise ambivalent! Jürgen *Reulecke* (1985) nahm bereits in seinen Desiderata zur Stadtgeschichtsforschung „die These vom allmählichen Übergang der <Suburbia> in ein <Interurbia>" vorweg!

Wenn man allerdings gewissen „Verschwörungstheorien" der großstädtischen Vereinnahmung und Fremdbestimmung ländlicher Räume anhängt, dann kann im Konzept der Zwischenstadt eine besonders hinterlistige Art und Weise der Einflußnahme durch die Gartentür befürchtet werden. Eine aktuelle flächendeckende Standortbestimmung der regionalwirtschaftlichen Ausgangslage bestätigt freilich zumindest für das frühere Bundesgebiet, daß die große Mehrzahl ländlich geprägter Raumeinheiten durchaus selbstbewußt in den künftigen Standortwettbewerb eintreten kann (vgl. *Struff* 1997). Die öffentlich geschürte Subventionsmentalität scheint allerdings in Spurenelementen selbst vielen Regionalforschern die Augen zu trüben, wenn sie eine eher "spiegelbildliche" Argumentationsweise - so formulierte Franz-Josef *Bade*, 1997, S. 80 - pflegen, "d.h. die Nachteile der ländlichen Räume werden dadurch nachgewiesen, daß die besonderen Vorzüge der Verdichtungsräume herausgestellt werden." Mir erscheint die ungeprüfte Fortschreibung eines überkommenen Denkmusters in der von *Bade* zurecht als solche herausgestellten Tautologie eher als eine Art von „kompensatorischer Prämisse". Statt kritische empirische Bestandsaufnahme für das gesamte Territorium zu betreiben, wird aus der wohlwollenden Distanz mehr oder weniger prosperierender Ballungsräume die politische Förderbedürftigkeit ländlich-peripherer Standorte von vorneherein einfach unterstellt, wie z.B. durch Paul *Klemmer* in Jenkis (Hrsg., 1996). Ein solches Vorgehen zentraler Entscheidungsträger (top down) wird den ausdifferenzierten Chancen und Ressourcen der einzelnen Regionen längst nicht mehr gerecht. Die begleitenden wissenschaftlichen Gutachten und Methoden, etwa zur Abgrenzung von Fördergebieten in der Gemeinschaftsaufgabe „Verbesserung der regionalen Wirtschaftsstruktur" und zur Reform der EU-Strukturfonds sind zur Routine erstarrt und wirklichkeitsfremd geworden. Sie bedürfen unbedingt innovativer Ansätze. Alternativvorschläge zur nachhaltigen ländlichen Regionalentwicklung legten Siegfried *Bauer* und Mitarbeiter vor. Die von ihnen skizzierten Übersichten der praktizierten ebenso wie der wünschenswerten Konzeption (1996, S. 91 und 208) unterscheiden nach bestimmten zielorientierten Politikbereichen, nach den zuständigen gebietskörperschaftlichen Ebenen und dem jeweils zweckmäßigen Instrumentarium. Weitere Überlegungen sollten unbedingt der regionalen Inzidenz staatlicher Haushaltsmittel und Finanzströme sowie etwaiger konterkarierender Nebenwirkungen von Maßnahmen anderer Ressorts und Politikebenen nachgehen, die von öffentlichen Händen zumeist räumlich ungezielt eingesetzt werden.

Im sozialhistorischen Rückblick auf die Moderne herrscht gleichfalls die einseitige Perspektive vor. Im Gegensatz zum Studium im "alten Dorf" (Peter *Exner; Ladurie; van Deursen*) vernachlässigte die neuere Wirtschaftsgeschichte weithin die Erforschung gewandelter Sozialstrukturen im gegenwärtigen Dorf. Selbst in den ostdeutschen Transformationsanalysen erlangen wiederum die Probleme der Großstadtentwicklung die Oberhand (Wendelin *Strubelt* u.a., 1996, S. 500), und das trotz des viel höheren Anteils der Kleingemeinden und der für das dortige Siedlungsgefüge kennzeichnenden Land- und Kleinstädte einerseits, der massiven "Verkleinbetrieblichung" (Burkart *Lutz*, 1996, S. 125) und Tertiärisierung der Beschäftigung zwischen 1989-94 anderseits.

Werner *Abelshauser* präsentiert drei Erklärungsskizzen für die Interpretation der "langen" volkswirtschaftlichen Entwicklung im Deutschland der Nachkriegszeit, die er als alternative oder sich ergänzende Arbeitshypothesen im jeweils gültigen "konjunkturellen Bedingungsrahmen" ansieht:

(1) Der lange-Wellen-Hypothese gemäß halten gewaltige Innovationsschübe bei Produkten und Prozessen die endogen verursachte Wohlfahrtsmaschine der Industrieländer in Bewegung. Für den Aufschwung im Deutschen Kaiserreich identifizierte Richard H. *Tilly* den Eisenbahnbau und die Schwerindustrie (Eisenindustrie, Maschinenbau, Steinkohlenbergbau) als den modernen Führungssektorkomplex, der mittels Vorwärts- und Rückwärtskopplungseffekten den Investitionsgüterzyklus in Gang setzte (1990, S. 29f. und 50ff.). Nach dem zweiten Weltkrieg wurde lange Zeit die Automobilbranche als Schlüsselindustrie angesehen, künftighin tritt vielleicht die Informations- und Kommunikationstechnologie an ihre Stelle.

2) Die exogen veranlaßte Strukturbruchthese geht dagegen von tiefgreifenden Erschütterungen und Trendveränderungen aus, wie sie z.B. die Weltkriege, die Weltwirtschaftskrise, galoppierende Inflation oder die Ölpreisschübe der 70er Jahre ausgelöst haben. Nach derartigen Störungen kehrt die Volkswirtschaft langfristig nur mühsam zum alten Gleichgewicht zurück. Wilhelm *Krelle* u.a. wies anhand einer graphischen Darstellung der wirtschaftlichen Wachstumsraten seit dem Kaiserreich bzw. dem 19. Jahrhundert darauf hin, wie - nach den Einbrüchen zwischen 1918 bis 1945 infolge der nachholenden Entwicklung seit dem zweiten Weltkrieg und von mal zu mal rückläufigen Ausschlägen der Veränderungsraten im volkswirtschaftlichen Wachstumsrhythmus - sich die Kurve der Produktionskapazität tendenziell dem quasi natürlich vorgegebenen säkularen Wachstumspfad des Kaiserreiches (mit ca. 1 - 3 % p.a.) allmählich wieder annäherte.

(3) Werner *Abelshauser* selbst bevorzugt eher die sogenannte Rekonstruktionsthese, welche das historisch jeweils ausgeprägte Spannungsverhältnis zwischen dem erreichten Produktivitätsniveau und den konkreten Produktionsverhältnissen in den Mittelpunkt stellt. Einen in mancher Hinsicht vergleichbaren Ansatz wählte Burkart *Lutz* (1989), um die verbreitete Vorstellung von der

"Normalität der Nachkriegsprosperität" zu erschüttern. *Lutz*[17] postuliert überhaupt eine Aufeinanderfolge von Wachstumsschüben und längeren Stagnationsperioden für die säkulare Entwicklung der westeuropäischen Industrieländer. Diese seien durch duale Wirtschaftsstrukturen geprägt, d.h. ein starker subsistenzwirtschaftlicher Sektor - *Sombarts* „nicht-kapitalistische Wirtschaftsformen"[18] - existiert neben dem modernen industriell-kapitalistischen Sektor. Zwischen diesen bestehen „charakteristische .. Austauschbeziehungen, die insbesondere .. exportinduzierte positive oder negative Wachstumsimpulse .. auf die gesamte Volkswirtschaft" auslösen (a.a.O., S. 21). Erst das vorherrschende historische Muster der Austauschbeziehungen und die jeweilige Kräftekonstellation setze entweder eine Prosperitäts- oder aber eine depressive Spirale in Gang. Als typische Vertreter der Konstellation für eine prosperierende volkswirtschaftliche Entwicklung sieht *Lutz* die Zeiträume vor dem ersten Weltkrieg und zwischen 1945 und etwa 1980 an, als Stockungsphasen dagegen die Zeit von 1914-1945 sowie am Ende dieses Jahrhunderts; es ist hier nicht der Platz, auf die umfangreichen Nachweise im einzelnen einzugehen!

Der Rückblick auf deutsche Dorf- und Gemeindestudien aus mehr als 100 Jahren förderte zwar manche lesenswerte Trouvaille zutage, die gleichsam naturwüchsige Widerstandsfähigkeit dieser angewandten Forschungsrichtung geht freilich mit einer unbekümmerten Eklektik und Kompilation verschiedenster Ansätze - sogar über Fachgrenzen hinaus - einher, was Erkenntnisziel, Hypothesenvorrat, Methodenvielfalt und Datengrundlage anbetrifft. Dabei fällt die Reflexion weitgehend aus, der Anspruch stärkerer Systematisierung bleibt gelegentlich auf der Strecke, um das Studium der hochkomplexen Wechselwirkungen zwischen dem gemeindlichen Mikrokosmos und den gesellschaftlichen Makrogebilden, und insbesondere die Wiederentdeckung des Sozialen in kleinen Räumen (Re-Territorialisierung) voranzu-

---

[17] In seinem Nachwort zur Neuausgabe (1989, S. 273-283) befaßt sich Burkart *Lutz* mit einschlägigen Grundgedanken aus der französischen Regulationsschule („fordistische Massenproduktion" u.ä.) ebenso wie mit dem *Fourastiéschen* Drei-Sektoren-Modell!
[18] Werner *Sombart* (Bd. III, S. 950) zählte zu den nicht-kapitalistischen Wirtschaftssystemen der Industrieländer zu Beginn dieses Jahrhunderts
- Eigenwirtschaft und Handwerk („vorkapitalistische"),
- Bauern- (Betriebe < 100 ha Fläche), Genossenschafts- und Gemeinwirtschaft („außerkapitalistische") und
- „nachkapitalistische Wirtschaftsformen" (gemischt-öffentliche Betriebe).

bringen. Das dem Staatsaufbau zugrunde liegende politische Gegenstromprinzip - Subsidiarität; top down und bottom up - wird in empirischen Untersuchungen allzu selten eingelöst, bleibt zumeist Desiderat!

Was ergibt sich außerdem an Herausforderungen für die künftige Dorf- und Gemeindeforschung? Die langfristig absehbare demographische Entwicklung und die gesellschaftliche notwendige Integration einwandernder Ethnien bedarf gerade in ländlichen Kommunen vermutlich erheblicher Anstrengungen. Das erleichtern die vergleichsweise günstigen Bedingungen der objektiven und subjektiven Lebenslage in den meisten Kleingemeinden. Deren von den Bewohnern wahrgenommene Lebensqualität als Wohn- und Freizeitwert, ebenso wie die objektiven Lebensbedingungen - Pro-Kopf-Einkommen; Arbeitsplätze - eröffnen gute Chancen im gegenwärtigen internationalen Wettbewerb der Standorte. Die günstigen sozialökonomischen Voraussetzungen dürften sich im Hinblick auf die „langen Wellen der Konjunktur" - nach Nikolai *Kondratieff* - nicht grundlegend ändern. Als Träger und Kandidaten für technologische Basisinnovationen und Leitsektoren der Wirtschaft identifiziert beispielsweise Leo *Nefiodow* in den nächsten Jahrzehnten u.a.: Informations- und Kommunikationstechnik (Software; Internet), psychosoziale Gesundheit (einschließlich Sport, Ernährung, Tourismus), Umweltmarkt (u.a. Kur- und Badeorte, Krankenhäuser, Sportvereine) sowie Biotechnologie und Solartechnik.

7. Literaturverzeichnis

Abel, Wilhelm, Stadt-Land-Beziehungen. In: Forschungsgesellschaft (Hg.), Dorfuntersuchungen. "Berichte über Landwirtschaft", Hamburg-Berlin, Sh. 162 NF. 1955, S. 9-22

Abelshauser, Werner, Wirtschaftsablauf, Gesellschaft, Politik. Die Konjunktur als Bedingungsrahmen und Erklärungsansatz der Wirtschafts- und Sozialgeschichte im 20. Jahrhundert. In: Mathias Frese und Michael Prinz (Hg.), Politische Zäsuren und gesellschaftlicher Wandel im 20. Jahrhundert. Regionale und vergleichende Perspektiven. (Forschungen zur Regionalgeschichte, Bd. 18) Paderborn 1996, S. 743-753

Acham, Karl, Kontinuitäten und Diskontinuitäten in den Geisteswissenschaften zwischen den 20er und 50er Jahren: Soziologie und Sozialphilosophie in Österreich. In: derselbe u.a. (Hg.), Erkenntnisgewinne, Erkenntnisverluste... Stuttgart 1998 (Franz Steiner), S. 664-705

Acham, Karl, Knut W. Nörr und Bertram Schefold (Hg.), Erkenntnisgewinne, -verluste. Kontinuitäten und Diskontitunitäten in den Wirtschafts-, Rechts- und Sozialwissenschaften zwischen den 20er und 50er Jahren. Stuttgart 1998 (Franz Steiner)

Ahrens, Elisabeth, Becker, Hans-Joachim, Standortanalyse und Handlungsrahmen eines Dorfes - Simmershausen. (ASG-Materialsammlung, Nr. 173) Göttingen 1986

Ahrens, Heinz, Christian Lippert und Michael Rittershofer, Agrarpolitik. In: Helmut W. Jenkis (Hg.), Raumordnung und Raumordnungspolitik. München-Wien 1996, S. 313-335 (Oldenbourg)

Albers, Helene, Die stille Revolution auf dem Lande. Landwirtschaft und Landwirtschaftskammer in Westfalen-Lippe 1899-1999. Ausstellungskatalog. Münster 1999 (Landwirtschaftsverlag)

Albrecht, Günther, Theorien der Raumbezogenheit sozialer Probleme. In: Laszlo Vaskovics (Hg.), Raumbezogenheit sozialer Probleme. Opladen 1982, S. 19-57

von Alemann, Ulrich (Hg.), Partizipation, Demokratisierung, Mitbestimmung. Problemstand und Literatur in Politik, Wirtschaft, Bildung und Wissenschaft. Eine Einführung. Opladen 1975 (Westdeutscher Verlag)

Alonso, William, Location theory (1963). Wieder abgedruckt in: John Friedmann und William Alonso (Hg.), Regional development and planning. A reader. Cambridge (Mass.) 1964, S. 78-106 (M.I.T. Press)

Aly, Götz und Susanne Heim, Vordenker der Vernichtung. Auschwitz und die dt. Pläne für eine europäische neue Ordnung (1991). TB-Ausgabe Frankfurt/M. 1993 (Fischer)

Amery, Carl (Hg.), Die Provinz. Kritik einer Lebensform. München 1966 (dtv 359)

Andersen, Arne, Der Traum vom guten Leben. Alltags- und Konsumgeschichte vom Wirtschaftswunder bis heute. Frankfurt a.M./New York 1997 (Campus)

Anderson, C. Arnold, Trends in rural sociology. In. Robert K. Merton u.a. (Hg.), Sociology today. Problems and prospects. Vol. II, New York-Evanston 1965, S. 360-375 (Harper Torchbook Edition)

Anderson, Nels, The urban community: a world perspective. New York 1959 (Henry Holt + Co)

derselbe, Die Darmstadt-Studie - ein informeller Rückblick. In: René König (Hg.), Soziologie der Gemeinde. a.a.O., Köln 1962, S. 144-151

Arensberg, Conrad M., Die Gemeinde als Objekt und Paradigma. In: René König (Hg.), Handbuch der empirischen Sozialforschung. Band 1, Teil 3: Komplexe Forschungsansätze. Stuttgart 1962, S. 498-521; 3. Aufl 1974, S. 82-116

Armstrong, H... W., R... W... Vickerman (ed.), Convergence and divergence among European regions. London 1995 (Pion Ltd.)

Aron, Raymond, Deutsche Soziologie der Gegenwart. Eine Einführung (1935). Dt. Übers. der 2. Aufl. 1950. Stuttgart 1953 (Alfred Kröner)

Aschenbrenner, Katrin, Kappe, Dieter, Großstadt und Dorf als Typen der Gemeinde. Opladen 1965 (C.W. Leske)

Atteslander, Peter, Hamm, Bernd (Hg.), Materialien zur Siedlungssoziologie. (NWB 69) Köln 1974 (Kiepenheuer + Witsch)

Atteslander, Peter, Stadt und Land im Wandel des Bewußtseins. Soziales Verhalten zwischen Solidarität und Entfremdung. In: Franz Walk (Hg.), Dorf-Landschaft-Umwelt. Planung im ländlichen Raum. Einflußfaktoren und Verflechtungen. (Internationale Grüne Woche, H. 22) Berlin 1985, S. 7-13

Bachmann, Ronald, Claudia Wurst (Hg.), Ostdeutsche Lebensverhältnisse unter Wandlungsdruck. Eine Gemeindestudie zu sozialen Seiten der deutsch-deutschen Vereinigung. Frankfurt a.M. 1996 (Peter Lang)

Bade, Franz-Josef, Wirtschaftliche Chancen und Risiken ländlicher Räume. In: Aktionsbündnis Ländlicher Raum (Hg.), Chancen und Risiken für die ländlichen Räume unter künftigen Rahmenbedingungen. Frankfurt a.M. 1997, S. 79-106

Bahrdt, Hans Paul, Die moderne Großstadt. Soziologische Überlegungen zum Städtebau. (1961) Hamburg 1969 (Christian Wegner)

Ballhaus, Edmund, Dorfentwicklung im Spiegel der Fotografie und im Bewußtsein der Bewohner am Beispiel Echte. Wiesbaden-Berlin 1985 (Bauverlag GmbH)

Balzac, Honoré de, Les Paysans (1845). (Collection Folio 675) Paris 1975 (Gallimard)

Barley, Nigel, Die Raupenplage. Von einem, der auszog, Ethnologie zu betreiben. Dt. Übers. Stuttgart 1989 (Klett-Cotta)

Barlösius, Eva, Worüber forscht die deutsche Agrarsoziologie? Zum Verhältnis von Agrarsoziologie und Agrarpolitik, "Kölner Zeitschrift für Soziologie und Sozialpsychologie", Jg. 47 (1995)2, S. 319-338

Bassand, Michel, Introduction. L'identité régionale. Un concept carrefour. In: derselbe (éd.), Regionale Identität. Saint-Saphorin (CH) 1981, S. 3-24 (editions Georgi)

Bassand, Michel, Moeckli, Jean-Marie (éd.), Villages : quels espoirs? Bern-Frankfurt a.M.-Paris 1989 (Lang)

Bauer, Siegfried, Jens-Peter Abresch und Markus Steuernagel, Gesamtinstrumentarium zur Erreichung einer umweltverträglichen Raumnutzung. (Materialien zur Umweltforschung, H. 26) Stuttgart 1996 (Metzler-Poeschel)

Bauer, Siegfried, Hummelsheim, S., Überlegungen zur Nutzung des ländlichen Raums aus heutiger Sicht. In: Hans Stamer und Günther Fratzscher (Hg.), Johann Heinrich von Thünen. Seine Erkenntnisse aus wissenschaftlicher Sicht (1783-1850). (Berichte über Landwirtschaft, N.F., Sh. 210) Münster-Hiltrup 1995, S. 66-83

Baumert, Gerhard unter Mitwirkung von Edith Hünniger, Deutsche Familien nach dem Kriege. Darmstadt 1954 (Eduard Roether Verlag)

Bausinger, Hermann, Volkskunde. Darmstadt o.J. (1971) (Carl Habel)

derselbe, Deutsch für Deutsche: Dialekte, Sprachbarrieren, Sondersprachen. Frankfurt a.M. 1972 (Fischer TB 6145)

derselbe, Volkskultur in der technischen Welt (1961). Frankfurt a.M.-New York 1986 (Campus Reihe 1008)

derselbe, Neue Felder, neue Aufgaben, neue Methoden. In: Isaac Chiva und Utz Jeggle (Hg.), Deutsche Volkskunde-Französische Ethnologie. Zwei Standortbestimmungen. Frankfurt a.M. 1987 (Campus), S. 326-344

derselbe, Europa der Regionen: Kulturelle Perspektiven. "Leviathan", Opladen, Jg. 21 (1993) 4, S. 471-492

Beck, Rainer, Unterfinning. Ländliche Welt vor Anbruch der Moderne. München 1994 (C.H. Beck)

Becker, Heinrich, Handlungsspielräume der Agrarpolitik in der Weimarer Republik zwischen 1923 und 1929. Stuttgart 1990 (Steiner)

derselbe, Dörfer heute - Ländliche Lebensverhältnisse 1952, 1972 und 1993/95. (Schriftenreihe der Forschungsgesellschaft, H. 307) Bonn 1997

derselbe (Hg.), Ländliche Lebensverhältnisse im Wandel 1952, 1972 und 1992: Monographien der 14 Untersuchungsorte. (Schriftenreihe der Forschungsgesellschaft, H. 308) demnächst

Beckhoff, Josef, Wandlung der Lebensverhältnisse in zwei ursprünglich kleinbäuerlichen Taunusgemeinden unter dem Einfluß der sich wandelnden Sozial-, Wirtschafts- und Agrarstruktur. (Schriftenreihe der Forschungsgesellschaft, H. 139) Bonn 1963

Beer, Rüdiger Robert, Die Gemeinde. Grundriß der Kommunalpolitik. (Geschichte und Staat 143) München-Wien 1970 (Olzog)

Beggs, John J., Haines, Valerie A., Jeanne S. Hurlbert, Revisiting the rural-urban contrast: Personal networks in nonmetropolitan and metropolitan settings. "Rural Sociology", Urbana (IL), Vol. 61 (1996) 2, S. 306-325

Behrmann, Günter C., Die Verselbständigung der Wissenschaft von der Politik: Gründung und Begründung einer neuen Fachwissenschaft. In: Karl Acham u.a. (Hg.), Erkenntnisgewinne, Erkenntnisverluste ... Stuttgart 1998 (Franz Steiner), S. 443-478

Bell, Colin, Newby, Howard, Community studies. An introduction to the sociology of the local community. London 1971 (George Allen and Unwin Ltd.)

Benard, Cheryl, Schlaffer, Edit, Notizen über Besuche auf dem Land. Am Rande des Wohlstands. Wien-München 1979 (Jugend und Volk)

Berger, John, Sauerde. Geschichten vom Lande. (1979) Dt. Übers. München 1992 (dtv)

Berking, Helmuth, Das Leben geht weiter. Politik und Alltag in einem ostdeutschen Dorf. "Soziale Welt", Göttingen, Jg. 46 (1995)3, S. 342-353

Bertram, Hans, Regionale Disparitäten, soziale Lage und Lebensführungen. In: Stefan Hradil (Hg.), Zwischen Bewußtsein und Sein. Die Vermittlung „objektiver" Lebensbedingungen und „subjektiver" Lebensweisen. Opladen 1992 (Leske + Budrich), S. 123-150

Bertram, Hans, u.a. Familien-Atlas: Lebenslagen und Regionen in Deutschland. Karten und Zahlen. Opladen 1993 (Leske + Budrich)

Bidlingmaier, Maria, Die Bäuerin in zwei Gemeinden Württembergs. Berlin-Stuttgart-Leipzig 1918 (W. Kohlhammer)

Biernacki, Richard, The fabrication of labor; Germany and Britain, 1640-1914. Berkeley-London 1995 (University of California Press)

Bimmer, Andreas C., u.a., Ländliche Kindheiten - ein Forschungsproblem der Europäischen Ethnologie. Kleidung, Arbeit und Bräuche als kulturelle Indikatoren im dörflichen Sozialisationsprozeß. In: Peter Sinkwitz (Hg.), Ländliche Soziologie deutschsprachiger Länder. (Schriftenreihe des BML, Reihe A, H. 330) Münster-Hiltrup 1986, S. 375-392

Blanc, Michel, Rurality and locality. First draft, (vervielf. Man.) Castanet - Tolosan (Frankreich) Okt. 1995, 12 S.

Blanke, Karen und Manfred Ehling, Methode und Durchführung der Zeitbudgeterhebung 1991/92. „Wirtschaft und Statistik", Wiesbaden 9/1994, S. 717-723

Blaug, Mark, Systematische Theoriegeschichte der Ökonomie. Dt. Übers. in 4 Bänden. München 1971-1975 (Nymphenburger)

Blien, Uwe, Die Lohnkurve von 1989. Eine Mehrebenenanalyse zum Zusammenhang von regionalen Durchschnittslöhnen und der regionalen Arbeitslosenquote. "MittAB", Nürnberg, Jg. 28 (1995)2, S. 155-170

Blümcke, Martin (Hg.), Abschied von der Dorfidylle? Ein Lesebuch vom Leben und Arbeiten im deutschen Südwesten in den letzten 200 Jahren. Stuttgart 1982 (Konrad Theiss)

BMBau (Hg.), Baulandbericht 1993. Bonn 1993

derselbe (Hg.), Zukunft Stadt 2000. Bericht der Kommission Zukunft Stadt 2000 - Abschlußbericht. Bonn 1993

derselbe (Hg.), Raumordnungsbericht 1993. (BT-Drs. 12/2143) Bonn 1994

derselbe (Hg.), Siedlungsentwicklung und Siedlungspolitik. Nationalbericht Deutschland zur Konferenz HABITAT II. Bonn (Januar) 1996 (BT-Drs. 13/3679)

BMI (Hg.), Bericht der Sachverständigenkommission. Vorschläge zur Neugliederung des Bundesgebietes gemäß Art. 29 des Grundgesetzes. Bonn 1972

BML (Hg.), Rahmenplan der Gemeinschaftsaufgabe "Verbesserung der Agrarstruktur und des Küstenschutzes" für den Zeitraum 1994 bis 1997. BT-Drs. 12/7845, Bonn 1994

derselbe, Die Verbesserung der Agrarstruktur in der BR Deutschland 1991 und 1992. Bericht des Bundes und der Länder über den Vollzug der Gemeinschaftsaufgabe "Verbesserung der Agrarstruktur und des Küstenschutzes". Bonn 1994

derselbe, Agrar- und ernährungspolitischer Bericht der Bundesregierung 1994. BT-Drs. 12/6750, Bonn 1994

Bockhorn, Elisabeth, "Man hat soviel wenig vom Leben gehabt, so wenig ..." Vom Leben einer Bergbäuerin, ein volkskundlicher Beitrag zur biographischen Methode. Diss. Wien, Bd. 1 (204 S.), und Bd. 2 (269 S.)

Böhnisch, Lothar, Funk, Heide, Jugend im Abseits? Zur Lebenslage Jugendlicher im ländlichen Raum. (Materialien des DJI) München 1989 (Juventa Verlag)

Böhnisch, Lothar, Martin Rudolph, Heide Funk und Birgit Marx, Jugendliche in ländlichen Regionen. Ein ostwestdeutscher Vergleich. (Schriftenreihe des BML, Reihe A, H. 463) Bonn 1997 (Köllen Druck+Verlag GmbH)

Böltken, Ferdinand, "Städtische Lebensweise". Eine empirische Untersuchung des Zusammenhangs von Siedlungs- und Verhaltensweise. Diss. Köln 1979

derselbe, Ortsgebundenheit und Ortsverbundenheit. Empirische Befunde im Zeit- und Regionalvergleich. "Informationen zur Raumentwicklung", Bonn 3/1987, S. 147-156

derselbe, Soziale Disparitäten und soziale Netzwerke im regionalen Vergleich. "Informationen zur Raumentwicklung", Bonn 9/10 1987, S. 543-549

Böltken, Ferdinand, Janich, Helmut, Siedlungsstrukturelle Gemeindetypen für die Raumbeobachtung. "BfLR-Mitteilungen", Bonn, 3. Juli 1993, S. 6-7

Böltken, Ferdinand, Nicole Schneider und Annette Spellerberg, Wohnen - Wunsch und Wirklichkeit. Subjektive Prioritäten und Defizite als Beitrag zur Wohnungsmarktbeobachtung. „Informationen zur Raumentwicklung", Bonn 2/1999, S. 141-156

von Böventer, Edwin, Die Struktur der Landschaft. Versuch einer Synthese und Weiterentwicklung der Modelle J.H. von Thünens, W. Christallers und A. Löschs. In: Optimales Wachstum und optimale Standortverteilung. (Schriften des Vereins für Socialpolitik, N.F. Bd. 27), Berlin 1962, S. 77ff.

Bourdieu, Pierre, u.a., La misère du monde. Paris 1993 (Éditions du Seuil)

Bradley, Tony, Lowe, Philip, Introduction: Locality, rurality and social theory. In: dieselben (ed.), Locality and rurality: Economy and society in rural regions. Norwich 1984 (Geo Books), S. 1-23

Breloh, Paul und Richard Struff, Zur Frage der regionalen Förderprogramme in der BR Deutschland. „Berichte über Landwirtschaft", Hamburg-Berlin, Bd. 47 (1969)2, S. 348-373

Brösse, Ulrich, Flächenbeanspruchung, Flächenkoeffizient und Wachstum. „Schmollers Jahrbuch für Wirtschafts- und Sozialwissenschaften", Berlin, Jg. 90 (1970), S. 529-546

Brose, Hanns-Georg, Proletarisierung, Polarisierung oder Upgrading der Erwerbsarbeit? Über die Spätfolgen „erfolgreicher Fehldiagnosen" in der Industriesoziologie. In: Jürgen Friedrichs, M. Rainer Lepsius und Karl U. Mayer (Hg.), Die Diagnosefähigkeit der Soziologie. (KZfSS, Sh. 38) Opladen 1998, S. 130-163

Broszat, Martin und Norbert Frei (Hg.), Das Dritte Reich im Überblick. Chronik, Ereignisse, Zusammenhänge (1983). Überarb. TB-Ausgabe, 6. Aufl. München 1996 (R. Piper)

Brüggemann, Beate, Riehle, Rainer, Das Dorf, über die Modernisierung einer Idylle. Frankfurt/M.-New York 1986 (Campus)

Brüse, Rudolf, Mobilität der landwirtschaftlichen Bevölkerung. Eine Analyse der Abwanderung und Statuszuweisung in der BRD. (Schriftenreihe der Forschungsgesellschaft, H. 242) Bonn 1977

Brunner, Karl-Michael, Jost, Gerhard, Lueger, Manfred, Flüchtlingsunterbringung in einer Kleingemeinde: Eine Fallstudie zur sozialen Dynamik von Migrationsprozessen. "Soziale Welt", Göttingen, Jg. 45 (1994)2, S. 125-146

Bruns, Inken, Von der Feindschaft zur Kooperation. Die deutsche Minderheit eines dänischen Dorfes von 1920-1990 in ihren interethnischen Beziehungen. (Interethnische Beziehungen und Kulturwandel, Bd. 18) Münster-Hamburg 1995 (Lit-Verlag)

Bürklin, Wilhelm, Wählerverhalten und Wertewandel. (Grundwissen Politik, Bd. 3) Opladen 1988 (Leske u. Budrich), 2. Aufl. 1998 (zusammen m. Markus Klein) u.d.T. Wahlen und Wählerverhalten.

Buhmann Priester, Brigitte, Armut in Europa. In: W. Glatzer (Hg.), Einstellungen und Lebensbedingungen in Europa. Soziale Indikatoren 17. Frankfurt a.M.-New York 1993, S. 151-160 (Campus)

Bundeszentrale (Hg.), Heimat. Analysen, Themen, Perspektiven. (Schriftenreihe der Bundeszentrale für politische Bildung, Bd. 294/I) Bonn 1990

Burdack, Joachim, Regionale Bevölkerungsentwicklung in Frankreich. Eine Untersuchung auf der Ebene der zones d'emploi. "Europa Regional", Leipzig, Jg. 3 (1995)2, S. 25-37

Burisch, Wolfram, Industrie- und Betriebssoziologie. Berlin 1972 (Sammlung Göschen 4103)

Burnett, John, Idle hands. The experience of unemployment, 1790-1990. London-New York 1994 (Rootledge)

Burri, Josef, Sensationen vom Dorfe. Zürich 1993 (CH, Limmat Verlag)

Camagni, Roberto, Städtesystem im Wandel: Von der Zentrale-Orte-Hierarchie zum Städtenetzwerk am Beispiel der Region Lombardei und Mailand. In: Johannes Lampe und Robert W. Obermeier (Hg.), Europäische Verdichtungsräume im Wettbewerb - und München? Ergebnisse einer wissenschaftlichen Tagung und eines Expertenhearings. (IHK - Tagungsdokumentation Nr. 2) München 1994, S. 29-41

Caplow, Theodore, Howard M. Bahr, Bruce Chadwick, Reuben Hill, Margaret H. Williamson, Middletown families: Fifty years of change and continuity. Minneapolis 1982 (University of Minnesota)

Cécora, James (Hg.), Economic behaviour of family households in an international context. Resource income and allocation in urban and rural, in farm and nonfarm households. (Schriftenreihe der Forschungsgesellschaft, H. 295) Bonn 1993

Chassé, Karl August, Ländliche Armut im Umbruch. Lebenslagen und Lebensbewältigung. Opladen 1996 (Leske + Budrich)

Comes, Stefan, Regionale Einkommenswirkungen öffentlicher Ausgaben für die Agrarstrukturpolitik. (Schriftenreihe der Forschungsgesellschaft, H. 279) Bonn 1988

Comes, Stefan und Richard Struff, Räumliche Verteilungswirkungen öffentlicher Ausgaben. Untersuchung ausgewählter Zahlungsströme in drei Bundesländern. (Schriftenreihe der Forschungsgesellschaft, H. 254) Bonn 1980

Commission of the European Communities (ed.), Farm household adjustment in western Europe 1987-1991. Final report on the research programme on farm structures and pluriactivity. Vol. 1 and 2, Brüssel-Luxemburg 1993 (ISBN 92-826-6911-4)

Corbin, Alain, Le village des "cannibales". Paris 1990 (Flammarion Champs 1995)

derselbe, Les cloches de la terre. Paysage sonore et culture sensible dans les campagnes au XIXe siècle. Paris 1994 (Albin Michel)

Corni, Gustavo und Horst Gies, Brot, Butter, Kanonen. Die Ernährungswirtschaft in Deutschland unter der Diktatur Hitlers. Berlin 1997 (Akademie Verlag GmbH)

Croon, Helmuth und Kurt Utermann, Zeche und Gemeinde. Untersuchungen über den Strukturwandel einer Zechengemeinde im nördlichen Ruhrgebiet. Tübingen 1958 (J.C.B. Mohr)

Dahl, Robert, A., Lindblom, Charles E., Politics, ecnomics, and welfare. Planning and politico-economic systems resolved into basic social processes (1953). New York 1963 (Harper Torchbook)

Dahms, Hans-Joachim, PositivismusStreit. Die Auseinandersetzungen der Frankfurter Schule mit dem logischen Positivismus, dem amerikanischen Pragmatismus und dem kritischen Rationalismus. Frankfurt a.M. 1994 (stw 1058)

Dangschat, Jens S., Sag' mir, wo Du wohnst, und ich sag' Dir, wer Du bist! Zum aktuellen Stand der deutschen Segregationsforschung. „Prokla", Hamburg-Münster, Jg. 27 (1997) 4, S. 619-647

Dax, Thomas, Niessler, Rudolf, Vitzthum, Elisabeth, Bäuerliche Welt im Umbruch. Entwicklung landwirtschaftlicher Haushalte in Österreich. (Bundesanstalt für Bergbauernfragen, Forschungsbericht Nr. 32) Wien 1993

van Deenen, Bernd unter Mitarbeit von Albert Valtmann, Die ländliche Familie unter dem Einfluß von Industrienähe und Industrieferne. Eine familiensoziologische Untersuchung zweier Landgemeinden im nördlichen Vorland des Rheinisch-Westfälischen Industriegebietes. (Sozialpolitische Schriften, H. 13) Berlin 1961 (Duncker u. Humblot)

van Deenen, Bernd, Wie beurteilen landwirtschaftliche Betriebsleiter ihre berufliche und gesellschaftliche Position? Ergebnisse empirischer Forschungsarbeiten. "Berichte über Landwirtschaft", Hamburg-Berlin, N.F. Bd. 48 (1970), S. 1-12

van Deenen, Bernd, Mrohs, Edmund, Tiede, Sigrid, Vilmar, Eckhard, Materialien zur Arbeitswirtschaft. Ergebnisse arbeitswirtschaftlicher Erhebungen in 755 landwirtschaftlichen Betrieben des Bundesgebietes. (Schriftenreihe der Forschungsgesellschaft, H. 153) Bonn 1964

van Deenen, Bernd, u.a., Lebensverhältnisse in kleinbäuerlichen Dörfern 1952 und 1972. (Schriftenreihe der Forschungsgesellschaft, H. 230) Münster-Hiltrup o.J. (1975, Landwirtschaftsverlag GmbH)

van Deenen, Bernd, Kossen-Knirim, Christa, Landfrauen in Betrieb, Haushalt und Familie. (Schriftenreihe der Forschungsgesellschaft, H. 260) Bonn 1981

van Deenen, Bernd, Graßkemper, Anne, Das Alter auf dem Lande. Ergebnisse einer empirischen Untersuchung 1989/90 in 8 ehemals kleinbäuerlichen Dörfern. (Schriftenreihe der Forschungsgesellschaft, H. 299) Bonn 1993

Dehne, Peter, Schäfer, Rudolf u.a., Städtebauliche Erneuerung von Dörfern und Ortsteilen. Aufgaben, Verfahren, Förderung. Im Auftrag des BMBau. Bonn 1990

De Rose, Carlo, Rural and rurality in Europe: problems of definition, measurement, and comparison. (Sonderdruck) Arcavacata, Rende (Italien) 13 S.

van Deursen, A. Th., Graft. Ein Dorf im 17. Jahrhundert. (Dt. Übers. aus dem Niederländischen) Göttingen 1997 (Steidl Verlag)

Dewey, Richard, The rural-urban continuum: Real but relatively unimportant. "The American Journal of Sociology", Chicago, Vol. 66 (1960), S. 60-66

Diederich, Nils, Empirische Wahlforschung. Konzeptionen und Methoden im internationalen Vergleich. Köln-Opladen 1965 von Dietze, Constantin, Rolfes, Max, Weippert, Georg (Hg.), Lebensverhältnisse in kleinbäuerlichen Dörfern I. (Berichte über Landwirtschaft, NF. Sh. 157) Hamburg-Berlin 1953

Dommer, Eckhard und Peter Schmidt (Hg.), Auf der Suche nach Gießen. Ergebnisse von Bürgerbefragungen und Stadtforschung. Gießen 1995 (Ferber'sche Universitätsbuchhandlung)

Dos Passos, John, Das Land des Fragebogens (1946). Dt. Übers. u. Teilausgabe Frankfurt/M. 1997 (Neue Kritik KG)

Drescher, Leo, Agrarökonomik und Agrarsoziologie. Über die Aufgaben und Grenzen der Agrarwissenschaften. Ein Vergleich zwischen der Entwicklung in Deutschland und der in den Vereinigten Staaten von Amerika. Jena 1937 (Gustav Fischer)

van Dülmen, Richard, Kultur und Alltag in der frühen Neuzeit. Bd. 2: Dorf und Stadt, 16.-18. Jahrhundert. München 1992 (C.H. Beck)

Dunckelmann, Henning, Lokale Öffentlichkeit. Eine gemeindesoziologische Untersuchung. (Schr. d. Dt. Inst. f. Urbanistik, H. 51) Stuttgart-Berlin 1975

EG-Kommission (Hg.), Vierter Bericht über die sozio-ökonomische Lage und Entwicklung der Regionen der Gemeinschaft. Brüssel-Luxemburg 1991

EG-Kommission (Hg.), Fünfter Bericht über die sozio-ökonomische Lage und Entwicklung der Regionen der Gemeinschaft. Brüssel-Luxemburg 1994

Eisner, Manuel, Das Ende der zivilisierten Stadt? Die Auswirkungen von Modernisierung und urbaner Krise auf Gewaltdelinquenz. Frankfurt/M. - New York 1997 (Campus)

Eitner, Hans-Jürgen, Hitlers Deutsche. Das Ende eines Tabus. Gernsbach 1990 (Kasimir Katz)

Elias, Norbert und John L. Scotson, Etablierte und Außenseiter (engl. 1965). Dt. Übers. Frankfurt/M. 1990 (st 1882 Suhrkamp)

Ellwein, Thomas, Zimpel, Gisela, Wertheim I. Fragen an eine Stadt. München 1969 (Juventa)

Endruweit, Günter, The chances of agricultural interests in local decisions. "Sociologia Ruralis", Assen (NL), Vol. 30 (1990)1, S. 76-87

Engels, Friedrich, Die Lage der arbeitenden Klasse in England. Nach eigener Anschauung und authentischen Quellen (1845). München 1973 (dtv 6012)

Erker, Paul, Revolution des Dorfes? Ländliche Bevölkerung zwischen Flüchtlingsstrom und landwirtschaftlichem Strukturwandel. In: Martin Broszat/Hans Weller (Hg.), Von Stalingrad zur Währungsreform. München 1988, S. 367-425

Europäische Kommission (Hg.), Europa 2000+. Europäische Zusammenarbeit bei der Raumentwicklung. Brüssel-Luxemburg 1994

Exner, Peter, Beständigkeit und Veränderung. Konstanz und Wandel traditioneller Orientierungs- und Verhaltensmuster in Landwirtschaft und ländlicher Gesellschaft in Westfalen 1919-1969. In: Matthias Frese und Michael Prinz (Hg.), Politische Zäsuren und gesellschaftlicher Wandel im 20. Jahrhundert. Regionale und vergleichende Perspektiven. (Forschungen zur Regionalgeschichte, Bd. 18) Paderborn 1996, S. 279-326

Exner, Peter, Ländliche Gesellschaft und Landwirtschaft in Westfalen 1919-1969. (Forschungen zur Regionalgeschichte, Bd. 20) Paderborn 1997 (Ferdinand Schöningh)

Fachbeirat "Dorfentwicklung" des Instituts für Kommunalwissenschaften der Konrad-Adenauer-Stiftung e.V. (Hg.), Für das Dorf. Gestaltung des ländlichen Lebensraums durch Dorfentwicklung. Köln-Stuttgart 1983 (W. Kohlhammer)

Fainstein, Susan und Scott Campbell (Hg.), Readings in urban theory. Malden (Mass.)-Oxford 1996 (Blackwell Publ. Inc)

Fallada, Hans, Bauern, Bonzen und Bomben (1931). Reinbek b. Hamburg 1986

Falter, Jürgen W., Hitlers Wähler. München 1991 (C.H. Beck)

derselbe, Wer wählt rechts? Die Wähler und Anhänger rechtsextremistischer Parteien im vereinigten Deutschland. München 1994 (C.H. Beck)

Fauser, Mechthild, Detlev Simons u.a., Das Dorf. Bibliographie. Stuttgart 2. Aufl. 1979

Feist, Ursula, Die Macht der Nichtwähler. Wie die Wähler den Volksparteien davonlaufen. München 1994 (Droemersche Verlagsanstalt Th. Knaur Nachf.)

Feldman, Gerald D., The great disorder. Politics, economics, and society in the German Inflation 1914-1924. New York 1997 (Oxford University Press)

Feldmann, Siegfried, Ganzheitliche Dorfentwicklung in den neuen Bundesländern. Erfurt/Vieselbach 1997 (Dt. Kommunalverlag Dr. Naujoks + Behrendt GmbH)

Feldmann, Siegfried, u.a., Sozialprobleme kleiner Dörfer und deren Lösung im Prozeß der Dorferneuerung, dargestellt an ausgewählten Dörfern Sachsen-Anhalts. Bernburg 1992

von Ferber, Christian, Die Gemeindestudie des Instituts für sozialwissenschaftliche Forschung, Darmstadt. In: René König (Hg.), Soziologie der Gemeinde. (Kölner Zeitschr. für Soziologie und Sozialpsychologie, Sh. 1) Köln-Opladen 2. Aufl. 1962, S. 152-171

Fleck, Christian, Rund um "Marienthal". Von den Anfängen der Soziologie in Österreich bis zu ihrer Vertreibung. Wien 1990 (Österreichische Texte zur Gesellschaftskritik, Bd. 51)

derselbe (Hg.), Wege zur Soziologie nach 1945. Biographische Notizen. Opladen 1996 (Leske + Budrich)

Fliege, Thomas, Bauernfamilien zwischen Tradition und Moderne. Eine Ethnographie bäuerlicher Lebensstile. Frankfurt/M.-New York 1998 (Campus)

Forschungsgesellschaft (Hg.), Lebensverhältnisse in kleinbäuerlichen Dörfern II. (Berichte über Landwirtschaft, NF. Sh. 160) Hamburg-Berlin 1954

Forschungsgesellschaft (Hg.), Dorfuntersuchungen. (Berichte über Landwirtschaft, NF. Sh. 162) Hamburg-Berlin 1955

Frank, Harald, Regionale Entwicklungsdisparitäten im deutschen Industrialisierungsprozeß 1849-1939. Eine empirisch-analytische Untersuchung. Diss. Münster 1993 (LIT Verlag)

Freund, Bodo, Strukturwandel der Landwirtschaft unter städtischen Einflüssen. Dargestellt am hessischen Rhein-Main-Gebiet. (Rhein-Mainische Forschungen, H. 100) Frankfurt a.M. 1985

derselbe, Die Nutzungen der hessischen Böden. Landesdaten - Entwicklungen und Einflußgrößen. In: Hessisches Ministerium für Landesentwicklung, Wohnen, Landwirtschaft, Forsten und Naturschutz (Hg.), Ökologie-Forum Hessen - Böden in Hessen, Kenntnisstand und Forderungen an ein Bodenschutzgesetz. Wiesbaden 1992, S. 15-27 derselbe, Sozialbrache - Zur Wirkungsgeschichte eines Begriffs. "Erdkunde", Kleve, Bd. 47 (1993), S. 12-24

Frey, Rainer (Hg.), Kommunale Demokratie. Beiträge für die Praxis der kommunalen Selbstverwaltung. Bonn-Bad Godesberg 1976 (Neue Gesellschaft GmbH)

Friedeburg, Robert, von, Ländliche Gesellschaft und Obrigkeit. Gemeindeprotest und politische Mobilisierung im 18. und 19. Jahrhundert. Göttingen 1997 (Vandenhoeck u. Ruprecht)

Friedrichs, Jürgen (Hg.), Soziologische Stadtforschung. (Kölner Zeitschrift für Soziologie und Sozialpsychologie, Sh. 29) Opladen 1988

Friedrichs, Jürgen, Stadtanalyse. Soziale und räumliche Organisation der Gesellschaft. Reinbek b. Hamburg 1977 (rororo studium)

derselbe, Stadtsoziologie. Düsseldorf 1995 (Leske + Budrich)

Friedrichs, Jürgen, M. Rainer Lepsius und Karl U. Mayer, Diagnose und Prognose in der Soziologie. In: dieselben (Hg.), Die Diagnosefähigkeit der Soziologie. (KZfSS, Sh. 38) Opladen 1998 (Westdeutscher Verlag), S. 9-31

Frühsorge, Gotthardt, "Die Kunst des Landlebens". Vom Landschloß zum Campingplatz. Eine Kulturgeschichte. München-Berlin 1993 (Koehler u. Amelang)

Fuchs, Thomas, Macht Euch die Stadt zum Bilde! Über die Modernisierung des ländlichen Raumes. (Stadt, Raum und Gesellschaft, Bd. 4) Pfaffenweiler 1996 (Centaurus)

Fürst, Dietrich (Hg.), Stadtökonomie. Stuttgart-New York 1977 (Gustav Fischer)

Gans, Herbert J., Urbanism and suburbanism as ways of life: A re-evaluation of "definitions" (1962). Dt. Übers. in: Ulfert Herlyn (Hg.), Stadt- und Sozialstruktur. München 1974 (Nymphenburger), S. 67-90

derselbe, The Levittowners. Ways of life and politics in a new suburban community (1967). New York 1982 (Columbia U P)

Gatzweiler, H.-P., Perspektiven der Entwicklung der ländlichen Räume in den neuen Bundesländern. - Wissensstand, Forschungsarbeiten, -bedarf -. In: C. Thoroe u.a. (Hg.), Agrarwirtschaft und ländlicher Raum in den neuen Bundesländern im Übergang zur Marktwirtschaft. (agrarspectrum, Bd. 20) Frankfurt a.M.-München 1993, S. 21-41

Gebhardt, Winfried, Kamphausen, Georg, Zwei Dörfer in Deutschland. Mentalitätsunterschiede nach der Wiedervereinigung. Opladen 1994 (Leske + Budrich)

Geiger, Theodor, Die soziale Schichtung des deutschen Volkes. Stuttgart 1932 (Ferdinand Enke)

derselbe, Die Klassengesellschaft im Schmelztiegel. Köln-Hagen 1949 (Gustav Kiepenheuer)

Geißler, Clemens, Welche Zukunft haben die Städte als Träger und Orte von Soziokultur? In: Dieter Sauberzweig und Christian Neuhaus (Hg.), Entwicklungspotentiale von Städten zwischen Vision und Wirklichkeit. - Begleitendes Seminar zum Forschungsverbund Lebensraum Stadt. Bd. IV, Berlin 1994, S. 94-129 (Ernst und Sohn Verlag)

Geißler, Rainer, Die Sozialstruktur Deutschlands. Ein Studienbuch zur Entwicklung im geteilten und vereinten Deutschland. Opladen 1992 (Westdeutscher Verlag)

Gemeinschaftsveröffentlichung d. Statist. Landesämter (Hg.), Entstehung des Bruttoinlandsprodukts. Revidierte Ergebnisse für die alten Länder der BR Deutschland 1971 bis 1991. (Volksw. Gesamtrechnungen der Länder, H. 20) Stuttgart 1993

Gemeinschaftsveröffentlichung der Statistischen Landesämter (Hg.), Erwerbstätige in den kreisfreien Städten und Landkreisen in der BR Deutschland 1987 bis 1990 (ABL). (Erwerbstätigenrechnungen der Länder, H. 1) Stuttgart 1993

Gemeinschaftsveröffentlichung der Statistischen Landesämter (Hg.), Bruttowertschöpfung der kreisfreien Städte, der Landkreise und der Arbeitsmarktregionen in der BR Deutschland 1980 und 1990 (früheres Bundesgebiet). (Volkswirtschaftliche Gesamtrechnungen der Länder, H. 21) Stuttgart 1994

Gemeinschaftsveröffentlichung der Statistischen Landesämter (Hg.), Erwerbstätige in den kreisfreien Städten und Landkreisen in der BR Deutschland 1980, 1987, 1991 bis 1993. (Erwerbstätigenrechnungen der Länder, H. 2) Stuttgart 1996

Gerß, Wolfgang, Einige Methodenfragen zu den Regionalwerten der gesamtwirtschaftlichen Bruttowertschöpfung. "Statistische Rundschau Nordrhein-Westfalen", Düsseldorf, Jg. 45 (1993) 4, S. 201-206

Gilbert, Jess, ...
1982, S. 620-627

Girtler, Roland, Aschenlauge. Bergbauernleben im Wandel. Linz 1988 (Österreich; Landesverlag)

Glatzer, Wolfgang (Hg.), Einstellungen und Lebensbedingungen in Europa. (Soziale Indikatoren 17) Frankfurt a.M.-New York 1993 (Campus)

Glatzer, Wolfgang, Deutsche Gesellschaft für Soziologie. In: Bernhard Schäfers (Hg.), Sociology in Germany. Development, institutionalization, theoretical disputes. „Soziologie", Mitteilungsblatt der DGS, H. 3/1994, Opladen (Leske + Budrich), S. 216-231

Glatzer, Wolfgang, Noll, Heinz-Herbert (Hg.), Getrennt vereint. Lebensverhältnisse in Deutschland seit der Wiedervereinigung. (Soziale Indikatoren 18) Frankfurt a.M.-New York 1995 (Campus)

Gleichmann, Peter, Art. Soziologie der Stadt. In: ARL (Hg.), Handwörterbuch der Raumforschung und Raumordnung. Hannover 1966 (Gebrüder Jänecke), Sp. 1833-1857

Gluchowski, Peter und Ulrich von Wilamowitz-Moellendorff, Sozialstrukturelle Grundlagen des Parteienwettbewerbs in der BR Deutschland. In: Oscar W. Gabriel und Oskar Niedermayer (Hg.), Parteiendemokratie in Deutschland. (Schriftenreihe Bundeszentrale für politische Bildung, Bd. 338) Bonn 1997, S. 179-208

Göddecke-Stellmann, Jürgen, Auf dem Weg zu einer Neuabgrenzung von Stadtregionen. "Mitteilungen und Informationen der BfLR", Bonn (Mai) 1996, Nr. 2, S. 4-5

Gorges, Irmela, Sozialforschung in Deutschland 1872-1914. Königstein/Ts. 1980 (Anton Hain)

Gotthelf, Jeremias, Uli der Knecht, Uli der Pächter. München 1954 (Droemer)

Greverus, Ina-Maria u.a. (Hg.), Das hessische Dorf. Frankfurt a.M. 1982 (Insel)

Grüneisen, Karl-Guenther, Landbevölkerung im Kraftfeld der Stadt. (Gemeindestudie des Instituts für Sozialwissenschaftliche Forschung, Monographie 2) Darmstadt 1952 (Eduard Roether)

Grüner, Michael W., Zur Kritik der traditionellen Agrarsoziologie in der BR Deutschland. (SSIP - Schriften H. 32) Saarbrücken 1977 (Breitenbach)

Gutberger, Jörg, Volk, Raum und Sozialstruktur. Sozialstruktur- und Sozialraumforschung im „Dritten Reich". Münster 1996 (LIT - Verlag)

de Haan, Henk, Locality, identity, and the reshaping of modernity. An analysis of cultural confrontations in two villages. In: Henk de Haan und Norman Long (Hg.), Images and realities of rural life. Assen (NL) 1997 (Van Gorcum), S. 153-177, 365-368

Häußermann, Hartmut und Walter Siebel, Neue Urbanität. Frankfurt a.M. 1987 (Edition suhrkamp 1432)

dieselben, Gemeinde- und Stadtsoziologie: In: Harald Kerber und Arnold Schmieder (Hg.), Spezielle Soziologien. Problemfelder, Forschungsbereiche, Anwendungsorientierungen. Reinbek b. Hamburg 1994, S. 363-387 (re 542)

Häußermann, Hartmut, Lokale Politik und Zentralstaat. Ist auf kommunaler Ebene eine eigenständige oder "alternative" Politik möglich? In: Hubert Heinelt und Hellmut Wollmann (Hg.), Brennpunkt Stadt. Stadtpolitik und lokale Politikforschung in den 80er und 90er Jahren. (Stadtforschung aktuell, Bd. 31) Basel-Berlin 1991, S. 52-91 (Birkhäuser)

Häsler, Susanne, Leben im ländlichen Raum. Wahrnehmungsgeographische Untersuchungen im südlichen Neckarland. (Stuttgarter Geographische Studien, Bd. 108) Stuttgart 1988

Häuser, Karl, Deutsche Nationalökonomie in der Diaspora: Die dreißiger und vierziger Jahre bis Kriegsende. In: Karl Acham u.a. (Hg.), Erkenntnisgewinne, Erkenntnisverluste ... Stuttgart 1998 (Franz Steiner), S. 173-209)

Haffner, Sebastian, Germany: Jekyll und Hyde (1940). Deutschland von innen betrachtet (Dt. Übers.) Berlin 1998 (Knaur TB-Ausgabe)

Hagemann, Harald, (Hg.), Zur deutschsprachigen wirtschaftswissenschaftlichen Emigration nach 1933. Marburg 1997 (Metropolis): Einführung S. 7-36

Hahn, Achim, Die Konstitution sozialer Lebensformen. Der Beitrag einer "interpretativen" Soziologie zum Verständnis "regionaler" Sozialgebilde. (Europäische Hochschulschriften. Reihe XXII, Bd. 162) Frankfurt-Bern 1988

Hahn, Achim, Reuter, Friedrich und Gerd Vonderach, Fremdenverkehr in der dörflichen Lebensumwelt. Zum sozialen Wandel in einem Sielhafenort. Frankfurt/Main - New York 1987 (Campus)

Hahn, Alois, Schubert, Hans-Achim, Siewert, Hans-Jörg, Gemeindesoziologie. (Urban Taschenbücher 294) Stuttgart-Berlin 1979 (W. Kohlhammer)

Hahn, Hans-Werner, Die industrielle Revolution in Deutschland. (EdG Bd. 49) München 1998 (R. Oldenbourg)

Haindl, Erika, Kulturanalyse einer "historischen" Kleinstadt als Grundlage für kommunalpolitische Planungs- und Sozialaufgaben. (Europäische Hochschulschriften, R. 19, Bd. 22) Frankfurt a.M.-Bern 1983 (Peter Lang)

dieselbe, Neustadt am Main. Biographie eines Dorfes. Würzburg 1994 (Echter)

Haindl, Erika, Landzettel, Wilhelm u.a., Mensch, Dorf, Landschaft. Heimat - ein Ort irgendwo? (Materialien zur ländlichen Neuordnung, Hg. vom Bayer. Staatsministerium f. ELF, Bd. 28) München 1991

Halfacree, Keith H., The importance of "the rural" in the constitution of counterurbanisation: Evidence from England in the 1980s. "Sociologia Ruralis", Assen (NL), Jg. 34 (1994) 2/3), S. 164-189

Hamm, Bernd, Einführung in die Siedlungssoziologie. München 1982 (C.H. Beck)

derselbe, The coming crisis of urban societies. In: Urban and regional sociology in Poland and West Germany. (Seminare, Symposien, Arbeitspapiere, H. 14) Bonn 1984, S. 299-309

derselbe, Neue Entwicklungen in der Stadt-Sozialwissenschaft. "Archiv für Kommunalwissenschaften", Berlin-Stuttgart, Jg. 34 (1995)1, S. 1-29

derselbe, Neue Aufgaben für sozialwissenschaftliche (Stadt-) Forschung. In: Sibylle Meyer und Eva Schulze (Hg.), Ein Puzzle, das nie aufgeht. Stadt, Region und Individuum in der Moderne. Festschrift für Rainer Mackensen. Berlin 1994, S. 209-225 (edition sigma)

derselbe, Art. Gemeinde. In: Bernhard Schäfers (Hg.), Grundbegriffe der Soziologie. 4. Aufl. Opladen 1995, S. 84-86 (Leske + Budrich)

derselbe, Ingo Neumann (unter Mitarbeit von Peter Suska und Gabi Gotzen), Siedlungs-, Umwelt- und Planungssoziologie. Ökologische Soziologie Bd. 2. (UTB 1884) Opladen 1996 (L+B)

Hansmeyer, Karl-Heinrich, Finanzwissenschaft und Kommunalwissenschaften: Eine Bestandsaufnahme an ausgewählten Beispielen. In: Joachim Jens Hesse (Hg.), Kommunalwissenschaften in der Bundesrepublik Deutschland. (Schriften zur kommunalen Wissenschaft und Praxis, Bd. 2) Baden-Baden 1989, S. 155-206

Hartfiel, Günter, Hillmann, Karlheinz, Art. Institution. Wörterbuch der Soziologie. 3. Aufl. Stuttgart 1982, S. 341f.

Hartfiel, Günter, Art. Mentalität. In: ders., Wörterbuch der Soziologie. Stuttgart 1972, (Kröner) 1972, S. 431

von der Heide, Hans-Jürgen, Stellung und Funktion der Kreise. In: Roland Roth und Hellmut Wollmann (Hg.), Kommunalpolitik, Bonn 1993, S. 109-121

Heilfurth, Gerhard, Volkskunde. In: René König (Hg.), Handbuch der empirischen Sozialforschung. Stuttgart 1962, Bd. 1, S. 537-550

Hein, Jürgen, Dorfgeschichte. Stuttgart 1976 (Sammlung Metzler Bd. 145)

Heine, Michael, Von der Peripherie zur Wirtschaftsmetropole - und zurück. Grundzüge einer Theorie räumlicher Agglomerationsvorteile am Beispiel Berlins. Berlin 1989 (edition sigma)

Henckel, Dietrich, u.a., Entwicklungschancen deutscher Städte - Die Folgen der Vereinigung. (Schriften des Deutschen Instituts für Urbanistik, Bd. 86) Stuttgart-Berlin-Köln 1993 (W. Kohlhammer)

Henkel, Gerhard (Hg.), Der ländliche Raum in den neuen Bundesländern.(Essener Geographische Arbeiten, Bd. 24) Paderborn 1992

Henkel, Gerhard, Der ländliche Raum. Gegenwart und Wandlungsprozesse in Deutschland seit dem 19. Jahrhundert. Stuttgart 1993 (B.G. Teubner)

Henkel, Gerhard, Zwei Jahrzehnte Dorfforschung. Bilanz und Anregungen für die Zukunft. In: derselbe (Hg.), Das Dorf in Wissenschaft und Kunst. (Essener Geographische Arbeiten, H. 28) Essen 1997, S. 3-19

Henneke, Hans Günter, Kommunen im ländlichen Raum vor dem Offenbarungseid? In: ASG (Hg.), Das Dorf, die Kultur und das Geld. (Schriftenreihe für ländliche Sozialfragen, H. 128) Göttingen 1997, S. 136-177

Henning, Friedrich-Wilhelm, Landwirtschaft und ländliche Gesellschaft in Deutschland. Bd. 2: 1750 bis 1976. (UTB 774) Paderborn 1978

Henrichsmeyer, Wilhelm, Zum interregionalen Wettbewerb und strukturellen Wandel der landwirtschaftlichen Produktion: Fragestellungen, Ansätze, Erfahrungen. In: Bernd Andreae (Hg.), Standortprobleme der Agrarproduktion. (Schriftenreihe der Gewisola, Bd. 18) München u.a. 1977, S. 129-142

derselbe, Voraussichtliche räumliche Auswirkungen der Neuausrichtung der EG-Agrarpolitik. "Informationen zur Raumentwicklung", Bonn 10/1989, S. 727-732

derselbe, Zur Reform der EG-Agrarpolitik. In: Forschungsgesellschaft (Hg.), Reform der EG-Agrarpolitik und Strukturwandel in Europa. (Schriftenreihe der Forschungsgesellschaft, H. 291) Bonn 1991, S. 19-28

derselbe, Räumliche Verteilung der Agrarproduktion. "Agrarwirtschaft", Hannover, Jg. 43 (1994) 4/5, S. 183-188

Herder-Dorneich, Philipp, Konkurrenzdemokratie-Verhandlungsdemokratie. Politische Strategien der Gegenwart. 2. Aufl. (Kohlhammer) Stuttgart 1980

derselbe, Sozialökonomik: Angewandte Ökonomik sozialer Systeme. Baden-Baden 1994 (Nomos)

Heringer, Josef, Das Dorf- letztes von Gestern - erstes von Morgen. In: Erich Ott (Hg.), Zukunft der Kulturlandschaften. Aufgaben + Konzepte nachhaltiger regionaler Entwicklungen. (IKU - Reihe Kommune + Umwelt Bd. 5) Frankfurt a.M. 1997 (Fachhochschulverlag)

Herlemann, Hans-Heinrich, Grundlagen der Agrarpolitik. Die Landwirtschaft im Wirtschaftswachstum. Berlin-Frankfurt a.M. 1961 (Franz Vahlen GmbH)

Herlyn, Ulfert (Hg.), Stadt- und Sozialstruktur. Dreizehn Aufsätze zur sozialen Segregation, Ghettobildung und Stadtplanung. München 1974 (Nymphenburger Verlagshandlung)

derselbe, u.a., Stadt im Wandel. Eine Wiederholungsuntersuchung der Stadt Wolfsburg nach 20 Jahren. Frankfurt a.M. 1982

derselbe, Der Beitrag der Stadtsoziologie: Ein Rückblick auf die Forschungsentwicklung. In: Joachim Jens Hesse (Hg.), Kommunalwissenschaften in der Bundesrepublik Deutschland. (Schriften zur kommunalen Wissenschaft und Praxis, Bd. 2) Baden-Baden 1989 (Nomos), S. 359-385

Hesse, Joachim Jens, Politik und Verwaltung als Gegenstand der Kommunalwissenschaften. In: derselbe (Hg.), Kommunalwissenschaften in der Bundesrepublik Deutschland. (Schriften zur kommunalen Wissenschaft und Praxis, Bd. 2) Baden-Baden 1989 (Nomos), S. 117-137

Hillery, George A., Jr., Definitions of community: areas of agreement. „Rural Sociology", Vol. 20 (1955), S. 111-123

Hillmann, Karl-Heinz, Wörterbuch der Soziologie. 4. Aufl. Stuttgart 1994 (Alfred Kröner)

Hodenberg, Christina von, Die Partei der Unparteiischen. Der Liberalismus der preußischen Richterschaft 1815-1848/49. Göttingen 1996 (VuR)

Höckmann, Thomas, Gruber, Rolf, von Malchus, Viktor, Staatsgrenzenüberschreitende Beziehungen und Planungen im Gebiet der Region Rhein-Waal. (Schriftenreihe des ILS, Bd. 1.034) Dortmund 1985

Höffe, Otfried, Strategien der Humanität (1975). 2. Aufl. Frankfurt a.M. 1985 (stw 540)

Hoffmann, Walter G., u.a., Das Wachstum der deutschen Wirtschaft seit der Mitte des 19. Jahrhunderts. Berlin-Heidelberg-New York 1965 (Springer)

Hoffmann, Harriet, Amerikanische Community-Forschung. „Soziale Welt", Göttingen, Jg. 5 (1954), S. 122-132

Hohn, Hans-Willy, Die Zerstörung der Zeit. Wie aus einem göttlichen Gut eine Handelsware wurde. Frankfurt a.M. 1984

Holtmann, Everhard, Politik und Nichtpolitik. Lokale Erscheinungsformen politischer Kultur im frühen Nachkriegsdeutschland. Das Beispiel Unna und Kamen. Opladen 1989 (Westdt. Verlag)

Holzinger, Elisabeth, Rurbanisierung II - Abschied vom Raum? (Forschungsbericht des Österreichischen Instituts für Raumplanung) Wien 1997

Hopf, Christel, Müller, Walter, Zur Entwicklung der empirischen Sozialforschung in der Bundesrepublik Deutschland. "ZUMA-Nachrichten" Nr. 35, Mannheim 1994, S. 28-53

Hoskins, W.G., The making of the English landscape (1955). Harmondsworth 1978 (Penguin Books Ltd)

Hradil, Stefan, Die Modernisierung des Denkens. Zukunftspotentiale und "Altlasten" in Ostdeutschland. In: "Aus Politik und Zeitgeschichte". Beilage zur Wochenzeitung Das Parlament. B 20 vom 12.05.1995, Bonn, S. 3-15

Huber, Hans, Beheimatung im wachsenden Dorf. Eine Herausforderung der Landpastoral. Würzburg 1992 (Echter)

Hüwelmeier, Gertrud, Hundert Jahre Sängerkrieg. Ethnographie eines Dorfes in Hessen. Berlin 1997 (Dietrich Reimer)

Humm, Antonia Maria, Auf dem Weg zum sozialistischen Dorf? Zum Wandel der dörflichen Lebenswelt in der DDR und der BR Deutschland 1952-1969. Göttingen 1999 (V u. R)

Iblher, Peter, Hauptstadt oder Hauptstädte? Die Machtverteilung zwischen den Großstädten der BR Deutschland. Opladen 1970

Ilien, Albert, Jeggle, Utz, Leben auf dem Dorf. Zur Sozialgeschichte des Dorfes und Sozialpsychologie seiner Bewohner. Opladen 1978 (Westdeutscher Verlag)

Ilien, Albert, Dorfforschung als Interaktion. Zur Methodologie dörflicher Sozialforschung. In: Carl-Hans Hauptmeyer u.a., Annäherungen an das Dorf. Hannover 1983, S. 59-112

Inhetveen, Heide, Blasche, Margret, Frauen in der kleinbäuerlichen Landwirtschaft. Opladen 1983 (Westdeutscher Verlag)

Inhetveen, Heide, Fabrik in der Krise - Krise im Dorf? "Pro Regio", Boxberg-Wölchingen 1994, Nr. 4, S. 17-28

Institut für Demoskopie Allensbach (Hg.), Die jungen Städter. Hamburg 1992

dasselbe, Das Leben auf dem Land und in der Kleinstadt wird immer beliebter. "Allensbacher Berichte", Nr. 5, Allensbach 1993

Institut für Sozialforschung (Hg.), Art. Gemeindestudien. In: Soziologische Exkurse. Nach Vorträgen und Diskussionen. Frankfurt/Main 1956, S. 133-150

Ipsen, Detlev, Vom allgemeinen zum besonderen Ort. Zur Soziologie räumlicher Ästhetik. (Schriftenreihe der Forschungsgesellschaft, Bd. 281) Bonn 1988, S. 13-33

Ipsen, Gunther, Das Landvolk. Ein soziologischer Versuch. Hamburg 1933 (Hanseatische Verlagsanstalt)

derselbe, Das Dorf in der deutschen Gegenwart. „Archiv für angewandte Soziologie", Berlin, Jg. 2 (1929) 1, S. 172-184, (1930) 5/6, S. 228-241

Irmen, Eleonore, Blach, Antonia, Räumlicher Strukturwandel. Dekonzentration, Konzentration und Dispersion. "Informationen zur Raumentwicklung", Bonn, 7/8 1994, S. 427ff.

Isermeyer, Folkhard, Scheele, Martin (Hg.), Ländliche Regionen im Kontext agrarstrukturellen Wandels. Entwicklungen und Potentiale. Kiel 1995 (Wissenschaftsverlag Vauk KG)

Jaeggi, Urs, Berggemeinden im Wandel. Eine empirisch-soziologische Untersuchung in vier Gemeinden des Berner Oberlandes. Bern 1965 (Paul Haupt)

derselbe, Soulthorn. Zürich 1990 (Ammann)

Jahoda, Marie, Lazarsfeld, Paul F., Zeisel, Hans, Die Arbeitslosen von Marienthal. Ein soziographischer Versuch über die Wirkungen langandauernder Arbeitslosigkeit. Mit einem Anhang über die Geschichte der Soziographie (1933). 3. Aufl. Frankfurt 1975 (edition suhrkamp 769)

Jahoda, Marie, Wieviel Arbeit braucht der Mensch? Arbeit und Arbeitslosigkeit im 20. Jahrhundert (1982). Dt. Übers. Weinheim-Basel 1983 (Beltz)

dieselbe, „Ich habe die Welt nicht verändert". Lebenserinnerungen einer Pionierin der Sozialforschung. Hg. von Steffani Engler und Brigitte Hasenjürgen. Frankfurt/M. 1997 (Campus)

Janka, Franz, Die braune Gesellschaft. Ein Volk wird formatiert. Stuttgart 1997 (Quell)

Janssen, Hauke, Nationalökonomie und Nationalsozialismus. Die deutsche Volkswirtschaftslehre in den dreißiger Jahren. Marburg 1998 (Metropolis)

Jantke, Carl, in Verbindung mit Wilhelm Kleiber, Otto Neuloh, Helmut Paul und Rudolf Schmitz, Bergmann und Zeche. Die sozialen Arbeitsverhältnisse einer Schachtanlage des nördlichen Ruhrgebiets in der Sicht der Bergleute. Tübingen 1953 (J.C.B. Mohr)

Janzin, Marion und Joachim Güntner, Das Buch vom Buch. 5000 Jahre Buchgeschichte. Hannover 1995 (Schlütersche Verlagsanstalt)

Jeggle, Utz, Kiebingen - Eine Heimatgeschichte. Zum Prozeß der Zivilisation in einem schwäbischen Dorf. (Ludwig-Uhland-Institut der Uni Tübingen, Bd. 44) Tübingen 1977

Jenkis, Helmut W., Wohnungswirtschaftspolitik. In: derselbe (Hg.), Raumordnung und Raumordnungspolitik. München-Wien 1996, S. 336-382 (Oldenbourg)

Jochimsen, Reimut und Günter Höhemann, Infrastrukturpolitik. In: Helmut W. Jenkis (Hg.), Raumordnung und Raumordnungspolitik. München-Wien 1996, S. 196-222 (Oldenbourg)

Joye, Dominique, Huissoud, Thérèse, Schuler, Martin (éd.), Habitants des quartiers, citoyens de la ville? Structure sociale et participation politique dans six villes suisses. Zürich 1995 (Editions Seismo)

Junkernheinrich, Martin, Kommunale Inzidenz neuer Techniken. Eine explorative Theorie sozialräumlicher Folgen neuer Informations- und Kommunikationstechniken. In: J. Friedrichs (Hg.), Soziologische Stadtforschung. (Kölner Zeitschrift für Soziologie und Sozialpsychologie, Sh. 29) Opladen 1988, S. 171-192

Käsler, Dirk, Die frühe deutsche Soziologie 1909 bis 1934 und ihre Entstehungs-Milieus. Eine wissenschaftssoziologische Untersuchung. (Studien zur Sozialwissenschaft Bd. 58) Opladen 1984 (Westdeutscher Verlag)

derselbe, Soziologie und Nationalsozialismus. Über den öffentlichen Gebrauch der Historie. „Soziologie. Mitteilungsblatt der DGS", Opladen, 3/1997, S. 20-32

Kamlah, Werner, Lorenzen, Paul, Logische Propädeutik oder Vorschule des vernünftigen Redens. (B.I. Hochschultaschenbücher Bd. 227/227a) Mannheim 1967

Kaschuba, Wolfgang, Bauern und andere - Zur Systematik dörflicher Gesellschaftserfahrung zwischen Vorindustrialisierung und Weltwirtschaftskrise. In: derselbe und Carola Lipp (Hg.), Dörfliches Überleben. Zur Geschichte materieller und sozialer Reproduktion ländlicher Gesellschaft im 19. und frühen 20. Jahrhundert. Tübingen 1982, S. 1-285 (Untersuchungen des Ludwig-Uhland-Instituts der Universität, Bd. 56)

Kempowski, Walther, Heile Welt. München 1998 (Albrecht Knaus)

Kim, Chul-K., Curry, James, Fordism, flexible specialisation and agri-industrial restructuring: The case of the US Broiler industry. "Sociologia Ruralis", Assen (NL), Vol. 33 (1993)1, S. 61-80

Kindleberger, Charles P., World economic primacy 1500-1990. Oxford/New York 1996 (Oxford University Press)

Klages, Helmut, Der Nachbarschaftsgedanke und die nachbarliche Wirklichkeit in der Großstadt (1958). 2. Aufl. (Schriftenreihe des Vereins für Kommunalwissenschaften, Bd. 20) Stuttgart-Berlin 1968 (W. Kohlhammer)

Kleinfeld, Ralf, u.a., Kommunalpolitik: eine problemorientierte Einführung. Opladen 1996 (Leske + Budrich)

Klemmer, Paul, Entwicklungsrisiken ländlicher Räume. In: Helmut W. Jenkis (Hg.), Raumordnung und Raumordnungspolitik. München-Wien 1996, S. 450-480 (Oldenbourg)

Klingemann, Carsten, Soziologie im Dritten Reich. Baden-Baden 1996 (Nomos)

derselbe, Heimatsoziologie oder Ordnungsinstrument? Fachgeschichtliche Aspekte der Soziologie in Deutschland zwischen 1933 und 1945. In: M. Rainer Lepsius (Hg.), Soziologie in Deutschland und Österreich 1918-1945. (Kölner Zeitschrift f. SS, Sh. 23) Opladen 1981, S. 273-307

derselbe, Der Oberförster jagt den Nazijäger. Rufmord als letztes Mittel der Vergangenheitsbewältigung. „Soziologie. Mitteilungsblatt der DGS", H. 3, Opladen 1997, S. 33-51

derselbe, Über die Notwendigkeit weiterer Selbstaufklärung: Soziologie im Dritten Reich. „Soziologie, Mitteilungsblatt der DGS", Opladen, 2/1998, S. 61-72

derselbe (unter Mitwirkung von Michael Fahlbusch und Rainer Mackensen), Zur Begründung der Nachkriegssoziologie in Westdeutschland: Kontinuität oder Bruch? In: Claudia Honegger, Stefan Hradil und Franz Traxler (Hg.), Grenzenlose Gesellschaft? Verhandlungen des 29. Kongresses der DGS/ÖGS und SGS in Freiburg i. Br. 1998. Bd. 1, Opladen 1999 (LuB), S. 131-138

Klingemann, Hans-Dieter, Bestimmungsgründe der Wahlentscheidung. Eine regionale Wahlanalyse. Meisenheim am Glan 1969 (Anton Hain)

Kluczka, Georg (Hg.), Zentrale Orte und zentralörtliche Bereiche mittlerer und höherer Stufe in der BR Deutschland. (Forschungen zur deutschen Landeskunde, Bd. 194) Bonn-Bad Godesberg 1970

Kluczka, Georg und Christof Ellger, Art. Gemeindetypisierung. In: ARL (Hg.), Handwörterbuch der Raumordnung, Hannover 1995, S. 383f.

Klump, Rainer, Wege zur sozialen Marktwirtschaft - Die Entwicklung ordnungspolitischer Konzeptionen in Deutschland vor der Währungsreform. In: Erich W. Streissler (Hg.), Studien zur Entwicklung der ökonomischen Theorie XVI. (Schriften des Vereins für Socialpolitik, Bd. 115) Berlin 1997 (Duncker u. Humblot)

Knemeyer, Franz-Ludwig, Die Kommunalverfassungen in der BR Deutschland. In: Roland Roth und Hellmut Wollmann (Hg.), Kommunalpolitik. Bonn 1993, S. 81-94

Knoll, Reinhold, Gerhard Majce, Hilde Weiss und Georg Wieser, Der österreichische Beitrag zur Soziologie von der Jahrhundertwende bis 1938. In: M. Rainer Lepsius (Hg.), Soziologie in Deutschland und Österreich. (Kölner Zeitschrift ..., Sh. 23) Opladen 1981, S. 59-101

Köhle-Hezinger, Christel, Evangelisch-Katholisch. Untersuchungen zum konfessionellen Vorurteil und Konflikt im 19. und 20. Jahrhundert vornehmlich am Beispiel Württembergs. (Untersuchungen des Ludwig-Uhland-Instituts der Universität, Bd. 40) Tübingen 1976

König, René, Großstadt. In: derselbe (Hg.), Handbuch der empirischen Sozialforschung. 2. Aufl. Bd. 10 (dtv wr 4245) Stuttgart 1969, S. 42-145 (Ferdinand Enke)

derselbe, Neuere Strömungen der Gemeindesoziologie. In: derselbe (Hg.), Handbuch der empirischen Sozialforschung Bd. I. 3. umgearbeitete und erweiterte Aufl. Stuttgart 1974, Bd. 4, S. 117-141 (Ferdinand Enke)

derselbe, Soziologie in Deutschland. Begründer, Verächter, Verfechter. München-Wien 1987 (Hanser)

derselbe, Leben im Widerspruch (1980). Versuch einer intellektuellen Autobiographie. Frankfurt a.M.-Berlin 1984 (Ullstein)

derselbe, Grundformen der Gesellschaft: Die Gemeinde. Hamburg 1958 (rde 79)

derselbe (Hg.), Soziologie der Gemeinde. (Kölner Zeitschrift für Soziologie und Sozialpsychologie, Sh. 1) 1956, 2. Aufl. Köln-Opladen 1962

Kötter, Herbert, unter Mitwirkung von Hans-Joachim Krekeler, Zur Soziologie der Stadt-Land-Beziehungen. In: René König (Hg.), Handbuch der empirischen Sozialforschung. 2. Aufl. von Band II, Bd. 10, Stuttgart 1977 (Ferdinand Enke), S. 1-41

Kötter, Herbert, Der Einfluß der sozialen und wirtschaftlichen Differenzierung der Landbevölkerung auf die Landbewirtschaftung. In: Forschungsgesellschaft (Hg.), Dorfuntersuchungen. "Berichte über Landwirtschaft", Hamburg-Berlin, Sh. NF. 162 (1955), S. 23-42

derselbe, Struktur und Funktion von Landgemeinden im Einflußbereich einer deutschen Mittelstadt. Darmstadt 1952 (Eduard Roether)

derselbe, Die Gemeinde in der ländlichen Soziologie. In: René König (Hg.), Soziologie der Gemeinde. a.a.O., Köln 1962, S. 12-25 derselbe, Beschäftigungsstrukturen auf dem Lande. Perspektiven landwirtschaftlicher und nichtlandwirtschaftlicher Tätigkeiten. In: Franz Walk (Hg.), Dorf-Landschaft-Umwelt. Planung im ländlichen Raum. Chancen für Mensch und Natur. (Internationale Grüne Woche, H. 24) Berlin 1987, S. 89-94

derselbe, Art. Soziologie ländlicher Räume. Handwörterbuch der Raumordnung, Hannover 1995, S. 866-870

derselbe, Agrarwissenschaften in der Postmoderne: Versuch einer Orientierung unter Einbeziehung wirtschafts- und sozialethischer Aspekte. (Diskussionsschriften der Forschungsstelle für internationale Wirtschafts- und Entwicklungspolitik, Nr. 56) Heidelberg (März) 1997

derselbe, Bemerkungen zur Zukunft der „Dorfforschung in der Postmoderne". Lollar (Mai) 1998 (unveröffentl. Manuskr. 3 S.)

Kötter, Theo, Wirkungen und Erfolge der Dorferneuerung. Ein Konzept zur Bewertung von Dorferneuerungsmaßnahmen auf der Grundlage eines systemaren Dorfmodells und seine praktische Anwendung. (Beiträge zu Städtebau und Bodenordnung, Bd. 10) Bonn 1989

Kohlhuber, F., Grenzen regionaler Kaufkraftuntersuchungen. "Raumforschung und Raumordnung", Köln, Jg. 50 (1992) 1/2, S. 42-47

Kolb, Gerhard, Geschichte der Volkswirtschaftslehre. Dogmenhistorische Positionen des ökonomischen Denkens. München 1997 (Franz Vahlen)

Koning, Niek, The failure of agrarian capitalism. Agrarian politics in the UK, Germany, the Netherlands, and the USA 1846-1919. London-New York 1994 (Routledge)

Korte, Hermann, Soziologie der Stadt - Entwicklungen und Perspektiven - Eine Einführung. In: derselbe (Hg.), Soziologie der Stadt. München 1972 (Juventa)

Kotsch, Harald, Wohlfahrtsökonomie und Wertfreiheit. "Jahrbuch für Sozialwissenschaft", Göttingen, Bd. 40 (1989) 1, S. 65-81

Korczak, Dieter, Lebensqualität-Atlas. Umwelt, Kultur, Wohlstand, Versorgung, Sicherheit und Gesundheit in Deutschland. Opladen 1995 (Westdeutscher Verlag)

Kracauer, Siegfried, Die Angestellten (1930). (st 13) Frankfurt/M. 1971 (erw. Ausg.)

Krätke, Stefan, Strukturwandel der Städte. Städtesystem und Grundstücksmarkt in der "post-fordistischen" Ära. Frankfurt a.M./New York 1991 (Campus)

Krambach, Kurt u. Autorenkollektiv, Wie lebt man auf dem Dorf? Soziologische Aspekte der Entwicklung des Dorfes in der DDR. Berlin 1985 (Dietz Verlag)

Krambach, Kurt, Lötsch, Manfred, u.a., Sozialstruktur und Lebensweise in Städten und Dörfern. Teil 1-5, Berlin(-Ost) 1989

Krelle, Wilhelm,

Krohn, Claus-Dieter, Entlassung und Emigration deutschsprachiger Wirtschaftswissenschaftler nach 1933. In: Harald Hagemann (Hg.), Zur deutschsprachigen wirtschaftswissenschaftlichen Emigration nach 1933. Marburg 1997, S. 37-62

Kromka, Franz, Soziokulturelle Integration und Machtverhältnisse in ehemals kleinbäuerlichen Dörfern. (Schriftenreihe der Forschungsgesellschaft, H. 235) Bonn 1975 derselbe, Lupburg und seine Bewohner. Leben in einer bayerischen Landgemeinde. Wirklichkeit und Wunsch. (Giessener Schriften zur Wirtschafts- und Agrarsoziologie, H. 21) Gießen 1991

derselbe, Das Dorf in der Krise? "Land, Agrarwirtschaft und Gesellschaft", Friedrichsdorf, Jg. 1 (1984) 3, S. 3-20

derselbe, Ende oder Wende des Dorfes? In: Landsymposium der Deutschen Landjugend-Akademie Fredeburg e.V., 18.-20. Dezember 1995, Bonn-Freising, S. 1-19 (unveröff. Man.)

Kroner, Ingrid, Das Dorf als Sozialraum. In: ASG (Hg.), Dorferneuerung zwischen Tradition und Fortschritt. (Schriftenreihe für Ländliche Sozialfragen, H. 86) Hannover 1981, S. 24-37

Krug, Walter und Norbert Rehm, Disparitäten der Sozialhilfedichte. (Schriftenreihe des BMJFFG, Bd. 190) Stuttgart-Berlin 1986

Krugman, Paul, Geography and trade. Lüttich(Belgien)-Cambridge(Mass.)-London 1991 (MIT Press)

Kruse, Volker, Historisch-soziologische Zeitdiagnosen in Westdeutschland nach 1945. Eduard Heimann, Alfred von Martin, Hans Freyer. (stw Nr. 1120) Frankfurt/Main 1994

Kuhnen, Frithjof, The last generation of "peasants" is approaching. "Zeitschrift für ausländische Landwirtschaft", Frankfurt a.M., Jg. 30 (1991), S. 105-108

Ladner, Andreas, Politische Gemeinden, kommunale Parteien und lokale Politik. Eine empirische Untersuchung in den Gemeinden der Schweiz. Zürich 1991 (Seismo)

Lang, Gerhard, Typen kommunaler Verfassung in der Bundesrepublik. In: Hans-Georg Wehling (Hg.), Kommunalpolitik. Hamburg 1975, S. 154-182 (Hoffmann und Campe)

Laumann, Edward O. und Franz U. Pappi, New directions in the study of community elites. „American Sociological Review", Albany (N.Y.), Vol. 38 (1973)2, S. 212-230

Lazarsfeld, Paul F., Soziologie. Hauptströmungen der sozialwissenschaftlichen Forschung. Trend-Untersuchung der UNESCO (1970). Dt. Übers. Frankfurt a.M.-Berlin 1972 (Ullstein)

Lefebvre, Henri, La révolution urbaine. (Collection idées no. 216) Paris 1970 (Gallimard)

Lehmann, Albrecht, Das Leben in einem Arbeiterdorf. Eine empirische Untersuchung über die Lebensverhältnisse von Arbeitern. Stuttgart 1976 (Ferdinand Enke)

derselbe, Im Fremden ungewollt zuhaus. Flüchtlinge und Vertriebene in Westdeutschland 1945-1990. München 2. Aufl. 1993 (C.H. Beck)

Lepsius, M. Rainer, Die Soziologie der Zwischenkriegszeit: Entwicklungstendenzen und Beurteilungskriterien. In: derselbe (Hg.), Soziologie in Deutschland und Österreich 1918-1945. (Kölner Zeitschrift für Soziologie und Sozialpsychologie, Sh. 23) Opladen 1981, S. 7-23

Lepsius, M. Rainer, Die Entwicklung der Soziologie nach dem zweiten Weltkrieg. In: Günther Lüschen (Hg.), Deutsche Soziologie seit 1945. Enwicklungsrichtungen und Praxisbezug. (Kölner ZfSS, Sh. 21) Opladen 1979, S. 25-70

derselbe, Die sozialwissenschaftliche Emigration und ihre Folgen. In: derselbe (Hg.), Soziologie in Deutschland und Österreich 1918-1945. (Kölner Zeitschrift f. SS, Sh. 23) Opladen 1981, S. 461-500 (Anhang)

Le Roy Ladurie, Emmanuel, Montaillou, village occitan de 1294-1324 (1975). Ed. revue et corrigée, Paris 1982 (Gallimard)

Leube, Kurt R., Über Diskontinuitäten und Kontinuitäten der österreichischen Schule der Nationalökonomie. In: Karl Acham u.a. (Hg.), Erkenntnisgewinne, Erkenntnisverluste. ... Stuttgart 1998 (Franz Steiner), S. 301-324

Levenstein, Adolf, Die Arbeiterfrage mit besonderer Berücksichtigung der sozialpsychologischen Seite des modernen Großbetriebes und der psychophysischen Einwirkungen auf die Arbeiter. München 1912 (Ernst Reinhardt)

Lienau, Cay, Die Siedlungen des ländlichen Raumes. Braunschweig 3. Aufl. 1997 (Westermann Schulbuch)

Linde, Hans, Zur sozialökonomischen Struktur und soziologischen Situation des deutschen Dorfes. In: Das Dorf. (Schriftenreihe für ländliche Sozialfragen, H. 11) Hannover 1954, S. 5-24

derselbe, Neue Dorfuntersuchungen. "Zeitschrift für Agrargeschichte und -soziologie", Frankfurt, Jg. 3 und 4 (1955/56), S. 185-192

derselbe, Sachdominanz in Sozialstrukturen. Tübingen 1972 (J.C.B. Mohr/Paul Siebeck)

derselbe, Grundfragen der Gemeindetypisierung. In: ARL (Hg.), Raum und Wirtschaft. Volkswirtschaftliche Gesamtrechnung, Gemeindetypisierung. (FuS der SRL, Bd. III) Bremen-Horn 1952, S. 58-121

derselbe, Gemeindetypen in Niedersachsen. "Neues Archiv für Niedersachsen", Göttingen, Jg. 1953, H. 3/4, S. 116-123 (u. Karte 1 : 500 000)

derselbe, Die ländliche Soziologie in Deutschland. „Archiv für Bevölkerungswissenschaft und -politik", Leipzig, Jg. 9 (1939), S. 413-419 (S. Hirzel Verlag)

Linnartz, Theo, Die Landwirtschaft und ihre Probleme im Meinungsbild der Bevölkerung. Eine Analyse hinsichtlich ausgewählter agrarpolitischer Themen und ihrer Bestimmungsgründe. (Schriftenreihe der Forschungsgesellschaft, H. 301) Bonn 1994

Lipp, Carola, Dörfliche Formen generativer und sozialer Reproduktion. In: Wolfgang Kaschuba und Carola Lipp, Dörfliches Überleben. Tübingen 1982, S. 287-598 (Untersuchungen des Ludwig-Uhland-Instituts der Universität, Bd. 56)

Lipp, Wolfgang, Heimatbewegung und Regionalismus. Pfade aus der Moderne? In: Friedhelm Neidhardt, M. Rainer Lepsius und Johannes Weiß (Hg.), Kultur und Gesellschaft. (Kölner Zeitschrift für Soziologie und Sozialpsychologie, Sonderheft 27), Opladen 1986, S. 331-355

derselbe, Art. Institution. In: Günter Endruweit und Gisela Trommsdorff (Hg.), Wörterbuch der Soziologie. Stuttgart 1989, Bd. 2, S. 306f.

Lipset, Seymour, M., American exceptionalism. A double edged sword. New York-London 1995 (W.W. Norton u. Co.)

Lischek, Beate, Mager, Andrea, Spiegel, Ingrid, Thalhammer, Franz, Die Auflösung des Dorfes. Zur Krise der ländlichen Lebensverhältnisse unter den Bedingungen von Verstädterung und Provinzialisierung. Exposé zu einem Forschungsvorhaben. München 1981 (unveröffentl.)

Loomis, Charles P. und J. Allan Beegle, Rural social systems. A textbook in rural sociology and anthropology. New York 1950 (Prentice Hall, Inc.)

Lowe, Philip, Bodiguel, Maryvonne (eds.), Rural studies in Britain and France. London-New York 1990 (Belhaven Press)

Lowe, Philip, Neil und Stephen Ward, Jonathan Murdock, Countryside prospects: some future trends. Newcastle upon Tyne 1995 (Centre for Rural Economy, Research Report, 49 S.)

Lüschen, Günter, 25 years of German sociology after World War II: institutionalization and theory. In: Bernhard Schäfers (Hg.), Sociology in Germany. Development, institutionalization, theoretical disputes. „Soziologie", Mitteilungsblatt der DGS, H. 3/1994, Opladen (Leske + Budrich), S. 11-32

Lutz, Burkart, Der kurze Traum immerwährender Prosperität. Eine Neuinterpretation der industriell-kapitalistischen Entwicklung im Europa des 20. Jahrhunderts. (1984) Frankfurt a.M. 1989 (Campus)

derselbe u.a. (Hg.), Arbeit, Arbeitsmarkt und Betriebe. (Bericht 1 der KSPW) Opladen 1996 (Leske + Budrich)

Lynch, Kevin, The image of the city. Cambridge (Mass.)-London 1960 (M.I.T. Press)

Lynd, Robert S. und Helen M., Middletown. A study in American culture. New York 1929 (Harcourt, Brace and Co.)

dieselben, Middletown in transition: A study in cultural conflicts. New York 1937

Mackensen, Rainer, Städte in der Statistik. In: Wolfgang Pehnt (Hg.), Die Stadt in der Bundesrepublik. Lebensbedingungen, Aufgaben, Planung. Stuttgart 1974, S. 129-165 (Reclam)

Mackensen, Rainer, Johannes Chr. Papalekas, Elisabeth Pfeil, Wolfgang Schütte und Lucius Burckhardt, Daseinsformen der Großstadt. Typische Formen sozialer Existenz in Stadtmitte, Vorstadt und Gürtel der industriellen Großstadt. Tübingen 1959 (J.C.B. Mohr)

Mäding, Heinrich, Regionale Aspekte der Sozialpolitik. In: Dieter Sadowski u.a. (Hg.), Regionale Sozialpolitik. Komparative Perspektiven. Frankfurt a.M.-New York 1992, S. 13-52

Maier, Hugo, u.a., Zusammenleben im Dorf. Probleme und Unterstützungsformen erwachsener Dorfbewohner. Münster 1991 (LIT Verlag)

Maier, Jörg, Politik für den ländlichen Raum - ein Versuch einer Zwischenbilanz nach fast 20 Jahren Regionalpolitik. In: Jan Jarre (Hg.), Die Zukunftssicherung ländlicher Räume. Erfolge, Probleme, Perspektiven. (Loccumer Protokolle 03/96) Rehberg-Loccum 1996, S. 41-56

Mak, Geert, Wie Gott verschwand aus Jorwerd. Der Untergang des Dorfes in Europa. (1996) Dt. Übers. Berlin 1999 (Wolf J. Siedler)

von Malchus, Viktor, u.a. (Hg.), Staatsgrenzen überschreitende Zusammenarbeit des Landes Nordrhein-Westfalen - eine Dokumentation. (Schriftenreihe des ILS, Bd. 1.036) Dortmund 1984

Marsden, Terry, The social and political bases of rural restructuring. (vervielf. Man. 27 S.) Newcastle upon Tyne 1995

derselbe, Rural futures: The consumption countryside and its regulation. „Sociologia Ruralis", Oxford, Vol. 39 (1999)4, S. 501-520

Marx, Werner, Bindungen an ländliche Wohnstandorte, dargestellt am Beispiel ausgewählter Gemeinden in Hessen und Rheinland-Pfalz. Hannover 1983

Matter, Max, Dörflicher Hausbau und Hausbesitz heute. Ein ländliches Kulturmuster - seine historische und ideologische Herkunft. Bauen und Wohnen in einer Bauarbeitergemeinde in der östlichen Hocheifel. (Habil.schrift Mainz 1981 unveröff. Man.)

derselbe, Sozio-ökonomische Entwicklung, kollektives Gedächtnis und Dorfpolitik. Ein Beitrag zur historischen Analyse zentraler Werte und Bestimmung lokaler politischer Kultur am Beispiel eines Dorfes in der Hocheifel. In: Klaus M. Schmals und Rüdiger Voigt (Hg.), Krise ländlicher Lebenswelten. Analysen, Erklärungsansätze und Lösungsperspektiven. Frankfurt a.M. 1986, S. 163-189 (Campus)

Maus, Heinz, Bericht über die Soziologie in Deutschland 1933 bis 1945. "Kölner Zeitschrift für Soziologie und Sozialpsychologie", Jg. 11 (1959), S. 72-99

Mayntz, Renate, Soziale Schichtung und sozialer Wandel in einer Industriegemeinde. Eine soziologische Untersuchung der Stadt Euskirchen. Stuttgart 1958 (Ferdinand Enke)

Medick, Hans, Weben und Überleben in Laichingen 1650-1900. Lokalgeschichte als Allgemeine Geschichte. (Veröffentlichungen des Max-Planck-Instituts für Geschichte, Nr. 126) Göttingen 1996 (Vandenhoeck u. Ruprecht)

Mehl, Peter, Reformansätze und Reformwiderstände in der Agrarsozialpolitik der Bundesrepublik Deutschland. Politikinhalte und ihre Bestimmungsgründe 1976-1990. (Sozialpolitische Schriften, H. 72) Berlin 1997 (Duncker u. Humblot)

Meinke, Dieter, Die Bedeutung der Kreisgebietsreform für die wirtschaftliche Entwicklung der Stadt Bocholt. Würzburg-Wien 1973 (Physica)

Meier-Dallach, Hans-Peter, Hohermuth, Susanne, Nef, Rolf, Anliker, René, Zwischen Zentren und Hinterland. Probleme, Interessen und Identitäten im Querschnitt durch die Regionstypen der Schweiz. Diessenhofen 1982 (CH; Rüegger)

Meier-Dallach, Hans-Peter, Hohermuth, Susanne, Nef, Rolf, Soziale Strukturen und räumliches Bewußtsein. Von der Analyse zu Postulaten regionaler Politik. Bern-Stuttgart 1985 (Paul Haupt)

Mendras, Henri, Sociologie de la campagne française. (Que-sais-je, No 842) Paris 1959 (P.U.F.)

Merritt, Richard L., Democracy imposed. U.S. occupation policy and the German public, 1945-1949. New Haven - London 1995 (Yale University Press)

Meulemann, Heiner, Werte und Wertewandel. Zur Identität einer geteilten und wieder vereinten Nation. Weinheim-München 1996 (Juventa)

von Meyer, Heino, OECD - Indikatoren zur ländlichen Entwicklung, Konzeption und erste Ergebnisse. In: „Informationen zur Raumentwicklung", Bonn, H. 11/12. 1996, S. 729-743

Meyer-Palmedo, Ingeborg, Das dörfliche Verwandtschaftssystem. Struktur und Bedeutung: eine Figurations-Analyse. Frankfurt a.M.-New York 1985 (Campus)

Meyer-Renschhausen, Elisabeth, Erwerbslosigkeit, zerfallende Dorfgemeinschaften und die Rolle der Subsistenzwirtschaft - Die Marienthalstudie als Gruppenunternehmen. „Zeitschrift für Agrargeschichte und Agrarsoziologie", Frankfurt a.M., Jg. 46 (1998)1, S. 60-76

Miegel, Meinhard, unter Mitwirkung von Reinhard Grünewald und Karl-Dieter Grüske, Wirtschafts- und arbeitskulturelle Unterschiede in Deutschland. Zur Wirkung außerökonomischer Faktoren auf die Beschäftigung. Eine vergleichende Untersuchung. Gütersloh 1991 (Verlag Bertelsmann Stiftung)

Miller, Simon, Class, power and social construction: issues of theory and application in thirty years of rural studies. "Sociologia Ruralis", Oxford, Vol. 36 (1996) 1, S. 93-116

Mohr, Arno, Politikwissenschaft als Alternative. Stationen einer wissenschaftlichen Disziplin auf dem Wege zu ihrer Selbständigkeit in der BRD 1945-1965. Bochum 1988 (Dr. N. Brockmeyer Verlag)

Mohr, K., Die wirtschaftliche und soziologische Struktur zweier Gemeinden im Main-Taunus-Kreis u.b.B. der Sozialbrache im Jahre 1953. (Schriftenreihe der Forschungsgesellschaft, H. 16) Bonn 1954

Morgenstern, Oskar, Über die Genauigkeit wirtschaftlicher Beobachtungen. 2. Aufl. Wien-Würzburg 1965 (Physica)

Mrohs, Edmund, Landbewirtschafter in der Bundesrepublik Deutschland 1980. (Schriftenreihe der Forschungsgesellschaft, H. 256) Bonn 1981

derselbe, Landwirte in der Gesellschaft. Soziale Schichten im Vergleich. (Schriftenreihe der Forschungsgesellschaft, H. 265) Bonn 1983

Mrohs, Edmund, Heukels, J.H., Die Grenze - Trennung oder Begegnung. Eine Untersuchung über die Bedeutung der Grenze und der Grenzverwischung im deutsch-niederländischen Grenzraum Achterhoek und Borken/Bocholt. (Schriftenreihe der Forschungsgesellschaft, H. 206 und 207) Staatsuitgeverij, 's-Gravenhage (NL) 1970

Müller, Julius O., Die Einstellung zur Landarbeit in bäuerlichen Familienbetrieben. Ein Beitrag zur ländlichen Sozialforschung dargestellt nach Untersuchungen in vier Gebieten der Bundesrepublik. (Schriftenreihe der Forschungsgesellschaft, H. 155) Bonn 1964

Müller, Josef, Wird das Dorf zur Stadt? Die neue gesellschaftliche und geistige Situation des Landvolkes. Darmstadt o.J. (1961/62) (Johann Fladung GmbH)

Münch, Richard, Globale Dynamik, lokale Lebenswelten. Der schwierige Weg in die Weltgesellschaft. (stw 1342) Frankfurt/M. 1998 (Suhrkamp)

Münz, Rainer und Ralf Ulrich, Migration und Integration von Zuwanderern. Optionen für Deutschland. „Informationen zur Raumentwickung", Bonn, H. 11/12 1998, S. 697-711

Nahr, Heinrich und Uttitz, Pavel, Freizeitorientierung als Differenzierungsfaktor. Landwirte und übrige Berufstätige im Vergleich. (Schriftenreihe der Forschungsgesellschaft, H. 283) Bonn 1988, S. 129-142

Neckel, Sighard, Zwischen Robert E. Park und Pierre Bourdieu: Eine dritte "Chicago School"? Soziologische Perspektiven einer amerikanischen Forschungstradition. „Soziale Welt", München, Jg. 48 (1997)1, S. 71-83

derselbe, Waldleben. Eine ostdeutsche Stadt im Wandel seit 1989. Frankfurt/M.-New York 1999 (Campus)

Nell-Breuning, Oswald von, Kapitalismus und gerechter Lohn. Freiburg i.Br. 1960 (Herder TB Bd. 67)

Neundörfer, Ludwig, Die Bestandsaufnahme des deutschen Landvolks. Die soziographische Darstellung im Dienste der Raumforschung. „Raumforschung und Raumordnung", 4, 1940, 7/8, S. 305-310

Newby, Howard, Die Herausforderung der ländlichen Soziologie heute (1980). Dt. Übers. "Zeitschrift für Agrargeschichte und -soziologie", Frankfurt a.M., Jg. 29 (1981)2, S. 199-221

derselbe, Country life. A social history of rural England. London 1987 (Weidenfeld and Nicolson) derselbe, 25 years of Rural Sociology. Some reflections at the conclusion. of the 25th volume of Sociologia Ruralis. "Sociologia Ruralis", Assen (NL), Vol. 25 (1985) 3/4, S. 207-213

Niederer, Arnold, Alpine Alltagskultur zwischen Beharrung und Wandel. Ausgewählte Arbeiten aus den Jahren 1956 bis 1991. - Bern-Stuttgart 1993 (Paul Haupt)

Niehaus, Heinrich, Strukturwandel in der Agrarwirtschaft (1966). Wieder abgedruckt in: derselbe, Den Agrarpolitikern in's Gedächtnis. Wege und Irrwege der Agrarpolitik. Bonn 1976, S. 94-120

Noelle-Neumann, Elisabeth, Eine Generation später. Bundesrepublik Deutschland 1953-1979. Eine Allensbacher Langzeitstudie. (Allensbacher Schriften Nr. 12) Allensbach 1981

Noll, Heinz-Herbert, Lebensbedingungen und Disparitäten in der Europäischen Gemeinschaft. In: W. Glatzer (Hg.), Einstellungen und Lebensbedingungen in Europa. Soziale Indikatoren 17. Frankfurt a.M. New York 1993 (Campus), S. 73-98

Oberschall, Anthony, Empirical social research in Germany 1848-1914. Paris-The Hague 1965 (Mouton u. Co.) Dt. Übers. Freiburg-München 1997 (Karl Alber)

OECD (Hg.), Local initiatives for employment creation. Territorial development and structural change. A new perspective on adjustment and reform. Paris 1993

Offe, Klaus, "Krisen des Krisenmanagement": Elemente einer politischen Krisentheorie. In: Martin Jänicke (Hg.), Herrschaft und Krise. Beiträge zur politikwissenschaftlichen Krisenforschung. Opladen 1973, S. 197-223 (Westdeutscher Verlag)

Oksa, Jukka und Pertti Rannikko, The changing meanings of rurality challenge rural policies. „Finnish Journal of Rural Research and Policy", Joensuu (Finnland) 3/1996 English Supplement „New Rural Policy", S. 3-14

Ossenberg, Wolfram, Entwicklungslinien ländlicher Siedlungen in Südwestdeutschland, dargestellt an ... Ein Beitrag zur ländlichen Siedlungsplanung. (KTBL-Schrift 256) Münster-Hiltrup 1980 (Landschriften-Verlag)

Oswald, Hans, Die überschätzte Stadt. Ein Beitrag der Gemeindesoziologie zum Städtebau. Olten-Freiburg/Br. 1966

Ott, Alfred E. und Harald Winkel, Geschichte der theoretischen Volkswirtschaftslehre. Göttingen 1985 (Vandenhoeck u. Ruprecht)

Overlander, Olaf, Henckel, Heinar, u.a. (Arbeitsgruppe), Kirchdorf. Eine interdisiplinäre Untersuchung ländlicher Lebenswelt am Beispiel einer niedersächsischen Gemeinde. (Arbeitsmaterial der ARL Nr. 182) Hannover 1991

Pacyna, Günther, Agrarfabriken oder Bauernhöfe? Hamburg 1958

Padalino, Samanta und Marco Vivarelli, The employment intensity of economic growth in the G-7 countries. „International Labour Review", Geneva, Vol. 136 (1992) 2, P. 191-213

Pahl, Raymond E., The rural-urban continuum. "Sociologia Ruralis", Assen (NL), Vol. 6 (1966), S. 299-329

derselbe, Whose city? and further essays on urban society. Harmondsworth, England, 1975 (Penguin Books)

Papcke, Sven, Weltferne Wissenschaft. Die deutsche Soziologie der Zwischenkriegszeit vor dem Problem des Faschismus/Nationalsozialismus. In: derselbe (Hg.), Ordnung und Theorie. Beiträge zur Geschichte der Soziologie in Deutschland. Darmstadt 1986, S. 168-222 (Wiss. Buchgesellschaft)

derselbe, Deutsche Soziologie im Exil. Gegenwartsdiagnose und Epochenkritik 1933-1945. Frankfurt/M.-New York 1993 (Campus)

Pappi, Franz U., Wahlverhalten und politische Kultur. Eine soziologische Analyse der politischen Kultur in Deutschland u.b.B. von Stadt-Land-Unterschieden. Meisenheim a. Glan 1970 (Anton Hain)

derselbe, Sozialstruktur und soziale Schichtung in einer Kleinstadt mit heterogener Bevölkerung. „Kölner Zeitschrift für Soziologie und Sozialpsychologie", Opladen, Jg. 25 (1973), S. 23-74

Pappi, Franz Urban, Melbeck, Christian, Die sozialen Beziehungen städtischer Bevölkerungen. In: Jürgen Friedrichs (Hg.), Soziologische Stadtforschung. (Kölner Zeitschrift für Soziologie und Sozialpsychologie, Sh. 29) Opladen 1988, S. 223-250

Parade, Lothar, La contribution des villages au développement culturel national. En République Démocratique Allemande. In: Bassand/Moeckli (Hg.), Villages: Quels espoirs? Bern-Frankfurt a.M. 1989, S. 69-89

derselbe, Das Leben in den Dörfern: Vor, während und nach der Wende. Vortragsmanuskript 2. Europäischer Dorferneuerungskongreß der Europäischen ARGE in Reichenbach (Sachsen) am 28.11.1991, Leipzig, 11 S. (unveröffentl.)

Park, Robert E., Ernest W. Burgess, Roderick D. McKenzie (Hg.), The city. Chicago 1925 (Univ. of Chicago Press) [4]1968

Pevetz, Werner, Richter, Rudolf, Haushaltsstrukturen und Lebensstile in österreichischen Landgemeinden. (Schriftenreihe der Bundesanstalt für Agrarwirtschaft, Nr. 74) Wien 1993

Pfeil, Elisabeth, Großstadtforschung. 2. Aufl. Hannover 1972 (Jänecke)

Pierenkemper, Toni, Gewerbe und Industrie im 19. und 20. Jahrhundert. (EdG Bd. 29) München 1994 (R. Oldenbourg)

Planck, Ulrich, Kromka, Franz, u.a. Rural community studies in the FR of Germany. In: Durand-Drouhin u.a. (Hg.), Rural community studies in Europe. Trends, selected and annotated bibliographies, analyses. Vol. 2, Oxford-New York 1982, S. 37-129 (Pergamon)

Planck, Ulrich, Die Lebenslage der westdeutschen Land-Jugend. Grunddaten zur Struktur, sozialen Lage und Berufssituation der ländlichen Jugend, Bd. 1, Stuttgart-München 1956 (Juventa Verlag)

derselbe, u.a., Die Lebenslage der westdeutschen Land-Jugend. Meinungen und Verhaltensweisen der ländlichen Jugend. Bd. 2, München-Stuttgart 1956 (Juventa Verlag)

derselbe, Landjugend im sozialen Wandel. Ergebnisse einer Trenduntersuchung über die Lebenslage der westdeutschen Landjugend. München 1970 (Juventa Verlag) (1967)

derselbe, Dorfforschung im Deutschen Reich und in der Bundesrepublik Deutschland. "Zeitschrift für Agrargeschichte und -soziologie", Frankfurt a.M., Jg. 22 (1974), S. 146-178

derselbe, Landjugendliche werden Erwachsene. Die Nachjugendphase im ländlichen Westdeutschland im Generationenvergleich 1955 und 1980. Hohenheim 1983 derselbe, Dorferneuerung und Dorfforschung. Beitrag und Methoden der Soziologie. (Schriftenreihe für Agrarpolitik und -soziologie, Bd. 42) Linz (AU) 1986

derselbe, Art. Land- und Agrarsoziologie. In: Günter Endruweit und Gisela Trommsdorff (Hg.), Wörterbuch der Soziologie. Stuttgart 1989, Bd. 2, S. 390-397

derselbe, Soziologische Aspekte der Dorferneuerung und -entwicklung. In: Gerd Vonderach (Hg.), Sozialforschung und ländliche Lebensweisen. (Texte zur Sozialforschung, Bd. 2) Bamberg 1990, S. 32-46

derselbe, Die ländliche Soziologie in Deutschland: Entwicklung und Gegenwartsprobleme. "Annali di Sociologia", Trient/Trento, Jg. 9 (1993) I, S. 31-47

Polèse, Mario, Économie urbaine et régionale. Logique spatiale des mutations économiques. Paris 1994 (Economica)

Pongratz, Hans, Bauern - am Rande der Gesellschaft? Eine theoretische und empirische Analyse zum gesellschaftlichen Bewußtsein von Bauern. "Soziale Welt", Bamberg, Jg. 38 (1987)4, S. 522-544

derselbe, Bäuerliche Tradition im sozialen Wandel. "Kölner Zeitschrift für Soziologie und Sozialpsychologie", Jg. 43 (1991)2, S. 235-246

Priddat, Birger O., Volkswirtschaftspolizei bzw. -politik als Kunstlehre der Beamten-Juristen. Zur Theorie + Praxis der „angewandten Volkswirtschaftslehre" im frühen deutschen 19. Jahrhundert. In: Erich W. Streissler (Hg.), Studien zur Entwicklung der ökonomischen Theorie. (Schriften des Vereins für Socialpolitik, Bd. 115/XVI) Berlin 1997, S. 17-42 (Duncker u. Humblot)

Prigge, Walter (Hg.), Peripherie ist überall. Frankfurt/M.-New York 1998 (Edition Bauhaus, Bd. 1)

Projektgruppe im Institut für Kommunalwissenschaften der Konrad-Adenauer-Stiftung (Hg.), Entwicklung ländlicher Räume. Bonn 1974

Quante, Peter, Die Abwanderung aus der Landwirtschaft (1933). Neubearbeitung (Kieler Studien, Bd. 48) Kiel 1958

Rammstedt, Otthein, Deutsche Soziologie 1933-1945. Die Normalität einer Anpassung. Frankfurt a.M. 1986 (stw 581 Suhrkamp)

derselbe, Über die Grenzen des Erlaubten. Die Behandlung Alfred Webers durch Carsten Klingemann und Ihre Rezension durch Dirk Kaesler. „Soziologie. Mitteilungsblatt der DGS", H. 3, Opladen 1997, S. 52-57

Rehberg, Karl-Siegbert, „Soziologische Denktraditionen". Schulen, Kreise und Diskurse in der deutschen Soziologie. Frankfurt/M. 1999 (Suhrkamp) demnächst

Rehm, Hannes, Zur Zukunft der Kommunalfinanzen. In: Bernhard Blanke (Hg.), Staat und Stadt. Systematische, vergleichende und problemorientierte Analysen "dezentraler" Politik. (Politische Vierteljahresschrift, Sh. 22) Opladen 1991, S. 126-150

Reigrotzki, Erich, Soziale Verflechtungen in der Bundesrepublik. Elemente der sozialen Teilnahme in Kirche, Politik, Organisationen und Freizeit. Tübingen 1956 (J.C.B. Mohr-Paul Siebeck)

Reinhold, Gerd (Hg.), Wirtschaftssoziologie. München-Wien 1988 (R. Oldenbourg)

Reis, Heinz-E., Grenzüberschreitende Zusammenarbeit zwischen Deutschland, Belgien und den Niederlanden. Das Projekt "MHAL". "Raumforschung und Raumordnung", Köln, Jg. 52 (1994)1, S. 36-44

Reitz, Edgar, Heimat 1 - ein Hunsrückdorf (ca. 1920 bis 1980). Chronik in 11 Teilen. Fernsehserie 1984

Reulecke, Jürgen, Geschichte der Urbanisierung in Deutschland. Frankfurt a.M. 1985 (es 1249)

Reymont, Wladislaw Stanislaw, Die (polnischen) Bauern (1904-1909). Dt. Übers. Jena 1917 (Eugen Diederichs)

Richardson, Harry W., Regional growth theory. London 1973 (Macmillan)

derselbe, The economics of urban size. Westmead 1973 (Saxon House, England)

derselbe, Regional and urban economics. Harmondsworth (England) 1978 (Penguin Books Ltd.)

Riedel, Heiko, Wahrnehmung von Grenzen und Grenzräumen. Eine kulturpsychologisch-geographische Untersuchung im saarländisch-lothringischen Raum. (Arbeiten aus dem Geographischen Institut der Universität des Saarlandes, Bd. 41) Saarbrücken 1994

Rieger, Elmar, Bauernopfer. Das Elend der europäischen Agrarpolitik. Frankfurt a.M.-New York 1995 (Campus)

Riehl, Wilhelm Heinrich, Nassauische Chronik des Jahres (1848). Idstein 1979 (Selbstverlag Guntram Müller-Schellenberg)

Röhm, Helmut, Die deutsche Landwirtschaft. Agrarstruktur, Agrarwirtschaft und landwirtschaftliche Anpassung. München-Basel-Wien 1964 (BLV)

Römhild, Regina, Histourismus. Fremdenverkehr und lokale Selbstbehauptung. (Notizen, Schrr. d. Inst. f. Kulturanthropologie, Bd. 32) Frankfurt a.M. 1990

Rohe, Karl, Regionalkultur, regionale Identität und Regionalismus im Ruhrgebiet: empirische Sachverhalte und theoretische Überlegungen. In: Wolfgang Lipp (Hg.), Industriegesellschaft und Regionalkultur. Untersuchungen für Europa. Köln-Berlin 1984, S. 123-153

Roscher, Stephan unter Mitarbeit von Erwin Koch, Diedenshausen im Wandel der Zeiten. Geschichte, Landwirtschaft und Perspektiven in einem Bauerndorf des Hessischen Hinterlandes. (Land, Agrarwirtschaft und Gesellschaft, Sh. 2) Friedrichsdorf/Taunus 1994

Rose, Michael, Industrial behaviour. Theoretical development since Taylor (1975). Harmondsworth, England (Penguin Books)

Rosenbaum, Eduard, Wirtschaftszahlen - hochgestapelt. Über Grenzen der politischen Arithmetik. "Merkur", Jg. 25 (1971) 2, S. 177-192 (Stuttgart)

Roth, Dieter, Empirische Wahlforschung. Ursprung, Theorien, Instrumente und Methoden. (UTB 2045) Opladen 1998 (Leske + Budrich)

Roth, Werner, Dorf im Wandel. Struktur und Funktionssysteme einer hessischen Zonenrandgemeinde im sozial-kulturellen Wandel. Frankfurt/M. 1968 (Hugo Haßmüller)

Rousseau, Marie-Paule und Rémy Prud'homme, Die Stärken des Pariser Ballungsraums. In: Johannes Lampe und Robert W. Obermeier (Hg.), Europäische Verdichtungsräume im Wettbewerb - und München? Ergebnisse einer wissenschaftlichen Tagung und eines Expertenhearings. (IHK - Tagungsdokumentation Nr. 2) München 1994, S. 42-63

Rudolph, Fritz, Strukturwandel eines Dorfes. (Friedewalder Beiträge zur Sozialen Frage, Bd. 6) Berlin (-W.) 1955 (Herbert Renner)

Rückriem, Georg M., Die Situation der Volksschule auf dem Lande. Soziologische Studien und pädagogische Überlegungen. München 1965 (Kösel)

Rüping, Stefan, Parteiensystem und Sozialstruktur in zwei dominant katholischen und überwiegend ländlichen Regionen 1912-1972. (Politikwissenschaft Nr. 8) Münster-Hamburg 1990 (Lit-Verlag)

Rumpf, Max und Hans Behringer, Bauerndorf am Großstadtrand. Stuttgart-Berlin 1940 (W. Kohlhammer)

Sachs, Reinhold E.G., Wirtschafts- und Sozialverhalten von Landwirten. (Schriftenreihe für ländliche Sozialfragen, H. 65) Hannover 1972

derselbe, Formen des Entscheidungshandelns der Landwirte. In: Dieter Jauch und Franz Kromka (Hg.), Agrarsoziologische Orientierungen. Ulrich Planck zum 65. Geburtstag. Stuttgart 1987 (Eugen Ulmer), S. 136-152

Sachverständigenrat zur Begutachtung der gesamtwirtschaftlichen Entwicklung (Hg.), Stabilisierung ohne Stagnation. Jahresgutachten 1965/66. Stuttgart-Mainz 1965 (Kohlhammer)

Schabhüser, Brigitte, Grenzregionen in Europa. Zu ihrer derzeitigen Bedeutung in Raumforschung und Raumordnungspolitik. "Informationen zur Raumentwicklung", Bonn 9/10-1993, S. 655-668

Schäfers, Bernhard, Die ländliche Welt als Alternative. In: Hans-Georg Wehling (Hg.), Das Ende des alten Dorfes? (Bürger im Staat, Bd. 1051) Stuttgart-Berlin 1980 (W. Kohlhammer), S. 11-20

Schäfers, Bernhard, Art. Gemeindesoziologie. In: Günter Endruweit und Gisela Trommsdorff (Hg.), Wörterbuch der Soziologie. Stuttgart 1989, Bd. 1, S. 223-231

derselbe, Stadt- und Regionalsoziologie: Ausgewählte neuere Ansätze. In: Joachim Jens Hesse (Hg.), Kommunalwissenschaften in der Bundesrepulbk Deutschland. (Schriften zur kommunalen Wissenschaft und Praxis, Bd. 2) Baden-Baden 1989 (Nomos), S. 387-407

Scheuch, Erwin K., Das politische System der Bundesrepublik. Der Wandel des Gegenstandes und seiner Erforschung. In: Jürgen Friedrichs, M. Rainer Lepsius und Karl U. Mayer (Hg.), Die Diagnosefähigkeit der Soziologie. (KZfSS, Sh. 38) Opladen 1998, S. 56-77

Scheuch, Erwin K. und Rudolf Wildenmann (Hg.), Zur Soziologie der Wahl. (Kölner Zeitschrift für Soziologie und Sozialpsychologie, Sh. 9) Köln-Opladen 1965 (Westdeutscher Verlag)

Scheuch, Erwin K. und Ute, Cliquen, Klüngel und Karrieren. Über den Verfall der politischen Parteien - eine Studie. (1992) Reinbek b. Hamburg 1994 (rororo aktuell 12599)

Scheuch, Erwin K. und Ute, USA - ein maroder Gigant? Amerika besser verstehen. (Herder Spektrum 4135) Freiburg i.B. 1992

Schier, Barbara, Alltagsleben und Agrarpolitik im "sozialistischen Dorf". Eine Regionalstudie zum Wandel eines thüringischen Dorfes während der Jahre 1945-1990. "Aus Politik und Zeitgeschichte", Beilage zur Wochenzeitung "Das Parlament", Bonn, B 39 vom 12.09.1997, S. 38-47

Schiffauer, Werner, Die Bauern von Subay. Das Leben in einem türkischen Dorf. Stuttgart 1987 (Klett-Cotta)

derselbe, Die Migranten aus Subay. Türken in Deutschland: eine Ethnographie. Stuttgart 1991 (Klett-Cotta)

Schildt, Axel, Sywottek, Arnold (Hg.), Modernisierung im Wiederaufbau. Die westdeutsche Gesellschaft der 50er Jahre. Bonn 1993 (J.H.W. Dietz Nachf.)

Schilling, Heinz und Beatrice Ploch (Hg.), Region. Heimaten der individualisierten Gesellschaft. (Notizen, Bd. 50) Frankfurt/Main 1995

Schmals, Klaus M., Stadt- und Regionalsoziologie - Geschichte und Zukunftsperspektiven. In: Sibylle Meyer und Eva Schulze (Hg.), Ein Puzzle, das nie aufgeht. Stadt, Region und Individuum in der Moderne. Festschrift für Rainer Mackensen. Berlin 1994, S. 9-28 (edition sigma)

Schmied, Waltraud, Ortsverbundenheit und Lebensqualität. (Schriftenreihe der Forschungsgesellschaft, H. 270) Bonn 1985

Schmidt, Karl-Heinz, Gustav Schmoller und die Entwicklung einer sozialpolitischen Schule in Deutschland. In: Erich W. Streissler (Hg.), Studien zur Entwicklung der ökonomischen Theorie XVI. (Schriften des Vereins für Socialpolitik, Bd. 115/XVI) Berlin 1997 (Duncker u. Humblot), S. 43-79

Schmidt, Ulrich, Das Buch der Dörfer. Einblicke in eine verkannte Lebensform. Hamburg 1997 (Rasch und Röhring)

Schnapper-Arndt, Gottlieb, Hoher Taunus. Eine sozialstatistische Untersuchung in 5 Dorfgemeinden (1883). Bearbeitet von Erich P. Neumann. 3. Aufl. Allensbach-Bonn 1975 (Verlag für Demoskopie)

Schneider, Herbert, Kommunalpolitik auf dem Lande. (Beiträge zur Kommunalwissenschaft, Bd. 35) München 1991 (Minerva)

Schneppe, Friedrich, Art. Gemeindetypisierung. In: ARL (Hg.), Handwörterbuch der Raumforschung und Raumordnung. Hannover 1966, Sp. 572-582

Scholze, Dietrich (Hg.), Die Sorben in Deutschland. Bautzen 1993 (Lusatia)

Schubert, Herbert, Stadt-Umland-Beziehungen und Segregationsprozesse. "Informationen zur Raumentwicklung", 4/5. 1996, Bonn, S. 277-298

Schulte, Regina, Das Dorf im Verhör. Brandstifter, Kindsmörderinnen und Wilderer vor den Schranken des bürgerlichen Gerichts Oberbayern 1848-1910. Reinbek bei Hamburg 1989 (Rowohlt)

Schulz, Gerhard, Zwischen Demokratie und Diktatur. Bd. 1: Die Periode der Konsolidierung und der Revision des Bismarckschen Reichsaufbaues 1919-30 (1963). 2. Aufl. Berlin-New York 1987 (Walter de Gruyter)

derselbe, Bd. 2: Deutschland am Vorabend der großen Krise. Berlin-New York 1987 (Walter de Gruyter)

Schumacher, Martin, Land und Politik. Eine Untersuchung über politische Parteien und agrarische Interessen 1914-1923. Düsseldorf 1978 (Droste)

Schupp, Jürgen, Johannes Schwarze und Gert Wagner, Erwerbsstatistik unterschätzt Beschäftigung um 2 Millionen Personen. „DIW - Wochenbericht" 38 vom 18.09.1997, Berlin, S. 689-694

Schwedt, Herbert (Hg.), Migration und Dorfkultur. Untersuchungen in Abwanderungsregionen des Landes Rheinland-Pfalz. Stuttgart 1984 (Franz Steiner)

von Schweitzer, Rosemarie, u.a., Zeitbudgeterhebungen. Ziele, Methoden und neue Konzepte. (Schriftenreihe Forum des Statistischen Bundesamtes, Bd. 13) Stuttgart 1990

Schwonke, Martin und Ulfert Herlyn, Wolfsburg, Soziologische Analyse einer jungen Industriestadt. Stuttgart 1967

Seeberg, Stella, Dorfgemeinschaft in 300 Jahren, gemeinsam mit den Bewohnern des Bauerndorfes Kuhbier (Mark Brandenburg). (Berichte über Landwirtschaft, Sh. 142) Berlin 1938 (Paul Parey)

Shanin, Teodor (ed.), Peasants and peasant societies. Selected readings. Harmondsworth 1971 (Penguin Books)

Shevky, Eshref und Wendell Bell, Sozialraumanalyse. Dt. Übers. in: Peter Atteslander und Bernd Hamm (Hg.), Materialien zur Siedlungssoziologie. Köln 1974, S. 125-139 (Kiepenheuer u. Witsch)

Shumway, J. Matthew und James A. Davis, Nonmetropolitan population change in the Mountain West: 1970-1995. „Rural Sociology", Ithaca (NY), Vol. 61 (1996)3, S. 513-519

Siemann, Wolfram, Vom Staatenbund zum Nationalstaat Deutschland 1806-1871. München 1995 (C.H. Beck)

Sieverts, Thomas, Zwischenstadt zwischen Ort und Welt, Raum und Zeit, Stadt und Land. Braunschweig-Wiesbaden 1997 (Vieweg)

Siewert, Hans-Jörg, Ansätze und Konzepte innerhalb der Gemeindesoziologie. In: Wehling, Hans-Georg (Hg.), Kommunalpolitik. Hamburg 1975, S. 43-94 (Hoffmann und Campe)

derselbe, Lokale Elitesysteme. Ein Beitrag zur Theoriediskussion in der Community-Power-Forschung und ein Versuch zur empirischen Überprüfung. Königstein/Ts. 1979 (Anton Hain)

Simmel, Georg, Soziologie. Untersuchungen über die Formen der Vergesellschaftung. Leipzig 1908 (Duncker u. Humblot)

derselbe, Soziologie des Raumes (1903). Wiederabgedruckt in: derselbe, Schriften zur Soziologie. Eine Auswahl, Hg. und eingeleitet von Heinz-Jürgen Dahme und Otthein Rammstedt. Frankfurt a.M. 1983 (stw 434), S. 221-242

Simon, Hermann, Die heimlichen Gewinner (Hidden champions). Die Erfolgsstrategien unbekannter Weltmarktführer. Frankfurt/M.-New York 1996 (Campus)

Simon, Michael und Günter Wiegelmann, Dörflicher Alltag im Wandel. Alhausen, eine westfälische Gemeinde im 19. und zwanzigsten Jahrhundert. (Beiträge zur Volkskultur in Nordwestdeutschland, H. 77) Münster 1992

Sinz, Manfred, Blach, Antonia, Pendeldistanzen als Kriterium siedlungsstruktureller Effizienz. "Informationen zur Raumentwicklung", Bonn, 7/8 1994, S. 465-480

Söllner, Alfons, Deutsche Politikwissenschaftler in der Emigration. Studien zu ihrer Akkulturation und Wirkungsgeschichte. Opladen 1996 (Westdt. Verlag)

Solms-Roedelheim, Max Ernst Graf zu, Die Einflüsse der Industrialisierung auf 14 Landgemeinden bei Karlsruhe. Diss. Heidelberg-Handschuhsheim 1939

Sombart, Werner, Der moderne Kapitalismus. (Bd. I und II 2. Aufl. 1916, Bd. III 1927). Nachdruck München-Berlin 1987 (dtv)

Sondergeld, Klaus, Leben ohne Arbeit. Über die Sozialpsychologin Marie Jahoda, die Arbeiter von Marienthal und die Frage, wie Arbeitslosigkeit den Menschen zerstören kann. "Die Zeit", Hamburg, Nr. 20 vom 13.05.1988, S. 68

Spaulding, Irving A., Serendipidy and the Rural-urban Continuum. „Rural Sociology", Vol. 16 (1951), S. 29-36

Spender, Stephen, Deutschland in Ruinen (1946). Dt. Übers. Frankfurt a.M. 1998 (stw 2861)

Spittler, Gerd, Herrschaft über Bauern. Die Ausbreitung staatlicher Herrschaft und einer islamisch-urbanen Kultur in Gobir (Niger). Frankfurt a.M.-New York 1978 (Campus)

Spitzer, Hartwig, Raumnutzungslehre. Stuttgart 1991 (Eugen Ulmer)

derselbe, Einführung in die räumliche Planung. Stuttgart 1995 (Eugen Ulmer)

Stagl, Justin, Kulturanthropologie und Kultursoziologie: Ein Vergleich. In: Friedhelm Neidhardt u.a. (Hg.), Kultur und Gesellschaft. (Kölner Zeitschrift für Soziologie und Sozialpsychologie, Sh. 27) Opladen 1986, S. 75-91

Stacey, Margaret, Totalität: Ein Mythos in Gemeindestudien (1969: The myth of community studies). Dt. Übers. leicht gekürzt in: Peter Atteslander und Bernd Hamm (Hg.), Materialien zur Siedlungssoziologie. Köln 1974 (Kiepenheuer u. Witsch), S. 77-87

Stauffer, Ernst, Gemeindeforschung in Deutschland (Die Darmstädter Gemeindestudien als Beispiel). „Soziale Welt", Göttingen, Jg. 5 (1954), S. 133-144

Stegmann, Susanne, Wandel der ländlichen Lebensverhältnisse in Deutschland. In: Deutscher Bauernverband (Hg.), Unser Land, unsere Dörfer, unsere Bauern. Bonn 1998

Stehr, Hermann, Der Heiligenhof. Leipzig 1926 (Horen)

Steinbach, Peter, Raumentwicklung in der Bundesrepublik Deutschland nach der Wiedervereinigung und bei fortschreitender europäischer Integration. "Europa Regional", Leipzig, Jg. 2 (1994) 2, S. 32-45

Stewart, Murray, Introduction. In: derselbe (Hg.), The city: Problems of planning. Harmondsworth 1972 (Penguin), S. 9-59

Stinner, William F., van Loon, Mollie, u.a., Community size, individual social positions, and community attachment. "Rural Sociology", Baton Rouge (La.), Vol. 55 (1990)4, S. 494-521

Streissler, Erich W., Der Wirtschaftsliberalismus in Mitteleuropa: Umsetzung einer wirtschaftspolitischen Grundkonzeption? In: derselbe (Hg.), Studien zur Entwicklung der ökonomischen Theorie. (Schriften des Vereins für Socialpolitik, Bd. 115/XVI) Berlin 1997, S. 81-127 (Duncker u. Humblot)

Ströhl, Gerd, Zwischenörtlicher Vergleich des Verbraucherpreisniveaus in 50 Städten. "Wirtschaft und Statistik" 6/1994, Wiesbaden/Stuttgart, S. 415-429(434), 396*

Strohmeier, K. Peter, Die Polarisierung der Lebensformen in der BR Deutschland. Neue Probleme der Stadtpolitik. In: Bernhard Blanke/Susanne Benzler (Hg.), Staat und Stadt. Systematische, vergleichende und problemorientierte Analysen "dezentraler" Politik. (Politische Vierteljahresschrift, Sh. 22) Opladen 1991 (Westdeutscher Verlag), S. 177-209

Strubelt, Wendelin u.a. (Hg.), Städte und Regionen. Räumliche Folgen des Transformationsprozesses. (Bericht 5 der KBBW) Opladen 1996 (Leske + Budrich)

Struff, Richard, Abgrenzung des ländlichen Raumes. "Zeitschrift für Agrargeschichte und Agrarsoziologie", Frankfurt a.M., Jg. 23 (1975)1, S. 86-96 derselbe, Regionalpolitik: Auf der Suche nach der Theorie. Natur, Ausmaß und Gründe räumlicher Ungleichgewichte. "structur", Rheinbach 12/1975, S. 274-281

derselbe, Regionale Lebensverhältnisse, Teil 1: Wohnen, Arbeiten und Sozialhilfe in Stadt und Land. (Schriftenreihe der Forschungsgesellschaft, H. 293) Bonn 1992

derselbe, Entwicklung ländlicher Räume und regionale Wirtschaftspolitik in Deutschland. (Arbeitsmaterial der Forschungsgesellschaft, H. 1) Bonn 1997

derselbe, Ausgangslagen der Raumentwicklung. In: Peter Sinkwitz (Hg.), Ländliche Soziologie deutschsprachiger Länder. (Schriftenreihe des BML, Reihe A, H. 330). Münster-Hiltrup 1986, S. 217-236

Struff, Richard, Wilamowitz-Moellendorff, Ulrich von, Räumliche Einkommens-, Preis- und Verbrauchsunterschiede in der Bundesrepublik Deutschland. (Schriftenreihe der Forschungsgesellschaft, H. 262) Bonn 1983

Sudermann, Hermann, Frau Sorge. Stuttgart-Berlin 1906 (Union Deutsche Verlagsgesellschaft)

Sutor, Bernhard, Restauration oder Neubeginn? Politische Bildung 1945-1960. In: Aus Politik und Zeitgeschichte. Beilage zur Wochenzeitung „Das Parlament", Bonn-Trier, B 7-8 vom 12.02.1999, S. 3-12

Theodorson, George A. (Hg.), Urban patterns: Studies in human ecology. Rev. ed. University Park-London 1982 (Pennsylvania State U.P.)

Thernstrom, Stephan, „Yankee city" revisited: the perils of historical naiveté. „American Sociological Review", Washington D.C., Vol. 30 (1965), S. 234-242

Thies, Ralf und Jazbinsek, Dietmar, Embleme der Moderne. Berlin und Chicago in Stadttexten der Jahrhundertwende. (Schriftenreihe der Forschungsgruppe „Metropolenforschung" am Wissenschaftszentrum Berlin, FS II 99-501) Berlin 1999

Thissen, Gerhard, Das landwirtschaftliche Grundeigentum in Nordrhein-Westfalen unter dem Einfluß des urbanen und des anfänglichen industriegesellschaftlichen Wandels. "Land, Agrarwirtschaft und Gesellschaft", Friedrichsdorf, Jg. 6 (1989) 2, S. 249-315

Thormählen, Cord, Freizeit auf dem Lande, dargestellt am Beispiel von zehn ehemals kleinbäuerlichen Dörfern. (Schriftenreihe der Forschungsgesellschaft, H. 251) Bonn 1978

von Thünen, Heinrich, Der isolierte Staat in Beziehung auf Landwirtschaft und Nationalökonomie (1826/1850). 4. Aufl. Stuttgart 1966 (Gustav Fischer)

Tilly, Richard H., Vom Zollverein zum Industriestaat. Die wirtschaftlich-soziale Entwicklung Deutschlands 1834 bis 1914. München 1990 (dtv 4506)

de Tocqueville, Alexis, De la démocratie en Amerique (1835/1840). (Collection Idées Nr. 168) Paris 1968 (Gallimard)

Todt, Horst, Raumwirtschaftsstrukturen. In: Helmut W. Jenkis (Hg.), Raumordnung und Raumordnungspolitik. München-Wien 1996, S. 54-74 (Oldenbourg)

Tönnies, Ferdinand, Art. Gemeinschaft und Gesellschaft. In: Alfred Vierkandt (Hg.), Handwörterbuch der Soziologie (1931). Gekürzte Studienausgabe Stuttgart 1982, S. 27-38 (Ferdinand Enke)

Treinen, Heiner, Symbolische Ortsbezogenheit. "Kölner Zeitschrift für Soziologie und Sozialpsychologie", Jg. 17 (1965), S. 5-73

Treuner, Peter, Die Kosten der Landschaftsstruktur in Abhängigkeit von der Größe und der Struktur der zentralen Orte niederster Stufe und ihrer Einzugsbereiche. (Mitteilungen aus dem Institut für Raumordnung, H. 63) Bad Godesberg 1968

Treuner, Peter, Winkelmann, Ulrike, Junesch, Richard u.a., Abschätzung der räumlichen Verteilung öffentlicher Finanzströme. (Beiträge der Akademie für Raumforschung und Landesplanung, Bd. 127) Hannover 1994

Ueding, Gert, Rhetorik des Schreibens. Eine Einführung. Königstein/Ts. 1985 (Athenäum T 2181)

Ueltzhöffer, Jörg, Die kommunale Machtelite und der politische Willensbildungsprozeß in der Gemeinde. In: Hans-Georg Wehling (Hg.), Kommunalpolitik. Hamburg 1975 (Hoffmann und Campe), S. 95-130

Veenhoven, Ruut, How satisfying is rural life? Empirical findings on evaluation of rural living. In: James Cécora (Hg.), Changing values and attitudes in family households with rural peer groups, social networks, and action spaces. (Schriftenreihe der Forschungsgesellschaft, H. 296) Bonn 1994, S. 41-52

Velsinger, Paul und Roger Lien(en)kamp, Raumwirtschaftslehre. In: Helmut W. Jenkis (Hg.), Raumordnung und Raumordnungspolitik. München-Wien 1996, S. 23-53 (Oldenbourg)

Vester, Michael, Deutschlands feine Unterschiede. Mentalitäten und Modernisierung in Ost- und Westdeutschland. In: "Aus Politik und Zeitgeschichte". Beilage zur Wochenzeitung Das Parlament. Bonn, B 20 vom 12.05.1995, S. 16-30

Vaskovics, Laszlo A. (Hg.), Raumbezogenheit sozialer Probleme. (Beiträge zur sozialwissenschaftlichen Forschung, Band 35) Opladen 1982 (Westdeutscher Verlag)

Vidich, Arthur J., Bensman, Joseph, Small town in mass society. Class, power and religion in a rural community. Princeton (NJ) 1958 (Princeton University Press)

Viebig, Clara, Das Weiberdorf (1911). Düsseldorf 1982

Vonderach, Gerd, Lebensverhältnisse in ländlichen Regionen. In: Onno Poppinga (Hg.), Produktion und Lebensverhältnisse auf dem Land. (Leviathan, Sh. 2) Opladen 1979, S. 132-175

derselbe, Landarbeiter im alten Deutschland. Münster 1997 (LIT)

Vorländer, Hans, Hegemonialer Liberalismus. Politisches Denken und politische Kultur in den USA 1776-1920. Frankfurt a.M.-New York 1997 (Campus)

Wachter, Daniel, Bodenmarktpolitik. Bern-Stuttgart-Wien 1993 (Paul Haupt)

Wagenbach, Klaus, im Themenheft: Landleben - eine Unruhestiftung. "Freibeuter" 6/1980, Berlin (Freibeuter-Verlag), S. 43-104

Wagner, Kurt, Leben auf dem Lande im Wandel der Industrialisierung. "Das Dorf war früher auch keine heile Welt". Die Veränderung der dörflichen Lebensweise und der politischen Kultur vor dem Hintergrund der Industrialisierung - am Beispiel des hessischen Dorfes Körle -. Frankfurt a.M. 1986 (Insel)

Wagner, Peter, Sozialwissenschaften und Staat. Frankreich, Italien, Deutschland 1870-1980. Frankfurt a.M./New York 1990 (Campus)

Wallgärtner, Gisela, Der soziologische Diskurs im Kaiserreich. Auswertung sozialwissenschaftlicher Zeitschriften. Diss. Münster 1990 (LIT Verlag)

Ward, Neil, The agricultural treadmill and the rural environment in the post-productivist era. "Sociologia Ruralis", Assen, Jg. 33 (1993) 3/4, S. 348-364

Warner, William Lloyd, Paul Lunt, The social life of a modern community. (Yankee city series 1) New Haven 1941 (Yale U.P.)

Warren, Roland L., Soziologie der amerikanischen Gemeinde. Zur theoretischen Begründung praktischer Gemeindearbeit (1963). Dt. Übers. Köln-Opladen 1970 (Westdeutscher Verlag)

Weber, Max, Wirtschaft und Gesellschaft. 4. neu hg. Auflage, Tübingen 1956, 2. Halbbd. 1956

Weber-Kellermann, Ingeborg, Landleben im 19. Jahrhundert. München 1987 (C.H. Beck)

Wehling, Hans-Georg (Hg.), Das Ende des alten Dorfes. (Bürger im Staat, Bd. 1051) Stuttgart 1980

derselbe, Kommunalpolitik in der BR Deutschland. (Beiträge zur Zeitgeschichte 17) Berlin 1986 (Colloquium GmbH)

derselbe, "Parteipolitisierung" von lokaler Politik und Verwaltung? Zur Rolle der Parteien in der Kommunalpolitik. In: Hubert Heinelt und Hellmut Wollmann (Hg.), Brennpunkt Stadt. Stadtpolitik und lokale Politikforschung in den 80er und 90er Jahren. (Stadtforschung aktuell, Bd. 31) Basel-Berlin 1991, S. 149-166 (Birkhäuser)

Weigert, Josef, Das Dorf entlang. Ein Buch vom deutschen Bauerntum (1915). 4. + 5. Aufl. Freiburg 1923 (Herder u. Co.GmbH)

Wellman, Barry, Personal communities: Some basic characteristics. In: James Cécora (Hg.), Changing values and attitudes in family households with rural peer groups, social networks, and action spaces. (Schriftenreihe der Forschungsgesellschaft, H. 296) Bonn 1994, S. 75-85

Weyer, Johannes, Westdeutsche Soziologie 1915-1960. Deutsche Kontinuitäten und nordamerikanischer Einfluß. Berlin 1984 (Duncker + Humblot)

derselbe, Die Darmstadt-Studie - ein Beispiel für die Amerikanisierung der westdeutschen Nachkriegssoziologie. (Marburg 1984) unveröffentl. Manuskript

Wiengarn, Rudolf, Lokale Kultur im industriedörflichen Milieu. Diss. Münster 1991 (Lit Verlag)

Wilamowitz- Moellendorff, Ulrich von, Ansatzpunkte einer Regionalsoziologie. In: Peter Sinkwitz (Hg.), Ländliche Soziologie deutschsprachiger Länder. (Angewandte Wissenschaft, R.A.: Heft 330) Münster-Hiltrup 1986, S. 247-262

derselbe, Beruf und Arbeitswelt im Leben der jüngeren Generation. Arbeitspapier der Konrad-Adenauer-Stiftung, St. Augustin (Juli) 1995

Willits, Fern K., Bealer, Robert, A., Timbers, Vincent L., Popular images of "rurality": Data from a Pennsylvanian Survey. "Rural Sociology", Baton Rouge (La.), Vol. 55 (1990)4, S. 559-578

Willits, Fern K., and Luloff, A.E., Urban residents' views of rurality and contacts with rural places. "Rural Sociology", Urbana-Champaign (Ill.), Vol. 60 (1995)3, S. 454-466

Wimberley, Ronald C., Policy perspectives on social, agricultural, and rural sustainability. "Rural Sociology", Bozeman (Ma.), Vol. 58 (1993)1, S. 1-29

Wimmer, Andreas, Kultur. Zur Reformulierung eines sozialanthropologischen Grundbegriffs. "Kölner Zeitschrift für Soziologie und Sozialpsychologie", Jg. 48 (1996)3, S. 410-425

Wimschneider, Anna, Herbstmilch. Lebenserinnerungen einer Bäuerin. München 1984 (Piper)

Wingens, Matthias, Krise oder Krisengerede der Soziologie? „Soziologie, Mitteilungsblatt der Deutschen Gesellschaft für Soziologie", Opladen (3) 1997, S. 5-19 (Leske + Budrich)

Wirth, Louis, Urbanism as a way of life (1938). Dt. Übers. in: Ulfert Herlyn (Hg.), Stadt- und Sozialstruktur. München 1974 (Nymphenburger), S. 42-66

derselbe, A bibliography of the urban community. In: Robert E. Park u.a. (Hg.), The city. Chicago 1925, S. 161ff.

Wolfrum, Edgar, Geschichtspolitik in der BR Deutschland 1949-1989. In: „Aus Politik und Zeitgeschichte", Beilage zur Wochenzeitung Das Parlament, B 45 vom 30.10.1998, S. 3-15

Wolkersdorfer, Günter, Zwei Dörfer in Deutschland. Eine politisch-geographische Vergleichsstudie über Verlauf und Perzeption eines räumlichen Konfliktes, ausgelöst durch die geplante Umsiedlung von Morschenich in Westdeutschland und Horno in Ostdeutschland. Dipl.arb. Geogr. Inst. d. Univ. z. Köln 1996

Wolkersdorfer, Günter, Dörfliche Milieus im vereinigten Deutschland - ein Vergleich qualitativer und quantitativer Daten. "ZA-Information, Köln, 40 (Mai 1997), S. 122-133

Wunder, Heide, Die bäuerliche Gemeinde in Deutschland. (Kleine Vandenhoeckreihe 1483) Göttingen 1986

Wurzbacher, Gerhard unter Mitarbeit von Renate Pflaum, u.a., Das Dorf im Spannungsfeld industrieller Entwicklung. Untersuchung an den 45 Dörfern und Weilern einer westdeutschen ländlichen Gemeinde. Stuttgart 1954 (Ferdinand Enke)

Wylie, Lawrence, Dorf in der Vaucluse. Der Alltag einer französischen Gemeinde (1957). Dt. Übers. 1969. Frankfurt a.M. 1978 (Fischer TB 6621)

Young, Frank W., Small town in mass society revisited. "Rural Sociology", Bellingham (WA), Vol. 61 (1996)4, pp. 630-648

derselbe, A neo-Durkheimian theory of small communities. „Sociologia Ruralis", Oxford, Vol. 39 (1999)1, S. 3-16

Zapf, Wolfgang, Lebensbedingungen und wahrgenommene Lebensqualität. (SFB 3: Mikroanalytische Grundlagen der Gesellschaftspolitik, Arbeitspapier Nr. 2) Frankfurt a.M.-Mannheim 1979 (verv. Man.)

derselbe, Wohlfahrtsentwicklung und Modernisierung. In: W. Glatzer (Hg.), Einstellungen und Lebensbedingungen in Europa, Soziale Indikatoren 17. Frankfurt a.M.-New York 1993, S. 163-176

Zepf, Elmar (Hg.), Leitbild Dorf. Berücksichtigung soziokultureller Aspekte bei der Dorferneuerung. (Materialien zur ländlichen Neuordnung, H. 26) München 1991

Zola, Emile, La terre. Manchecourt 1994 (Pocket 6115)

Zoll, Ralf, u.a., Wertheim III. Kommunalpolitik und Machtstruktur. München 1974 (Juventa)